指导委员会

委　　员　　高晓东　　孟　春　　郑　疆　　郑昇哲

编写委员会

主　　编　　毕　诚

副　主　编　　张俊杰

编　　委　　田汉族　　姚宏杰　　高玉英　　高慧斌

　　　　　　闫　婷　　欧璐莎　　张　燕　　张亚博

本册编者　　袁　倩　　杜兆坦　　马新平　　李汉华

教育部基础教育杂志社·家庭教育教研中心
北京外国语大学同文家庭教育课程研究中心
中国国情发展研究院

新时代家庭教育　父母阅读

持家有道

毕诚 ◎ 主编

人民东方出版传媒

东方出版社

"家庭是社会的细胞。家庭和睦则社会安定，家庭幸福则社会祥和，家庭文明则社会文明。"党的十八大以来，习近平总书记以深厚的家国情怀，多次深刻阐释了注重家庭、注重家教、注重家风的重大意义。

父母都有爱子之心，但非都有爱子之能。人之爱子，当教之以义方。"天下之本在国，国之本在家，家之本在身。"改革开放以来，尊重知识、尊重人才的风气长盛不衰，父母都十分注重孩子的教育，对孩子的未来寄予无限希望，这无疑是一种积极向上的好风气。然而，我们也不能忘记"家庭元气，全在家风"，良好的家风才是孩子成才、家庭和睦、社会祥和的坚实基础。

父母是孩子的第一任老师，而且还是他们的终身导师。养是基础，教是关键。成长之基在教养，教养之基在知教。父母能否成为孩子的合格人生导师，能否给孩子讲好"人生第一课"，能否帮孩子扣好人生第一粒扣子，能否助推孩子稳步迈上人生的第一个台阶，提升家庭教育的能力至关重要。

为了帮助父母提高家庭教育能力，我们编写了这套"新时代家庭

教育 父母阅读"图书。图书摘选上起先秦、下至清代有关治家和养育子女的箴言警句，为了方便读者阅读，还附有注释和译文。同时，围绕不同主题，编者还精心选择了相关故事，并在拓展部分结合新时代的家庭教育要求进行阐发。编者希望通过这种方式，将中华优秀传统文化与当代家庭文明建设结合起来，让父母通过阅读本套图书得到启迪和提升。

我们真诚希望以这套书为津梁，使中国传统家庭教育的宝贵经验与新时代家庭教育有机结合，将对优秀家庭教育文化的继承与弘扬落实于日常生活中，融化于亲情关系中，化无形于家风、家教的影响中，真正达到知行合一的境界。

编者

2021 年 12 月

目录

Contents

第一章

夫妻相处

01. 恩爱有加

【古文摘选】

结发为夫妻①，恩爱②两不疑。欢娱在今夕，嬿婉③及良时。征夫怀往路④，起视夜何其⑤。参辰皆已没⑥，去去⑦从此辞。行役⑧在战场，相见未有期。握手一长叹，泪为生别滋⑨。努力爱春华⑩，莫忘欢乐时。生当复来归，死当长相思。

——（西汉）苏武：《留别妻》

注释：①结发：束发，男女始成年。古时男年二十、女年十五束发，以示成年。②恩爱：情爱。③嬿婉：指夫妇和爱。④怀往路：想着出行的事。⑤夜何其：相当于"夜何时"。其，助词。语本《诗经·小雅·庭燎》："夜如何其？夜未央。"⑥参（shēn）辰皆已没（mò）：星星都已隐没，天将放晓了。参辰，参星和辰星（也叫商星），分别在西方和东方，出没各不相见，因此用以比喻彼此隔绝。没，消失，不见。⑦去去：远去。⑧行役：旧指因服兵役、劳役或公务而出外跋涉。⑨滋：多。⑩春华：春光，借喻少壮时期。

译文：你我结发成为夫妻，相亲相爱两不相疑。欢乐只在今天晚上，两情欢好要趁这美好的时刻。远征的人心里老惦记出行的事，起身看看深夜已经到了什么时候。天上星星全都看不到，远行啊从此分别了。奉命远行上战场，两人不知何时才能相见。紧握双手长声叹息，生离别，泪更多。努力珍惜青春，不要忘记欢乐的时候。如果有幸能活着，一定会回到你身边。如果不幸死了，也会永远想你。

【经典故事】

相濡以沫著《围城》

杨绛是我国著名作家、翻译家，原名杨季康，江苏无锡人，生于北京。她 1928 年考入东吴大学，1932 年毕业后考入清华大学研究院外文系。1935 年 7 月 13 日，钱锺书与杨绛在苏州举行了结婚仪式。多年后，杨绛幽默地回忆道："（小说《围城》里）结婚穿黑色礼服、白硬领圈给汗水浸得又黄又软的那位新郎，不是别人，正是锺书自己。因为我们结婚的黄道吉日是一年里最热的日子。我们的结婚照上，新人、伴娘、提花篮的女孩子、提纱的男孩子，一个个都像刚被警察拿获的扒手。"

杨绛善良温柔、宽容敦厚。她在《钱锺书生命中的杨绛》中回忆："其实我们两家，门不当，户不对。他家是旧式人家，重男轻女，女儿闺中待字、知书识礼就行。我家是新式人家，男女并重，女儿和男儿一般培养，婚姻自主，职业自主。刚一开始我们的婚姻是并不被钱家看好的，他们担心像我这种'洋盘媳妇'，在钱家是不合适的。但是在日寇侵华，钱家整个大家庭挤居上海时，我们夫妇在钱家同甘苦、共患难的岁月，使我这'洋盘媳妇'赢得我公公称赞'安贫乐道'；而他问我婆婆，他身后她愿跟谁同住，答：'季康。'这是我婆婆给我的莫大荣誉，值得我吹个大牛啊！"

自幼家庭环境的耳濡目染使得杨绛在自己家庭文化构建过程中，成为丈夫的贤内助。婚后钱锺书获奖学金远赴重洋留学，杨绛也中断了清华的学业，陪丈夫游学。学习之余的杨绛几乎揽下了生活里的一切杂事，做饭制衣，租房置家，无所不能，在处理家庭杂事之余也跑去钱锺书就读的学校旁听。作为一个妻子，一位母亲，她为丈夫和孩子倾注了全部的心血，付出了所有的爱。杨绛在医院生产期间，"拙手拙脚"的钱锺书一个人在家总是做些"坏事"，但她依旧会说"不要紧"。杨绛对钱锺书的关爱和包容溢于言表。

1941 年，钱锺书对杨绛说："我想写一部长篇小说，你支持吗？"杨绛甚是欢喜，说那就写吧，这部小说便是《围城》。为了能让钱锺书安心写作，杨绛更是让他十指不沾阳春水，几乎所有的家务活儿都是杨绛一人包揽。每次钱锺书写完一章，杨绛就忍不住拿来读，读完又催他赶紧写。度过了艰难的抗战时期，钱锺书的作品开始陆续出版，他在《围城》的序中说："这本书整整写了两年，两年里忧世伤生，屡想中止。由于杨绛女士不断的督促，替我挡了许多事，省出时间来，得以锱铢积累地写完，照例这本书该献给她。"《围城》一书经过时光的考验，已经成为中国现代文学名著，至今仍不断重印。2020 年 4 月，《围城》被列入教育部基础教育课程教材发展中心《中小学生阅读指导目录》。

杨绛与钱锺书的爱情世人皆知，他们相互支持，会为对方的书题写书名，也会为对方理发，相濡以沫，携手走过漫漫人生。时光静静流逝，再美好的故事总有谢幕的一天，杨绛在《我们仨》里写道："1997 年早春，阿媛（杨绛钱锺书之女）去世。1998 年岁末，锺书去世。我们三人就此失散了。现在，只剩下我一个。"从此，杨绛深居简出，很少接待来客，悉心整理钱锺书的手稿，直至 2016 年逝世，享年 105 岁。

【时代启迪】

对一个家庭来说，和睦、幸福胜于一切。夫妻关系对家庭的意义非同一般，夫妻恩爱是一个家庭稳健的基石。一个家族的传承，就像一件上好的古董，它历经许多人的呵护与打磨，在漫长时光中悄无声息地积淀价值。

夫妻是家庭的核心，和谐的夫妻关系，向家庭成员传递的是友善、稳定、甜蜜的生活氛围。恩爱夫妻即使面对贫困、艰辛，也能用温暖的家庭氛围感染孩子，使孩子拥有奉献、孝顺、宽容等品格。因为夫妻的一举一动影响着孩子的成长，夫妻恩爱是最好的家风，让孩子在父母恩爱中学会爱与担当。这种潜在的心灵滋养是家庭对子女最好的教育，也是最值得他人羡慕、学习的财富。

杨绛是这样定义夫妻的："夫妻该是终生的朋友，夫妻间最重要的是朋友关系，即使不是知心的朋友，至少也该是能做伴侣的朋友或互相尊重的伴侣。"

父母一定要谨慎对待自己的婚姻，做父母也需要学习，否则，不经意的行为对孩子造成了伤害还不知道。

杨绛在《我们仨》中，这样描写他们一家三口的幸福生活："我们这个家，很朴素；我们三个人，很单纯。我们与世无求，与人无争，只求相聚在一起，相守在一起，各自做力所能及的事。碰到困难，我们一同承担，困难就不复困难；我们相伴相助，不论什么苦涩艰辛的事，都能变得甜润。我们稍有一点快乐，也会变得非常快乐。"

在这样有爱、温馨的生活里，孩子能感觉到爱，这样无形的"家教"，无疑是给孩子最好的礼物。真正的幸福是细水长流，相互陪伴。父母婚姻幸福的孩子，会少走好多弯路，他们会从小在内心获得一种稳定和安全感，更容易建立互相信任的关系，也更容易获得幸福。他们从小就获得了一种阳光的底色，那是对他们最好的一道保护。所以，父母恩爱就是给子女最好的家教。

02. 夫妻互敬

【古文摘选】

初①，臼季使过冀②，见冀缺耨③，其妻馌④之。敬，相待如宾。与之归，言诸文公⑤曰："敬，德之聚也。能敬必有德，德以治民，君请用之。臣闻之，出门如宾⑥，承事如祭⑦，仁之则⑧也。"

——《左传·僖公三十三年》

注释：①初：当初。②臼季使过冀：臼季出使经过冀地。臼季，即胥臣，字季子，因封地在臼（今山西运城），所以又称臼季。早年是公子重耳的师傅，跟随重耳流亡十九年，归国后任下军佐、司空等职。冀，晋国城邑，在今山西河津东。③见冀缺耨（nòu）：看到冀缺在田间除草。耨，除草。冀缺，即郤（xì）缺，郤缺之父郤芮在晋惠公时为大夫，因反对晋文公归国而被杀。晋文公即位，郤缺因是罪臣之子，不得入仕，躬耕于冀邑郊外。④馌（yè）：给在田里耕作的人送饭。⑤文公：晋文公，晋国国君，春秋五霸之一。⑥出门如宾：出门做事就像接待宾客一样认真小心。⑦承事如祭：承担事情好像参加祭祀一样庄重。⑧则：准则。

译文：当初，臼季出使经过冀地，看到冀缺在锄田除草，他妻子给他送饭，很恭敬，彼此像对待客人一样。白季和冀缺一起回到国都，对文公说："恭敬，是德行的集中表现。能够恭敬，就必定有德行，德行可以用来治理百姓，请君王任用他。臣听说，'出门好像会见宾客，承担事情好像参加祭祀，这是仁爱的准则'。"

【经典故事】

举案齐眉

东汉时期，有个人叫梁鸿，他的家境不好，但饱读诗书。梁鸿在太学读书时，为了维持生活，在学校旁边养猪，这样边放猪还可以边读书，一举两得。但是天有不测风云。有一天，梁鸿的住所失火，蔓延到邻居的房屋，导致邻居家也被烧了。梁鸿就找到受灾的人家，很真诚地赔偿对方。对方认为他只是把猪全部赶来赔偿，赔偿太少，他就以给对方做工来抵债，干起活儿来毫不懈怠。对方觉得梁鸿忠厚老实，就要把猪全部还给他。梁鸿坚决不接受，等做工还完了债，才返回了自己的家乡。

回到家乡后，梁鸿失火做工抵债的事迹以及学问好的名声也随之传扬开来。很多人都来提亲，要把女儿嫁给他。可梁鸿一概加以拒绝。

县里有个姓孟的人家，有个女儿，粗眉大眼，身材矮小壮实，肤色黝黑，力气很大，能举起石臼，可谓力气大、姿色无。

这副容颜本来就使她的终身大事成为老大难，但这位小姐偏偏又自视甚高，拒绝了许多读书人、富家公子。孟女几次拒婚以后，不觉就拖到了三十岁，还是没嫁出去。她的父母终于失去了耐心，问她："女儿呀，你到底想要嫁个什么样的夫婿呀？"女儿不假思索地回答："我要嫁个像梁鸿一样的贤士！"

这个消息不胫而走，梁鸿听到孟女非他不嫁的话后，就去求婚。"老姑娘"终于能嫁出去了，孟家也是异常高兴，要给女儿准备丰厚的嫁妆。但是孟女说不用，也不备什么金银罗缎，只做了几件布衣、麻鞋，带上罗筐、织布的工具。大家都觉得很奇怪，但孟女却成竹在胸，自有主张。

刚过门时，孟女每天都打扮得漂漂亮亮，谁知道梁鸿却对她爱搭不理的。孟女就问他为什么，是不是嫌弃她了。梁鸿回答说："我想找的是一位能和我同甘共苦的女子，而不是一个来享福的千金小姐。"孟女一听乐了，说："我就知道如此。其实我早就准备好了。"于是，她换了发式，穿上布衣，在梁鸿面前做起了家务。她那一把子力气也算是有了用武之地。梁鸿一见，高兴地说："这才是我的老婆啊！"两人一起隐居山中，互敬互爱，不求富贵，安于劳作，自食其力。

后来，因为梁鸿的名气大，慕名而来的人越来越多，夫妻二人决定从人口稠密的关中搬往人烟稀少的关东地区继续隐居。最后他们来到江苏无锡境内，投到当地一个大户皋伯通家，当了杂役，干舂米的活儿。一开始，皋伯通倒未留意他们是何等人物。有一天，他偶然看见梁鸿的妻子孟女给梁鸿送饭，只见妻子恭恭敬敬地走到丈夫面前，把装饭的盘子高举齐眉，请丈夫进食。这就是举案齐眉了。看到这一幕，皋伯通大吃一惊，心想：一个雇工能让他的妻子如此守礼，那此人一定是个隐逸的高人。他立即把梁鸿全家迁进他的家宅中居住，并供给他们衣食，不让梁鸿再干粗活儿了。皋伯通又非常知趣，并未盘根问底，梁鸿也就安心在皋家住下了。他晚年利用这段衣食不愁的宝贵时光，潜心著述，写就十余篇文章。

【时代启迪】

按照古代儒家的观点，人与人之间的关系大体可以根据血缘分为两种：一种是"天伦"，也就是由血缘自然形成的亲属关系，如父子、母女、兄弟姐妹等。这种关系由不得我们自行选择，是"自然"形成的伦理关系。由于血脉相通相连和长期共同生活，"仁（爱）"成为"天伦"的首要准则。另一种是"人伦"，广义上是指人与人之间的伦常关系，但在狭义上则与"天伦"相对，特指不是由血缘的牵连所形成的社会关系，也就是通过社会交往而形成的关系。作为社会规则的"义"则成为"人伦"的重要准则。

毫无疑问，夫妻之间由于既没有血缘的联系，结婚前也没有长期共同生活的经历，所以属于"人伦"关系。这样的两个人要构成一个家庭，同在一个屋檐下长相厮守，共同生活，其实是一件颇有难度的事情。但家庭作为社会基本单元，承担着养育孩子等重要的职责，所以如何保障其稳定极为重要。古人正视现实，深察人情，确立了"男女有别，而后夫妇有义"的原则，将"义"作为夫妻关系的准则，"相敬如宾"正是这一准则的具体表现。

"人伦"是"天伦"的基础，只有夫妻互敬互爱才能家庭和谐，为孩子提供健康温馨的成长环境。因此在新时代，传承古代"相敬如宾"的美德，保持夫妻之间应有的互敬互爱，对于我们构建美好家庭、建设良好家风，从而构建和谐社会具有重要意义。

03. 互相体谅

【古文摘选】

生为同室①亲，死为同穴②尘。他人尚相勉③，而况我与君④。黔娄⑤固⑥穷士，妻贤忘其贫。冀缺⑦一农夫，妻敬俨如⑧宾。陶潜⑨不营生，翟氏自爨薪⑩。梁鸿⑪不肯仕⑫，孟光甘布裙。君虽不读书，此事耳亦闻。至此千载后，传是何如⑬人。人生未死间，不能忘其身。所须者衣食，不过饱与温。蔬食足充饥，何必膏粱⑭珍。缯絮⑮足御寒，何必锦绣文。君家⑯有贻训，清白遗子孙。我亦贞苦⑰士，与君新结婚。庶⑱保贫与素⑲，偕老⑳同欣欣。

——（唐）白居易：《赠内》

注释：①同室：指夫妇同居一室。②同穴：夫妻合葬。亦用以形容夫妇相爱之坚。穴，坟。③相勉：互相勉励。④君：尊称，你。这里是对妻子的尊称。⑤黔娄：战国时期隐士，家贫却不肯出山做官，妻子同他一样安贫乐道，相守不离弃。事见《列女传》。⑥固：本来。⑦冀缺：即郤（xì）缺。其妻在他耕田时送饭田头，二人相敬如宾。⑧俨（yǎn）如：宛如，好像。⑨陶潜：即陶渊明。他归隐后家境更为窘迫，其妻翟氏也能安于勤苦，与其一样志向不移。⑩爨（cuàn）薪：烧柴做饭。薪，柴火。⑪梁鸿：东汉隐士，家贫而有节操，妻子孟光贤德，布衣荆钗，与之举案齐眉，同甘共苦。⑫仕：做官。⑬何如：即如何，怎么样的，什么样的。⑭膏粱：肥肉和优质小米，指富贵人家精美的食品。⑮缯絮：粗劣衣服。缯，粗糙无花纹的绸子。絮，粗丝绵。⑯君家：指妻子的娘家。杨氏是杨卢卿的妹妹，据说是东汉名臣杨震的后代。据《后汉书·杨震传》载，杨震为涿郡太守时，奉公守法，不纳贿赂，子孙时常只吃菜粥，徒步走路。有人劝他置买田产，他说："使后世称为清白吏之孙，以此遗之，不亦厚乎？"⑰贞苦：节操坚贞，生活艰苦。⑱庶：希望。⑲素：高洁，清白。⑳偕老：共同生活到老。

译文： 夫妻生活在一起，死后埋葬在一起。其他人尚且互相勉励，何况你我还是夫妻。战国时的齐国隐士黔娄甘愿做一个贫穷的士人，他的贤妻也跟着一块儿心甘情愿过贫困日子。春秋时晋国大夫郤缺曾经耕种田地，他的妻子与他相敬如宾。陶渊明不会谋生计，妻子翟氏自己烧火做饭操持家务。隐士梁鸿不愿意做官，他的妻子孟光也随其隐居，布衣荆钗。夫人虽然读书不多，肯定也听过这类夫妻感情深的动人故事。从那千年以后，传承这种高尚品格的是什么人？人生还没有结束之前，可不能忘记修身正直。人生必须满足的物质欲望，不过是吃饱饭、有衣穿。蔬菜已能填饱胃口，何必奢求珍贵的食物？棉绸衣被已经能御寒，何必奢求绣有花纹的织锦？夫人祖上有遗训，将清白作为家产留给子孙。我是一个节操坚贞的人，刚刚与你成婚。希望从此与你过清贫、高洁的日子，白头到老，一生快乐欣喜。

【经典故事】

青梅竹马的爱情

1947年9月，钱学森和蒋英在黄浦江畔的和平饭店举行了婚礼。随后蒋英便陪着钱学森前往美国。

到美国的第一天，钱学森把蒋英安顿好后，就匆匆忙忙赶去麻省理工学院上课了。蒋英独自一人待了一天，终于等到钱学森回来，没想到吃过晚饭，钱学森泡了一杯茶，对蒋英说了一句"回见"，竟独自走进了书房，并且关上了门，一直在里面待到了夜里十二点。这种勤奋严格的作息习惯，钱学森一直保持了六十多年。钱学森擅长精密的数学计算。但是他的细心，不在日常生活上，不在儿女情长上。这对国家和人民是优点，但对蒋英，也许就是"缺点"了。

换作别人，新婚不久便遭到这样的"冷遇"，应该早就暴跳如雷了。但是蒋英却从未因此生气，因为她知道，当初喜欢钱学森，是被他的学问和才华打动，不是因为他对自己有多殷勤。她支持钱学森，使他的优点变得更加熠熠生辉。

钱学森也不勉强蒋英做不喜欢的事。蒋英不会做饭，钱学森虽然想吃中国菜，但从不要求蒋英为他做羹汤。美国专栏作家米尔顿·维奥斯特在《钱博士的苦茶》中写道："钱（学森）和蒋英是愉快的一对儿。"

钱学森夫妇能互相体谅，互相了解，得益于深厚的感情基础。原来，他们两家属于世交。蒋英的父亲蒋百里是我国著名军事家，与钱学森的父亲钱均夫是杭州求是学院的同学。蒋百里与日本的一位护士左梅结婚，婚后他们生了五个女儿。对此，只有独子钱学森的钱均夫夫妇万分羡慕，于是便与蒋百里商量，将一个女儿过继到钱家。蒋百里夫妇同意了，让自己的三女儿蒋英到钱家生活，她还改名为钱学英，称钱学森为哥哥。

1935年，钱学森要出国留学，蒋英跟随父母到钱家探望，当时十六岁的蒋英已经出落成一个漂亮的青春少女，她还专门为钱学森弹奏了一曲《D大调奏鸣曲》。这让钱学森印象深刻，难以忘怀。在他临走之前，蒋英专门准备了一本唐诗集送给他，钱学森把这本书一直带到了美国。

后来蒋英也跟随自己的父亲出国游学，在1937年进入柏林音乐大学学习。此后蒋英在欧洲学习、演出了近十年，其间经历过战乱和逃亡。与此同时，钱学森在加州理工学院学习研究，在拿下了硕士学位后，继续攻读航天理论。繁忙的学习生活让钱学森无心谈婚论嫁，一直到1947年，三十六岁的钱学森学成归国。

这一年，分别了许久的钱学森和蒋英重新见面。钱夫人还向蒋家打听蒋英是否已经有男朋友，其实当时蒋英的追求者颇多，只是她自己觉得没有合适的。两人回国后见面比较频繁，蒋英还非常热心地给钱学森介绍过女朋友，但是钱学森却十分腼腆，只有面对蒋英时要自在许多。

蒋英对钱学森十分敬佩，觉得他在科学上的成就非常了不起，三十六岁便已经是正教授。钱学森其实十分喜欢蒋英，但是可能由于性格腼腆，并没有捅破窗户纸，只是借口看望蒋伯母常常往蒋家跑。但是钱学森很快就要再次去美国工作，也没有什么时间再继续腼腆下去了，于是他就红着脸直接向蒋英提出结婚，并"得寸进尺"，希望她能跟着自己前往美国。蒋英没有考虑多久，便同意了。

1949 年，钱学森在加州理工学院担任教授，也正是在这一年，新中国成立了。夫妻二人决定尽快回国，为新生的中华人民共和国效力。但是众所周知，钱学森的回国之路困难重重。美国根本不愿意把"抵得上五个师"的杰出科学家放走，他们还找借口将钱学森关押起来。钱学森和蒋英相互支持、互相体谅，度过了那段艰难的日子。一直到 1955 年，在我国政府和各方人士的共同努力下，钱学森夫妇终于带着他们的一对儿女回到了自己的祖国。

【时代启迪】

互相体谅是夫妻恩爱的基础。夫妻间能做到相互体谅，那么在日常生活中就不会出现太多的摩擦。当出现问题，不要单纯从自己角度出发，只想着指责对方，而是也要站在对方的立场上考虑，毕竟谁也不愿出现不好的事情。所以在好的婚姻中，夫妻二人会达成互相体谅的默契，丈夫明白妻子对家庭的付出，同样妻子也会理解自己的丈夫的辛苦，这才是一个幸福的家庭应有的样子。

要达成互相体谅的默契，共同遮蔽风雨、笑看人生，不妨采用以下几个相处原则：

明确表达需求。家庭生活中的柴米油盐、人情往来等无疑耗掉了夫妻双方太多的精力，以致很多事情双方不能以平常心处之。比如妻子显然希望丈夫能多陪陪她，但脱口而出的却是质疑；丈夫明明不想多干家务活儿，说出的却是各种推脱之词；等等。所以双方要在表达需求方面达成一致，直接且有条理地说出关键点而不是绕来绕去。在表达的过程中，需要互相尊重，同时确保自己的需求是合理和实际的。

学会控制情绪。每个人都会有自己的情感爆发点，会有情绪失控的临界点。在为一件小事争吵不休的背后，隐藏着深刻的心理原因。夫妻双方需要共同平静商讨，找出情绪失控背后的隐藏"故事"，避免此后类似事情的发生。当然，在情绪失控之前要尽量冷静，尽量不受他人言语的影响，尤其要避免易使事态扩大化的语言、动作和表情。比如，可以在情绪化之前对自己说"停下来，没关系"等，学着深呼吸几次来排空负面情绪、放松肢体等。

及时沟通。夫妻间的小吵小闹都可以视为一种"沟通"，这就体现出事前沟通和事后沟通的重要性。事前沟通就是日常生活中多交流，增进相互了解，以便遇到突发事件时有各种准备和应变基础。事后沟通就是及时复盘争吵的过程，总结教训，互相检讨，尽力避免以后在同一个地方跌倒。

第二章

对 待 丈 夫

01. 帮助和支持丈夫

【古文摘选】

夫人①佐公②，承颜③主馈④，内克尽⑤妇道⑥，外不失族人欢心⑦者，盖⑧十三年。孝肃⑨渐贵⑩，夫人与公终日相对，亡⑪声伎⑫、珍怪⑬之玩⑭，素风⑮泊然⑯。

——（北宋）张田：《宋故永康郡夫人董氏墓志铭》

注释： ①夫人：指北宋名臣包拯的夫人董氏。②佐公：辅佐帮助包公。公，旧时对男性长者或老人及身居高位者的尊称，这里指包拯。③承颜：顺承尊长的脸色，指侍奉尊长。④主馈：旧时指妇女主持烹饪等家事。⑤克尽：竭尽，尽到。⑥妇道：旧时指妇女应该遵守的行为准则。⑦欢心：对人或事物喜爱或赏识的心情。⑧盖：大约，大概。⑨孝肃：包拯的谥号。⑩贵：尊贵，指升官。⑪亡：通"无"。⑫声伎：也作"声妓"，旧时宫廷及贵族家中的歌姬舞女。⑬珍怪：珍贵奇异之物。⑭玩：供玩赏之物。⑮素风：纯朴的风尚，清高的风格。⑯泊然：恬淡无过多欲求。

译文： 包公的夫人董氏帮助包公，恭谨地主持家务，在家庭内能做到按照妇女的行为准则行事，在家庭外则能得到家族其他族人的喜爱，这样大概有十三年。包公的官位越来越高，董氏夫人能与包公面对面坐着一整天，相对谈心，不去观赏歌舞、把玩珍奇玩物等，生活简朴素淡。

【经典故事】

包公的贤内助

北宋名臣包拯以清廉、刚直之名彪炳史册，是中国古代清官的杰出代表。他能专心造福民众，背后有着夫人董氏在生活和仕途上给予的付出与帮助。

包拯的原配夫人李氏体弱多病，很早就去世了。此后包拯又娶董氏为妻。董氏出身书香门第，是个大家闺秀，从小受到良好教育，知书达理。包拯当时还未考取功名，终日手不释卷。董氏夫人见丈夫日夜劳累，于是便扛起了家中的大小事宜，不让丈夫为家庭琐事操心，而且一心为夫君着想，从不与其有任何的争执。有了这样的强大支持，包拯后来考取了进士。

包拯考取功名后，被朝廷调往外地做县令。但老母亲舍不得家乡，不愿意与其同去。包拯素来孝顺，辞官留乡尽孝。董氏夫人深明大义，并未责怪丈夫，而是与丈夫一起侍奉母亲，直至十年后老人家去世，又守孝三年，方才随着丈夫前去赴任知县。

董氏夫人虽性格温和，可是在大事上从不含糊，甚至可以为了包拯舍弃生命。包拯在朝堂之上一向仗义执言，曾有一次因国事与宋仁宗辩论，却因为太过激动，把唾沫星子喷到了皇帝的脸上。此事可不得了，算得上是"蔑视君王"的大罪了。包拯退朝后也是相当后怕，忧心自己连累亲人家族。董氏夫人得知丈夫惹下大祸，不但毫无惧色，反而命丫鬟备好诰命夫人的袍服，沐浴之后穿上，严肃地劝说包拯道："夫君虽惹恼今上，但却不可因此断了仗义执言的秉性。忠君报国，理当如此。妾身无以为报，甘愿从死。"包拯为此感动不已。宋仁宗听说此事后，也暗自赞赏董氏夫人深明大义，便免去了包拯的罪过，从此不再提及此事。

【时代启迪】

夫妻关系和谐美满，不仅能让双方幸福满满，也能滋养双方心灵，使双方都成为更好的自己。那么，妻子能从哪些方面帮助和支持丈夫呢？

认清自己。只有认识真实的自我，才能勇于改进。其实不仅是妻子，夫妻双方都可以做对方的镜子，映照出双方眼中的缺点和不足，冷静下来认真思考，共同协商可以提升改进的具体方法。如果双方都能做到这一点，就等于在幸福的快车道上又近了一步。毕竟，婚姻生活面对的更多的是日常细节，那种"情人眼里出西施"的状态并不会持续很长时间，将对方的缺点作为实现共同成长的契机，以更全面的视角看待自己，对双方都是有利的。

多看对方优点。妻子要时时发现丈夫的优点、长项，多鼓励，携手前行。所谓旁观者清，好的伴侣不仅能提出忠言逆耳的建议，更会看到对方的优势并给予其鼓励和帮助。这样，不仅能使双方感情更为和谐，也会在共同前进的道路上走得更稳当、顺利。比如宋代的赵明诚发现妻子李清照的文学天分在自己之上，两人的业余消遣就常常围绕诗书展开；李清照发现丈夫擅长金石收集、整理金石文物，就节衣缩食帮他深入研究，三十卷《金石录》就是先由赵明诚撰写大部分，其余部分是由李清照完成的。

发挥所长，给出合理建议。男女双方都有自己的思维长项和偏差，而且每个人的性格都不一样，妻子可以在深入了解丈夫的基础上，针对对方惯有的思维偏差，在处理家庭内外事务的时候提出合理化建议，照亮对方内心深处被忽略的"灰色地带"，给家庭生活以更多的智慧之光。比如丈夫训斥孩子乱写乱画时，妻子可以提醒丈夫，孩子的行为有其积极的一面，从而让丈夫意识到"正面教育"的力量。

02. 不搬弄是非

【古文摘选】

母家夫前，休①学语言②，讲不清白，落个不贤。

——（明）吕得胜：《女小儿语》

注释：①休：不。②语言：指家长里短。

译文：不管是在自己的娘家，还是在丈夫面前，都不要说长道短谈论是非，如果说得不清楚、不明白，只会让自己落得个不贤良的名声。

【经典故事】

亭长的妻子

韩信是西汉开国功臣，中国历史上杰出的军事家，与萧何、张良并列汉初三杰，与彭越、英布并称汉初三大名将。他的传奇人生记录在史册上，甚至产生了许多与他相关的成语和典故，比如胯下之辱、一饭千金、解衣推食、背水一战、多多益善，以及"明修栈道，暗度陈仓""成也萧何，败也萧何"等。还有一些是人们不常用的，比如晨炊蓐食。

晨炊蓐食的意思是，早晨做好了饭在被子里就把它吃掉。这里"蓐"通"褥"，指坐卧时铺在床椅上面的垫子、褥子。这个成语跟韩信早年间的一段经历有关。

韩信早年间确实非常落魄，偏偏还放不下身段——每天佩剑。由此可见，他可能是个破落贵族。因为在那个时候，只有拥有贵族身份的人才有资格带剑，毕竟当时冶金技术并不高，铸一把好剑是很不容易的。韩信没有经商头脑，也不愿意去务农，因此早年日子过得十分贫困，要依靠他人接济过活。

韩信曾去一位亭长家吃闲饭，一连吃了好几个月。亭长的妻子烦了，不想再供养这个闲人。某天韩信吃完饭，躬身行礼致谢并离开之后，她就忍不住扭头呵斥丈夫说："这家伙有什么好的，你这么看重他？手不能提，肩不能挑，四体不勤、五谷不分，整天带着把剑四处闲逛。听说他前些日子还惹出了祸端，城里张屠户家儿子闲来无事，找他的茬了，说他是个绣花枕头，还放话说，'你要不怕死，就拿剑刺我；如果怕死，就从我胯下爬过去'。这韩信犹豫了半天，居然真就从他的胯下爬过去了！满街的人都笑话，都说他胆小。就这么号人，你还把他当成贵宾，觉得有天这家伙能飞黄腾达，你做梦吧！就他这窝囊样，吃得一点不比别人少，论志气就知道钻别人裤裆，就是个酒囊饭袋！"

亭长被妻子说得哑口无言，不由得动摇了对韩信的信心。他的妻子见状，在吃饭的时候逐渐开始了语言上的挑衅。韩信由于吃人家嘴短，基本上不吭声，由她去，实在听不下去了，就赶紧把饭往嘴里一划拉，然后就拱手拜别，但第二天还会再来。

秦汉时期人们的饮食习惯是一日两餐。第一次进餐在上午八九点钟，称为"朝食"；第二次进餐在下午三五点钟，叫"晡（bū）食"。亭长妻子就想了个办法，把朝食提前了。

这天早上，天还没亮，她就早早起来把饭做好了。此时亭长还没起床呢，她就把饭食端到卧室里，两人在床上就把饭吃了。等到韩信高高兴兴来蹭饭的时候，见到的是空空如也的几案。再一看，人家夫妻俩若无其事，佯装不知，就明白了其中的意义。韩信一怒之下出了门，再也没回来过。

此后韩信一直居无定所，到处游荡，常常数日吃不上一餐饱饭。这天韩信饥寒交迫，为填饱肚子只好来到河边钓鱼。有几位老大娘漂洗丝绵，其中一位大娘看见韩信饿了，就拿出饭给韩信吃。几十天都如此，直到漂洗完毕。韩信很感激地说："我一定重重地报答老人家。"大娘生气地说："大丈夫不能养活自己，我是可怜你才给你饭吃，难道是希望你报答吗？"

后来天下大乱，韩信从军，先后追随项羽、刘邦，最后辅佐刘邦统一天下，成为一代名将。他功成名就后，特意回到故乡寻找当初给他饭吃的老妇人，当面感谢了她，奖赏了她上千金。韩信给了亭长一百钱，对他说："你是个小人，做好事有始无终。"而这与他的妻子的言行不无关系啊。

❦【时代启迪】❦

中华传统文化一直提倡"闺门整肃"，不传谣、不信谣。《袁氏世范·睦亲》专列"背后之言不可听"一条，指出大凡人之家中，如若有妇女喜欢搬弄是非，那么她们所叫的公爹、公婆、伯父、叔父、妯娌等，虽然竭力地显示其亲近在称呼之上，却并非天然的血亲，没有血缘关系，所以能够很轻易地割舍恩义，随随便便就结下仇怨。与家庭成员有来往的外人则更容易因为是非言语而心生嫌隙。除非其丈夫有远见卓识，否则就会在不知不觉中被其牵着鼻子走，一家之中的变故也就很容易发生了。

在当今时代，搬弄是非在家庭生活中依然是要不得的。如果不是出于恶意，只是闲来无事说些家里家外的各种消息，那么只要注意保密就可以了，决不可人为制造各种矛盾和事端，要以家庭内外关系的大局为重。

03. 共同尽孝

【古文摘选】

媳妇不唯自己要尽孝，尤当劝夫尽孝。语云："孝衰①于妻子。"此言极可痛心。故媳妇以劝夫孝为第一。要使丈夫踪迹，常密于父母，而疏于己身，俾②夫之孝行，倍笃③于往时，乃见媳妇之贤。

——（清）唐彪：《人生必读书》

注释：①衰：降低，减弱。②俾：使。③笃：深厚。

译文：媳妇不仅自己要尽孝，尤其应当劝丈夫尽孝。古语云："一个男人孝心的衰减，是因为娶了老婆，又有了孩子。"这句话让人听了特别痛心。所以做妻子的要把劝丈夫对父母尽孝作为自己的第一件大事，要使丈夫经常亲近父母，而疏于自己。使丈夫在结婚之后，对父母比以往加倍孝顺，这才显出媳妇的贤惠。

【经典故事】

孙氏劝夫

明朝时期，江苏常州有个叫吴子恬的读书人。因为母亲过世早，父亲又娶了唐氏。继母唐氏生了儿子后，对他颇多不公。

吴子恬的父亲常年在外经商。继母唐氏溺爱自己的亲生儿子，不仅让吴子恬承担繁重的农务劳动，在吃穿用度方面对他也很苛刻。吴子恬的父亲回家时，唐氏还诬陷吴子恬好吃懒做，不懂孝道，使吴子恬遭受父亲重责。

吴子恬悲伤气愤，实在难以忍受，打算去找唐氏理论，被妻子孙氏婉言劝阻。孙氏一直开导吴子恬不要怨恨继母唐氏，自己悄悄过好自己的小日子就行，与人斗气，不值当。孙氏劝他说："毕竟她还是母亲，我们身为人子，不应该这样。"孙氏还替丈夫向父母道歉，竭力维护家庭和睦。

后来，吴子恬的父亲去世了。唐氏私自留下千两银子，把家业分成三份：一份良田留给自己养老，另一份良田分给亲生儿子，只把一份荒田留给吴子恬。

吴子恬气愤不平，想去争回自己应得的财产，在妻子孙氏的劝阻下才打消了念头。

不到十年，唐氏的亲生儿子沉溺赌博，不仅将自家家财败尽，就连亲娘的养老田也卖干净了。母子两个穷困潦倒，几乎没办法生活。孙氏又说服吴子恬迎养继母，帮助弟弟戒赌。

吴子恬的弟弟痛改前非，吴家的日子又慢慢好了起来。后来，吴子恬和孙氏的三个儿子都考中了进士，为官一方，造福百姓。

【时代启迪】

孝敬父母是中华民族的传统美德，是营造幸福家庭的基石；互敬互爱是家庭和睦的基础，更是家庭幸福的源泉。

《朱子治家格言》告诉我们"父母者，人子之本源也"，父母是子女的本源。"本"是根本，没有根，哪来的枝干？没有父母，哪有我们？"源"是源头、源泉，泉水在源头源源不绝地涌出来，才有后面河川的延续。饮水思源，知恩报恩，根本护好了，才能枝繁叶茂。能孝顺父母，这个家才能世代昌盛。

《孝经》中提到："夫孝，德之本也，教之所由生也。""教"是教育，家庭教育、学校教育乃至整个社会教育，都应该抓住孝道这个根本。

《诗经》有云："桃之夭夭，其叶蓁蓁。之子于归，宜其家人。"所以说女子出嫁叫"于归之喜"。诗中描述女子在出嫁时，看到桃树长得茂盛，就期许自己嫁过去之后要好好对待丈夫、孝顺公婆，让这个家兴旺起来，就跟桃树一样。夫妻本是一体，要共同尽孝，照顾好双方的父母，要一视同仁，协调好家庭关系，尽子女应尽的义务，给儿孙做好榜样。

第三章

对 待 妻 子

01. 体贴妻子

【古文摘选】

女曰鸡鸣①，士曰昧旦②。子兴视夜③，明星有烂④。将翱将翔⑤，弋凫⑥与雁。

弋言加之⑦，与子宜⑧之。宜言⑨饮酒，与子偕老⑩。琴瑟在御⑪，莫不静好⑫。

知子之来⑬之，杂佩⑭以赠之。知子之顺⑮之，杂佩以问⑯之。知子之好⑰之，杂佩以报⑱之。

——《诗经·郑风·女曰鸡鸣》

注释：①鸡鸣：鸡叫，指天快亮了。②士曰昧旦：男子说天还没有亮。士，古代对男子的美称。昧旦，又称昧爽，指天将亮未亮的时刻。③子兴视夜：你起来查看夜色。子，你，对对方（通常为男性）的尊称。兴，起来。视，察看。④明星有烂：启明星明亮。明星，启明星，即金星。有烂，即"烂烂"，明亮的样子。⑤将翱将翔：鸟飞的样子。指已到了破晓时分，野鸟休息了一夜，将出巢飞翔。⑥弋凫（yì fú）：射野鸭。弋，用生丝做的绳系在箭上射鸟。凫，野鸭。⑦弋言加之：射中了鸟。言，语助词，无实义。加，射中。一说指"加豆"，食器。⑧宜：指用适当的方法烹调菜肴。⑨言：语助词，无实义。⑩偕老：一起变老。偕，一起，一同。⑪琴瑟在御：弹奏琴瑟。琴和瑟两种乐器合奏，声音和谐，用来比喻融洽的感情（多用于夫妇）。御，用，此处指弹奏。⑫静好：和睦安好。⑬来（lài）：借为"赉"，慰劳，关怀。⑭杂佩：古人佩饰，上系珠、玉等，质料和形状不一，故称杂佩。⑮顺：柔顺，和顺，体贴。⑯问：慰问，问候。一说赠送。⑰好（hào）：爱恋。⑱报：赠物报答。

译文：女子说："公鸡已在鸣叫。"男子说："天还没有亮。不信推窗看天上，启明星灿烂闪亮。""野鸭大雁都要飞走了，你得去射猎。"

"等你把野鸭大雁射下来，为你烹调做好菜。做好佳肴共饮酒，白头偕老永相爱。我们弹琴鼓瑟，和谐美满。"

"知你对我真心关怀呀，送你杂佩答谢你。知你对我体贴细致，送你杂佩表谢意。知你爱我是真心，送你杂佩表报答。"

【经典故事】

体贴妻子的总工程师

杰出的爱国铁路工程师詹天佑1861年出生于广东南海，1872年考取清政府官派首批赴美留学幼童班。他于1881年从美国耶鲁大学铁路工程专业毕业后回国，毕生致力于我国早期铁路建设，负责修建了京张铁路等，有"中国铁路之父"之称。

詹天佑的妻子是他父亲好友谭伯邨的女儿，名叫谭菊珍。当年清政府招考赴美留学幼童时，就是谭伯邨获悉了消息，力促詹天佑报名的。当时詹天佑的父母对儿子远赴重洋、奔赴异国疑虑重重。谭伯邨不愿老友家错过这次千载难逢的好机会，提出："只要天佑出国学习，我就把女儿谭菊珍许配给他为妻。"詹天佑的父母大为感动，遂决定送子留洋。

詹天佑在回国后的第六年，与谭菊珍举行了婚礼。此后，夫妻感情笃厚，相伴一生，两人育有五子三女。

詹天佑常年在祖国各地修建铁路，夫人也随之四处奔波，四海为家的日子过久了，导致身体不好，长期卧床。曾有人以此为由，劝詹天佑纳妾，被他严词拒绝。在詹天佑所处的时代，蓄妾之风相当盛行。詹天佑在晚清和民国都曾担任高官，收入也极丰厚，既具有纳妾的社会环境，也具备纳妾的经济条件。但他终生奉行一夫一妻主义，绝不纳妾。不仅如此，他从心底里敬爱、尊重妻子、体贴妻子，并且敢于公开提倡。对比晚清民国那些妻妾成群的军阀、政客、商人、文人，詹天佑显得特立独行，难能可贵。他不仅是卓越的铁路工程师，更是当之无愧的模范丈夫。

詹天佑对于夫妻关系，也有独到的见解。他认为，是男人就必须敬爱妻子，不敬爱妻子的男人，也必定不会信于友、忠于事。他非常讨厌听到夫妻吵闹、离婚这样的事，一旦听说谁家夫妻不和，他总是认为"过必在夫"。在工作中，詹天佑时常不厌其烦地告诫下属一定要礼敬妻子。

有一次，一群学生到京张铁路参观。一个学生听说，京张铁路职工普遍家庭和睦，男性职工大多非常礼敬妻子，两口子打架拌嘴的很少，很多职工还是"妻管严"。个别职工家里有夫妻不和的，谁都不敢声张，生怕同事发现。为何京张铁路盛产"好男人"呢？原来，这是受詹天佑的影响，上行下效使然。一名记者对此作出了极高的评价："吾望中国多有若干如詹先生其人者，则不仅国有铁路可以独立修造，妇运之前途，亦将大放光明。更望党政军各机关之长官尽如詹先生之宅心，则全国妇女之被解放可立待矣。"

🦋【时代启迪】🦋

心理学家发现，人类普遍害怕孤独，因为这种心理体验令人痛苦。尤其是女性，比男性需要的"共处感"会更多一些。当然，在家庭生活中也是如此，妻子往往希望丈夫为自己投入更多的时间和注意力。

夫妻双方都是独立的个体，有着不同的习惯和爱好，但为了尊重对方，使家庭和睦，在必要的时候，合理的妥协是有益的。特别是丈夫，要更多地关心和体贴妻子，切不可忽视妻子的合理要求和愿望。

大男子主义要不得。原因很简单，如果想被妻子深爱，首先必须使自己值得被爱。爱的真正含义不是索取，而是给予，这不是一朝一夕的事，而是日久见人心、长久磨合而达成的默契。

在日常生活中，丈夫应当牢记：坚强有力，彬彬有礼；多赞扬，多说贴心话；划分"责任范围"；避免指责；记住"小事情"很重要；多陪伴妻子；使妻子有安全感；了解妻子情绪波动的原因；尽力满足妻子合理的要求。

02. 听取合理建议

【古文摘选】

谓①人有男女则可，谓见②有男女岂可乎？谓见有长短则可，谓男子之见尽③长，女人之见尽短，又岂可乎？设使④女人其身⑤而男子其见⑥，乐闻正论⑦而知俗语之不足听，乐学出世⑧而知浮世⑨之不足恋，则恐当世男子视之，皆当羞愧流汗，不敢出声矣。

——（明）李贽：《焚书·答以女人学道为短见书》

注释：①谓：说。②见：见识，见地。③尽：都。④设使：假如，如果。⑤女人其身：身体为女子。⑥男子其见：指有着如同男子那样的见识。⑦正论：正确合理的言论。⑧出世：超脱人世，摆脱世事的束缚。⑨浮世：人间，人世。旧时认为人世间是浮沉聚散不定的，故称"浮世"。

译文：说人有男有女是可以的，说见识有男女之别，怎么可以呢？说见识有深浅是可以的，说男子的见识都深刻，女人的见识都短浅，又怎么可以呢？倘若身为女人，却有男人的见识，她乐于听到正论，知道世俗的话不值得听，乐于学习超脱俗世之理，知道俗世不值得留恋，那么恐怕当今世上的男子见着她，都该羞愧流汗，不敢出声。

【经典故事】

有远见的妻子

武则天执政时期，为了镇压反对她的人，任用了一批酷吏。来俊臣就是其中之一。他因告密得到武则天的信任，成为武则天在政争中的"鹰犬"。来俊臣和党羽共撰《罗织经》，网罗无辜，捏造罪状。当时的司法者竞相用酷法刑讯，来俊臣与周兴、索元礼尤为残虐。武则天曾于洛阳丽景门置推事院，由来俊臣主持，凡入此门者，百不存一，因此人称其门为"例竟门"。当时朝士人人自危。来俊臣前后陷害杀戮的家庭有千余家，冤死者众多。

从汉代开始，历代封建统治者都设有畜养禽兽供帝王玩乐的园林，唐代时掌管者称上林令，属于从七品的小官。当时的上林令侯敏既是为了自保，也是为了升职，就想方设法接近来俊臣，很殷勤地跟从他。

侯敏的妻子董氏是个头脑非常清醒的人，对丈夫说："来俊臣是国家的罪人，他有权有势的日子长不了。等到他的罪恶败露后，依附他的党羽，都会首当其冲受到牵连，现在你最好的办法是像对待鬼神一样尊敬他，但要远离他。"侯敏听从了妻子的劝告，就不像以前那样亲近来俊臣了，与他日渐疏远，终至不再往来。

来俊臣刚开始还没有觉察，后来渐渐发现不对劲，试探几次后发现侯敏无动于衷，于是勃然大怒。他下令贬逐侯敏，让他离开京城去四川涪州做武龙县的县令。

侯敏见自己仅仅因为不亲近酷吏就受到迫害，一时想不通，也不愿去偏远地方做官，就想辞官回乡。这时，妻子董氏却劝他，塞翁失马，焉知非福？让他赶紧去上任，不要拖延。侯敏从善如流，听从了妻子的劝告，前往武龙县赴任。

侯敏到了涪州，先投递名帖送到州府衙，等候拜见州长官。不料他长途跋涉，加上心神不宁，居然在最后的落款上出了一个书写错误。州长官打开名帖看时，一眼就看到了错字，于是大发脾气说："署名不清，怎能做县令？"就不让他去武龙县就职。

侯敏一再受挫，心情愁闷，董氏又劝他说："暂且住下，但不要离开，也不要请求去上任。"

侯敏在涪州停留了五十天。那时忠州正好有叛乱，参与叛乱的人攻打并占领了武龙县，还杀了那里的县令，并将其一家老小全部劫走。侯敏因为没有去武龙，反而避免了这场灾难。

后来，来俊臣终于被武则天处死，他的党羽全部被流放岭南。侯敏再次躲过一劫，避免了一场更大的灾难。

侯敏的妻子董氏是个正直、聪明而又有远见的人，她一劝丈夫和奸党来俊臣脱离关系，并因此免遭祸殃；二劝丈夫被贬后赶快赴任，并因此成功与国贼来俊臣脱离了关系；三劝丈夫赴任被阻时且忍且待，并因此全家免受贼人屠戮。董氏的智慧，帮助侯敏多次在险恶的环境中得到保全，如此贤内助，着实令人敬佩。

【时代启迪】

在家庭关系中，丈夫和妻子的地位是平等的。所以为营造更好的家庭环境，在两个人相处时，自己的需求和意见要明确告知对方，这样对方才会知道你真正的想法。家庭是双方共同经营的，要互相尊重、互相体谅、互相听取合理建议。

人与人之间相处都会有一些摩擦，更不要说夫妻之间。如果发现对方处理事情不当，首先不要急着抱怨对方的不是；要尽量平复情绪，以包容的态度与对方坦诚交流，然后一起找到解决办法。所以，夫妻之间应该以诚相待，有事好商量，一定不能遇事就大吵大闹。在遇到意见不一致的时候，一定要多听取对方的建议，从对方的角度考虑。例如在教育孩子的问题上，双方应深思熟虑，听取对方合理建议，共同养育好孩子。

无论是妻子还是丈夫，都要体谅对方、多沟通。每个人有着不同的成长背景、思维方式，也会有各自的思维盲区。有时候过于自我会钻牛角尖，而也许他人的一个简单的提醒就能使问题迎刃而解。夫妻双方作为家庭中最亲密的人，更应该重视对方的合理建议，耐心倾听，更好地处理家庭内外事务。

第四章

经营家庭

01. 勤俭持家

【古文摘选】

孔子曰："奢则不孙①，俭则固②。与其③不孙也，宁④固。"又云："如有周公⑤之才之美，使骄且吝，其余不足观也已。"然则可俭而不可吝已。俭者，省约合礼之谓也；吝者，穷急不恤⑥之谓也。今有施则奢，俭则吝；如能施而不奢，俭而不吝，可矣。

——（南北朝）颜之推：《颜氏家训·治家》

注释： ①奢则不孙（xùn）：奢侈豪华就会显得不谦逊。孙，通"逊"，恭顺。②固：简陋、鄙陋，这里是寒酸的意思。③与其：连词。比较两方面的利害得失，选取一方面，舍弃另一方面。"与其"表示舍弃的一面，肯定的一面前常用"不如""宁可""毋宁"等词呼应。④宁（nìng）：宁可。⑤周公：周初政治家。姓姬，名旦。周文王子，武王弟，曾助武王灭商。武王死后摄政。曾平定武庚叛乱，继续分封诸侯，扩大疆土。相传曾制礼作乐，为周朝建立了一套典章制度，被儒家尊为圣贤。⑥恤：救济。

译文： 孔子说："奢侈豪华就会显得不谦逊，省俭朴素则会显得寒酸。与其不谦逊，宁可寒酸。"又说："一个人即使有周公那样美好的才能，但如果骄傲而吝啬的话，那其他方面也就不值一提了。"这样说来是可以俭省而不可以吝啬了。俭省，是合乎礼的节省；吝啬，是对困难危急也不体恤。当今常有讲施舍就成为奢侈，讲节俭就成为吝啬。如果能够做到施舍而不奢侈，俭省而不吝啬，那就很好了。

【经典故事】

第五伦勤俭持家

东汉初年，有位叫第五伦的官员，字伯鱼，京兆长陵人。他为官清廉，以俭治家，远近闻名。他曾被任命为会稽太守，其间虽然身为二千石一级的地方大员，却亲自锄草喂马。别的官员家中往往妻妾奴仆成群，第五伦家中却仅有一两个干重活儿的仆人，其他洗菜、做饭、缝纫等家务都由妻子一人承担。第五伦所得的俸禄，也只留下一个月的口粮，其余的都低价卖给贫苦百姓。

其实，第五伦在家中，不但让妻子、儿女做家务，他自己也经常动手干力气活儿。有一天，第五伦的新下属特意前来拜见上司。他走进第五伦家中，看到一位衣着简朴的妇人，以为是家里的仆人。于是他整衣上前说："请禀告你家主人，有客人来访。"新下属说完，就自己坐了下来，等待那妇人去禀报。那妇人听了新下属的话，并没有离开，而是仔细打量了一下他，然后平静地问："您一定是新来的官员吧？"还随手倒来一杯茶，递给他，然后坐在新下属的对面。新下属见眼前妇人不去禀报，却坐了下来，心中十分生气。他又大声重复说："你快去禀报你家主人，说有客人来了。"还没等这妇人说话，第五伦的儿子就跑了进来，冲那妇人喊道："娘，来客人了？"这时，新下属才恍然大悟，原来这妇人居然是第五伦的夫人。他十分尴尬，慌忙起身行礼。但第五伦的妻子却并不在意，仍然和气地说："官人并不在家，他刚才和仆人一起上山割草去了。"新下属惊讶地问："割草？太守还要去割草？"那孩子却自豪地说："是割草啊，父亲割了草好喂马啊！"新下属按捺住心中的震惊，向第五伦的妻子连连道歉。

到了汉章帝时，第五伦官至司空。东汉以太尉、司徒、司空为三公，是极为显赫的官职，负责监督朝廷百官。位高权重，而且为官多年，按理说应该是府中富丽堂皇，家财万贯了，但第五伦依旧过着简朴的生活，因为他的大部分钱财都用于救济穷人了。并且，他家教很严格，不允许子女穿丝绸做的衣服，就连他的夫人，平时也只能穿粗布衣裙，不得佩戴华丽的头饰。

某天，第五伦的一个亲戚从外地来到京师，以为他这样大的官，一定是宅第气派，门前车水马龙，家中仆人成群。可是到了第五伦家一看，却见宅院狭小，冷冷清清，家具破旧，围墙有豁。他夫人像个下人一样忙里忙外，洗衣做饭，端茶倒水招待客人。这个亲戚难以相信，感到非常惊讶。在吃饭的时候，他实在看不下去了，忍不住说："恕我孤陋寡闻，此前我真的没听说过也没有见过，堂堂朝廷三公的夫人还要下厨做饭！您应该多请个仆人啊！"第五伦听了却笑笑说："那老百姓家里的妇人，每天不仅要烧饭洗衣，还要干很多重活儿呢，我们已经比别人强多了，持家还是勤俭一点的好。要是养成奢侈浪费的习惯，家风就会败坏了。"

【时代启迪】

勤劳致富、勤俭持家是中华民族的传统美德。2013年1月22日，习近平总书记在第十八届中央纪律检查委员会第二次全体会议上的讲话中指出："勤俭是我们的传家宝，什么时候都不能丢掉。要大力弘扬中华民族勤俭节约的优秀传统，大力宣传节约光荣、浪费可耻的思想观念，努力使厉行节约、反对浪费在全社会蔚然成风。"

党的十八大以来，各地区各部门贯彻落实习近平总书记重要指示精神，采取出台相关文件、开展"光盘行动"等措施，大力整治浪费之风，"舌尖上的浪费"现象有所改善，特别是群众反映强烈的公款餐饮浪费行为得到有效遏制。

成由勤俭败由奢。厉行节俭，可以减少物欲的诱惑，也有利于长养浩然正气。无数先辈历经困苦，玉汝于成，成就中华民族的伟大复兴。不忘初心，方得始终。新时代，勤俭应成为我们身体力行的健康文明的生活方式。

02. 多沟通交流

【古文摘选】

轼①有所为于外②，君③未尝不问知其详。曰："子去④亲远，不可以不慎。"日以先君之所以戒⑤轼者相语也。轼与客言于外，君立屏⑥间听之，退必反覆⑦其言，曰："某人也，言轼持两端⑧，惟子意之所向，子何用⑨与是人⑩言。"有来求与轼亲厚甚⑪者，君曰："恐不能久，其与人锐⑫，其去人必速。"已而果然⑬。

——（北宋）苏轼：《亡妻王氏墓志铭》

注释：①轼：苏轼自称。古人在说到自己或自我介绍时，称自己的名或使用谦辞。②外：与"内"相对，这里指离家外出公干。③君：夫妇之间的尊称。④去：离开。⑤戒：通"诫"，告诫。⑥屏：放在室内用来挡风或隔断视线的用具，有的单扇，有的多扇相连，可以折叠。⑦反覆：即反复，重复，再三。⑧轼持两端：总是采取模棱两可的态度。辄，总是，每次。⑨何用：用反问的语气表示不用、不须。⑩是人：这个人。⑪甚：过分。⑫锐：迫切，急切。⑬已而果然：不久果然就是这个样子。已而，不久。果，果然，当真。然，这样。

译文：我经常外出办公事，每次回来她没有不详细询问我办事的情况的。她还经常告诫我："你在外地做官，离亲人很远，不能不处处小心啊。"每天她都用我父亲曾告诫过我的话来告诫我。我在外堂和来访的人谈话，她常常站在屏风后面仔细地听，等我回来还能复述出来我们曾经说的话。她还说："某个人说话，总是采取模棱两可的骑墙态度，只要你的意向是什么他就说什么，那你为什么还要和这个人讨论呢？"有来求我办事的人想表示下亲密和感情深厚，只要有过分的地方，她就说："这种人是不能长久做朋友的，这个人这么快就和你交上朋友了，那么他疏远你也是很快的。"不久，她的看法果然被证实了。

【经典故事】

贤妻王弗

苏轼和王弗是一对少年夫妻，两人成婚之时，苏轼18岁，王弗16岁。相传他们两人因"唤鱼池"这三个字而结缘。

有一年，苏轼在青神中岩书院求学。在中岩寺的岩壁下，有一小池，池水清澈，景色幽雅。一天，中岩寺的住持找到乡贡进士王方，希望他能给这个水池取个雅致的名字。

王方邀请远近的青年才子前来，为这汪碧池取名。除为了满足住持的愿望外，王方还另有用意，想为爱女王弗择一佳偶。苏轼正是这些慕名而来的青年才俊中的一员。"藏鱼池""引鱼池""跳鱼池"……才子们七嘴八舌，说了不少名称，可是王方始终没有表态。此时，苏轼通过观察发现：只要有游人拍手，池中的鱼儿就能闻声游出，并连番跃动，像是能听懂人的呼唤一样。苏轼便脱口而出"唤鱼池"一名，得到了王方的赞许。巧合的是，此时王方的爱女王弗躲在旁边，也早写下了"唤鱼池"三字，让丫环送到池边，众人开卷无不惊喜，苏轼与王弗不谋而合，王方情不自禁地说："此乃天缘之合，韵成双璧。"王方赞赏苏轼的才华，便将爱女王弗许配给他。

两人成婚后，王弗除了尽心照顾公婆外，还在苏轼的身旁研墨端砚，红袖添香。王弗聪敏而谨慎谦虚，作为进士之女的她，一开始并没有向苏轼夸耀自己通晓诗书。每当苏轼读书的时候，她则在旁边终日不去。后来苏轼有遗忘的地方，她反倒给予提醒。好奇的苏轼问她书里的问题，她都能答上来，让苏轼又惊又喜，刮目相看。

后来苏轼做了官，王弗对苏轼帮助最大的，莫过于"幕后听言"。苏轼天生洒脱，放荡不羁，在他眼中人无好坏之分，这一点正是令其父苏洵最放心不下的。苏轼在客厅与好友饮酒品茶，王弗便经常立在屏风后面倾听他们的讨论之词。等到宾客离去，王弗才婉言规劝苏轼少与某些人来往，并点明谁有攀附之意，谁又说了奉承之言，提醒丈夫结交贤人，远离利己轻浮的小人。她对某些人性情为人的总结和看法，无不言中，可谓苏轼绝佳的贤内助，是一位情商极高的奇女子。王弗和苏轼常常坦诚地沟通和交流，这大大加深了两人之间的感情，并对二人共同处理内外关系起到积极作用。

只可惜红颜薄命，王弗27岁就去世了，当时她唯一的孩子苏迈只有六岁。王弗与苏轼相伴的11年，也是苏轼仕途最得意的时候。苏轼进士及第，王弗为他开心；苏轼外出做官，王弗贴心陪伴。王弗于苏轼，不仅仅是妻子，也是精神依托。所以当王弗去世之后，他才会发出"呜呼哀哉！余永无所依怙。君虽没，其有与为妇何伤乎？呜呼哀哉！"的感叹。

【时代启迪】

有心理学家提出，健康的夫妻关系存在七个共同的要素，分别为：尊重、宠爱和友谊，紧密的情感联结，高质量的沟通，共同、有效的冲突处理方式，接纳、包容的心态，明确、长期的承诺，以及一致的价值观和目标。

要把握好、做好这七个方面，我们可以看到，每一方面都离不开沟通。幸福的夫妻不是没有冲突，而是学会了如何去处理冲突，尤其是进行高质量的沟通。夫妻之间一些沟通方面的要点需要了解：

给对方想要的，才是最好的。有时候一心为对方好，给予的却是对方不需要的，甚至牺牲了对方最想要的东西。如果非常爱对方，付出很多却常被抱怨、不领情，一定是走进了这样的误区。最好的办法就是去沟通，了解对方真正的需求，哪怕觉得对方的需求多么"没有道理"，也要尊重并给予对方想要的。千万不要打着"我是为你好"的旗号，忽略伴侣的需求。

明确表达需求，不要等着对方去猜。每个人的生活经历不同，想法必然有差异，即便是朝夕相处的伴侣也很难准确捕捉到对方的想法。现代社会人们工作非常忙碌，生活压力也大，用于揣测他人心意的时间就更少了。所以即使沟通非常好的夫妻，也常常需要更明确地表达。例如，妻子刚生孩子不久，很需要情感支持，就告诉丈夫："你要多陪陪我。"丈夫却很诧异，认为每天准时下班，准时回家，做好吃的，这就是陪伴了。所以，妻子应该更明确地表达："我希望你能坐在我床边，陪我说会儿话。"生活中有这样的误区：很多人觉得明确表达需求像是在乞求对方，很没面子。确实，如果能遇到这样一个伴侣——你想睡了就给你递过枕头来，你想喝水就把水杯送到唇边，那该多好！但这样的情况，在现实生活中能有多少概率呢？与其"等待—失望—生闷气"，不如直接表达，让生活简单一些，夫妻间的快乐就会多一些。

婚姻中有批评、鄙视、辩护和冷战这四大"杀手"，当它们陆续出现并占据主要位置时，婚姻就岌岌可危了。研究表明，讨论以什么样的方式开始，必然会以什么样的方式结束。以指责批评开始，势必会以痛苦结束，以温和开始就能更愉快地结束。温和的开始对解决冲突至关重要，可以避开人身攻击，进入解决问题的环节。

　　沟通不仅限于语言，还有许多其他方式。比如：保持个人的独立性，把自己的生活过好的人才能把关系处理好；培养共同的兴趣爱好，做一对有趣的情侣或夫妻，利用好生活中的重大节日或纪念日，提升仪式感。又比如避免社会比较，不要总把"别人家的老公""别人家的老婆"挂在嘴边；多读点书，多出去旅行，生活中不只有柴米油盐酱醋茶，不时的远游和诗意可以让彼此感觉更舒服，也让夫妻关系更稳固。

03. 共同担当

【古文摘选】

谢公①最小偏怜②女，嫁与黔娄百事乖③。顾④我无衣搜画箧⑤，泥⑥他沽酒⑦拔金钗。野蔬充膳甘长藿⑧，落叶添薪仰⑨古槐。今日俸钱⑩过十万，与君营奠复营斋⑪。

——（唐）元稹：《遣悲怀三首》其一

注释：①谢公：东晋执政大臣谢安，他最偏爱侄女谢道韫。此以谢安借指亡妻韦丛的父亲、太子少保韦夏卿。公，对谢安的尊称。②偏怜：偏爱。③嫁与黔娄百事乖：嫁给我这个贫士后事事不顺利。嫁与，一作"自嫁"。黔娄，战国时齐国隐士，家贫，死时衣不蔽体，此借以自指，说韦丛是以名门闺秀的身份下嫁给他这个穷小子。乖，违背，此指不称心、不顺利。④顾：看。⑤画箧（qiè）：一作"荩箧"，竹或草编的箱子。⑥泥（nì）：软缠，央求。⑦沽酒：买酒。⑧藿（huò）：豆叶，嫩时可食。⑨仰：依靠。⑩俸钱：俸禄，旧时官吏所得的薪水。⑪营奠复营斋：延请僧人道人超度死者。营，营求，筹办。奠，祭奠，设酒食而祭。斋，斋戒。

译文：你如同谢公最偏爱的女儿，嫁给我这个贫士后事事不顺利。你看到我没有可替换的衣服，就翻箱倒柜去搜寻；我身边没钱，死乞活赖地缠你买酒，你就拔下头上金钗去换钱。平常家里只能用豆叶之类的野菜充饥，你却吃得很香甜；没有柴烧，你便靠老槐树飘落的枯叶当作柴火。而今我自己虽然享受厚俸，却再也不能与你共享荣华富贵，只能用祭奠与延请僧道超度亡灵的办法来寄托自己的情思。

【经典故事】

龚全珍与甘祖昌

1957年8月，时任新疆军区后勤部部长的甘祖昌做出了一个惊人之举——率全家人回家乡，做一名从井冈山出山又回山的"将军农民"。这件事情引起了轰动，《人民日报》《解放军报》等新闻媒体纷纷宣传报道。

甘祖昌的妻子龚全珍毕业于西北大学教育系，当时为新疆军区子弟学校教师。她随同丈夫离开乌鲁木齐，来到丈夫故乡江西省莲花县坊楼镇沿背村定居。这一年，龚全珍34岁。龚全珍回忆说："老甘最大的信念就是带领乡亲们一起建设家乡，让老百姓过上富裕幸福的日子。"

甘祖昌一到家乡，就投入了建设家乡的劳动。从那以后，他几十年如一日，除了生病、外出开会以外，几乎天天和农民一起参加生产劳动。回乡29年，甘祖昌和乡亲们一起，自力更生，艰苦奋斗，修建了3座水库、25公里长的渠道、4座水电站、3条公路、12座桥梁，为促进家乡的经济发展作出了很大贡献。甘祖昌于1986年3月28日在家乡江西省莲花县病逝，享年 81 岁。他留给妻子和儿女唯一的遗产是一只铁盒子，里面用红布包着三枚他在 1955 年荣获的勋章。

龚全珍来到江西后，做的第一件事就是到县文教局联系工作。她被分到当时新办的九都中学任教。这所学校条件极差，只有三个老师，连校长都没有。她却一点都不嫌弃，第二天就搬铺盖去上班了，周末才回家来帮丈夫和孩子缝补衣服，料理家务。后来，文教局想调她到南陂小学当校长，但又怕从中学到小学，她不愿意去。没想到征求意见时，龚全珍笑了："我只要有书教，能和孩子们在一起，中学小学都一样。"她高兴地去了南陂小学。后来，她又被调到甘家小学。就这样，五十余载岁月，龚全珍远离尘嚣，在倾力执教农村中小学的同时，也曾赤脚下田、荷锄上山，即使年老离休，她仍奔忙着发挥余热，捐资助学，扶贫济困，向青少年开展革命传统和爱国主义教育。

2013 年 9 月 26 日下午，习近平总书记在亲切会见第四届全国道德模范及提名奖获得者时，在讲话中高度赞扬了甘祖昌的奉献精神。他提到，甘祖昌是我们共和国的开国将军，江西籍的老红军。新中国成立后，他当了将军，但是他坚持回家当农民。我当小学生时就有这篇课文，内容就是将军当农民，我们深受影响。至今半个世纪过去，看到龚老现在仍然弘扬着这种精神，今天看到她又当选全国道德模范，出席我们今天的会议，我感到很欣慰。习近平总书记强调，我们要弘扬这种艰苦奋斗精神，不仅我们这代人要传承，我们的下一代也要弘扬，要一代一代传承下去。

【时代启迪】

我们常说做人要有责任感。责任感的范围很广，包括家庭责任感、学校责任感、企业责任感、工作责任感等。其中家庭责任感就是夫与妻在履行责任时的一种精神状态，即夫对妻或妻对夫在完成分内之事和应尽义务时的态度，包括夫妻之间的责任感、夫妻对老人的责任感、夫妻对子女的责任感等。夫妻双方只有充分意识到并确定好自己在家庭关系中的角色定位，才能把这种责任感发挥到最好。比如夫妻之间的平等主要是指地位和利益所有上的平等，这并不代表夫妻的角色也是一样的。夫妻双方在不同的场合扮演的角色是有很大的差别的，这主要取决于双方不同的性格和能力特点。这样的角色分工做到了相互尊重和信任，体现了夫妻之间在生活上的平等，同时也发挥了夫妻双方各自的优势。夫妻之间取长补短，择善而从，相互配合，共同担当，从而促进家庭关系的和谐健康发展。

04. 打理经营

【古文摘选】

夫有钱米，收拾经营①。夫有酒物，存积留停。迎宾待客，不可偷侵②。大富由命，小富由勤。禾麻菽③麦，成栈④成囷⑤。油盐椒豉⑥，盎瓮⑦装盛。猪鸡鹅鸭，成队成群。四时八节⑧，免得营营⑨。酒浆食馔⑩，各有余盈。夫妇享福，欢笑欣欣。

——（唐）宋若莘、宋若昭：《女论语·营家第九》

注释：①经营：经手管理。②偷侵：暗中拿取，非法占用。③菽：豆类的总称。④栈：留宿客商或储存货物的房屋。⑤囷（qūn）：古代一种圆形的谷仓。⑥豉（chǐ）：一种用熟的黄豆或黑豆经发酵后制成的食品。⑦盎瓮（àng wèng）：泛指陶制容器。盎，古代一种腹大口小的器皿。瓮，一种盛东西的陶器，腹部较大。⑧四时八节：泛指一年中的各种时令、节日。四时，指春、夏、秋、冬四季。八节，指立春、春分、立夏、夏至、立秋、秋分、立冬、冬至八个节气。⑨营营：劳而不知休息，忙碌。⑩馔（zhuàn）：饭食。

译文：丈夫有了多余的钱财和粮食，妻子要懂得料理妥当。丈夫有了酒和其他物品，要懂得妥善储存。这些东西可以用来招待客人，不可以独自享用或者私藏。大富是由自己的命运来决定的，但小富可以用勤劳获得。家里的稻谷、芝麻、豆类、小麦等都要装在大小不同的仓里边。调味品也要盛在瓶瓶罐罐里面。猪鸡鹅鸭等家畜家禽，成队成群。这样做就可使一年四季的各种节日里招待宾客时菜肴丰盛，而不会由于欠缺而四处张罗。如此则夫妇享福，日子过得欢喜快乐。

【经典故事】

清末的成功女商人

周莹出生于陕西省三原县，十几岁的时候嫁到了吴家。可是婚后不久，丈夫就去世了，周莹从此就变成了寡妇。吴家没有男丁承嗣，公公便将吴家的商铺、生意交由周莹来管理。一年后，公公在外出途中遇难，振兴家业的重担落到了她一个人的身上。十八岁的周莹并没有退缩，她冷静地处理了家中大事，开始全力经营家族产业。

当时正是清朝末年，战乱频繁，好在吴家仍有不少商号、店铺和资本。年终，周莹将吴家在外地的总领（商号经理）召集回来，由总管家代替主人设宴款待，以示东家对伙计们的关怀。吃喝完毕，周莹在大厅一间屋外挂上一道竹帘，听取各地生意情况的汇报，之后分别提出了她对下一年度的安排意见。

当时参加宴会的总领们都很不以为然，认为一个年轻寡妇懂得什么，都抱着姑妄听之的态度。有的人见东家生意已经衰败，暗中早有打算，想让东家早点垮台，自己好另谋高就。他们口头上说是就按东家说的办，其实根本没当回事。

谁知第二年年底结算账目时，凡是按照周莹主意办事的商号都赚了钱，不执行周莹意见的都赔了本。由此，周莹在总领伙计中间树立了威信，大家无不佩服她在商业经营上的独具慧眼以及善于理财的本领。周莹从此声名鹊起，打开了局面。

周莹天资聪颖，对数字过目不忘，具有非凡的记忆力。接管生意后，她用智慧和辛勤精心打理，从贩盐生意到蚕丝、棉花、药材、茶叶等，生意越做越大，也成为当时唯一做生意做到富可敌国的成功女商人。在她的悉心料理下，吴家原有商号个个重新兴盛起来，后来还增设了不少分号。她在甘肃主要经营药材，湖北主要经营布匹，各大商埠、码头都有吴家的生意，南通北达，联成一气，建立起了陕西吴氏的商业帝国。

八国联军入侵中国，占领了北京，慈禧太后来到西安避难时，周莹向慈禧太后提供了十万两白银的支持，慈禧亲手题写"护国夫人"牌匾赐给她。《辛丑条约》签订后，她又向清廷进献白银。慈禧太后有感于她的慷慨，封她为"一品诰命夫人"。正因为如此，周莹在社会、商界和平民百姓中赢得了无与伦比的人气和名声。

清宣统二年（1910），周莹去世，终年42岁。临终前，她将苦心经营几十年的巨额财产分给所有下人，土地归村人共有。周莹出殡的当天，四邻乡亲八万多人自发给她送葬。

清末平民出身的周莹，通过奋斗成为成功的商人。她对夫家产业的经营之道值得借鉴：首先在诚信为本的基础上进行改革创新，重要的是如何用人和选人，合理使用人才进行店铺管理。开拓市场是周莹的强项，比如在原料供应上，周莹胆大心细，靠对市场的预测分析出市场的需求，从而敢以高于市场价的价格收购原料。商业上成功的周莹对普通老百姓的苦难没有袖手旁观，面对饥民大潮她设立粥厂，开仓放粮而广受称赞。周莹还建文庙，开办学堂，延续家乡文化，她的这些善举被写入当地县志。

❦【时代启迪】❦

中国古代强调"男主外，女主内"，实际上对主持一个家庭乃至家族生活的女性提出了很高的要求。事实上，从古至今，各个阶层的女性均需不同程度地参与家庭或家族的经营活动，她们在当时的农业、手工业、商业等方面均有积极参与和明显贡献，部分女性不仅自食其力，甚至成为家庭中的经济支柱。

在古代社会，女性除了日常家务劳动外，也进行生产劳动，主要活动有农作、养蚕、缫丝，以及以纺纱、织布为主的各种手工业。富裕阶层的女性不会抛头露面地参与公共领域经济活动，多是以人女、人妻、人母的身份参与社会经济生产活动，部分才智出众的女性有机会管理家庭或家族财务。社会中上层女性居家执掌家庭财务大权的并不少见。

到了现代社会，男女平等，女性可以如男性一样参与各种经营活动，有着属于自己的事业、爱好、收入，可自由支配财产和时间，思想上独立、经济上独立、人格上独立，不再如同在古代社会那样过分受到社会或家庭中男权主义思想的束缚，有着强烈的自我认知、自我意识、自我控制、自我支配能力。现代女性对生命、生活，对社会和家庭更加热爱，兴趣爱好更加广泛，精神素养更为丰富，因此能与丈夫互相配合，在家庭的经营打理方面释放出更大的活力与能量。

图书在版编目（CIP）数据

新时代家庭教育. 父母阅读. 持家有道 / 毕诚 主编. —北京：东方出版社，2022. 1
ISBN 978-7-5207-1996-4

Ⅰ.①新… Ⅱ.①毕… Ⅲ.①家庭管理－财务管理－家庭教育 Ⅳ.①G78 ②TS976.15

中国版本图书馆CIP数据核字（2021）第259845号

新时代家庭教育

父母阅读 持家有道

（XINSHIDAI JIATING JIAOYU）

毕 诚 主编

责任编辑：胥 一 杜丽星
装帧设计：张俊杰
插图绘制：谢东海
责任审校：金学勇
出 版：东方出版社
发 行：人民东方出版传媒有限公司
地 址：北京市西城区北三环中路6号
邮 编：100120
印 刷：鸿博昊天科技有限公司
版 次：2022年1月第1版
印 次：2022年1月北京第1次印刷
开 本：710毫米×1000毫米 1/16
印 张：4.5
字 数：40千字
书 号：ISBN 978-7-5207-1996-4
定 价：18.00元
发行电话：（010）85924663 85924644 85924641

圣城之旅　主题笔记本

没见过耶路撒冷之辉煌的人终其一生也见不到一个合意的城市。

没见过圣殿全貌的人终其一生也看不到一座辉煌的建筑。

——《塔木德》

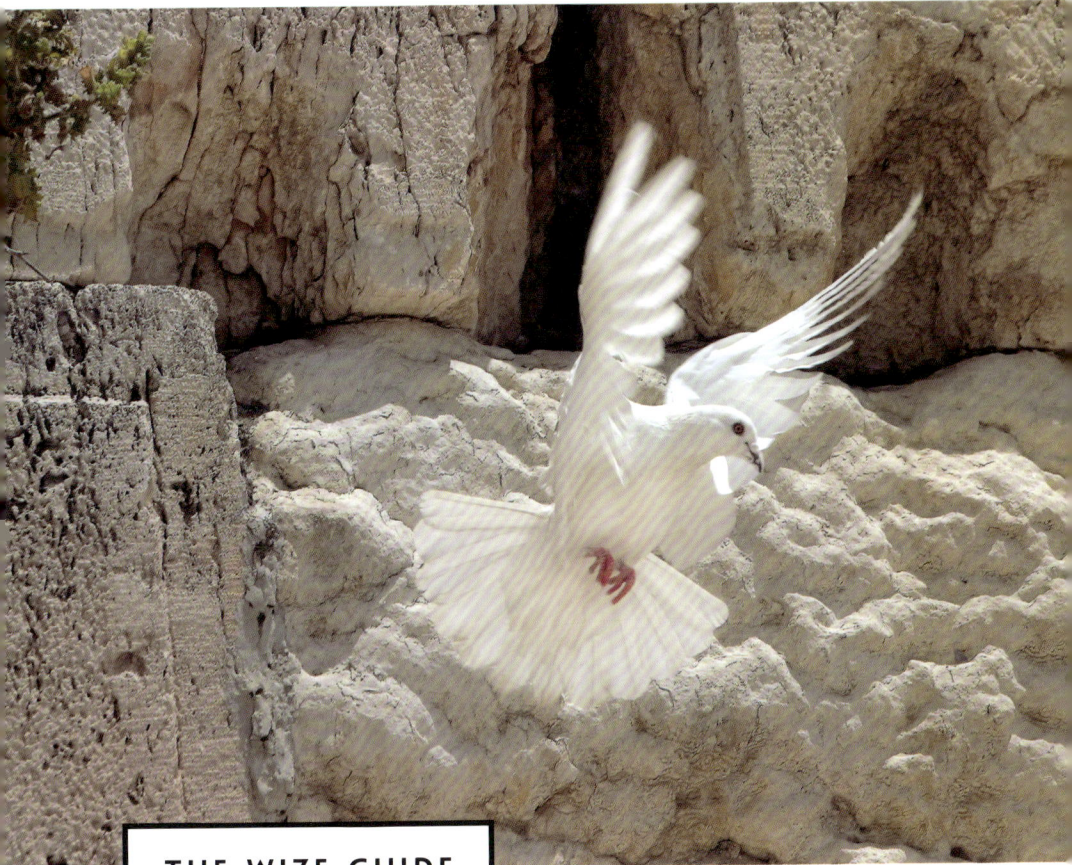

THE WIZE GUIDE

CHAPTER 1

第一章

导言

一个简要的耶路撒冷
生存指南

JERUSALEM - STEP BY STEP

为确保本旅行指南所用资料的可靠性，

我们已做了大量的工作。

尽管如此，只要你：

在本书中找到任何错误，

想告诉我们一些新进展，

对购买一些其他的旅行指南或者对购买一本小册子感兴趣，

或者仅仅为了让我们改进而告诉我们一些问题、经历或想法：

尽管写信给我们吧，

地址是：wizeguide@gmail.com

第一版：2008 年 4 月

修订版 第五版 2017 年

扫码关注后回复"耶路撒冷"即可获赠耶路撒冷部分高清电子地图！

Everyone should have Aya, Aharon, Liran, Dudu, Ronit, and Dalik in their lives. >>> 致谢
We do!

我们更要感谢所有为这本旅行指南的出版奉献过他们的文章、图片、才智和时间的人。以下只是略表敬意：

感谢伊扎克·纳冯总统（President Yitzhak Navon），因为他允许我们引用他的剧作《布斯坦塞法迪犹太人》（*Bustan Sephardi*，塞法迪犹太人的果园）。

感谢身为记者和演员的杰克·利瓦伊（Jacky Levi），感谢他的报道《耶路撒冷概貌》（*Snapshots of Jerusalem*）。

感谢摩西·阿米拉夫（Moshe Amirav）博士，感谢他的小说《哈吉·孔斯返回艾因凯雷姆》（*Haj Kuns returns to Ein Kerem*）。

感谢记者泰尔雅·利德（Talya Leader），感谢她的文章《首都漫游指南》（*The hitchhiker's guide to the capital*）。

感谢哈达萨·奥加德（Hadassah Orgad）夫人（塔克奥韦尔—凯缇，Tachover-Katee），感谢她的文章《风车——一个秘密的营地》（*The Windmill - A Secret Camp*）。

感谢格森·纳维先生，在他的指引下我们能深入了解正统派犹太教（Judaism）教徒，尤其是对米歇雷姆（Meah Shearim）的了解。

感谢作家辛迦·拉兹（Simcha Raz），感谢他提供有关拉比（rebbe）阿里耶·莱文的资料。

感谢记者兼作家埃利泽·雅里（Eliezer Yaari），感谢他对如何参观希罗韦尔别墅区（Sherover Villa）的描述。

感谢本雅·宾努恩（Benya Binnun）先生和哈雷尔工作室（Harel Studio），感谢他们提供的有关艾因凯雷姆的地图。

感谢拉米·古尔（Rami Gur）先生，感谢他允许我们引用莫塔·古尔的著作《狮门》（*The Lions' Gate*）。

感谢艾萨克·希维基（Shweky）先生，作为以色列遗产保护协会的耶路撒冷协调员，他为我们提供了米歇雷姆的航拍照片。

感谢耶路撒冷博物馆解说员雷切尔·谢克特（Rachel Schechter），感谢她为准备"博物馆"那一章所做的广泛的帮助。

感谢马丁·韦尔（Martin Weyl）先生和詹姆斯·S. 施耐德（James S. Snyder）先生，他们分别是以色列博物馆的前任馆长和现任馆长。

感谢伊齐克·雅各比先生，感谢他提供的有关以色列博物馆建立的往事。

感谢德沃拉·阿维－丹夫人，感谢她对纳克拉沃（Nachlaot）社区一章的写作所提供的帮助。

感谢丽卡·梅伊达夫（Rika Meidav）夫人，感谢她讲述犹太区陷落的历史。

感谢讽刺作家以法莲·西顿（Ephraim Sidon），感谢他讲述的耶路撒冷的故事。

感谢耶路撒冷政府硬币和奖章公司，感谢它为本书所提供的照片。

感谢 Cité de la Création 公司和萨拉·马尔卡（Sara Malka）夫人。

感谢国家照片集（National Photo Collection）。

最后，但也是十分重要的是，要感谢律师盖·谢菲尔（Gai Shefer）对版权提出的建议。

谁需要另外一本
耶路撒冷旅行指南？

>>>>>>>>>>>>>> －－－－ <<<<<<<<<<<<

我们是医学博士巴蒂亚（Batya）和计算机工程师阿维格多（Avigdor），一对生活在以色列的夫妇。尽管我们已在海外犹太人聚居区四处奔走了十五年，但我们仍不敢触碰和写作耶路撒冷。漫步走过这座世界之都，我们并没有感到不安——但我们敬畏耶路撒冷。耶路撒冷是冷酷的。诗人耶胡达·阿米该（Yehuda Amichai）曾写道，由于它具有数不清的层次，从没有人能将耶路撒冷看透。此外，我们将已有许多关于耶路撒冷的旅行指南作为开脱的理由。

这是真的吗？虽然我们正在庆祝我们这本耶路撒冷旅行指南的出版，但我们得承认我们犯了大错。耶路撒冷并不冷酷——它是一块宝石！作为巴黎、伦敦和纽约旅游指南丛书的作者，我们敢确信地说，耶路撒冷的主要旅游景点比这三个城市的总和还要多！但不能仅仅从这方面来描述其复杂性。这本总共大约 370 页的书是我们所写的巴黎旅游指南的两倍，尽管如此，它也才包含了这座城市三分之一的主要遗址。

难道你认为我们正在谈论少数精英感兴趣的精选利基旅游？并不是。我们正在谈论的旅游在其他任何一个城市都会被认为是最精彩的。

此外，另一个发现使我们感到吃惊。尽管我们图书馆的书架都快被几十本有关耶路撒冷的书籍和旅行指南压塌了，但我们发觉它们大多是利基旅游指南（介绍一个社区，一条街，几个漂亮的房子和窗户，等等）。描述旅游行程的标准旅游指南已有好多年没有人写了，但要记住，旅行者们是非常习惯于要求每天吃好、玩好和睡好的。

确实，耶路撒冷是一块难啃的骨头。我们该怎么办？即兴发挥吗？放弃吗？我们该怎么办？！我们决定同阿米该的看法认真地做一番较量。我们保留了一种以活页夹为特色的人性化的版式，它可以使每一章都能被随心所欲地抽出（这样就不必携带一本厚重的旅游指南了），我们将每一章完善成小册子。我们尽自己所能将这本书设定成轻松有趣的版式。我们的朋友 A 是一个天生的乐观派，他认为在我们这个时代，优秀是没有回报的，因此大多数人选择了平庸，并在其上饰以各种公共关系。为了应对这种观点，我们尽我们最大的能力把我们所能得到的最好的旅行指南放在一起。仅仅是为了让事情变得完全清楚明晰，我们就要使这本书避免受到任何外在力量的影响。没有任何公司、基金会、市政当局或政府部门在这本书出版前能获得该书的手稿或手稿的任何一部分。有一件事是确定的：没有任何一个地方被删减。在这本书中你找不到另外两个东西：恶意和怨恨。我们已经用星级（一星级到三星级）表达了我们对每个地方旅游体验的个人印象，但并没有对饭店或宾馆做同样的等级划分，而是设法对它们进行描述。

写一本关于耶路撒冷的旅游指南不仅是一项独特的挑战和不断的尝试，而且也是一种莫大的荣幸。这个旅程会不时地令我们笑容满面，不会引发你的抱怨；在某些时刻，我们甚至会流下眼泪。根本没有其他任何一座城市能如此之美。

耶路撒冷琐事

>>>>>>>>>>>>>－－－－<<<<<<<<<<<<

用 180 个词概括耶路撒冷的历史

比这座城市本身更令人惊叹的唯一的东西也许就是耶路撒冷城的历史了。它的历史铭刻于耶路撒冷城的每一块石头上，记录在《圣经》（The Bible）、《密西拿》（The Mishnah）和《塔木德》（The Talmud，口传律法）中，也记录在约瑟夫斯·弗拉维奥（Josephus Flavius）的著作和《新约全书》（The New Testament）中。耶路撒冷易手了数十次——第一次（据我们所知）是大卫王（King David）从耶布斯（Jebusites）人手中征服了该城，可能就是耶布斯人给这座城市取了名字。最后一次（迄今为止）是在 1967 年"六日战争"期间耶路撒冷城获得解放。大卫王建造了第一圣殿，希律王（King Herod）建造了最后一座圣殿。希腊人设法将它变成另一座希腊化城市，而罗马人则设法将它变成一座罗马城市。然后又来了拜占庭人、波斯人、塞尔柱人（Seljuqs）和"十字军"（Crusaders），他们在这里建立了"耶路撒冷王国"（Kingdom of Jerusalem）。萨拉丁（Salah a-Din）则使它改宗伊斯兰教。奥斯曼（Ottomans）在这里统治了 400 年。第一次世界大战后则由英国托管，联合国试图将它变成一座国际城市。然而，他们的愿望都没能实现，这仿佛是以色列的首都！

你知道这些吗？

尽管耶路撒冷的希伯来语名字——Yerushalayim 的确切起源尚不确定，但学者们已经给出了各种各样的解释：和平的遗产，萨勒姆（Shalem），乌加里特（Ugarit），万神殿里的夜晚星辰之神之城，萨勒姆创建之城，以及完美之城。

"Rusalimum"这个名字出现在一个有 4000 年历史的埃及黏土雕像上。当时人们习惯将敌人的名字和相应的可怕的咒语（诅咒类文字）刻在雕像上，然后在一场神秘的仪式中把雕像砸碎，人们相信那个被诅咒的敌人的力量就会因此而被毁灭。

耶路撒冷这个词在《希伯来圣经》（The Hebrew Bible）中出现了 645 次，在《新约全书》中出现了 392 次，但是在《古兰经》（The Koran）中却一次也没有出现。

在千禧年到来之际，耶路撒冷城有 1204 所会堂，158 所教堂和 73 座清真寺。

自公元前十世纪以来，耶路撒冷对犹太人来说就是神圣的。人们认为当时耶和华（The Lord）选择摩利亚山（Mount Moriah）上的所罗门神殿作为神性临在之处。如今，对于犹太人来说，西墙（Western Wall）作为第二圣殿（the Second Temple）的遗迹，是仅次于圣殿山（Temple Mount）的圣地。世界上所有犹太会堂的传统都是将约柜（Holy Ark）面朝耶路撒冷的方向。

基督徒敬畏耶路撒冷是因为耶路撒冷在耶稣（Jesus）一生中具有重要的意义。耶

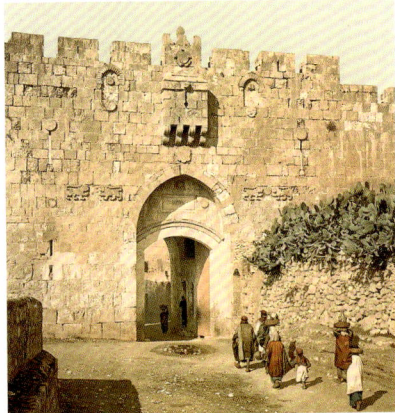

稣正是在这里被钉上十字架、掩埋、复活和升天的。圣墓教堂（Church of the Holy Sepulcher）是基督教最神圣的地方。

耶路撒冷也是伊斯兰教的第三大圣城。穆斯林认为穆罕默德（Mohammed）在一个晚上奇迹般地从麦加来到了耶路撒冷的圣殿山，因此他升到天上见到了伊斯兰教的先知。现在，圣殿山顶部有两处伊斯兰教地标来纪念这个事件——阿克萨清真寺和圆顶清真寺。后者建立在基石（Foundation Stone）之上，穆斯林认为穆罕默德正是在那块基石之上登天的。

内幕信息

为什么大卫王选择了如今被称为"大卫之城"的地方来建造他的王国的都城呢？事实上这个地方并不处于交通要道，土地也不利于农业发展，甚至也没有良好的水源供应。但是这个地方不会引发任何政治上的嫉妒——它没有侵犯任何部落的领地。这同美国的华盛顿有相似之处。

3000 年后，在以色列建立和联合国决议要求耶路撒冷成为国际城市的前几天里，大卫·本-古里安（David Ben-Gurion）提议以色列建都于内盖夫（Negec），果尔达·梅厄则建议在海法（Haifa），其他一些人建议在特拉维夫（Tel Aviv）。只有到了 1949 年年底，当时独立战争已经结束，国家的领袖们能自由讨论这个问题了，他们认为只有耶路撒冷是最终能令人满意的地方。

后来本-古里安在他的名为《战争日记，独立战争》（War Diary, The War of Independence）的书中写下了下面的话：

耶路撒冷的价值是无法估量的，因为如果一个国家有灵魂的话，那么耶路撒冷就是以色列的灵魂……耶路撒冷要求我们站在她的身边，她有权这样。当初在巴比伦（Babylon）河畔所立的誓言现在仍有约束力，就像当初一样，否则我们就不配"以色列之民"的称号了。

名人名言

· "罗马皇帝提图斯（Titus）毁灭了耶路撒冷之后，以色列人就被从其国土上驱逐了，作为这场历史性灾难的结果，我就出生于犹太人流亡的一座城市里。但我一直认为自己就出生在耶路撒冷。在一次夜间的幻象中，我看到我自己与我的兄弟——利未人（Levites）一起站在圣殿里，唱着《大卫之歌》（The songs of David），大卫就是以色列的王。我返回了耶路撒冷，正是由于耶路撒冷，才使我将上帝置于我心和我笔端的所有东西写了出来"。

节选自作家萨缪尔·约瑟夫·阿格农（Shmuel Yosef Agnon）1966年诺贝尔文学奖获奖感言。

· "我建议你在清晨或日落之时爬到老城区的一个屋顶上，就站在那里聆听你周围历史的脉动。你的双眼就会忍不住浸满泪水。这会是一个非常深刻，令人敬畏的体验——直接触摸那千年历史，体会此处的神圣与尊严。如果让我给旅行者们推荐一个在这个世界上应该去的地方的话，那个地方就是耶路撒冷老城"。

《孤独星球》（the Lonely Planet）旅行指南作者之一迈克尔·科恩（Michael Kohn）在2006年6月1日接受以色列国土报记者奥尔纳·库森（Orna Coussin）采访时说。

· "世界若有十分美丽，九分在耶路撒冷，一分在别处"。

· "无论是谁，若没有看过辉煌之时的耶路撒冷，那么在他们的一生中就再也不会见到美丽的城市了"。

《塔木德》中所引用的圣贤语录。

· "来耶路撒冷吧，在这里，你会发现公会墓地、大卫王墓、历代国王的坟墓和橄榄山上举行的各种仪式。我还能说什么呢？耶路撒冷——一座充满生活气息的城市"。

讽刺作家以法莲·西顿（Ephraim Sidon）

· "以色列很小，只有耶路撒冷才真正地伟大"，一位来自莫斯科的新移民曾经告诉我。只有在真正的大都市里长大的人才能提出类似的说法。就世界上的大城市而言，耶路撒冷确实是很大。大城市是这样一些地方——人们做梦都想去那里参观，即使是老居民，也想在清晨起床后像一个旅行者那样做出探索这个城市的决定。

节选自盖尔·哈尔埃文（Gail Hareven）的一篇名为《一份平淡爱情报告》（An unromantic love report）的文章。

· "只有在耶路撒冷，我才能够在自家阳台上听到宣礼使呼唤声后教堂的钟声，但这时我却身在犹太民族的首都"。

引自互联网上的无名人士

· "耶路撒冷的风景就是一部世界历史；不仅如此，它还是一部有关地球和天堂的历史"。

本杰明·迪斯雷利（Benjamin Disraeli）

· "如果我忘了你，耶路撒冷啊，就让我的右手忘记技巧。如果我不记得你，如果我未将你作为我的最大快乐，就让我的舌头紧贴上颚"。

诗篇 137，5-6（Psalm 137，5-6）

耶路撒冷（政治与宗教之都）有而特拉维夫（文化与经济之都）没有的七种东西

1. 景色。

如果你愿意，那就请你读一下记者科比·兹维（Kobi Zvi）在012网站上曾说过的话：

不管你怎么说，但有一种东西是你不能从耶路撒冷带走的，它就是耶路撒冷的风景。耶路撒冷有美丽的景色，这是千真万确的。如果说耶路撒冷有一种能一直感动我，使我为之流泪，使我为之放纵地哭泣的景色的话，那就是在我安全地返回特拉维夫的路上汽车后视镜里所映出的耶路撒冷的景象……

2. 耶路撒冷综合征。

由参观耶路撒冷而激发起来的宗教情感会导致人们去体验"天启"。并且不止在一个场合，他们认为自身充满了耶稣和耶利米（Jeremiah）的精神，他们穿着《圣经》中的服装，大声地与自己对话，并且还试图说服路人以让他们领悟。

3. 宗教自由。

有人说过有三大宗教吗？如果考虑到所有的支派和教派，实际情况是有将近三百个。然而，在特拉维夫，人们唯一崇拜的羔羊是与肉汁搭配在一起的……

4. 便车车站（A trampiada）。

假设你是犹太学院的一名学生，再假设你将去加利利（Galilee）的正义者之墓进行祭拜。你所要做的就是站在耶路撒冷出口处的便车车站处，根本用不了多长时间你就能出发了。特拉维夫有类似的设施吗？那里根本没有。

5. 美腿。

想想那些陡坡和楼梯，毫无疑问，耶路撒冷妇女拥有比特拉维夫妇女更为漂亮的腿。另外，每隔几天，就有国家领导访问耶路撒冷，或者有人决定组织一次重大的示威游行。在这些天里，经验丰富的耶路撒冷妇女就会离开她们家里的小汽车，开始一项精力充沛的散步活动——这对身材有好处。唯一的问题是她们将她们的双腿藏在裙子里，以至于几乎没人知道真相。因此具有专业眼光的各种旅游指南的存在是件不错的事情……

6. 安息日（Sabbath）和假日。

假日，不是休息日……

7. 最后，在特拉维夫没有存在意义的笑话：

一个年轻女孩站在正统派（Haredi）居住的米歇雷姆社区附近的一个公共汽车站里，她穿着一件可以导致男性凝视的套装，怎么能穿得如此精致呢，那凝视的目光恨不得将衣服烧穿一个洞。突然，一个正统派男性出现在火车站。他瞥了一眼这个女孩，降低目光，然后就走了。一会儿，他带着一个苹果回来了。他将那个苹果送给了这个女孩，一句话也没说。"是给我的吗？"女孩吃惊地问道。"是的"，这个正统派男性说，"自从夏娃吃了那个苹果之后，她才知道她是裸体的"……

{ **一篇简明的生存指南** }

>>>>>>>>>>> – – – – <<<<<<<<<<<

周游耶路撒冷

耶路撒冷有大量的公共汽车服务设施，其运营时间是从 5:30 到午夜 12 点。在安息日（从周五黄昏到周六黄昏）或犹太教的宗教节日没有公交。大多数公交司机说英语。

耶路撒冷有足够的出租车，车顶有黄色标志。它们全年运行，打表计程，在深夜、周六和公共假日则要额外收费。务必确定出租司机在他开车前打开计价器！

识别多变的指示牌

尽管本指南列出了城市指示牌上所呈现出来的那些名字，但它们仍然会使你感到困惑。同样一条街道，其名称常常与你所看到的指示牌上的拼写有所不同，例如：艾因凯雷姆社区的名字也被拼写成 En Karem 和 Ain Karim！街道的名称通常以其缩写 St. 结尾，但在其他时候它们只以单词 "Rehov" 开头，这个词是希伯来语 "街道" 的音译词。

这已经是好事了，因为有些指示牌上只有用希伯来语或阿拉伯语写的名字，而在其他地方就根本没有指示牌……因此人们会建议那些感到困惑但仍然保持警惕的旅行者去锻炼逻辑推理能力而不仅仅是寻找街道确定的名字……

门票价格

本指南所报的门票价格均为成年人票价。经常有对老年人、残疾人、家庭（父母与儿童）、学生、儿童等特殊群体和社会团体的优惠活动。耶路撒冷也提供圣城畅玩卡（HolyPass），它能使你进入老城区的五处遗迹，并对某些商店和饭店提供折扣。你可以在所有加盟旅游景点、某些老城区的商店、饭店和耶路撒冷酒店里买到 HolyPass，除此之外也可以通过旅行社购买。要了解更多的有关 HolyPass 的信息，可以访问这个网址：www.holypass.co.il。

	平均最低温度		平均最高温度		平均降雨量		平均湿度	
	°C	°F	°C	°F	毫米	英寸	%	
一月	6	43	12	54	133	5.2	61	冷，尤其是晚上
二月	6	43	13	55	118	4.7	59	冷，尤其是晚上
三月	8	46	15	59	93	3.7	52	冷，尤其是晚上
四月	13	55	22	72	25	1	39	好天气
五月	16	61	25	77	3	0.1	35	最佳时间
六月	18	64	28	82	0	0	37	最佳时间
七月	19	66	29	84	0	0	40	白天炎热
八月	20	68	29	84	0	0	40	白天炎热
九月	19	66	28	82	0.3	0.01	40	白天炎热
十月	17	63	25	77	15	0.6	42	最佳时间
十一月	12	54	19	66	61	2.4	48	好天气
十二月	8	46	14	57	106	4.2	56	冷，尤其是晚上

{ **为旅行者提供住处** }

>>>>>>>>>>>– – – – <<<<<<<<<<<

为了体验耶路撒冷，绝对不能在这里如同蜻蜓点水，一闪而过，也不能在这里做短暂停留或者快速旅行之后与另一个美丽城市共度良宵。这并不是与一个城市建立关系的方式。你必须努力，花时间和她在一起，让她以她特有的方式打动你——只有到此时你才能邀请她共进晚餐，然后将她快速带到那个能证明到达耶路撒冷的具有异国情调的旅馆。那样，你就能在破晓前与她一起醒来，然后……赶快去看日出。

个人建议

下面的清单记录了我们曾经住过（以全价）或参观过的住处，这些都是我们觉得值得推荐的。我们列出了非常昂贵的酒店，在那里你能见到世界各地的慕名而来的人，我们也列出了坐落于修道院旁的旅馆，这里是能为你提供躲避上述人群嘈杂景象的清净之地。不敢说这份列表能囊括耶路撒冷的所有旅馆，但绝对都是极具代表性的。在耶路撒冷市政局的网站——www.jerusalem.muni.il（旅游业选项）上，你能找到一份完整的酒店与旅馆列表（但是没有床位和早餐信息），以及对每家居住设施描述的内容。在这个网站上你也能找到指引你去每一个酒店的地图。相关的基本资料也能在耶路撒冷酒店协会网站上找到，网址是 www.jerusalem-hotels.org.il.

订房小贴士

上网搜寻那些专门从事酒店预定的网站，例如 www.hotel.co.il。如果不是在高峰期，那就将你的预定放到最后一分钟。你会对比平常定价低出如此之多的价格而感到吃惊的。另外一个小建议：许多酒店都能俯瞰耶路撒冷壮丽的景色，但并不是每个房间都能看到。尽管有时需要额外的费用，但在你预定之时，你就应当表明你想要一个能看得见风景的房间。

大卫王酒店

★ ★ ★ ★ ★ +

The King David Hotel

237 间客房
大卫王街 23 号（塔尔比亚）
23 King David St. (Talbiya)

📞 02-620-8888 www.danhotels.co.il

这是以色列最著名的酒店。多年来，它一直是以色列政府的非官方酒店。尽管价格很高，但在这里为假日所做的预定已经排到几年之后了。如果你有贵族精神且经济允许，那这就是你要住的酒店。它邻近叶明莫什（Yemin Moshe）旅游线路，距犹太区和西墙（哭墙）只有几步之遥。

大卫城堡酒店

★ ★ ★ ★ ★ +

The David Citadel Hotel

384 间客房
大卫王街 7 号（塔尔比亚）
7 King David St. (Talbiya)

📞 02-621-1111 www.thedavidcitadel.com

这家酒店的外观重新定义了以色列建筑的趣味，其对面就能看到老城城墙和大卫王塔的壮丽景色，这家酒店成了耶路撒冷最奢华酒店宝座的新的竞争者。与大卫王酒店相比，美国前国务卿康多莉扎·赖斯和俄罗斯总统弗拉基米尔·普京更喜欢大卫城堡酒店。王者的继承人找到了吗？在我们看来，从经典的角度来说——没有。很有可能有人为他们提供了一个无法拒绝的提议。它邻近叶明莫什旅游线路，距犹太区和西墙（哭墙）只有几步之遥。

美国克罗雷酒店

★ ★ ★ ★ ★ +

The American ColonyHotel

84 间客房
纳布卢斯路 23 号（美国侨民区）
23 Nablus Road (American Colony)

📞 02-627-9777 www.americancolony.com

这是一个迷人的精品酒店，是克莱夏朵精品酒店集团的连锁酒店。它靠近邻近的清真寺和宣礼使。这个酒店适合蜜月或其他任何甜蜜的时刻。它坐落在橄榄山和米歇雷姆（Meah Shearim）旅游线路附近（乘坐出租车很快就能到达）。

锡安山酒店

★ ★ ★ ★ ★ ★

Mt. Zion Hotel

134 间客房
希伯伦路 17 号（北塔尔皮奥特）
17 Hebron Road (North Talpiot)

📞 02-568-9555 www.mountzion.co.il

这是一座可爱又浪漫的酒店，其建筑可追溯到英国托管时期。从这个酒店的部分房间里可以看到锡安山（Mount Zion.）和周边区域的壮观的景色。叶明莫什旅游线路就是从这里开始的。

皇冠假日酒店 ★★★★★

Crowne Plaza Hotel

397 间客房

哈阿利亚街 1 号，耶路撒冷会展中心后面

1 Ha-Aliya St., behind Kiryat Ha-Le'om

📞 02-658-8888 www.h-i.co.il

该酒店最初是为希尔顿连锁酒店而建，随后被卖给了假日连锁酒店，假日连锁酒店将它定级为其连锁中的最高等级，即皇冠假日酒店类。它还能保持着其最初的标准吗？虽然在维护方面有所退步，但它仍是一座值得推荐的酒店。它那塔一样的高度确保了每个房间都能看到壮丽的景观。这个酒店距离纳克拉沃（Nachlaot）、涂鸦墙和以色列博物馆（Israel Museum）旅游线路只有几步之遥。

莱昂纳多耶路撒冷酒店 ★★★★★

Leonardo Jerusalem Hotel

297 间客房

圣乔治大街 9 号（美国侨民区）

9 St. George St. (American Colony)

📞 02-532-0000 www.leonardo-hotels.co.il

橄榄树皇家广场酒店 ★★★★★

Olive Tree Royal Plaza Hotel

304 间客房

圣乔治大街 23 号（美国侨民区）

23 St. George St. (American Colony)

📞 02-541-0410 www.olivetreehotel.com

莱昂纳多耶路撒冷酒店与橄榄树皇家广场酒店相邻，位于米歇雷姆（Meah Shearim）区与阿拉伯区的连接处。这个酒店是专为大型旅游团设计的，但我们将它列为准五星级酒店。其中，橄榄树酒店具有更多的耶路撒冷特征，但只是一点而已。他们都靠近橄榄山旅游线路（短途出租即可到达），距离米歇雷姆区有几步之遥。

莱昂纳多广场酒店 ★★★★★

Leonardo Plaza Hotel

300 间客房

乔治王街 47 号（市中心）

47 King George St.（City Center）

📞 02-629-8666 www.leonardo-hotels.co.il

它位于中心位置，房间宽敞，其设计缺乏创见，还缺乏想象力和一点浪漫。整个老式建筑需要翻新，人们对这个著名连锁酒店有更多的期待。这个酒店邻近哈维亚、塔尔比亚和涂鸦墙旅游线路，它也适合那些希望到锡安山和犹太区旅游的人。

基督教青年会三重门酒店 ★★★★

YMCA Three Arches Hotel

55 间客房

大卫王街 55 号（塔尔比亚）

55 King David St. (Talbiya)

📞 02-569-2692 www.ymca3arch.co.il

这个酒店是耶路撒冷最有趣、最复杂的建筑之一，由纽约帝国大厦的建筑师设计。每个房间都有空调和电视机。其卫生清洁工作应当做得更好，其服务也不是过于彬彬有礼。这里有一个室内游泳池，夏天还可以在院子里吃早餐。总之，这家酒店是对传统的经典酒店和修道院或教会宾馆的折中。它邻近叶明莫什旅游线路，离犹太区只有几步路。

锡安修道院宾馆

Notre Dame de Sion Convent Guest House

20 间客房

哈 - 奥伦街 23 号（艾因凯雷姆）

23 Ha-Oren St. (Ein Kerem)

📞 02-641-5738（周一至周五 9 点
至下午 12 点）Sion_ek@netvision.net.il

毫无意外，这里的客房虽然具有禁欲风格，却是非常干净的。并不是所有的房间都有私人浴室。冬天提供暖气，只在夏天提供风扇。在下午 2 点到 6 点才能进入客房。宾馆为游客提供了充足的停车场。这里的早餐非常清淡健康，早餐费用已包含在房价中，你也可以预定午餐和晚餐。它那迷人的花园向所有游客开放，这在某种程度上损坏了舒适感。有供房客使用的休息室。总之：这里离耶路撒冷中心有点远，充满禁欲主义气息，但其花园迷人，并充满热闹的气氛。它非常适合那些到艾因凯雷姆线路旅游的人。

念珠修道院宾馆

Rosary Convent Guest House and Hostel

26 间客房

艾格伦街 14 号（塔尔比亚）

14 Agron St. (Talbiya)

📞 02-625-8529 rosary_14@netvision.net.il

这个酒店的建筑十分美丽，地板更是让人叹为观止，房间的屋顶很高，房间很大，但所有配件（例如：床上用品和毛巾）更适合于那些自称禁欲者的人。修女都很亲切，但洁净水平一般。它位于市中心，有充足的停车场。游客进入房间要走许多楼梯。如果你计划晚到（或者在外玩一夜回来），你必须提前做出安排——否则（按以往经验来说）你就会被锁在外面。总之：这里给人一种市中心里城市避难所的感觉。该修道院邻近叶明莫什旅游路线，距离犹太区只有几步路。

苏格兰圣安德鲁宾馆

St. Andrew's Scottish Guest House

20 间客房
大卫·雷米兹街 1 号（北塔尔皮奥特）
1 David Remez St. (North Talpiot)
📞 02-673-2401 www.scotsguesthouse.com

这是一家坐落于苏格兰教会附近的可爱的宾馆。它那迷人的建筑可追溯到英国托管时期，耶路撒冷第一个亚美尼亚（Armenian）陶艺家用灵巧的手装饰了它。这家旅馆在2007 年进行了大改造。这里有充足的停车场，房间宜人、干净，冬天有暖气，夏日有空调。有几个房间可以看到锡安山。这个宾馆坐落于叶明莫什旅游线路的起点，距离犹太区和锡安山只有几步上坡路。

梅尔卡斯·希姆雄宾馆＆拜特·什穆埃尔青年旅社

Mercaz Shimshon Guesthouse & Beit Shmuel Hostel

51 间客房
埃利亚胡·莎玛大街 6 号（玛米拉）
6 Eliyahu Shama'a St. (Mamilla)
📞 02-620-3456, 02-620-3491
www.beitshumel.com

这是个青年旅社（40 间客房）与宾馆（11 间客房）的结合体。正如其他青年旅社一样，这个青年旅社为青少年提供住宿——后者并不会把房间打扫的特别干净，这是习惯做法……但是，进步犹太教世界联盟慷慨的资金援助却是效果显著的。

每个房间都装备有淋浴设施、卫生间和一个小阳台。在宾馆对面就有一个免费停车场。这个住宿结合体邻近于叶明莫什旅游线路，距离犹太区只有几步之遥。

格谢尔中心宾馆

Gesher Center Guesthouse

39 间客房
大卫王街 10 号（塔尔比亚）
📞 02-622-8072（预定电话）
02-622-8000 www.gesher.co.il

这个靠近格谢尔会议中心的宾馆在 2006年经过了大规模的改造。客房只有上下铺（没有双人床）。每个房间都装配有崭新的盥洗和淋浴设施，还装备有空调。不提供停车场。该宾馆邻近于叶明莫什旅游线路，距离犹太区只有几步之遥。

拉宾宾馆

Rabin Guest House

77 间客房
纳赫曼·阿维加得 1 号（吉瓦特拉姆）
📞 02-678-0101 www.iyha.org.il

由以色列青年旅社协会经营。这个地方美观、干净、食品美味。每间房间都装配有卫生间和淋浴设施。所有房间都有空调。是以色列博物馆旅行者的理想住宿之地。

比利时宾馆（拜特·比利时）

The Belgium House（Beit Belgia）

吉瓦特拉姆校区，距离前往希伯来大学（Hebrew University）的主干道只有几步远
📞 02-566-0192 Belgia@savion.huji.ac.il

最初是为大学客人而建，现在整体上对公众开放。每个房间都配有空调、电视机、冰箱、冲制咖啡的电热水壶、卫生间和淋浴设施。房间舒适，一尘不染，给人一种温暖、熟悉的感觉。内有神话般的花园，还有足够的停车场。到达宾馆要穿过希伯来大学。如果开车进入，就需要在校门口提供一份证明你预定的传真证确认书。房间价格合理。宾馆毗连以色列博物馆。

自然雅舍

The Natural House

2 个单元

霍马特·哈－兹拉非姆（艾因凯雷姆）

Homat Ha-Zlafim (Ein Kerem)

📞 02-641-1288，050-537-3780

www.naturalway.co.il

这是以色列最出色的提供住宿和早餐条件的宾馆之一。它坐落在风景如画的艾因凯雷姆村丘陵上施洗者圣约翰教堂（St John's Church）附近。这确实是一个理想的结合。"住宿＋早餐"单元是寄宿家庭住宅的组成部分，但它们有各自的入口。这里的客房设计美观。上面的客房各有一个可以俯瞰院子的阳台，而下面的客房则有直接进入庭院的通道。每个单元都装配有空调、电视机、按摩浴缸、小厨房和卫生间。据该宾馆的所有者们所说，演员金·凯瑞（Jim Carrey）曾在此安顿。

阿雷拉

Ariela

3 个"住宿＋早餐"单元

希伯伦路 49 号（吉瓦特哈南雅）

📞 02-648-0305，052-380-7077

www.lodgin-in-jerusalem.com

这是一幢有 70 年历史的住宅，有漂亮的地板和高高的天花板，每个单元都有独立的入口。所有的单元都配有装饰好的厨房、卫生间、淋浴设施和有线电视。所有单元都有空调和供热设施。距离杂货店和超市很近。提供无线网络。干净而柔和。这里的女老板彬彬有礼、和蔼可亲，而且她并不靠出租房屋谋生。其房价是合理的。这里距锡安山旅游线路的起点很近。

阿维萨宾馆

Avissar Guest House

4 个"住宿＋早餐"单元

哈－梅瓦萨街 12 号（叶明莫什）

12 Ha-Mevasser St. (Yemin Moshe)

📞 02-625-5447，050-520-1239

www.jeru-avisar-house.co.il

这些"住宿＋早餐"单元位于迷人的叶明莫什社区一幢不平常的住宅里。房屋的主人并不生活在这里，他雇佣了一名经理对这个地方进行管理。这里一尘不染，床铺舒适。有两个单元可以俯瞰老城的城墙和锡安山。都配有有线电视、宽带接口、淋浴设施、卫生间和空调，带有装饰好的小厨房。这里的要求是三晚起住！邻近叶明莫什旅游线路。

耶路撒冷城外，卡斯特尔的玫瑰—公馆

Outside of Jerusalem The Rose of Castel – Residence

5 个"住宿＋早餐"单元

扎伊特街 3 号，锡安山梅瓦塞雷特

3 Zayit St., Mevasseret Zion

📞 02-534-1744 www.roseofcastel.com

这个"住宿＋早餐"模式的旅馆有五个单元——两个单元供夫妇居住，两个家庭单元和一个套房单元。它曾在网上被誉为以色列最好的"住宿＋早餐"模式的住处之一。这个地方由"芬兰以色列友人协会"经营，他们在耶路撒冷的丘陵中再造了他们家乡的味道。这里的房间以欧洲风格进行设计——有大量的松木、墙纸、窗帘和有褶边的床罩。房客有权使用游泳池、浅水池、桑拿浴、烧烤架和大花园。所有房间夏天有空调，冬天有暖气。那奇妙的早餐的亮点就是具有北欧风味。这里特别适合家庭游，并且距耶路撒冷很近。

{ 如果佳肴会说话 }

>>>>>>>>>>> － － － <<<<<<<<<<<

一方面，这是以色列最贫穷的城市。另一方面，即使在艰苦时期，它也拥有超过一百万的游客。

一方面，耶路撒冷正变得日益虔诚，它的大部分人口保持宗教上的洁净；另一方面，耶路撒冷有众多游客。

一方面，耶路撒冷的主要部分在周六就会关闭。另一方面，耶路撒冷有众多游客。

如今，游客不仅是游客。他们是在圣城购买公寓的侨民，或是来自其他国家在犹太学院或大学学习的学生，甚至是外交官。各种客观条件已导致餐馆文化的变化，它们迎合不同消费者的口味及其消费水平。因此，就会有诸如大型宾馆被奢侈性消费餐厅包围，而埃梅克（Refaim）街则提供各种各样快餐的现象。在希瓦区（Nachalat），饭馆整个星期都营业，而在火车站辖区，夜生活已经在酒吧餐厅兴旺发展起来。为了将如此之多的味道形成文字，我

们对来自餐馆老板、大厨和普通资深吃货的推荐语进行了编辑；为了调查餐饮现场，我们夜以继日地进出该领域。仅仅为了你的完美体验，我们自掏腰包，陶醉于食物的芳香，沉醉于葡萄酒的甘醇。是的，这仅仅是为了你……

耶路撒冷美食，有这样的存在吗？

耶路撒冷美食取决于三样东西：煤油炉、煤气炉和烤架。煤油炉用来慢慢地制作库尔德或伊拉克食物，情真意切。煤气炉用来整夜烹饪鹰嘴豆——它形成的鹰嘴豆泥在这个世界上无与伦比。著名的梅乌拉夫·耶鲁沙尔米（Meurav Yerushalmi，耶路撒冷风格什锦烤肉）就是在烤架上来回调味、烧烤的。另外，耶路撒冷已经受到外国咖啡馆发展的影响，这些咖啡馆已经占领了律法研究领域和雅皮士餐馆，甚至还占据了美食餐厅，愿上帝保佑我们。

林克——咖啡馆、酒吧和酒馆

Link

哈一玛洛特街 3 号，邻近乔治王街
3 Ha-Ma'alot St., near King George St.
📞 02-625-3446
周日至周六：上午 10 点至上午 2 点
不太合乎犹太洁食标准

你可以坐在美丽庭院里的树荫下，或者走进有一百年历史的建筑物里，在那里也可以找到一棵树，或者只坐在一个木头酒吧里……你可以享用美味的早餐、丰富的沙拉、汤羹、laflafim（用各种馅料卷起来的正品皮塔饼）、精选的肉菜、意大利面和大量的甜点。价格都很合理。这并不是一个美食家的餐厅，餐桌前只有四个顾客（包括两名青少年）享用他们的美食。这个地方常被耶路撒冷的精英们光顾，尤其是周五的早午餐时。总之：这是一块圣地。

查克拉—— 一个酒吧餐厅

Chakra

希洛姆锡安女王街 18 号
18 Queen Shlomzion St.
📞 02-625-2733。
周日至周五：下午 6 点至上午 3 点
周六：下午 12：30 至下午 5 点
　　　下午 7 点至上午 3 点
不太合乎犹太洁食标准

如果你喜欢肉、鱼或海鲜，那么就来查克拉。尽管内部设计非常有特色，但我们仍然听说用餐者觉得高昂的价格是不合适的。事实证明，即使是自称酒吧的地方也知道如何准备美食。我们五个人曾在阿亚的率领下来这里用晚餐，他认识这里的老板，老板免费招待他，想吃什么就吃什么。我们能说什么呢？13 道不同的菜品也肯定能够满足天堂中的义人——一都不会失望！这里每天都会制作配菜的更新列表。

克罗雷—— 一个餐厅和酒吧

Colony

拜特—列赫姆路 7 号（巴卡阿）其入口靠近加油站
7 Beit-Lehem Rd. (Baka'a)
📞 02-672-9955
周日至周六：下午一点至午夜
不太合乎犹太洁食标准

这是由豪迈 17（Haoman17）舞蹈俱乐部的一个创始人建立的另一个时尚之处。它坐落在十九世纪中期的一个工业机库里，这里曾是为以色列铁路提供石油的仓库。它建造的标准甚至为纽约人所羡慕。其场所充足：有一个内置阳台、私人休息区，甚至还有隐蔽的 VIP 事务区。在夏天，它还有一个巨大的平台，这个平台在冬天被用一顶帐篷覆盖起来。在我们看来，这是耶路撒冷最有吸引力的地方之一。这里的氛围令人振奋，装饰奇妙怪异，食品简单美味。

橄榄＆鱼——鱼与肉的餐馆

Olive ＆ Fish

泽伊夫·亚博京斯基街 2 号（塔尔比亚）
2 Ze'ev Jabotinsky St. (Talbiya)
📞 02-566-5020
周日至周四：下午 5 点至午夜
周六：安息日之后一小时到下午 11 点
工作日商务午餐：下午 12 点到下午 5 点
符合犹太洁食标准

除了喜欢厨师之外你还能做什么呢，这厨师喜欢宠客人，并不时地送上免费食品：茄子配番茄、辣椒酱蘑菇或意大利香脂西红柿——这些是菜单上没有的菜品，并且不会在账单上呈现出来。主菜的价格：75—120 谢克尔。我们取样、尝试、品尝，我们之中的厌鱼者也不得不承认即使是猎人也能喜欢鱼……顺便说一句，菜单仅供参考，建议你与专业服务员商讨，而且还要看布告栏推荐的每日特色菜。总之，这是一个经典的、令人愉快的旅行者饭店。

艾玛——雅皮士风格的伊拉克—库尔德风味饭店

Ima

哈-雷夫·什穆埃尔·巴鲁克街（Ha-Rav Shmuel Baruch St.）55 号，马哈耐·耶胡达市场（Mahane Yehuda Market）附近

📞 02-625-5693

周日至周四：上午 11 点至下午 11 点

周五：上午 11 点至安息日前一小时

下午 5 点前有工作午宴（推荐）

符合犹太洁食标准

特莫尔·希尔希奥姆一个书店、咖啡馆、餐馆

Tmol Shilshom

约埃尔·摩西·所罗门街 5 号（纳查拉特·希瓦）

5 Yoel Moshe Salomon St. (Nachalat Shiva)

📞 02-623-2758 www.tmol-shishom.co.il

周日至周四：上午 8：30 至下午 1 点

周五：上午 8 点至安息日前 1 小时

周六：安息日后一小时至 1：30

符合犹太洁食标准

在马里亚姆六岁时，她就已经知道如何搅拌库贝了。当米利亚姆·本雅明（大约）26 岁时，她就能够像一位妈妈那样喂养每个人了。在她长大并成为艾玛（妈妈）后，她做的"粥"是如此美味，以至于已经在特拉维夫开了一个叫多达（大婶）的分店了。耶路撒冷的老店也有了发展。不用像个伪君子一样偷看厨房里的煤气炉子了，那漂亮的石头住宅有精心设计的空间和温暖，有怡人的包间。尽管米利亚姆·本雅明本人不再每天在这里做饭了，但那些代替她的库尔德厨师正通过精确的生产线重新捕获美食的味道。库尔德烹饪常常给人提供那些耗费体力的、朴素而美味的饭菜，例如库贝汤和装满了食物的盘子。然而，艾玛已经用同样的菜单给人们一种真正的美食体验。

尽管耶路撒冷在全国范围内的咖啡馆行业确实有发言权（希勒和阿罗马全国连锁店产生于耶路撒冷），但我们仍然推荐特莫尔·希尔希奥姆，这是因为它确实是一个公共机构。它的独特之处在于咖啡和蛋糕仅仅是主菜——书籍的开胃菜。端起一杯咖啡，从书架上取出一本书，找到一个清静怡人的角落，随心所愿，享受阅读。是的，生活于电视和电脑时代的孩子们——去尽情享受吧！

祖尼——一个法国、意大利餐馆和酒吧

Zuni

约埃尔·摩西·所罗门街 15 号（纳查拉特·希瓦）

15 Yoel Moshe Salomon St. (Nachalat Shiva)

📞 02-625-7776

周日至周六：24 小时营业

不符合犹太洁食标准

一家特拉维夫餐馆往往在隐蔽的小巷之中，而由其主人确定的菜单则彷徨于小酒馆和啤酒店之间——勉强称得上是一个具有法国—意大利—中东风格的小饭馆。这个餐

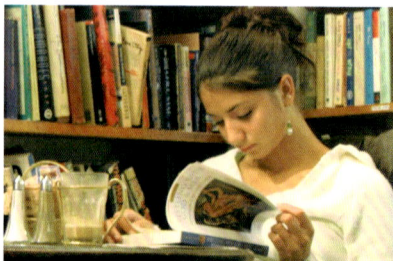

馆有巨大的窗户俯视着街道，它提醒你正身处耶路撒冷的世俗绿洲——纳查拉特·希瓦之中。塞满鸡肝的意大利馄饨汁多味美，孩子们则喜欢这里的汉堡。周日至周四，从正午 12 点到下午 5 点，菜单上所有菜品都打 7 折，毫无疑问，这使我们更愿意推荐这家饭店……

皮科利诺——意大利乳品

Piccolino

约埃尔·摩西·所罗门街 12 号
12 Yoel Moshe Solomon
📞 02-62-44-186
周日至周四：上午 10 点到午夜
周五：上午 9 点至下午 3 点
周六：从安息日后一小时到午夜
符合格拉特（Glatt）犹太洁食标准

哦，吃货们、享乐者们，请听我们说。耶路撒冷风格的面包和马戏怎么样？激动吗？嗯，这通常意味着要祈祷很多，吃普通蛋糕，喝甜酒……但现在在城里有了一个新的选择，这里提供美食和实况音乐。一个名叫劳伦特·利维（Laurent Levy）的法国企业家正唤醒纳查拉特·希瓦社区。这项行动始于 19 世纪后期在耶路撒冷老城城墙之外建设第三社区之时。他用个人财产建造了这里的核心部分——一个现代化的娱乐场地，即音乐广场（Music Square）。完全竣工要到 2020 年，但已经有了以实况音乐为特色的平台，有个小博物馆、主题商店和饭店。这就是皮科利诺饭店，位于一个有百年历史的、已经经过漂亮秀气的老建筑里，给客人提供细致的乳汁品菜单。不要忘了沿着约埃尔·摩西·所罗门街散步，这里自诩拥有真正的犹太人艺术。

安娜——意大利乳制品和鱼、咖啡

Anna

约埃尔·摩西·所罗门街 12 号
📞 02-543-4144
周日至周四：下午 1 点至下午 11 点
周五：中午 12 点至下午 3 点
符合犹太洁食标准

这幢房屋最初由一个富裕的阿拉伯人阿伽·拉希德·纳夏希比（Aga Rashid Nashashibi）于 1864 年建造。1924 年，眼科医生亚伯拉罕·艾伯特·蒂乔博士（Dr. Abraham Albert Ticho）和他的护士与艺术家妻子安娜（也是他的表妹）购买了这幢房子并把它改造成他们的住所和诊所。从那时起它就被人们称为“蒂乔房子”。在这对夫妇去世之后，这幢房子及房子中的一切都遗留给了耶路撒冷市。2016 年，这幢房子被修葺一新。一楼的房间作为以色列博物馆的分支，成了美术馆。它以安娜·蒂乔的画作、蒂乔博士收集的光明灯和进行各种临时展览而富有特色。二楼是一个餐馆，这里是一块远离城市喧嚣的绿洲，是一块烹饪宝石。这个餐馆厨房中雇佣的都是处于不幸中的青年人，这样就能为他们提供一份工作从而给以他们改变生活的机会。

{ 首都漫游指南 }

泰雅·利德（Talya Leader）

>>>>>>>>>>>－－－<<<<<<<<<<<

那些仍然说耶路撒冷坏话的人声称它九点就入睡了，这些人肯定自从该城已故市长特迪·科莱克（Teddy Kollek）之后就没有来过耶路撒冷。下面是穿越充满着酒精气息的夜间酒吧和低档娱乐场所之旅。

纵观整个历史，许多人都说事情永不会改变。嗯，不要相信他们所说的任何东西。耶路撒冷过去的十年证明事情正好相反：起初，在拜特·阿格龙（Beit Agron），周五晚上是不允许放映电影的，后来这里的夜生活场景变得丰富而嘈杂，充满着荷尔蒙和各种可能性。为了调查耶路撒冷所有的酒吧，这就需要我们出版一本单独的指南并为评论者找到一个健康的肝脏供体。由于这个原因，我们——上面的签名者和一个虚构的男朋友——开始对耶路撒冷主要的娱乐场所进行随机的抽样调查。我们敷上一点粉、给眉毛着色、穿上格子衬衫、爬进联合收割机，准备去寻欢作乐。

耶路撒冷市中心

在傍晚时分仍是有可能找到停车场的——即使是一辆联合收割机也没问题。我将"想象"先生带到一个名叫费恩戈尔德花园的小巷处，这条小巷连接着雅法街 31 号（31 Jaffa St.）和猫广场。"想象"先生问道为什么一个广场实际上能成为珠宝摊位、民族用品和拥有大量身体穿孔的年轻人的天堂？为什么所有爵士乐都用猫来命名？我告诉他这也许是因为耶路撒冷人喜欢猫。

这个"花园"充斥的酒吧和餐馆比那些狭窄处所所能提供得更多。我们走进阿多姆餐馆（Adom Restaurant，雅法街 31 号，电话：02-624-6242），它在晚上是一个令人愉快的、友好的酒吧。当彼此交谈仍是可取之时，耶路撒冷的石头、拱门和高高的天花板与现代酒吧及其年轻气息的折中混合使这里成为理想的约会之所。喝完第二波后，我记得我们有议程，因此我们自己离开了酒吧，来到附近的"夜深沉"（Noche，雅法街

都柏林的幸福生活。

31号，电话：02-624-7910），这里只提供酒，以更多的斯巴达式设计自居，并充满生活情趣。

在邻近的里夫林步行街（Rivlin），宗教青年的苹果水烟所散发的香气与街道对面吵闹的小酒吧里散发出来的啤酒的气息相混合。附近区域到处都是设计合理的酒吧，这些酒吧就在破烂不堪的棚户区旁边。这是一座重聚的城市，难道不是吗？

阿多姆餐馆。

我们向前走到埃约尔·摩西·所罗门街并停在了锡安广场。"想象"先生敦促我继续向前走，因为夜幕刚刚降临，我们不能待太久……因此我们来到本·耶胡达步行街（Ben Yehuda St.），然后左转到达都柏林［Dublin，沙麦街（Shamai St.）4号，电话：02-622-3612］这是该连锁中最优秀的，发展势头最好的分公司。根本就没有沉重的木料和电影《王者之舞》（*The Lord of the Dance*）之类的东西。它也是这个城市里唯一一处我们能买到带有洋葱调味汁和浓缩奶酪的爱尔兰玉米脆饼的地方（！？），事实证明，它们非常适合做典型的爱尔兰食物。

我们讨论要不要顺便进入林克［哈－马阿洛特街，Ha-ma'alot St.）3号，电话：02-625-3446］因为其外面有可以使树木平静生长的酒吧，还有悠闲自在的社区。"想象"先生说服我，要我等到周五下午。

希洛姆锡安（Shlomzion）和俄罗斯院落（Russian compound）

"想象"先生饿了，自然是选择去查克拉（希洛姆锡安街18号，电话：02-625-2733）。这个酒吧餐馆有两层，坐落在街角处一幢外形像船首一样的建筑里，这里很早就坐满了人，（要预定！）为避免等待太长时间，我们就不要计较餐桌的位置了。随便吃一点，同几个熟人闲聊，与詹姆逊夫妇一起去耶胡达［Yehoshua 本·西拉街（Ben Sira St.）2号，电话：02-624-6076］，去直接报道那些偶然结识者。

我们挤进这个狭小、昏暗、弥漫着费洛蒙气息的酒吧，并用力去在这个微观的动物巢穴里抓一把椅子。我开始对"想象"先生讲一些有关巢穴和迷信的事情，但他却在挑逗那个火辣的酒吧女郎之后就坐在了两个金发碧眼女郎中间。我盯着摄影记者们用各种镜头拍摄的作品，拿出一瓶未经鉴别的威士忌去送行。

我们再一次走向希洛姆锡安女王街，并从希洛姆兹（Shlomzi，希洛姆锡安街18号，电话：02-625-4999）结账离开。这里有趣的演出，有单人戏剧或能使老顾客摇摆的歌咏会。在去隐藏在酒吧后面厕所的路上，我不确定他的口袋里是否有支手枪，或者他是否乐意见到我。一瓶冰镇的苏连红水晶（Stoli Crystal）并不能帮我做出决定。

我们费了好大劲才爬上了俄罗斯院落以进行文化救援，那里处于俄罗斯东正教大教堂（Church of the ChOrthodox Christian）的遮蔽之下，还受到警察局的监督。这个地方就是阿特尔爵士俱乐部（Artel jazz club，Heleni Ha-Malka 街 3 号，电话：077-962-0165），该俱乐部所在的建筑曾经是个银行。每天晚上这里都会举行现场表演（不仅仅是爵士乐……）即即兴演奏。多亏这个酒吧和温和的小厨房，你可以闭上双眼，想象一下你自己身在纽约。

老火车站辖区

那个看起来像一辈子从没喝过酒的基布兹（kibbutz）社员被我们招募过来，他要将联合收割机打着并送我们去那个古老的火车站辖地，这里处于拜特－列赫姆路（Beit-Lehem Road）和希伯伦路之间（进入拜特－列赫姆路 7 号）。火车站辖区已呈现出一片快速发展的景象，尽管地方很少，但能为你提供相当不同的经历。

受之前文化体验的影响，我们转移到位于希伯伦路 28 号归属于工业建筑的一个酒吧，它有一个引人注目的名字——实验室（The Lab，电话：02-629-2001）。耶路撒冷表演艺术实验室为戏剧和秀场、为有权势的人提供了大礼堂；也为更为亲密的演出提供酒吧（为了我们的聚会……）和一个更小的舞台。想象先生将他的个人掌上电脑忘在了那个联合收割机（或其中的一个酒吧里——你永远不知道），因此我们不能检查那天是什么。不要紧，这只是一个打击。

我们向该区域群集的酒吧走去。对女老

板的甜蜜微笑（"想象"先生的）缩短了我们等待的时间，然后我们就来到了艾真（Izen，拜特－列赫姆路 7 号，电话：02-673-3215）。这里有两个独立的酒吧——每一个都挂着一个笨重的装饰吊灯，建立在不同高度的地基上。你不必担心——其上下高度落差有凳子那么高，而不是整个酒吧的高度，因此你可以随时将迈克尔·乔丹（Michael Jordan）作为约会对象邀请到这里来。朝正在玩弄毕斯·西里尔帽子（Bugsy Siegel cap）的酒吧招待微笑，他会把手中的饮料翻转滚动起来。

这个时候，我们来到克罗雷（拜特－列赫姆路 7 号，电话：02-672-9955），我们已经知道这里需要提前预约。第一个来到这里的是最受欢迎的。另外，确实有一些地位高的人来用餐——这也吸引的城市里的社交名流。这个地方很大，拥有一个蜿蜒的酒吧，一条走廊和一个木制的大阳台（夏天用…），这些都令人回想起纽约的酒吧，但是这里的气氛都是我们自己制造的，在去盥洗室（那里的水池四周都贴着瓷砖）的路上我们会愉快地哼着相似的曲调。

我们找到了那个联合收割机，但却忘了那个基布兹社员——讨厌！

向东方致敬

没有老城城墙和库克巴酒吧（Bar Kochba）就没有耶路撒冷，库克巴酒吧位于胡特佐特·哈约特泽尔［Hutzot Hayotzer，工艺品巷］建筑群（哈蒂瓦特·耶路撒冷街，（HativatYerushalayim St.）14 号，位于雅法门（Jaffa Gate）下方，电话：02-623-3238］，这里有一个舒适的、带顶棚的庭院，能看到城墙和大卫塔（Tower of David），如果你知道看什么地方——你也能看到一点欣嫩子谷（Gehenna Valley）。

此外，必须提到美国克罗雷酒店（纳布鲁斯路 23 号，电话：02-627-9777），两千年来，这里没有发生变化；而且你总能找到那些正在讨论桌边趣事的各色外国游客。注意别在前往盥洗室的走廊里迷失了——当然，你要小心面包树。

耶胡达市场

突然，我们来到了罗莎（Rosa，赫德克尔街2号 Hadekel St.，电话：02-623-6318）。这里是纳克拉沃区学生休闲常去之处。这种变化使"想象"先生目瞪口呆，直到发现那并不是他的脚时，他才懂得为什么他突然穿上了一双卡骆驰。他不能从那些小木桌和溢出的啤酒中抽身。

我们也看到了斯洛·摩西［Slow Moshe，利丝·巴哈尔街6号（Nisim Bahar St.），电话：02-582-1504］，它已经发展成了一家连锁店，并在特拉维夫开了分店，但我们看到了重影，不能决定通过哪一个门去那个小地方。他们两个在我们看来都太离奇了。

我们站在外面，无法决定在哪里停车。这样更好，我们总能在第二天，在城墙的阴凉处找到那辆联合收割机。

返回市中心并结尾

由于我们又饿了，因此我们返回了市中心，回到沙麦街（Shamai St.）。从那些如雨后春笋般萌发的小餐馆中做出选择是困难的。豪迈17酒吧总店（the original Haoman 17，人

们认为这个塔皮奥特工业区的夜总会是耶路撒冷，甚至是整个以色列最好的夜总会）的老顾客们当然记得塔皮奥特的米夫加什·哈谢赫（Mifgash HaSheik）面包店，被迷得神魂颠倒的老顾客都会狼吞虎咽地吃掉三角比萨或者热兰花根布丁。谢赫也在沙麦街新开了一家分店。这里的营业时间和总店一样：全天候营业，周六及假期除外。

然而，我们想吃一顿实实在在的早餐。我们小心翼翼地来到博里纳特（Bolonat，多罗特·里什奥尼姆街6号，电话：02-624-9733）。这是一个具有各种品质的耶路撒冷公共机构。在这里，你会发现酒吧中夜间活动的人们在午夜后吃他们的早餐，并饮下最后一杯威士忌将早餐冲下。我们也是这样的。

我们几乎没有时间了，但还有很多没有叙述。我们甚至还没有说到加沙街上最繁华的地段，没有说到德国侨民区或者那些酒吧，然后天就亮了。

"哇，一只猫头鹰。""想象"先生边说边指向一个警察。我们叫了一辆出租车。

回到家后，我们面临着永恒的困境——是成为战胜懒散邋遢的英雄，还是躺在床上，浑身散发着像装满啤酒的烟灰缸一般的臭气，然后第二天起来洗床单呢？好像我们已成为那样的人一样，我们崩溃了，并且还梦到圣城正设法关掉我们的酒吧。

我醒来了，惊恐万状。"别怕"，"想象"先生在我耳边小声说。

THE WIZE GUIDE

锡安山

神圣的自然遗迹

JERUSALEM - STEP BY STEP

亲爱的蒙蒂（Monty）和西娜（Ziona）：

今天上午我们参观了锡安山。

马上就有一位好心的牧师向我们打了招呼。他告诉我们"世界上第一个基督徒垦殖区"就建立在这座山上，在那里我们发现了最后晚餐厅（Room of the Last Supper）。我们刚刚分手就碰见了一位犹太学院的学生。他热烈地宣称"世界上第一个基督徒垦殖区"事实上就是在罗马人毁灭了耶路撒冷之后在城墙之外建立的第一个犹太社区。他还说锡安山也是大卫王陵墓的所在地。

他刚走我们就在这个街角碰到了位老酋长，嘴里愤怒地低声嘟囔着说这其实是一个穆斯林的宗教公产，这份教产是先知达乌德（Nabi Da'ud）的坟墓——不是别人，正是大卫王。

难怪当我们试图去了解所有扎根于这条山脉然后迅速发展成了密集的犹太会堂、基督教堂、伊斯兰清真寺、犹太学院、修道院和墓园的传统时，我们会感到晕头转向，更不用提大屠杀纪念馆（Holocaust museum）了。

总的来说，我们走的很少，但我们肯定听到了很多故事……

思念你……

行程安排（约 4 个小时）

15 分钟	在锡安门脚下。
30 分钟	参观圣母安眠大教堂（Dormition Abbey）。
30 分钟	在大卫王墓的墓顶。
20 分钟	拜访陵墓室。
15 分钟	游览最后晚餐厅。
45 分钟	参观大屠杀纪念馆（Chamber of the HolocauSt.）。
60 分钟	观景台和参观鸡鸣堂（Church of Saint Peter in Gallicantu）。
10 分钟	参观奥斯卡·辛德勒（Oskar Schindler）墓。
10 分钟	围着老城墙走回到雅法门。

开放时间和门票价格

	开放时间	关闭时间	电话	价格
圣母安眠［圣玛利亚锡安（Maria Sion）］大教堂	周一至周六：9：00—17：30 周日：11:30—17:30	—	02-565-5330	
大卫王墓	周日至周三：1：00—21：00 周四：1：00—14：00	—	—	
大卫王墓顶	全年开放——包括晚上	—	—	
总统的房间	周一：11：00—15：00，19：00—21：00，包括听演讲和用餐的时间	周二至周日	02-582-1978	
最后晚餐厅	每日：8：00—18：00	—	—	
鸡鸣堂	周一至周六：8：30—17：00	周日	02-673-1739	10 谢克尔
大屠杀纪念馆	周一至周四：9：00—15：45 周五：请电话预约 www.martefhashoah.org	周六和节假日	02-671-5105	10 谢克尔 每个成年人要捐赠

最佳游览时间

✔ 参观大卫王墓墓顶的最浪漫的时间是在日出之时。真的，我们亲自体验过，这真是一次美妙、迷人且浪漫体验……

✔ 这里的晚上也很好。对于圣母安眠大教堂的描述给人带来了一种美妙的，迷人的氛围。大卫王墓墓顶（它是一直开放的）可以提供一个鸟瞰耶路撒冷夜景的地方。这是必看景点。

✘ 最不适当参观的时候是在周日，鸡鸣堂在周日时不对外开放的，同时圣母安眠大教堂的拜访时间也会有更多的限制。

✘ 对于那些想参观大屠杀纪念馆的游客，我们建议不要选择周六去。

给带孩子家庭的温馨提示

要避免孩子们对游览大卫王墓和最后晚餐厅的冗长解说感到烦闷无聊。相反，通过让他们找马赛克地板上的细节以让他们参与到对圣母安眠大教堂的游览过程中去。在我看来，大屠杀纪念馆不适合太小的孩子去。

推荐携带的物品

在参观大屠杀纪念馆和流散犹太人学院（Diaspora Yeshiva）时戴一顶犹太小帽（无边便帽），尽管你在这些屋子里也能获得这些东西。

🚗 我怎样才能到达锡安门？

★ 当你从1号高速公路（Highway No. 1）到达耶路撒冷时，跟随通向斯高帕斯山的标志。

★ 驾车5分钟之后（4英里或6公里），在第二个红绿灯处向右拐，进入哈伊姆·巴－列维路。

★ 一直开大约3—5分钟［哈伊姆·巴－列维路变成了恩吉尼尔林·科尔普斯街（Engineering Corps St.），之后又是哈－赞哈尼姆街（Ha-Tzanhanim）］。起初，路标会引导你走向老城。寻找这个路上车道上的路标，按这个路标的指示前往雅法门和塔尔皮奥特（Jaffa Gafe and Tapiyot），而且要确保走的是通往那个隧道的正确的车道。

★ 从隧道一出来，就在红绿灯之前向右转向伊扎克·卡里夫街。在右边你会发现卡塔停车场。把车停在那里。

★ 穿过雅法门进入老城区。在大约走过50码／米左右，向右拐到奥马尔·伊本·埃尔·哈塔卜街（Omar Ibn El Khattab St.）上，这条街之后会变成亚美尼亚主教街（Armenian Patriarchate）。这条路从老城城墙出发，然后蜿蜒向左。沿着城墙再走100码／米远，你就会到达隐藏在右边的锡安门。穿过锡安门后，你就已经来到的锡安山上。
从中央车站乘公交车：乘1路公交车途径西墙到达锡安山，或者乘坐20路公交车到达雅法门。

{ **❶ 锡安门** }
★

> > > > > > > > > > — — < < < < < < < < < <

进入下一个走廊，然后向左拐。

爸爸，为什么锡安山在老城墙外呢？

当你不断接近锡安山时，你可能会注意到锡安山就是老城的自然延伸。就其本身而论，这条城墙将山顶包围其中才应该是符合逻辑的，而不是遵循它现在的线路。此外，有时老城墙的确是将锡安山围绕在内。土耳其苏丹苏莱曼大帝（Turkish Sultan Suleiman the Magnificent）在1535—1538年开创建设老城城墙，据说他在发现大卫王之墓的地点时很愤怒。"是这样的吗？"他对着两位城墙规划师怒吼道，"你们想偷工减料中饱私囊么？好吧，我就让你们看看什么叫投机取巧！"他咆哮着，并命令士兵砍掉了他们的头，并将他们的尸体埋藏在雅法门旁边。这是童话故事么？！如果他真的对两位建筑师感到愤怒，那么他不会将他们的尸体埋葬在像雅法门如此庄重的地方。但事实是苏丹苏莱曼大帝并没有建造新的城墙，而只是对那里的一条已经存在的城墙进行了修葺，这段老城墙在11世纪时毁于一场地震。可以设想是他选择了现在的这条线路，而不是古城墙环绕锡安山的线路，这是因为当时主要的墓地和教堂都在这座山上，而他则想将这些墓地和教堂留在城墙之外。因此这个地方呈现出了自然保护区的特色。既没有商店也没有住宅楼——就只有圣地和墓园。

图片来源：BiblePlaces.com

如何建造城门？

· 在锡安门之上有一个开口，在这里守卫者可以通过这个开口将滚烫的焦油或者油浇在敌人身上。

· 在大门两侧分别有两条长长的空地，从这里退出铁条以阻挡敌人战车的进入。

· 上面有专门为弓箭手设计的射箭孔。

· 在里面，大门不是直通的，它拐了个弯以防入侵者直接从大门闯入。

· 向右的急转弯则使右手拿着投枪或剑的士兵很难使用他们的武器，而与他们进行战斗的防卫者们则可以从左侧对他们进行袭击。

在锡安门对面（稍微向左）是一条有着诱人的石凳的街道，你可以在那里悠闲地阅读一些有关在独立战争初期犹太区陷落的书籍。

独立战争期间的锡安山

观念

在 1947—1948 年的冬天，大耶路撒冷（Greater Jerusalem）有十万犹太人，但是只有两千人住在老城墙内的犹太区。因为国家指挥中心（National Command）认为在老城区与阿拉伯人的矛盾将会随着联合国的国际化计划被解决，所以只派遣了不到 200 名士兵来保护犹太区。

联合国的决定带来了血腥的冲突

在 1947 年 9 月 29 日，联合国大会达成了一个具有历史意义的建立两个国家的决定——一个是犹太人的国家，另一个是阿拉伯人的国家——其中耶路撒冷将会成为一座国际化的城市。像往常一样，阿拉伯人拒绝了这个决定，他们的团伙则袭击了犹太人的中心地区。这场血腥的冲突不断升级阿拉伯人甚至封锁了前往犹太区的入口。尽管英国使双方分开，但事实上，这个托管政府还是主要限制了犹太人的行动，这使犹太人五个月以来一直处于被包围和半包围状态。

英国人的撤离

1948 年 5 月 13 日，英国人离开了耶路撒冷。犹太区的捍卫者们迅速占领了城墙内锡安门旁英国军队空出来的驻扎地。但是一天之后，当大卫·本－古里安（David Ben-Gurion）宣布以色列政府成立之时，阿拉伯军队就发动了一场攻击，守卫的士兵们被迫放弃了锡安门。此时整个犹太区被全面包围了。

锡安山上的战斗

1948 年 5 月 17 日，仅仅在国家宣布成立三天之后，一场为了打破阿拉伯封锁而进行的战役打响了。主力的矛头主要进攻雅法门，但与此同时在锡安山则进行了一场牵制性的进攻。但是，进攻雅法门的战役失败了，而在锡安山进行的牵制性进攻却出乎意外地胜利了，一直到 5 月 18 日下午，锡安山都掌握在以色列人手里。借着这个势头，在同一天晚上，以色列战士们发动了一场猛烈的达维德卡（Davidka，以色列自制的一种迫击炮）炮击，这场炮击给

阿拉伯人带来了恐慌，他们从阵地中退了出去。一个重达 175 磅（80 千克）的炸药包使大门的钥匙变得多余，战斗部队直接冲过敞开的大门进入老城。

犹太区的投降

通往被围困的犹太区的走廊只开放了四个小时。也许是由于"自我的战争"或者是未知战术策略的原因，指挥官命令这些入侵兵力撤退。阿拉伯兵团（The Arab Legion，外约旦正规军）钻了这个空子又一次占领了锡安门。因此，尽管阿拉伯失守了锡安山（坐落在大门外），他们从老城内部又再一次成功地包围了犹太区。犹太区的捍卫者们又忍受了十天艰苦的战争直到他们向敌军投降，当时敌人的数量是他们的五倍。部队让大众百姓撤退到了城墙之外的耶路撒冷犹太人区域，同时战俘则被转送到外约旦。但是，在战争结束之时锡安山仍然掌控在以色列手中。

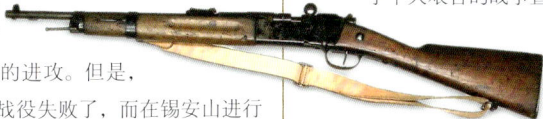

1948 锡安山上的战斗者，由政府新闻办公室提供。

个人生平

18岁的比利时（Belgian）学生丽卡（Rika）在1946年从刚果（Congo）到达了以色列。在巴勒斯坦暴乱（Palestine riots）之后，她应募入伍加入哈加纳，并在那里认识了伊曼纽尔·美伊达夫（Emanuel Meidav），后者是一个加德纳（Gadna，青年团）教员。随后，她作为学生分队的一员又被派去防守

这就是你的守护者们：丽卡·美伊达夫和伊曼纽尔·美伊达夫。

古什埃齐翁（Gush Etzion，耶路撒冷南部犹太社区的区域）。意外的是她成为了少数生还者之一，她和最后一支护卫队进入到了老城，并且在护卫队中遇到了挚爱。在众多战役的一次战斗中，伊曼纽尔着手掩埋地雷，但是由于他在处理爆炸上经验不足，壮烈牺牲了。在犹太区沦陷之后，丽卡将自己伪装成为一位老妇，成功混杂于其他市民中撤退到新城。之后，她又嫁给了已牺牲了的伊曼纽尔的弟弟。

丽卡将我们的注意力转移到了那些参加守卫犹太区的年轻战士的感人故事上。他们中有八个人在战斗中牺牲，年龄从10岁到17岁。一个13岁的男孩从一块空地上抢出了两把步枪和一把斯特恩式轻机关枪，但却被弹片击伤。他被送到医院，静静地躺在那里。由于伤亡人数太多，人们还没来得及过来照顾他，他就因为失血过多离开了人世。

从锡安大门一直到圣母安眠堂

★ 到了动身去征服锡安山小巷的时间。一旦你在城墙外并背对锡安门，就走那条你一直坐到现在的老城城墙对面的小巷（可参照小册子封底的地图）。

★ 只需走几步，你就会在圣母安眠教堂（Dormition Abbey）入口处前面的路上看到一个岔路口。走右侧的路。

★ 再走几步，你会遇见另外一个岔路口，标牌上面写着——除了别的之外——玛利亚锡安。在这里，再向右拐，一直通向教堂入口。注意第二个岔口可以给你提供一个独特的角度去照一张这个教堂的照片。

{ **❷ 圣母安眠堂** ★★
也称作圣玛利亚锡安大教堂 }

>>>>>>>>>> — — — <<<<<<<<<<

人们通常会在教堂门口摘掉头巾，关掉手机，吐掉口香糖。你需要准备1谢尔克来上卫生间🚻，卫生间设在地下室处。

进入大厅，找一个座位然后继续看书。你也可以在教堂的自助餐厅看书。

当恺撒（Kaiser）遇见苏丹（Sultan）

当德国恺撒威廉二世（Kaiser Wilhelm II）与奥斯曼帝国苏丹阿卜杜勒·哈米德二世（Abdul Hamid II）在寻求调解之时，威廉从哈米德手中获得了这块土地来建造圣母安眠教堂。据说他为得到这块土地花了12万德国金马克（German Goldmarks）。现在这里已经不再仅仅是一块古老的土地了，而是圣母玛利亚（Maria，耶稣的母亲）永远安息的地方。它包括四世纪的巴西利卡式的圣锡安大教堂（Basilica of Hagia Sion）和12世纪的十字军圣玛丽教堂（Crusader Church of St. Mary）。的确如此，这个地方曾经属于亚美尼亚人，但是在土耳其苏丹看来，拥有这些的确是个优势……

在这些日子里，很多国家包括威廉的死敌法国和俄国，都在耶路撒冷建立了宗教纪念碑。德国皇帝决定在这个宗教性的军备竞赛中不能落后。为了急于使他的敌人相形见绌，他开始了前往耶路撒冷的朝圣之旅。在那里，他决定就将德国救世主教堂建立圣墓教堂，同时把锡安山上的项目移交给了本笃会（the Benedictine Order），此会的神父是第一批将基督教传到德国的人。就他们而言，这些神父聘请德国建筑师海因里希·里纳德（Heinrich Renard）来建造，他以位于西德的查理曼大帝的亚琛大教堂（Aachen Cathedral）为模板。从未听说过这个亚琛教堂么？神圣罗马帝国的三十位国王都听说过它，并于936年到1531年在这里加冕。

那么到目前为止我们有什么？那位土耳其苏丹将耶路撒冷城内的一块亚美尼亚土地授予了一位德国皇帝。这位德国皇帝将它给了本笃会，而本笃会就雇佣了一位德国建筑师。在1906年到1910年，这位建筑师依据一个德国模型在耶路撒冷建造了一个罗马风格的教堂。这都是基本的，不是吗？

在睡眠中失眠

拉丁语中的 Dormitio 或者德语中的 Dormition 的意思是"睡眠"或"深度睡眠"的意思。你也许会问，这个巨大的锡安山与睡眠有什么关系呢？正如许多基督徒认为的，这个教堂——坦率地说——就建立在圣母玛利亚最后一次入睡的地方。

在基督教的教义中，死亡是对原罪——偷吃智慧树上的苹果（以及随后的性爱……）的惩罚。人们认为圣母玛利亚是没有原罪的，因此，她是人类中第一个体验复活的人（而不是耶稣，因此他是上帝之子）。直到 1950 年，人们相信圣母玛利亚的"身体和灵魂进入荣耀的天堂"的观点仅仅是一个传统，但是当时教皇庇护十二世（Pope Pius XII）颁布了一项宣布圣母玛利亚升天（Assumption of the Virgin Mary）的观点为教理的法令，这就使这个观点成为了天主教信仰的基石。但是，这位教皇并没有完成这项工作，也没有解释这个观点是怎么得来的。一些虔诚的信徒认为当玛利亚在今天的圣母安眠教堂地下室所在的地方睡觉的时候，其身体与灵魂进入了

天堂。其他人宣称圣母在睡梦中死去，被埋葬，然后才能体验复活。世界各地许多地方都被指定为圣母玛利亚临时休息的地方——在耶路撒冷橄榄山脚下，在土耳其的以弗所市（Ephesus），还有那些甚至远在印度……

祈祷厅

· 在主祭台上面的半圆形后殿拥有一幅拜占庭风格的圣母玛利亚与圣子耶稣的马赛克图案。《新约全书》的诗句"我是世界的光"这句话就镌刻在耶稣手里拿着的那本打开的书上。

· 你后面，在教堂入口处的上方是风琴阁楼。圣母安眠教堂以其出色的音质效果而闻名，而且还被视为一个最重要的音乐会演出场所。最好提前查明你参观之时会不会碰上什么音乐盛事。

· 这个大厅的设计中的一个精致的元素就是那个马赛克地板，不幸的是这个艺术品被那些椅子多少挡住了一些，只有星期四冲洗地板的时候例外……地板的中心是三个环环相扣的圆环，他们代表着三位一体。每一个圆环上都有一个希腊单词"A 个大厅的"，其含义是"神圣"的意思，于是就产生了这样一个词语搭配，即："圣哉、圣哉、圣哉"，这组词在《以赛亚书》（Book of Isaiah）和《新约全书》的《启示录》（Book of Revelation）里都被提到。

中心环被象征神圣启示阶段的圆圈所环绕：

🔴 从里向外的第二个圆圈射出光线。

🔴 里面的圆圈描述了预言，代表性的名字有先知以赛亚（Isaiah）、耶利米、以西结（Ezekiel）和但以理（Daniel）。

🔴 随后的圆圈上有十二个小先知（Minor Prophets）的名字。

🔴 神秘天启之后的一个阶段体现在突出以西结战车景观的马赛克图案中。它所描写

的每一种生物都有四个翅膀和四张脸：人、狮子、牛和鹰的脸。[以西结书 1：10（*Ezek 1:10*）]

❂ 进一步来说，使徒的名字和火把代表了基督教精神。人们认为十二使徒——就像火炬手一样——已经将上帝的旨意带到地球的四个角落。

❂ 另一个圈以黄道十二宫和一年中的月份为其主要内容。

❂ 最后用《圣经箴言》（*Book of Proverbs*，8：23-25）中的诗句做最后的润色："从亘古、从太初、未有世界以前、我已被立。没有深渊、没有大水的泉源、我已生出。大山未曾奠定、小山未有之先、我已生出。"

地下陵墓

当你面对这个入口时，走你右边的门，向下走到一楼的地下陵墓，传统观念认为这里就是圣母玛利亚进入永恒睡眠的地方。

这个地下陵墓的中间有一尊正在沉睡的圣母玛利亚塑像。这尊塑像的身体是用樱桃木漆成的，而圣母的双手和脸庞却是用象牙雕刻而成的。注意看那些为这尊塑像提供寝具并在延伸这塑像两旁的马赛克镶嵌图案。

在玛利亚上方穹顶的中间，耶稣正在召唤他的母亲进入天堂，耶稣周围被《圣经》中众坚强的女性所环绕。他们是（按逆时针顺序）：

· 夏娃（Eve），第一个女性——手里拿着一个苹果，身后则有一条蛇。

· 以斯帖（Esther）——戴着一个皇家盖头，手里拿着一个权杖。

· 露丝（Ruth），摩押人（Moabite）——拿着一捆小麦。

· 朱迪斯（Judith）——以砍下荷罗孚尼（Holofernes）的头颅而臭名昭著。

· 雅亿（Yael），基尼人希伯（Heber the Kenite）的妻子——她用锤子将帐篷的橛子钉进了西西拉（Sisera）的头颅。

· 米利亚姆（Miriam），摩西（Moshe）的姐姐——拿着一个小手鼓。

· 主祭坛位于祈祷大厅的对面（从入口处一直往里走，走到尽头）。它上面的壁龛上绘有玛利亚被加冕为王的图画：十二使徒站在玛利亚的两侧［叛徒犹大（Judah）已被马提亚（Matthias）所取代］。圣灵以鸽子的形态徘徊在他们的头顶上。金色的火舌从天堂降临到使徒身上。根据《新约全书》记载，圣灵曾以火舌的形式降临到耶稣的门徒身上，然后他们立即就能说许多种语言了，这就使他们能够在全世界宣传基督教教义。

· 右侧，在铁格子后边是一个小型的圣母怜子塑像：在将耶稣从十字架上取下来后，玛利亚抱着儿子跪在地上。游客们通常将家庭成员或自己爱人的照片贴到铁格子上以求得圣母的赐福。阿布·汉纳（Abu Hanna）已经在这个教堂工作的 35 年了，她每个月都要从铁格子上摘下来不少于一千张照片并把它们存放到一个大箱子里。

· 在左边，在主祭台稍微往前一点，是另外一个祭坛，它是为施洗约翰（John）而设置的。上面的木制浮雕中间是一个羔羊——羔羊是耶稣基督一个很流行的象征。这依据的是施洗约翰所说的话："看哪，神的羔羊……"［约翰福音 1：29（John 1:29）］。其两侧是那些目睹了耶稣被钉十字架的妇女。

她们的面部特征完全一致，赋予人性的外表并不重要。另一方面，艺术家给予每一个人物一种"内在的性格"。怎么做到的呢？如果你敲一下这些人物，每一个都会发出不同的音调。你敢吗……

再次回到一楼，走出这个教堂并向右转，当你走到墙的尽头时（你进来的路上所经过的上一个岔口），再向右转。再走几步登上四级旋转楼梯。左边便是通向大卫王墓的入口，但是先别拐弯进去，再向前走几步并转向左边的楼梯。一直往上走然后左转便可俯瞰安眠堂。

❸ 大卫王墓墓顶
★★

>>>>>>>>>>>– – – –<<<<<<<<<<<

俯瞰安眠堂角楼（Dormition turrets）

令人难以置信的是，在同一个地基上树立着两个完全不同的塔楼：首先，是一个瘦长的钟楼，在它的每一面上都装饰有挂钟，顶上有球面的石制穹顶；第二，是一个深色的巨大的锥形顶，上面装饰有四个小塔楼，这不禁让人联想到它以前是一座城堡。它下面就是你刚刚拜访过的祷告大厅。从1948年独立战争结束到1967年"六日战争"，其中一个塔楼被当作以色列国防军的观察哨，教堂本身则成为把控制老城区的约旦人和锡安山的以色列部队隔离开来的缓冲区的一部分。

恺撒的头盔

不管是否相信，左半边的塔的形状很像恺撒威廉二世的头部。从你站的地方要看出来有点困难，但是你会注意到这个穹顶酷似普鲁士的"尖顶"头盔。就其正面而言，这得取决于你的视角：从只能看到一个钟表的角度看，它像个鼻子，两边的窗户像双眼睛，同时，在窗户下面是个三角形的胡子，另外一面窗户则像一张嘴巴。从能看到两个钟表的角度看，那么这两个钟表则变成了两只眼睛，它们中间的窗户则成了鼻子……德式幽默，诸如此类……

屋顶的起起伏伏
滑稽的历史故事

这个教堂的圆锥形顶是锡制的，坐落在木制的横梁结构之上。在第二次世界大战期间意大利的战机从耶路撒冷上空飞过，他们只扔下一枚炸弹，恰好扔到了圆锥顶上，把它完全炸毁了。具有讽刺意义的是——这座教堂是德国的，而德国和意大利当时是同盟国……这个穹顶很久都没有被修复，因为这座教堂的建造者是德国人，而这片土地却由英国人进行统治……因此，重建和修复这座教堂的任务被拖延到了战争结束后，并且一直到 1947 年初才彻底完成了修复任务。

　　然而，这个圆锥顶完好无损的状态并没有持续多久。在独立战争期间（1948—1949），以色列人占领了锡安山。这些很害怕来自锡安门方向突袭的阿拉伯人不断地对锡安山进行炮轰；他们无情地摧毁着教堂的屋顶，到处都充斥着弹孔。第二次修复结束于 1959 年，而那个锥形顶直到"六日战争"都保持着完好无损的状态。

　　在 1967 年 6 月 5 日，"六日战争"的第一天，约旦人炮轰了耶路撒冷的犹太居民区，包括锡安山。这个不幸的房顶又一次惨遭袭击被大火烧毁，熊熊大火燃烧了足足一夜之久，点亮了整座漆黑一片的城市。在以色列国防军攻下了老城之后这场大火才算扑灭。所以说，在不到一个世纪的时间里，这座锥形顶就已被反复摧毁和重建了三次。到目前为止，正是这个样子……

神圣的屋顶

一直到"六日战争"，锡安山一直被认为是以色列最神圣的地方，大卫王墓墓顶是这个国度中最受欢迎的旅游景点。为什么这个地方有如此崇高的地位呢？因为从这里人们可以看到曾处于约旦人统治之下的整个圣殿山区域。一些人甚至把纸条绑在鸽子腿上将它们放飞，寄以希望他们的祷告能够借以鸽子落在（至少是邻近）西墙上——从这里无法看到西墙。

从墓顶望去，景色美得令人窒息，不管是在白天还是黑夜。从那座清真寺的顶端望去的景色更为壮观，但是这种待遇只为旅行指南书作者独享。有什么秘密吗？对，我们发现谁是钥匙的保管者了……

在墓顶的一侧有一块石匾，上面刻有在防卫老城的战斗中牺牲的守卫者的名字。

一栋建筑的编年史

一个关于建筑的趣谈

一个犹太人，一个基督徒和一个穆斯林在游览锡安山。突然，这个犹太人停在一栋建筑旁大声喊道："在这座建筑的一楼有一个有两千年历史的犹太会堂，我们的大卫王就埋在那里。"这位基督徒反驳道："这个会堂其实是世界上第一座教堂，我们的主耶稣的最后一次晚餐就是在二楼"。这个穆斯林听到后急切地叫道："你们把屋顶上的建筑称作什么？旗杆吗？这是个尖塔，是清真寺的一部分。"朋友们，的确如此，这并不是个笑话，因为真的有这样一个地方——世界上绝无仅有——就是你现在正站在上面的这个屋顶。

早先时候，我就向你承诺过这次旅行有很多的旅游讲解，这里将会是我履行诺言的地方。如果你想去弄明白这座建筑物是如何成为这三个宗教的圣地的，你可以在这个屋顶上找个角落继续阅读下去。如果你已经充分了解，可以跳过这个部分。我们将不再说……

"社区之母"

犹太罗马战役——在公元66—70年爆发的犹太人大起义和在公元132—135年的巴尔·科赫巴起义（Bar Kochba Revolt）——导致了耶路撒冷的种族大清洗。罗马人在这座犹太人城市的废墟上建立了一个被称作爱利亚加比多连（Aelia Capitolina）的异教徒殖民地。他们用一座墙将它围起来，墙的划分界限大概就是现在的老城墙，犹太人包括耶稣的追随者（那时他们仍然属于犹太人）都被禁止入内。由于锡安山——犹如今天——依然坐落在城墙之外，所以，耶稣的信徒仍能驻留在这座城市。因此，这片区域才可被看作基督教的发源地。

"所有教堂之母"

第一座公共建筑，大概建成于公元一世纪，当然是一座犹太会堂。的确，在那里考古发现的证据表明，这个保存卷轴的壁龛正对着圣殿山。为了能够为这座建筑增添合法性和神圣性，它的建造者们使用了取自被毁的圣殿中的方石。这座犹太会堂就被人们认为是"所有教堂之母"。

"锡安山"的称呼源自何处？

"锡安"这个词语在《圣经》中出现了160次。有时它指的是摩利亚山（圣殿山）、耶路撒冷或者以色列。那么，这座山是怎样被赋予了如此有名的称呼呢？答案很简单：在那时，耶路撒冷是一个罗马城市。这座山的居住者们将他们在这座山上的存在视为犹太人耶路撒冷复兴的开始，因此他们就借用了这个历史上的术语。

基督教与犹太教分离

然而在公元一世纪时，几乎所有的基督追随者都是犹太人，但是到四世纪时大多数则是非犹太人。犹太风俗比如说逾越节晚餐（Passover Seder），是基督教徒最先采纳的风俗，却被视为异端邪说。因此当耶稣的圣墓教堂在335年成为神址时，东正教组织（Orthodox Christian）以这个地方为他们精神信仰上的中心；与此同时，锡安山的这座犹太会堂也是犹太教和基督教共有的活动中心。为了使这个犹太会堂黯然失色，在 414 年，基督教徒建立起了一个巨大的长方形教堂——圣锡安大教堂（就在那座犹太会堂旁边）。他们甚至给它命名为最新认定的"教堂之母"。先前的那所犹太会堂就被降为附属建筑，成为一个仅供祈祷的地方。

一座带有餐厅的教堂

圣锡安大教堂在 614 年被波斯人（Persians）摧毁后不久就被莫德斯图斯（Modestus）族长将其修复。穆斯林教徒在 966 年又一次将该教堂摧毁，而"十字军"则又建立了锡安山圣母教堂（Church of Our Lady of Mount Zion）取而代之。他们恢复了那座犹太会堂，在里面修建了大卫王墓，又在大卫王墓上建造了最后晚餐厅。其他的还在继续……

"十字军"的这座锡安山圣母教堂还是没有躲过苏丹阿尔－马利克·阿尔－穆阿扎姆（al-Malik al-Mu'azzam）的惩罚，他于 1219 年下令将其摧毁。幸好，多亏了穆斯林也视为神圣的大卫王墓，教堂的侧厅——古犹太会堂和最后晚餐厅幸免于难。

在 1335 年，罗马教皇将这片地域的管理事务委派给了方济各会（Franciscans）。作为他们在圣地保护所有基督教建筑所起到的巨大作用的一部分，这是他们所接手的第一项计划。

顶部的穆斯林尖塔是做什么的？

在 1427 年，在那些想要购买这座建筑的基督徒和犹太人之间爆发了一场纷争。罗马教皇获悉，大怒之下颁布了一项命令：禁止基督教船只的船长将犹太教的朝圣者运送到耶路撒冷，甚至下令一旦在乘客中发现犹太人，就将其抛入大海。

大马士革苏丹（Damascus Sultan Djakhmak）不太赞成这次冲突，于是就通过将大卫王墓移交到穆斯林手中这个办法来解决冲突。一个世纪之后，以色列又落入到了奥斯曼帝国统治之下。于是，土耳其政府决定清除整栋建筑的异教徒。奥斯曼帝国颁布了一项法令，宣布锡安山是穆斯林教产。最后晚餐厅和邻近大卫王墓的大厅都变成了清真寺。那个宣礼塔——宣礼使呼唤信徒做祷告的一个有利位置——被建立起来。一个人建立起一座清真寺，然而另外两个人却在争吵……

现今如何？

基督徒与犹太人在 1948 年独立战争之后才可以再次进入这个建筑，当时这个地方从穆斯林手中被没收后交给了以色列的宗教事务部（Israel's Ministry of Religious Affairs）。

该从顶上下来了

正如之前所提到的，大卫王墓和最后晚餐厅都坐落在这栋建筑里，而你就站在其顶上。尽管一切都近在咫尺，但你仍然很难确定方向，所以不要让我们脱离了你的视线……首先，从屋顶上下来，在楼梯的底部沿着一条向左拐的斜线行走，在那里你会发现一个卫生间🚻，这个卫生间在大卫王墓参观时间里会一直开放。为了找到墓室，从你左侧的门的楼梯处向右掉头走。

拍摄者：雅科夫·萨尔（Yaacov Saar），1992 年，由政府新闻办公室提供。

大卫王墓 ★

在入口处有个写有官方游览时间的标志。此外，晨间祷告的时间也是开放的，偶尔有些时候深夜依然开放。2005 年这座墓室被分为女性走廊和男性走廊。真的难以相信这位一直对女性有嗜好的大卫王是否会同意这个保守的做法……现在请戴上帽子。

这座在底层的墓室被分成两部分：一个是充当作犹太教会堂的大门厅；另一个是衣冠冢，在这里男女被分为两组分别进入。这个巨大的衣冠冢上面垂着有刺绣花边的金丝绒布，装饰有三个律法冠（Torah crowns），它们都是被偷偷地从大屠杀期间没毁灭的犹太社区运到以色列的。

以色列作家萨缪尔·约瑟夫·阿格农（Shmuel Yosef Agnon）在他的诺贝尔文学奖获奖作品《只是昨天》（*Only Yesterday*）中写道：

耶路撒冷有一处我每年五旬节（基督教为圣灵降临节，即 Pentecost）都要拜访的地方，那就是大卫王墓，因为在这个世界上没有任何一个犹太人比大卫王更重要了。他是一位强大的国王，一生都在忙于战争，忙于同歌利亚的非利士人（Goliath the Philistine）作战，同所有邪恶的人作战，甚至同犹太人作战。的确，这肯定使他很烦恼，可是，他还要花时间去演奏竖琴并为那些痛苦和沮丧的人创作歌曲——我如何能够不爱戴这样一个国王呢？

现在我们知道这个地方实际上是用来封堵一个洞穴入口的国"十字军"衣冠冢；然而，由于人们并不知道大卫王实际上埋葬在哪里［尽管有研究表明在大卫城（City of David）有一处可能就是］，人们在知道这就是这位国王的象征性坟墓的情况下才能得到一些安慰。因此，在每年的五旬节——大卫王去世的时间——期间，成百上千的人都会聚集在这里，并点燃 150 根蜡烛来纪念大卫王——每根蜡烛代表着他所创作的 150 篇诗篇中的一篇。

墓室被分割之前。　　　　　　　　　　　　　　　　　　分割之后。

拍摄者：摩西·米尔纳，1995 年，由政府新闻办公室提供。

走出大卫王墓室，然后向左拐，一直走到一个被一列柱廊围绕的开放的院子。这里曾经是十字军修道院的庭院，在 16 世纪它曾被当成一个商队客店——那个时代的汽车旅馆。如果你觉得喜欢它，那你就找到一个角落思考一下下面的问题：

大卫王真的埋藏于此么？

《圣经》以一种相当合适的方式描述了这位以色列国王的逝去："他同祖先躺在一起，葬在大卫城。"由于大量的考古挖掘发现，大卫城的神秘面纱已公之于众。现坐落于距锡安山一英里（800 米）远的地方。

所以你可能会问，大卫王墓是被移到锡安山上了吗？原来是这样的，在第二圣殿被摧毁之后的几个世纪里，以色列国王墓地的确切位置也被人遗忘，只是随着时间的推移，一个基督教版本的故事出现了，并最终被犹太人和穆斯林共同信奉。现在有了一个从未出现过的有特色的描述，请热烈欢迎这个有史以来争议最少的版本：

第一章　大卫王家族的新子孙

基督教的资料记载说，在圣锡安大教堂（就是现在的圣母安眠堂）为大卫王和詹姆斯（James，在希伯来语中是雅各）每年举办一次追思礼拜活动都是习以为常的事情。詹姆斯是耶稣的哥哥，詹姆斯的父亲是约瑟（Joseph），而母亲是约瑟与玛利亚结婚之前的前妻。

那这两个人怎么成为搭档的呢？根据《新约全书》记载，耶稣属于杰西王族（dynastic house of Jesse）的后代，这个王族的由大卫王所领导。詹姆斯，即耶稣的哥哥，被认为是第一任主教，他后来就取代了大卫王的种系。因此他们两个在这里成了搭档！

第二章　大卫王来救场

在 966 年，穆斯林将圣锡安大教堂烧毁。基督教徒知道大卫王对于穆斯林来说是神圣的，所以他们认为阻止穆斯林进一步进攻的最好方式是宣传大卫王就埋葬在那里。他们将圣斯蒂芬（Saint Stephen，第一个被用石头砸死的基督徒）的衣冠冢当作那个王墓。故事就这样形成，以至于追溯到 985 年的由阿拉伯历史学家埃尔·马克德西（El Makdessi）所写的穆斯林文件就印证了这样一个事实，即这里就是大卫王埋葬的地方。

第三章　发现

当"十字军"在 1099 年到达锡安山时，他们发现了早期教堂结构的废墟，也听说了这些一成不变的传统。在他们的宗教热情下，他们迅速恢复了这个地方对于基督教的重要性。在圣锡安大教堂以前所矗立的地方建造了锡安山圣母教堂。

他们也开始重新修葺那座被认为是第一座教堂的侧厅。在修建过程中，其中一面墙意外坍塌，露出了后面的一个洞穴。据说在那里他们发现了一个皇冠和一个权杖。的确这是一个令人激动地时刻，"十字军"认为他们发现了大卫王墓！他们立马用一个衣冠冢封堵了这个洞口。

成为邻居——大结局

"十字军"并没有止于在他们发现的洞口处竖起一座墓碑。在他们看来，任何发现大卫王墓的人也会发现最后晚餐厅。他们根据《使徒行传》（The Acts of the Apostles 2:29）中的诗篇："弟兄们，先祖大卫的事，我可明确对你们说他逝去了也葬埋了，并且他的坟墓直到今日还在我们这里。"圣彼得（Peter）将这些话语说给了耶稣死后在五旬节（或称七七节，Shavuot；大卫王死于七七节）期间聚集的耶稣那剩余的忠诚的追随者们。人们认为他们是在举行最后的晚餐的那个阁楼里集合的。因此，如果大卫王墓在底层，那么最后晚餐厅就该在它的上面。于是十字军立即又在大卫王墓之上加了一层，并按照最后晚餐厅（Cenacle，来自于拉丁语 cenaculum，意为用餐厅）进行设计。

假设你正站在这个空旷的庭院中，走向大卫王墓的入口，并围绕着这栋建筑散步。走下那四段楼梯，再往前走 20 步。你正寻找的那个入口就在右边。（懒得去找那些建筑物上的标志，因为犹太学院的学生十分认真地将它们弄走了）

最后晚餐的房间 ★★
是达·芬奇创作的原型吗？

逾越节晚餐

我们邀请你做一次穿越时空的旅行，回到公元 30 年。在这一年，耶稣和他的十二门徒为逾越节——这是三个朝圣节之一，这个时候，所有的犹太人都必须去圣殿——到耶路撒冷进行朝圣。在这个节日的傍晚，他们聚集在一个阁楼里吃节日宴（seder，逾越家宴）。在晚宴过程中，耶稣预言他马上就要死去，并教导他的门徒们去吃未发酵面包——

这象征着他的身体；喝葡萄酒——这象征着他的血。基督徒们仍旧会在每个周日重现最后的晚餐，这个时候他们就喝葡萄酒并吃圣饼，从而更新他们与耶稣所立的约并赢得宽恕，感谢他的牺牲。

那个圣杯（Holy Grail），即耶稣将酒从那里面倒给他的门徒的高脚杯，也受到人们的赞美。相传，当一位罗马士兵刺向耶稣以确定他是真的死了的时候，耶稣的血就流到了圣杯中，从而向那些喝它的人许诺得到永生。许多人都试图找到这个圣杯，其中就包括由希特勒派遣的一支纳粹探险队——这和印第安纳的琼斯（Indiana Jones）和巨蟒剧团（Monty Python）并无关联。

另外一个有趣的细节是：基督徒仍然会在每个尼散月（Nisan）的14号（希伯来日历中逾越节晚宴的前夕）举行庆祝活动以纪念最后的晚餐，这已经有300年的历史了。只有在325年，在罗马皇帝君士坦丁大帝将基督教作为帝国的官方宗教之后，才召开了第一次尼西亚大会（First Council of Nicaea）。由于这个节日的犹太渊源，这次会议的参加者决定取消"基督徒的逾越节"，并选择用复活节（Easter）取而代之。

列奥纳多·达·芬奇（Leonardo da Vinci）的名画《最后的晚餐》使耶稣在世上的最后一顿饭名垂千古，这幅画就挂在米兰修道院（Milan monastery）的墙上。丹·布朗（Dan Brown）的惊险小说《达·芬奇密码》（Da Vinci Code）对画中的人物给出了令人惊讶的解读。

这一切都发生在这里吗？

事实上，完全相反。首先，这个墓并不是大卫王的坟墓。第二，我们不能保证最后的晚餐就发生在锡安山上。第三，"十字军"在12世纪建造了这个房间，已经距那顿晚餐有1100多年了，因此我们不建议你到这个地板上寻找面包渣……

这栋建筑的设计就证明了这个地方有激烈的宗教竞争。它那由"十字军"建筑师设计的罗马风格的拱门连同一个巨大的穆斯林壁龛成为其显著特色。这个壁龛指示着祈祷时麦加的方向，它可以追溯到1522年，当时奥斯曼人占领了这个地方。因此，当教皇保罗二世（Paul II）在2000年参观最后晚餐厅时，这个壁龛就被一个窗帘挡在了后面……

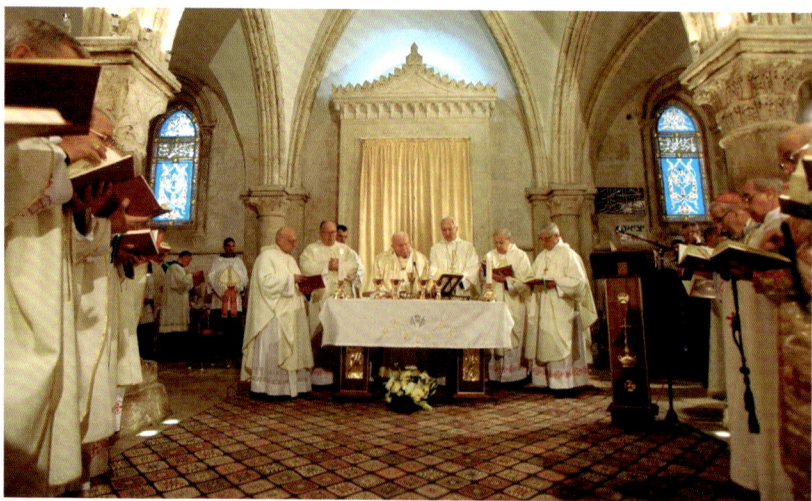

拍摄者：摩西·米尔纳，2000年3月23日。由政府新闻办公室提供。

心如刀割

支撑拱型结构的一个角柱上有一个大写字母，描绘了两只鹈鹕雏鸟正在啄食它们母亲的心脏。鹈鹕用它们喙下面的大袋子来喂养雏鸟。中世纪，人们认为这些雏鸟吃了它们母亲的内脏，因此就将它寓意为耶稣将他的肉体奉献给了他的门徒。总之，在"十字军"建立的这个最后晚餐厅里还有一个由奥斯曼人建造的圆顶。不管怎样，支撑穆斯林圆顶的这个柱子是以十字军装饰为其特色的。

梵蒂冈（Vatican）出价

由于这个地方由以色列宗教事务部管理，所以在最后晚餐厅里已经没有了基督教的标志。2005 年，梵蒂冈给以色列政府提出了一项易货贸易的方案：用这里的第二层来换取在西班牙托莱多市的一所犹太会堂，这所会堂在犹太人被驱逐出西班牙后就变成了一所基督教教堂。那么以色列会同意吗？嗯……首先，这些建筑已经在以色列土地登记处（Israel's Land Registry Office）注册在了一个巴勒斯坦家庭名下。此外，将这个大厅授予罗马天主教会将有可能使以色列处于一种很不舒服的位置，即将于希腊正教会（the Greek Orthodox Church）直接面对面，而希腊正教会在圣地的影响力要大于天主教会……

1964 年，第一个到圣地朝圣的教皇保罗四世（Paul VI）参观了最后晚餐厅，正是在这个房间里第一次谈到了"新约"（new covenant）这个词。

2000 年，教皇约翰保罗二世也参观了这个房间，并且还留下了一棵伐倒木，这棵伐倒木的分支看起来像杯子，而那些葡萄叶、葡萄和滑车轮（这象征了面包）都悬挂在上面。因此，这里有一些基督教的标志。请不要告诉警卫……

✝ 圣灵降临节的奇迹

那场著名的晚宴过去五十天后，在同一个地方发生了另一个奇迹。正如我们早先提到的，耶稣的门徒再一次聚集在了一起——这一次是在五旬节。在他们开会期间，圣灵便以火舌的形式降临，并赐予他们讲不同语言的能力。因此，这些门徒就成了在全世界传播基督教的信使，换句话说，是新生宗教的第一批神父。

这件事强调了基督教和犹太教之间的一个不同点：基督教强调传教；而犹太教倾向于孤立主义。因此，犹太教纪念上帝赐给律法的节日（七七节）变成了一个庆祝基督教传播的节日（圣灵降临节）。献给这个事件的小教堂就位于附近的一个房子里，但却是禁止入内的，这是因为圣灵曾在这里显现。屋子里的守卫告诉我说，就他所知，只有最高级别的神职人员——例如来访的教皇——才能进入这个房间。

从通往最后晚餐厅的那段楼梯下来（顺便说一句，这与你之前从屋顶走下来的那段楼梯是相同的）。

当你到达下面时，向左做一个 U 形转弯，然后沿直线继续往前走。

❹ 大屠杀纪念馆
★

> > > > > > > > > > > > – – – – < < < < < < < < < < < < <

事实上，这个地方没有被称为博物馆绝非偶然。它能够而且必须被看作"大屠杀无名遇难者墓"。里面的物品以骨灰罐为重点，这些骨灰罐都是从欧洲的火葬场运来的；墙壁上贴着不少于 2000 块的纪念牌匾，这都是用来纪念大屠杀时期被毁灭的犹太社区的。

当我们问为什么大屠杀纪念馆和以色列犹太大屠杀纪念馆（Yad Vashem Memorial Authority）没有合并时，我们知道他们的目的有些不同。大流散犹太学校负责维护大屠杀纪念馆，其主要目的是纪念被毁坏的犹太圣地和遗迹。

虽然如此，我们觉得每一个参观者都能在这里展出的特别方面找到自己感兴趣的东西。尽管这个纪念馆简单抽象、朴素，并且在范围和细微之处与以色列犹太大屠杀纪念馆相差很远，但锡安山经历的一部分，这个地方还是很值得一去的。

以色列宗教部的第一任总干事拉比什洛莫·扎尔曼·卡哈纳（Shlomo Zalman Kahana）博士在独立战争后期建立了大屠杀纪念馆。他将一个山洞变成了一个纪念馆，同时他还创立了这样一个地方，在这里，集中营中大屠杀的幸存者们能够使他们设法拯救的物品永远存在下去。

那位安保人员同时也兼任出纳和向导（讲希伯来语、英语、意第绪语，甚至蹩脚的法语），他有一个对所有那些纪念匾额所做的手写索引。如果想对一个给定的社区找一个匾额，那就去找他来帮忙。

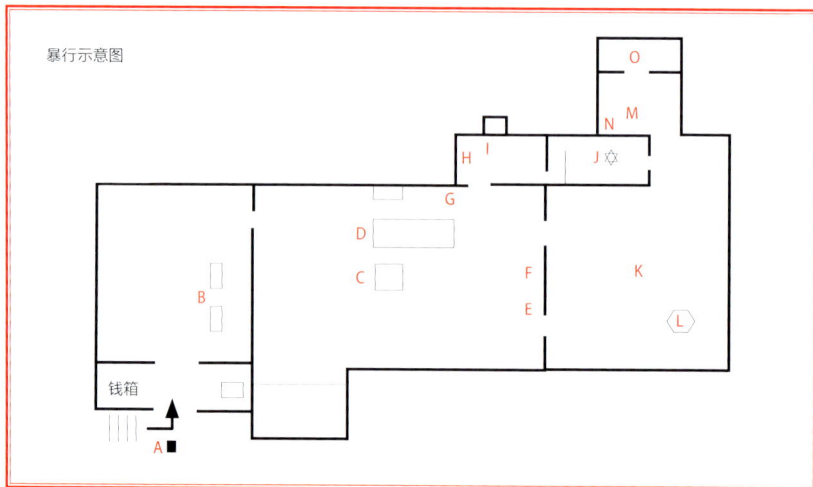

暴行示意图

钱箱

A 在通往入口处的院子里有一个纪念德国贝尔根－贝尔森集中营（Bergen－Belsen concentration camp）遇难者的纪念碑。其中有一个人叫安妮·弗兰克（Anne Frank），她的《安妮日记》（Diary of a Young Girl）成为了世界上最广为人知的书之一。这本书记录了第二次世界大战时德国占领荷兰期间安妮的藏匿生活。

B 像坟墓一样的小房间，里面陈列着被亵渎的残余的宗教经典，例如被烧焦并染上血的羊皮纸文稿。有人说，在这些被污损的书信中，他们能辨认出这样一句话"你要爱你的邻居如你自己"。犹太律法禁止毁坏那些已经用旧了的宗教经典，必须把它们埋葬了。

C 染上血迹的《托拉》（Torah），它来自于吉尔巴岛（Djerba）上突尼斯（Tunisian）社区的犹太会堂。

D 一个大纪念碑／坟墓，其下面埋葬着来自于欧洲死亡集中营的大屠杀遇难者的骨灰。匾上刻的是最大的集中营和灭绝营的名字。

E 一本手写的祈祷书，它由布痕瓦尔德集中营（Buchenwald concentration camp）里的囚徒根据记忆编撰而成。

F 在两个拱门之间的墙上悬挂着一本贝尔利（Beryle）的祈祷书，它像一张照片一样被框了起来，而这个小男孩仅仅认识字母表，并且他还祈祷上帝加入他的相框中来形成真实的祈祷者。

G 在这个玻璃柜中陈列着一件为一名纳粹军官用律法羊皮纸缝制的长袍。他并不知道这一事实，即这个袍子上有"愿上帝打击你"这样一句话。后来出现了这样一种想法，在犹太历新年那一天，由吹羊角号（公羊角）的人穿上这件袍子，并使用来自贝尔根－贝尔森（Bergen－Belse）的羊角号。但是，大屠杀纪念馆的建立者拉比卡哈纳（Kahana）反对这个主意，因为在他看来，他的这一代人中就没有人配得上穿

这件圣袍。每个人都为这件伟大的行为从来都没有实现而痛惜。

H 用来焚烧尸体的熔炉模型。其中有些砖是原物，是从死亡集中营的焚尸炉上拆下带到这里的。

I 陈列当中最令人恐惧的东西——装有遇难者骨灰的罐子和用他们的尸体做成的肥皂块。

J 黄色大卫星补丁的雕塑／纪念物——这是德国人强迫所有犹太人缝到他们衣服上的一种耻辱性的标志。

K "灭绝庭院"（Courtyard of Annihilation），里面排列着用来纪念被毁灭了的犹太社区的牌匾。

L 院子的中间是一座献给被纳粹杀害的120万名儿童的纪念碑。纪念碑的碑座上刻着《耶利米书》（Jeremiah 31:14）中的一句话："……在拉玛（Ramah）听见号啕痛哭的声音，是拉结（Rachel）哭她儿女，不肯受安慰，因为他们都不在了。"

M 一座纪念波兰茨托克夫（Tzortkov）犹太人的纪念碑石头上刻着这个城镇的名字和这里的犹太会堂的图片。那个锁着的金属盒子里有遇难者的名字，它们都被写在了羊皮纸上。

N 也门（Yemen）亚丁湾（Aden）犹太社区的一张匾，是为了纪念1947年12月3日至5日阿拉伯人对这个社区的破坏。

O 放有追悼纪念性匾额的封闭的房子，这些匾额是由纪念他们所爱之人的家庭和朋友捐赠的。

纪念我们父辈的社区的匾额。

城墙外面就是焚尸炉的模型。拉比什洛莫扎尔曼卡哈纳博士的专用网站是 www.moreshet.co.il/kahana，他讲述了这个故事：

从集中营中将这些人类的骨灰带过来之后的第二年，一个专家委员会决定建立一座焚尸炉形状的纪念碑，用它来象征从第一代犹太人——我们的祖先亚伯拉罕（Abraham）那里开始——穿越充满火焰的历史，直到我们这一代火葬场上的死亡为止以色列人所蒙受的灾难。这是一个大胆的想法，并且它甚至还在提别月（Tevet）10 号进一步实施和宣传。那些攀登上锡安山的人想起了奥斯维辛集中营（Birkenau concentration camp）。他们被恐惧所打击，一些人害怕得晕倒了，其他人在恐惧中退缩了。于是去除这个炉子的呼声就兴起了，但是当他们试图毁掉它的时候，人们却从里面听到了可怕的呻吟声。由于不敢把它毁掉，它仍然站立在那里，像是一个可怕的警示。

想跳过下面的那个教堂吗？好吧……但是如你所知，我们认为这是耶路撒冷最好的观察点之一。另一方面，参观这个教堂回去的路上得爬许多楼梯，还要走过一个陡坡。不想错过了，对吗？那么当你离开大屠杀纪念馆院子的时候就向右拐，走向那条与老城城墙平行的街道。当你快到那面墙的时候，向右拐。

穿过这条街，沿着通向教堂的路继续走下去。

在买了门票之后，再往下走一点，然后向右拐，走到那个观景阳台（★★★）。

{ ❺ 鸡鸣堂 ★★ }

>>>>>>>>>> − − − − <<<<<<<<<<

它们之中谁最高

在我们看来,这个观景阳台能使我们看到耶路撒冷最壮观的景色——而且这里也是世界上最漂亮的一个观景点。保证你能看到全景:包括圣殿山、环绕摩利亚山和锡安山的峡谷——欣嫩谷(Hinnom Valley)和汲沦谷(Kidron Valley),以及阿布·托尔(Abu Tor)和亚贝尔·阿尔－穆卡贝尔(Jabel al-Mukaber)的社区,还有坐落在堕落山(Mount of Corruption)和橄榄山山坡上的塞勒瓦(Silwan)村庄。最后但也是最重要的是,能看到大卫城。 观景台周围的方向标牌能帮助你弄清方向。

在你面前所有的遗迹中,我们重点关注的是地平线上树立的三个高塔。

· 右边的那个塔属于俄罗斯升天教堂(Chapel of the Ascension)。

· 中间的那个——这个塔有一个位于那片小树林之上的黑色的、三角形的顶——是巴勒斯坦奥古斯塔·维多利亚医院(Augusta Victoria Hospital)的一部分。

· 左手边的那一个高高地突出于斯高帕斯山上希伯来大学的建筑物之上。

希伯来大学的那个塔是这三个之中最高的,这绝非偶然。这所大学的规划者们测量了竞争对手的高度,并且故意做出他们的塔应当更高的决定,这也是这个塔达到它现在高度的唯一的原因……

一旦你欣赏完景色之后,就要前往那座教堂。左边有洗手间 🚻,就在小吃店的附近。

前门上有一个漂亮的金属薄箔，上面描绘这耶稣和他的十一个使徒（犹大被排除在外），而且，在右侧门的中间就有一个公鸡。

进去，别拘束，读一读有关这只神圣的公鸡的内容。

耶稣的预言与公鸡的啼叫

　　在房地产领域，每个人都知道三位一体的重要性：位置、位置、还是位置。基督徒选择的位置是什么？有一个在《新约》中提到了，而更好的一

个就是耶稣曾走过的地方。对，鸡鸣堂所在的地方之所以获得名声就是因为有两件很值得怀疑的事，但是俗话说得好，只要写对了名称，就没有坏的宣传。无论如何，在这个见证了公平分享眼泪的地方建立了这个城市最漂亮的一个教堂。

　　第一件事在最后的晚餐期间就开始显现出来，当时耶稣预言说自己离世归天的时候就要到了，并且他的一个门徒将会背叛他。在得知这个出乎意料的事后，这些门徒变得躁动了，他们之中被称为大使徒的彼得郑重宣布他准备与主一起进监狱。耶稣对彼得的这个忠诚宣言并没有留下特别深刻的印象，而是回复说："鸡叫以前，你要三次不认我。"（《路加福音》22：61）。的确如此，当耶稣被叛徒犹大出卖并被关进监狱之后，彼得非常害怕罗马士兵，并否认了与耶稣有任何关系。"Galli cantus"在拉丁语中就是"鸡叫"的意思，因此这个教堂的名字就叫鸡鸣堂；同时，这也是为什么在前门和这个至圣所的屋顶上要用公鸡来装饰的原因。最后，公鸡的鸣叫提醒彼得记得耶稣的预言，彼得则对他的背叛行为进行了忏悔，哭得很伤心。

　　此外，人们认为大祭司该亚法（High Priest Caiaphas）的住所正好也是这个地方，在审判耶稣的晚上，耶稣也被带到了这里。根据这个表述，耶稣整个晚上都被囚禁在这个住处的一间地窖里，并于第二天早上被移交给了罗马人。

　　因此，这个地点在《圣经》中提到了两次：彼得因否认耶稣，而在此忏悔；耶稣本人在他尘世生命的最后一个晚上，就被囚禁在那个大祭司住处的地窖里。现在这个教堂就建立在4或5世纪的一个拜占庭神殿以及12世

纪的一个十字军教堂的废墟之上。它现在的
建筑结构是 1931 年建立起来的，并且在 1977
年彻底修葺一新。现在这座教堂就建立在丰

富的考古地层的上面及其旁边。不可思议的
是，这栋建筑下面的遗迹都保存完好，而周
围的考古发现往往不是很好。

法国款式

　　这座教堂将考古发
现与现代建筑结合为一体，令
人惊叹。其建设受法国奥古斯丁圣母升天会
（French Assumptionist Order）监督，以玛丽对
天堂的设想来命名，而且其设计没有给他们
的祖国丢脸。

　　大型马赛克图像装饰着这个教堂内部的
墙壁：

　　·面对入口处的是一个耶稣的插图，图
上耶稣双手被缚，周围的人都愤怒地向他挥
舞着拳头。

　　·右上方是耶稣与他的门徒们（依旧只
有十一个门徒——叛徒犹大被排除在外）正
在分享最后的晚餐。

　　·左下方的图是被认为是第一任教皇的
彼得，画中他穿着古老的教皇衣服。上面的
图是绑着的耶稣正被带到了大祭司该亚法
那里。

　　·抬头瞥一眼天花板，上面显示出一个
壮观的十字架状的窗户。

　　仅适宜于对彼得（在他的犹太时期被称
为西门）的生活极其所处的时代进行一些详
述。后来他成为第一任安条克主教（Bishop
of Antioch），然后是罗马主教，因此他被称
为第一任教皇。由于在他年轻时他曾是一位
渔人，直到今天，教皇都戴着一枚渔人权戒
（Ring of the Fisherman）来作为连续性的象
征。在公元 64 年罗马大火爆发之后，皇帝
尼禄（Nero，人们认为是他本人点燃了这
场大火）寻找替罪羊，发现基督徒刚好符合
要求。他将成千上万名基督徒钉死在十字架
上或者扔给罗马竞技场（Rome's Coliseum）
里的狮子。彼得也被钉死在十字架上——应
他本人的要求，是被倒钉十字架的。圣彼得
教堂（Basilica of Saint Peter）——梵蒂冈附
近的那个教堂，拥有世界上最大的圆顶，后
来就建在了彼得死去的地方。而彼得也被埋
葬在这个教堂的地下墓室里。

下堂

位于上堂的下面，这里有另外一个大礼拜堂，它由那些镶蓝色和黄色色调的玻璃镶嵌窗照亮。这个礼拜堂是从山坡上凿出来的，它的一些墙壁是用石头做成的。在这个至圣所的中央，你可以往下看那个洞，你能看到一些洞穴，这很有可能是拜占庭教堂（Byzantine Church）的一部分，这是这个屋子里第一个基督教神龛。这些洞的墙壁上都雕刻有十字架，这是由5世纪的朝圣者们留下的。

洞穴层

在更低的一层上，这里甚至有简易通道通向那一系列的山洞，这些洞穴都来自于第二圣殿时期的房屋，尤其是有用来集聚和存水的坑（蓄水池）、仓库、储藏室、粮仓、榨（橄榄）油室和沐浴礼浴室。尽管这些地窖极有可能属于第二圣殿时期的小康之家，但基督教传统仍然将这一层视为监狱，里面包含有一些规则的地窖，其中一个是专门用来关押重要的犯人。因此，他们认为，耶稣在大祭司的住处被捕的那天晚上就被扣留在这个房间里。从何时开始，在这个大祭司的家里有监狱了呢？犹太人问道。基督徒就会反驳说：看看那些柱子吧。每一根柱子都有一个洞，犯人就被绑在洞上面的吊环上；每一个都有一道凹槽，这是放盐水的地方。当鞭打犯人时，鞭子上就会蘸上盐水以增加犯人的

疼痛。历史学家们说些什么呢？事实上，他们认为有一段时间这里曾被作为马厩，马匹就被系在柱子上，那些凹槽则是用来为马存水的。他们争论说，那些特殊的监狱房间实际上是沐浴礼的浴池。

基督徒们进一步指出这层丢失了一根柱子。显而易见，它是被"十字军"偷走的，因为他们认为这个柱子就是耶稣被绑上的那根柱子。

神圣的阶梯

最后，走出那个院子就会看到一个沿斜坡建造并有铺砌面的街道，这条街在当时将锡安山、汲沦谷和西罗亚池（Pool of Siloam）连接了起来。基督徒认为，耶稣在最后晚餐后正是通过这条小路走向橄榄山山脚下的客西马尼园（Gethsemane）的，他在客西马尼园被捕，之后被带到这里，然后被送往那个大祭司的住处。

鸡鸣

当你爬上楼梯回到教堂时，你会注意到在你左边有一个描绘彼得否认知道耶稣之时情景的雕塑。《路加福音》讲到一个侍女向指着彼得对罗马士兵说："这个人素来也是同那人一伙的。"（22：56）对于他来说，彼得马上就否定了。这句诗节用拉丁语写在了这个雕塑的基座上："Non novi illum"翻译过来就是"我不认得他"（V.57）。

这个金属与石头做的雕塑就是来描述这个极具戏剧性和紧张感的时刻的，但是，其面部表情和手势似乎并不与这种紧张的情形相对应。只有栖息于柱子顶端的那只公鸡看起来与清晨的寒气相一致……

❻ 辛德勒的坟墓

> > > > > > > > > > > – – – – < < < < < < < < < < < <

走出这个教堂，走上那条通往这个教堂的路，沿此路走回。一旦到达那条通向锡安山的主干道（哈蒂瓦特·耶路撒冷街），你就向左拐。通往这个坟墓的入口与圣彼得教堂都位于这条街的同一侧，位于那个低地停车场入口的对面。在坟墓入口处的停车场停车的数量是很有限的。

辛德勒的墓穴位于这个坟墓的较低的部分，在低层中间部分的右边；坟墓上面覆盖着许多石头，这些石头是由那些人，尤其是拜访这里的辛德勒的幸存者们放置的。

锡安山是许多公墓的家园：亚美尼亚人、希腊正教徒（Greek Orthodox）、新教徒（Protestant）、天主教徒（Catholic）和犹太人。尽管有许多名人埋葬在这里，但这个墓场并没有因为他们的显赫或美丽而出名；如果你手边没有指南（最好是人），那么你对这里的参观就会显得没有意义。此外，这些墓地大多数都被封锁着。尽管如此，我们的建议是参观奥斯卡·辛德勒（Oskar Schindler）的墓地，辛德勒是一位从纳粹大屠杀中拯救了1200名犹太人的"国际义人"（Righteous Gentile）。他那令人惊奇的故事因斯蒂芬·斯皮尔伯格（Steven Spielberg）的奥斯卡获奖电影《辛德勒的名单》（Schindler's List）而不朽，这部电影依据的是作家托马斯·基尼利（Thomas Keneally）的获奖著作《辛德勒方舟》（Schindler's Ark）。

❼ 返回雅法门?

> > > > > > > > > > > – – – – < < < < < < < < < < < <

返回锡安门，但不要进入老城。当然啦，要沿着这道在你右边的城墙走。这样会使你到达另一个振奋人心的观察点（★★★），现在正俯瞰着米甚肯努沙昂尼姆（这是老城城墙外建立的第一个犹太社区）和大卫王酒店。向右转，然后沿着城墙走，一直走到雅法门。停车场就在这个门对面。如果你把车停到了那里，想必你会找到你的车的……

0 码		55		110
0 米	50		100	

Hebron
希伯伦

Sultan's Pool
苏丹的水池

Hativat Yerushalayim(Jerusalem Brigade)
哈蒂瓦特·耶路撒冷（耶路撒冷旅）

Maalot Beni
马阿洛特·贝尼

Arna Ha-Yevusi
阿纳·哈·耶武西

Hativat Yerushalayim(Jerusalem Brigade)
哈蒂瓦特·耶路撒冷（耶路撒冷旅）

Zion Monastery
锡安修道院

✝ **Armenian Cemetery**
亚美尼亚公墓

✝ **Greek Orthodox Cemetery**
希腊正教徒公墓

✝ **Protestant Cemetery**
新教徒公墓

✝ **Catholic Cemetery**
天主教徒墓地

Dormition Abbey
圣母安眠堂

②

③ King David's Tomb
大卫王墓

Room of the Last Supper
最后晚餐厅

Armenian Caiaphas Palace
亚美尼亚该亚法宫

Unfinished church
未完工的教堂

Hativat Yerushalayim
哈蒂瓦特·耶路撒冷

Hativat Ezyoni
哈蒂瓦特·艾兹奥尼

① Zion Gate
锡安门

④

Chamber of the Holocaust
大屠杀纪念馆

✝ **Catholic Cemetery**
天主教徒墓地

⑥

Hativat Yerushalayim
哈蒂瓦特·耶路撒冷

Ma'ale Ha-Shalom
马阿莱·哈·沙洛姆

⑦

Malki-Zadek
马勒基·扎德克

Malki-Zadek
马勒基·扎德克

Stepped street
阶梯式街道

⑤ The Church of St.Peter in Gallicantu
鸡鸣堂

N

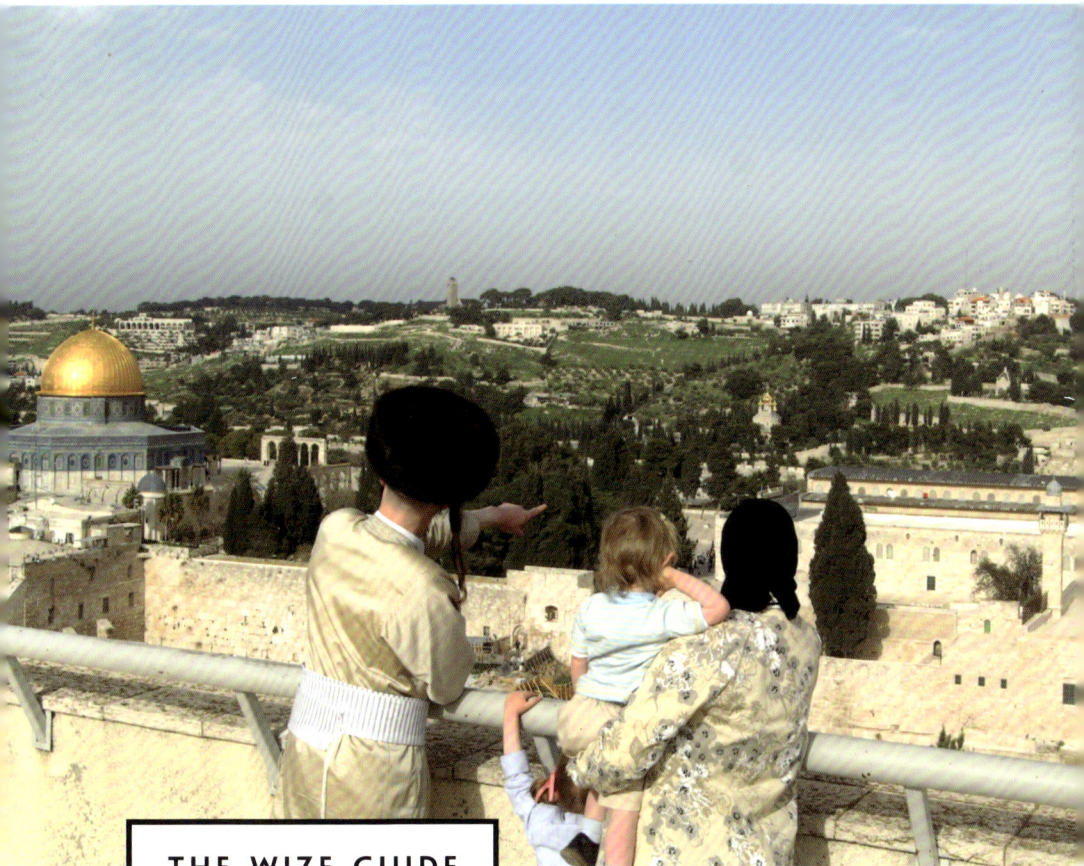

THE WIZE GUIDE

CHAPTER 2

第二章

犹太区

期待犹太人的到来

JERUSALEM - STEP BY STEP

嗨，兄弟们：

今天，我们已经拜访了我们的社区，得出结论——做一名犹太人是不容易的。三千年来，那些征服者一直试图将我们的人民驱离这座城市。他们尝试了一切手段：驱逐出境、毁灭和破坏；尝试了所有能使其毁灭的方法，这些方法包括酷刑、放火、屠杀和恐怖行动。为了消除这座城市的痕迹，他们甚至在它之上又建造了一座城市。你会认为在经历了如此多的尝试后，一些人会指出这并没有起作用……？

这一次，在这场永不停息的纪念独立战争的仪式中，我们遵循了另外一条不同的路径。在独立战争期间，老城驱逐犹太居民的行为达到了顶峰，这一活动持续了 19 年。

对犹太人而言，这也许是艰难的，但他们乐此不疲……！

真诚的

朱迪和雅各布

行程安排（大约 3.5—4 个小时）

12 分钟	从雅法门出发，步行穿过亚美尼亚区，到达屋顶。
20 分钟	"四季"屋顶观察点。
10 分钟	在卡多（Cardo）的前面（步行 3 分钟）。
30 分钟	参观旧伊休夫庭院博物馆（Old Yishuv Court Museum）（步行 3 分钟）。
20 分钟	参观拉姆班会堂（Ramban Synagogue）（步行 5 分钟）。
30 分钟	参观四个塞法迪犹太会堂（Four Sephardi Synagogues）（步行 5 分钟）。
20 分钟	游览拜特·马哈泽广场（Batei Mahase Square）（步行 3 分钟）。
10 分钟	驻足瞻仰为独立战争期间牺牲的犹太区居民树立的战争纪念碑（步行 2 分钟）。
30 分钟	参观"孤身绝壁（防御土墙）"图片展（步行 10 分钟）。
5 分钟	大致地看一下独立战争纪念碑（步行 1 分钟）。
5 分钟	返回酒店。
3—5 小时	想参观犹太区其他有趣的景点吗？例如西墙（哭墙）？那就请看这本小册子的结尾部分来简单地了解一下吧！
	一句话提醒：站点间的距离很短，但故事很长……

开放时间和门票价格

（NIS：以色列货币谢克尔）

	开放时间	关闭时间	电话／网址	成人票
旧伊休夫庭院博物馆	周日至周四，3 月—11 月：10：00—17：00 12 月—2 月：10：00—15：00 周五：10：00—13：00	周六	02-627-6319	18 谢克尔
四个塞法迪犹太会堂	周日至周四：9：00—17：00	周六	02-628-0592	15 谢克尔
胡瓦犹太会堂（Hurva Synagogue）	你可以独自参观（带电子讲解机）或预订一个有导游的旅游团	周六	02-626-5922	电子讲解 20 谢克尔 导游 30 谢克尔
孤身绝壁博物馆	只能事先约定	周六	02-626-5906	12 谢克尔
焚城博物馆（BurntHouse Museum）	周日至周四：9：00—19：00 冬季：至 17：00 周五：9：00—13：00	周六	02-626-5906	29 谢克尔
希律区	周日至周四：9：00—19：00 冬季：9：00—17：00 周五：9：00—13：00	周六	02-626-5906	20 谢克尔
考古公园＆戴维森中心（Archaeological Park & Davidson Center）	周日至周四：9：00—17：00 6 月至 8 月：8：00—19：00 周五：8：00—13：00 6 月至 8 月：8：00—14：00 可以个人游览，但跟着导游是更好的选择（1 个小时）	周六	02-626-5906	30 谢克尔 + 跟导游参观的额外费用
西墙地道（The Western Wall Tunnels）	只能跟团参观并预约，耗时 75 分钟。 周日至周四：7：00 至晚上（取决于客流量） 周五：8：00—12：00	周六	1599-515-888 www.thekotel.org	30 谢克尔 和年代历史展示中心共 50 谢克尔
年代历史展示中心（Chain of Generations Center）	只能跟团参观并预约，耗时 30 分钟。	周六	1599-515-888 www.thekotel.org	25 谢克尔 和西墙地道一起 50 谢克尔

最佳游览时间

避免住棚节（Sukkoth）或逾越节（Passover，因为人太多），也要避开周六（因为大多数景点关门）。在工作日期间你的参观安排与景点的开放时间相一致。如果你不打算去景点，那么在晚上，尤其是在夏天的晚上，你就会感到空气很凉爽，并充满浪漫的气息。在周六或假期游玩意味着你打算放弃参观关门了的景点、不去照相、不去卡多街购物，也不去犹太区品尝美食；但另一方面，你可以尽情地享受安息日和临近犹太会堂宗教活动的宁静祥和。

给带孩子家庭的温馨提示

这本小册子所描绘的旅游主要集中于那些在独立战争时期进行战斗所留下遗址的犹太区。对于儿童来说是有些枯燥乏味的。

推荐携带的物品

一顶小圆帽（无沿便帽）、舒服的步行鞋（犹太区的步行道不适合高跟鞋）、一顶遮阳帽、一副太阳镜、防晒油，还有像往常一样：带水。

🚗 我怎么去雅法门？

★ 当你从1号高速公路驶至耶路撒冷时，按照路标前往斯高帕斯山（Mt. Scorpus.）。

★ 大约开5分钟后，在第二个交通信号灯处向右拐，驶入哈伊姆·巴－列弗路（Haim Bar-lev Rd.）。

★ 直行约3—5分钟（哈伊姆·巴－列弗路先后变成兵团街（Engineering Corps St.）和哈－赞尼姆（Ha-Tzanhanim）。首先，那些路标会指引你去往老城。在右边那条车道上可以寻找到一条通向雅法门和特比昂（Talpiyot）的标志，然后一定要沿着这条一直通往隧道的右车道行驶。

★ 当你一进入隧道时，就需要在红绿灯处向右行驶到伊扎克·卡里夫街（Yitzhak Kariv St.）。在右手边，你就会看到卡塔（Karta）停车场。在此停车。

从雅法门到顶部瞭望点

★ 穿过雅法门，进入到老城区，大卫塔将会出现在你的右边。

★ 径直向前走，穿过大卫街〔David St.，这里有埃尔－巴扎露天广场（Suq el-Bazar）〕即可进入老城区集市。

★ 沿着这条五彩斑斓的小巷往下走去，然后向右拐到（在第二个路口）哈巴德大街（Habad St.）。

★ 在行程不到一百米远，你左边有一个金属梯。登上梯子即可到达市场的顶部。

★ 向左拐，前行大约二十码／米远，然后朝着左边再向上走，走到一个相对高一点的地方，在那你就可以找到个能坐的地方了。

❶ "四个社区"的观察点
★★

>>>>>>>>>>----<<<<<<<<<<<

片刻之间，你也许觉得自己是唯一一个站在屋顶上的人。不要害怕，每隔几分钟就有一些好奇的随团游客爬上屋顶，一些犹太学校的学生也会绕过拥挤的市场并沿着屋顶走。如果时间合适的话，你甚至能看到孩子们的表演。这个屋顶不仅仅给你提供了一个躲避城市喧嚣的去处。

当地政府计划在这里修建一条人行漫步通道，并配有路灯、花园、长凳，甚至还有装饰性的拱门。这里确实是一个体验耶路撒冷气息的合适的场所。

《孤独星球》旅行指南系列丛书的一个作者迈克尔·科恩在接受以色列国土报记者奥尔纳·卡津（Orna Kazin）采访时说道："我建议你在清晨或日落之时爬到老城区的一个屋顶上，站在那里聆听历史的脉动。你的双眼就会忍不住浸满泪水。这会是一个非常深刻、令人敬畏的体验——直接触摸那千年历史，体会此处的神圣与尊严。如果让我给旅行者们推荐一个在这个世界上应该去的地方的话，

那个地方就是耶路撒冷老城。"

全景

事实上在耶路撒冷有比这更好的观测点，但只有少数几个是如此接近神圣场所并被大量神圣场所环绕。往前看是金黄色的伊斯兰圆顶清真寺，后面是橄榄山，其山坡上是数以万计的犹太人坟墓。再往上面是隶属于俄国正教基督升天地的基督教钟楼。往左看，就会看到路德会救赎主堂（有钟楼和顶部几乎黑色的圆顶），还有在它后面缓慢升起的是圣墓教堂的两个灰蓝色的穹顶。在你右边石头下方就是犹太和亚美尼亚两个区。一个被藤架装饰起来的屋顶能激起人们对以往日子美好的回忆。那个时候，大卫王会从屋顶偷窥正在洗浴的女孩……时常会有一些伊斯兰教的独奏者用他们呼唤祈祷者的声音刺破天穹，紧随而至的是教堂大钟发出的震耳欲聋的声音。这是一个感官的王国。

这是谁的屋顶?

你所坐的屋顶主要隶属于穆斯林区的市场。在写下这几行的时候,建设漫步通道的计划仍然静静地躺在抽屉里,但这并不能阻止你向前走几十米来到立陶宛阿德雷斯·埃利亚胡(Adereth Eliyahu,以利亚的斗篷)犹太学院的台阶前。这所学院的许多学生在其额头上带着经文护符匣(黑色的皮盒子,里面有写着《圣经》诗句的卷轴)不停地走来走去。在犹太学院的屋顶上可以看到瞭望塔。

萨缪尔·约瑟夫·阿格农在其题为《歌手何时而歌》的故事中描绘阿维格多如何站在他的房子的房顶上注视着老城,思考着:"人们可以通过屋顶从耶路撒冷的一边走到另一边……房子将耶路撒冷连在一起,却又被其中的居民所分离。"算了,没有任何理由,萨缪尔没有获得诺贝尔和平奖。确实,只有在你注意到瞭望塔之后你才能开始清醒,并注意到所有这些神圣的东西都不足以克服暗中日益增长的不信任、敌意和怨恨。

四个分离的社区

从前(3000年前),在圣殿时代,这里只有一个犹太城。时常会有一股垂涎其战略位置的外国势力征服这片神圣的土地,然而,在基督教和伊斯兰教出现后,在耶路撒冷就有了犹太人占多数的、巩固的政权。到了公元70年,随着大叛乱的到来,罗马人摧毁了这座城市,并且驱逐了这里的犹太居民。最晚在那个时期以来,在老城区里就产生了犹太区。罗马人在废墟上建造了一座罗马城市并阻止犹太人在城墙里居住。只有到了公元7世纪,当穆斯林征服了这座城市以后,他们才允许一个大的犹太社区在城内生活。在11世纪,"十字军"消灭了城中的犹太人和穆斯林人。到了13世纪,穆斯林又一次允许犹太人返回这座城市。穆斯林和犹太人的"蜜月期"结束于1948年,当时犹太人再一次被驱逐,这一次是被约旦的穆斯林所驱逐。最后一章(到目前为止)写于1967年,当时以色列军队占领了老城。驱逐其他宗教成员的活动被禁止了,犹太人能够再一次在他们的社区生活,所有这些占领和战争使老城分裂成四个宗教和种族社区。尽管官方从来没有对其边界进行界定,有时一个区会牺牲其临近的区以进行扩张,但每个群体都会围绕其圣地定居。让我们从穆斯林区开始沿着逆时针方向探索吧。

穆斯林区 穆斯林区向前并向左延伸。因其像尖头的天伐发式和房子上方的穿顶而容易辨认。其历史可追溯到11世纪马穆鲁克统治时期。现在在穆斯林区的居民大约为2.6万,这2.6万人占了老城区人口的一半以上。1967年后穆斯林区的基础设施得到改善,但正是由于其过度拥挤,当局目前发现对其修复是困难的。当地大多数居民乐于搬离这里,但他们不敢将他们的财产卖给犹太人,因为他们害怕受到他们同胞的报复,这些同胞会将他们出卖财产的行为视作背叛的举动。穆斯林区毗邻圣殿山,圣殿山在阿拉伯语中被称为"Al-Haram al-Qudsi al-Sharif",意为圣地。大希律王（Herod the Great）为犹太第二圣殿建造了地基，现在这里还包含两个主要的穆斯林建筑：

岩石清真寺（Dome of the Rock）（有镀金的圆顶） 岩石清真寺庇护着"基石"（犹太教认为世界由基石所建。在伊斯兰教传统中，据说这块石头是穆罕默德登天处）。

阿克萨（极远）清真寺［Al-Aqsa（the farthest）Mosque］ 这座清真寺依据穆斯林传统中穆罕默德夜游七重天的传说而建。这座清真寺（而不是岩石圆顶清真寺）是伊斯兰教世界的第三大圣寺。

基督区 在你左侧并向后延伸，以略带红色的屋顶而著称。这是耶路撒冷老城的第二大区，有4500人。圣墓教堂——大多数基督徒认为耶稣就是在这里被钉上十字架——位于基督的中心。许多世界领袖在这个区建立公共建筑和教堂，因此这里有些欧洲风格。

亚美尼亚区 亚美尼亚区是四个区中最小的，大约有2000人，并且在其周围环绕了一堵墙。自从5世纪以来其居民就这那里居住，在20世纪第一次世界大战期间，随着土耳其对亚美尼亚人（Armenian）的大屠杀而得到实质性的支持。这个区的宗教中心是圣雅各布教堂（Cathedral of St. James），这里有使徒圣雅各布和耶稣的弟弟的坟墓。

犹太区 犹太区俯瞰着西墙（哭墙），西墙是希律王所建的圣殿山西部的支撑墙。目前犹太区大约有3000人，这里是我们旅行的中心。

摩西·米尔纳（Moshe Milner）摄于1997年，政府新闻办公室提供。
右下角：亚美尼亚区，其上方是犹太区。左下角：基督区，其上方是穆斯林区。其后的背景是橄榄山。

★ 利用你刚才爬上来时利用的楼梯离开顶部，一直往下走进入哈巴德街（Habad Rd）。你正在步入犹太区。

★ 走一小段路，街就会变得开阔了，在你的左边，你会发现一个俯瞰着卡多街（Cardo Rd）的观光阳台。

❷ 卡多（The Cardo）
★

>>>>>>>>>>> — — — <<<<<<<<<<<

这些柱子是什么?

公元 70 年，罗马人征服了耶路撒冷，破坏了这里的大多数建筑，使圣殿沦为一片废墟。60 年后哈德良（Hadrian）皇帝来到了这里，决定在其废墟上建造一座新的城市，它称之为埃利亚·卡皮托里纳（Aelia Capitolina）。罗马人的建城规划符合罗马一贯的模式：一条从北至南贯穿城市的大街称为卡多（主干道），还有一条东西方向的道路称为东西大街（Decumanus），现在与连接雅法门和圣殿山的大卫街和阿斯—西尔西雷街（As–Silsileh St.）相一致。

长度——最初的卡多从大马士革门延伸至大卫街。它是公元 6 世纪君士坦丁（Constantine）大帝为了方便穿梭于圣墓教堂和尼亚教堂（Nea Church）的宗教游行团体而延伸扩建的。尼亚教堂是君士坦丁大帝为了纪念耶稣的母亲——圣母玛丽（Mary）而建造的。（此教堂后来被毁，直到 1967 年才在犹太区停车场的东面发现其废墟）

宽度——卡多的总体宽度达到 90 英尺（22.5 米），其中道路的宽度占了 41 英尺（12.5 米）。其宽阔的人行道两侧是支撑屋顶的柱廊。店铺占据了整个图片。你脚边的这一排柱子（这些柱子的基座是原来的，顶部是后来重建的）仅属于街道一边所有。犹太区现在的规划者们曾计划减少街道另一侧的陈列空间，但又不想暴露整条街的宽度，就想在以前立柱子的地方种植棕榈树来遮掩。

高度——哈巴德大街（你所站的位置）所处的位置要明显地高于卡多。要想了解原因，我们必须回到公元 747 年，当时耶路撒冷遭遇了一场大地震，这场地震摧毁了这条街道。在那个年代清理废墟需要大量的工作，所以以后的几代人就在废墟上继续建造他们的家园。

照片里是今天的卡多大街；油画中是对当初大街的复原图。

遗迹和证物并不仅仅局限于罗马时代。毁坏于独立战争时期的犹太区也有属于它自己的保留物——博物馆会使你体验到过去的日子。要到达博物馆，你要转过身去，走上哈伊姆大街［Ha-Hayim St.，也叫作埃尔－阿曼路（El-Arman）路］，它会引领你到达位于你左边的博物馆。

❸ 旧伊休夫庭院博物馆
★

> > > > > > > > > > — — — < < < < < < < < < <

和博物馆的初次约会

新郎：500 岁的旧式建筑。

家世："神圣的阿里"（其绰号为"我们的大师艾萨克拉比"的卡巴拉教徒）于 1534 年诞生于其中的一个房间。

嫁妆：带家具的房间，浪漫的床单，古色古香的窗帘，完好无损的厨房橱柜……

他们说这里曾有一个社区

犹太区的大多数房屋是新的，建于"六日战争"（1967 年）之后。老建筑呢？他们被拆除而且毁坏了。为什么会这样呢？因为在战争之后，大多数老房子情况非常糟糕以至于根本没必要维护。综合性考古发掘倾向于维护处于圣殿时期的建筑和遗址，也就是大约有 2000 年历史的建筑。在一个有 500 年历史建筑而被认为是婴幼儿的城市里，这就是宿命。尽管如此，犹太区的修复者们认为它还是适合用来纪念在独立战争之前就生活于此的犹太社团。这些犹太社团也被称为巴勒斯坦犹太人。他们生活于土耳其统治时期的巴勒斯坦的时间要早于犹太复国主义运动（Zionist）的移

民。这所庭院被从 16 世纪战争的破坏中拯救回来。它的墙很厚，过道很窄，天花板是拱形的。

展览的房间

通过售票处后向左拐。你所看到的第一批房间是重建的犹太社区典型的公寓（注意，在那个时期，一间房构成一个寓所）。

· 第一个房间可追溯到奥斯曼时代的早期（直到 19 世纪早期），当时犹太区的大多数犹太人是从西班牙驱逐出来的。考虑到那个时期这里并没有家具，住户们坐和睡都在地板上，一个大木箱就起到壁橱的作用。

· 第二个房间可追溯到 19 世纪晚期，当时从欧洲来的德系犹太人带来了以橱柜和床的形式体现的现代文明……这个房间拥有六种华盖床中的一种，这种床被称为"天梦之床"。一个足够关心妻子并有一定经济实力的丈夫在其妻子生产前会租一套这种床。在床的周围挂上护身符以使妈妈免受莉莉丝（Lilith，一个能使孩子和孕妇死亡的恶魔）的迫害。出生后到割礼的前八天，孩子们还到正门吟诵赞美诗。新生儿的母亲会从床上坐起来向他

们投掷糖果并让他们祈祷甜蜜。那些更富裕的丈夫会离开家里的床40天，在此期间，婆婆会和儿媳睡在一起，以确保丈夫不能接近他的妻子……

· 在你穿过围绕这密封的天井的小院子之后，你就会进入英国托管时期的那间房子，当时的客厅给客人（甚至包括那些没有被邀请的客人）留下了深刻印象。这里的家具确实令人印象深刻，甚至还有一个收音机，它说明当时已经处于电气化时期。

· 第四个房间是阿里会堂（Ari Synagogue）。正如大多数人所认为的那样，神圣的阿里，即德系犹太人拉比艾萨克·鲁利亚（Rabbi Isaac Luria Ashkenazi）——16世纪最伟大的卡巴拉教徒（Kabbalist）——诞生在这个房间。他对卡巴拉教学（对犹太圣经的神秘解读）的影响是巨大的，并吸引了当今的犹太人和诸如著名

歌星麦当娜之类的非犹太人。

· 下一个房间展示了各色手工艺品和犹太区居民谋生的各种方法——出售《圣经》，开杂货店，做裁缝，做制鞋匠，等等。

· 在穿过作为循环展览的那间房间后，你就进入了那间纪念犹太区被围困、抗争、陷落的房间。不要错过观看由已故的什穆埃尔·波利亚科夫（Shmuel Poliakov）在被囚禁期间绘制在一条柏油帆布上的日历。它讲述了即将到来的严酷事实……

· 为结束你的旅程，请上二楼，那里你将参观由拉比哈伊姆·本·阿塔尔建立的奥尔哈伊姆（Or HaHayim）会堂。他于1742年由摩洛哥移民到以色列，因其著作《生命之光》（Or HaChaim）而获得声誉，这是一部主要依据卡巴拉教义对犹太律法进行注解的书。你还能在这一层找到洗手间 🚻。

★ 出了博物馆，向右拐，沿着奥尔哈伊姆街而下，返回哈巴德路（Habad Rd.）。

★ 在你对面，稍微往左，你就会看到一个楼梯。下去，穿过卡多，向右转并立即向左进入街道路口。

★ 你左边的建筑属于清真寺。穿过它然后立即向左走，沿着一个小楼梯下去就会到拉姆班会堂的入口。在入口的右边有个石凳和一个水龙头——这是一个很适合坐下读一读会堂历史的地方。如果你戴着一顶犹太小帽，你也可以到会堂里看看，但这并不是必须做的。

❹ 拉姆班会堂

>>>>>>>>>>> – – – – <<<<<<<<<<<

转移

1948 年 5 月 28 日，星期五下午 4：36 分，犹太区被阿拉伯军团攻陷了。几个小时之内，犹太区的男人们被转移到外约旦（Transjordan）的一个隔离营，而妇女、老人和儿童被释放并被转移到西耶路撒冷。24 小时之后，在老城有 700 年历史的犹太区里已找不到一个活着的犹太人了。那里仅留下了 48 具尸体，这 48 具尸体被埋藏在一个集体坟墓里。以色列的主要会堂——胡瓦会堂（Hurva Synagogue）被炸毁，其他的会堂则遭到了亵渎。老城获得解放，其犹太人口达到一个新的高峰则是 19 年以后的事情了。我们不要本末倒置了。

毁灭

1099 年，"十字军"征服了耶路撒冷。那些和他们的穆斯林邻居们肩并肩共同作战的犹太人在一个会堂建立了庇护所。但那些欧洲人将这个会堂和那里的人们付之一炬。

重生

1263 年，在西班牙国王的法庭里，在纳奇曼德斯（Nahmanides，即拉姆班），西班牙最博学的拉比和另一个改宗的犹太人之间爆发了一场辩论。最终这个博学的拉比赢了这场辩论，但这也导致他被迫离开，踏上自己的朝圣之路。在 73 岁时，他来到了耶路撒冷，但发现这里的犹太人还不到法定祈祷人数。他很快就将一座损毁的房子建成了祈祷室和学习室。犹太人在耶路撒冷建立新的据点的历史就这样开启了。

真相是……

这个会堂到底是拉姆班建立在现在的犹太区（这个说法受到虔诚的犹太人的支持）还是建在锡安山上（大多数研究人员支持这个说法），对于这个问题存在着争论。总之，这个会堂大约建立于纳奇曼德斯在耶路撒冷建立会堂之后的 250 年，当时由受奥斯曼邀请的从西班牙流亡出来的犹太人所建立。

为什么会有两个藏经柜？

两个对称的藏经柜被镶进了会堂的东墙。在犹太会堂中，两个藏经柜是个与众不同的现象，人们认为它可追溯到奥斯曼 / 穆斯林统治时期，当时统治当局强制要求将《古兰经》放置在《摩西五经》（Torah）旁边。那些想保持二者独立性的犹太教信徒们就将这两本书分别放置在两个独立的藏经柜中。

毁灭、重生与征用

不管怎样，穆斯林觉得这个会堂靠近奥玛清真寺（Mosque of Omar）是个麻烦，于是他们在 1474 年就把它拆毁了。犹太人并没有被阻止并很快就重建了这个会堂，但在 1588 年奥斯曼当局就命令关闭该会堂。耶路撒冷犹太人的主要会堂再也不能被用来做礼拜。几百年来，它为世俗活动服务。只有在 1967 年，会堂的遗迹被确定，其作为会堂的作用才得到恢复。

神殿中的清真寺

同时，你一定会问你自己，清真寺怎么会离犹太会堂如此之近呢。这座清真寺正是由一个改信伊斯兰教的犹太人所建。因为他怨恨他之前的兄弟，所以他就在他家的院子里建了一座清真寺。因此，在犹太区的中心，在靠近拉姆班会堂的犹太区路（犹太街）上，至今都有一座清真寺。

{ ❺ 胡瓦会堂 }

>>>>>>>>>>>>— — — — <<<<<<<<<<<<

德系犹太人（Ashkenazim，阿什肯纳兹犹太人）来了

16 世纪末，在遥远的波兰生活着一个名叫犹大·哈西德（Judah he-Hasid，虔诚的犹大）的牧师，他相信让犹太人迁往圣地就可以加快救赎。实际上，直到他聚集了 1500 名信徒并把他们带到耶路撒冷后他才得到休息。历经 3 年的旅程，到 1700 年到达耶路撒冷时仅剩下 300 人，许多人死掉或者在路上就放弃了。他们一到达耶路撒冷，拉比就签订了一份购买土地的合同，这块土地毗邻拉姆班

会堂，当时归穆斯林所有。拉姆班会堂是一个塞法迪犹太会堂（意味着它要遵守在伊斯兰国家实行的与众不同的犹太习俗）。拉比购买土地的目的是在那里建立一座服务于阿什肯纳兹犹太人的会堂（遵守来自基督教国家，主要是东欧国家的犹太人的习俗）。然而五天之后，那个拉比由于饮用了这个城市里受污染的水而病倒并去世了。原先所承诺的本应该紧随拉比而到账的资金支持落空了。但拉比的追随者们并没有绝望，他们在那块土地上建造了原先所计划的祈祷所。这座新建筑的南墙也是拉姆班会堂的墙，这部分墙由二

者共享。这些追随者们以他们拉比的名字给它命名为"拉比犹大·哈西德会堂"（Rabbi Judah He-Hasid Synagogue）。

毁灭

关于他们到底有没有建好这个会堂是众说纷纭。但有一件事是确定的，即他们从来没有把他们从阿拉伯人那里借来的钱还上。这些钱用来建造这个会堂并为随之而来的贿赂提供资金。在此后的20年里，那些阿拉伯债主不停地要债，直到有一天他们将这所会堂付之一炬。一起被烧毁的还有这所会堂里的40个《摩西五经》的卷轴。他们将所有的阿什肯纳兹犹太人赶出了耶路撒冷，因为他们认为这些犹太人都要对这个债务负责。如果阿什肯纳兹犹太人想拜访耶路撒冷，那他就不得不穿上塞法迪犹太人的服装：一个条纹长袍（或双排扣长礼服），外面在披上一个棕色大衣。

希望

几乎一百年后，土耳其政府于1817年发布了免除债务的法令，从此以后，阿什肯纳兹犹太人就被允许返回耶路撒冷。在1836年，他们也被允许修复那座被毁坏了的会堂。这一次，他们并没有急着去借钱，而是建造了一座小型的贝京锡安会堂（Menachem Zion Synagogue）来使用。

重生

那些前往以色列的维尔纳加昂的门徒重新建立的这座会堂。他们从罗斯柴尔德（Rothschild）和蒙蒂菲奥里（Montefiore）那里获得资金支持并于1855年开始了这项工作。这个工程共持续了八年，耶路撒冷所有的犹太人都为之出了一份力。

建筑师阿萨德（Assad）先生依据"圣索菲亚大教堂"（Hagia Sophia，6世纪建造于伊

全盛时期的胡瓦会堂内部。

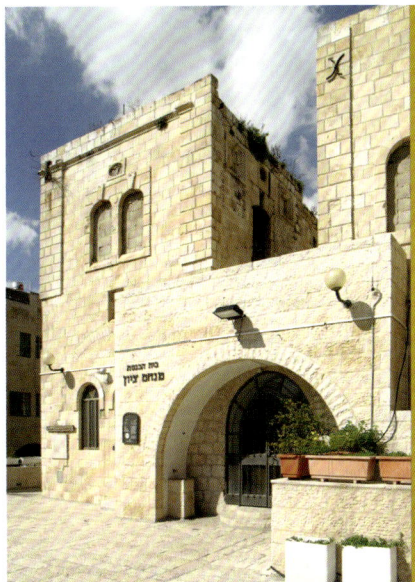

贝京锡安会堂。

拍摄者：埃里克·马特森（Eric Matson），1934-9，由国会图书馆提供。

斯坦布尔的长方形基督教堂，在奥斯曼时期变成了一座清真寺，现在是一个博物馆）的风格设计了这座会堂。这座宏伟的建筑令人印象最为深刻的是在它的方形基座上树立了四个巨大的拱门，这些拱门支撑起来了80英尺（24米）高的圆顶天花板，它比邻近的清真寺还要高。尽管它仍然常被人们称为胡瓦（其被毁坏的前身留下的废墟），但官方却以巴伦·詹姆斯（雅科夫）·罗斯柴尔德［Baron James（Yaacov）Rothschild］的名字命名为拜特·雅科夫（Beit Yaacov，雅各的住所）。它作为阿什肯纳兹犹太人主要的精神和文化中心持续了84年。

破坏

独立战争时期（1948年），在犹太区之战中，尽管这座会堂并不是军事据点，但约旦人却将它变成了一堆瓦砾。

希望

在"六日战争"期间老城获得重生。瓦砾被清除干净，拉姆班会堂得到了修复，胡瓦的一个巨大的石拱门获得重建并成为犹太区的标志。是将这个石拱门留作一处遗迹而另建一个新的会堂，还是恢复原来的胡瓦建筑，围绕这个问题的争论持续了35年。最后，政府前进了一步，决定重建以前的建筑，因为胡瓦会堂已经成为所有时期会堂的象征。

新生

在会堂重建时期，那个历史性的石拱门被拆除了。许多考古发现被发掘出来，包括第二圣殿毁灭时期作为焚城证据的被烧焦的柱梁。另外一个发现是一个可追溯到独立战争时期（1948年）的小地窖，里面还有迫击炮弹和手榴弹。

会堂的计算机模拟复原图。
复原规划者：纳胡姆·梅尔茨（Nachum Meltzer）和沙伊·李维（Shai Levi）。
模拟：建筑师丹尼尔·韦尔尼克（Daniel Vernik）。

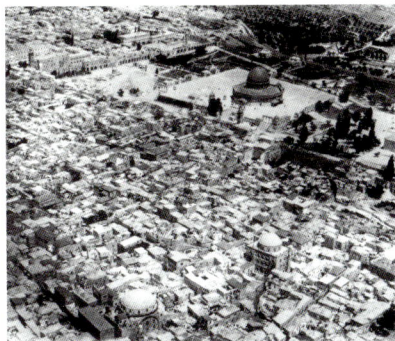

扼要重述：

· 这是一个因纳奇曼德斯而建的会堂，由于奥斯曼支持穆斯林而被没收，并在"六日战争"后得到恢复。

· 维尔纳加昂的门徒修复了被阿拉伯债主烧毁的胡瓦会堂，但在独立战争期间被阿拉伯军队炸毁，之后又得到重建。

· 由于当时没有足够的资金重建胡瓦会堂，就在拉姆班会堂的附近修建了贝京锡安会堂。尽管它没有被毁，但在约旦统治时期也遭到了破坏，后来才得到修复。

20 世纪初犹太区鸟瞰图。在图片左下角可看到胡瓦会堂，在它的右边是蒂法蕾特以色列会堂（它们两个都有一个突出的圆顶）。

★ 返回拉姆班会堂。

★ 背靠其前墙，向前走到米什梅洛特·哈－科胡纳街（Mishmerot Ha-Kehuna St.），这条街道的头穿过一个拱形通道。

★ 在走了一小段路后，你就会到达塞法迪会堂，它们就在你左边。顺着楼梯你就会到达入口处。

★ 如果你在开放时间到了而门没开，你就给入口处路标上的号码打电话。不要放弃。

---

❻ 四个塞法迪会堂
★★

>>>>>>>>>>> - - - <<<<<<<<<<<

它们怀抱在一起让人想起哈西德派（Hassidic）的舞蹈圈，这四个会堂是何时，又是如何形成的呢？自从奥斯曼征服以色列并邀请受到驱逐的西班牙犹太人回来在耶路撒冷垦殖后，一切就发生了。当时拉姆班会堂满足了祈祷者的需求，同时这里建造了一座研习所，人们认为第二圣殿时期令人尊敬的约哈南·班·该拉比（Yochanan ben Zakai）的研习所就一直坐落在这里。1588 年在奥斯曼关闭了拉姆班会堂后，被迫寻找替代者的犹太社团就将其宗教中心转移到了这个研习所。

四 绝

约哈南·班·该拉比会堂

　　首先你会碰到紧挨着研习所，并以约哈南·班·该拉比的名字命名的会堂。这个会堂被认为最能代表塞法迪犹太人（记得吗？他们的家庭在伊斯兰国家生活了几个世纪）。

这里是众多重大历史事件的发生地，例如1870年为了向奥地利皇帝弗兰茨·约瑟夫一世（Emperor Franz Joseph I）表示敬意而举行的庆祝活动。还有自1893年后，塞法迪首席拉比就一直在这里正式就职。

　　请注意塞法迪会堂里的长条凳是如何围

绕主布道坛（平台）排列的，在那里，没有一个礼拜者的背是对着藏经柜的。这样，这里的会众除了能看到站在讲坛上的领唱者的脸外，还能看到参加礼拜的同伴的脸。而阿什肯纳兹犹太人却是一排一排地坐着，这样他们就能够自由自在地偷偷地睡觉……

当你面向藏经柜时，在你右边墙壁最高窗户的窗洞里的玻璃架上，有一个羊角号（用公羊的角做成的小号）和一罐橄榄油。这些东西是留给以利亚（Elijah）的，犹太人认为在弥赛亚（Messiah）到来之时他会以先知的身份出现。当他出现之时——在我们有生之年，阿门——他将吹响羊角号并给弥赛亚涂上橄榄油。准备好了。

和拉姆班会堂的情况一样，在这里的东墙里有两个藏经柜。在拉姆班会堂被征用后，它的礼拜者们被迫转移到这里，那两个藏经柜也就移过来了。

进入下一个走廊，然后向左拐。

埃利亚胡·哈纳维（HaNavi，先知以利亚）会堂

它最初是一个研习所，后来变成了会堂。为什么它获得了以先知以利亚的名字命名的特权呢？

下面是 www.myrova.com 网站上的传说的精华版：

舒适的风吹过耶路撒冷房屋之间拥挤的小巷。这是 1500 年一个秋日的下午。太阳已经开始落山，在末日审判的恐惧中，所有的人即将面对赎罪日（Yom Kippur）。人们包裹着祈祷披肩，开始聚集在"塔木德律法"会堂（"Talmud Torah" Synagogue）里。犹太人一个接一个地进入会堂，第八、第九个也都如法炮制。吟唱柯尔尼德拉（Kol Nidre）的时间即将到来，但法定教徒人数（minyan，公共礼拜需要达到 10 个成年犹太人的法定人数）所需的第 10 个人还没有出现。时间一分钟一分钟地过去了，人们盯着门，脸上流露出担心、紧张的表情。那些礼拜者们都设法去想起这座城市里的另一个犹太人，但这都是徒劳的。他们中有人提高嗓门说道："在一个弥漫着为世界赎罪的城市中，要在赎罪日这天找到法定的礼拜人数难道是不可能的？"

突然，一个身材矮小的犹太人出现在入口处。他那长着灰色胡子的脸上散发出特殊的光芒。他走进来并在会堂的一角入座，没有说一句话。没有人能解释赎罪日那天他们身上那种独特的、极妙的感觉。在他们看来，他们的祷告抵达了神座。

夜幕临近，祷告结束的时间过去了，一个礼拜者对那个无名老人说话并让他跟自己回家一起开斋。那个老人礼貌地拒绝了他，转身消失了。只有在夜深人静之时，那个满脸容光焕发的犹太人才在一个礼拜者的梦里揭露的自己的身份。"我是以利亚先知，在看到你那深深的悲痛后过来构成法定的人数，放心，上帝已经听到了你的祷告。"

欢欣鼓舞的礼拜者们紧紧地围着以利亚先知曾经坐过的那把椅子，并在会堂左侧一个小房间里给它指定了一个特殊的地方。许多犹太人在这把椅子旁祷告，人们相信在这把椅子上坐一坐能治愈那些不孕的妇女。在这个引人注目的事件之后，为表敬意，人们就用以利亚先知的名字给这所会堂命名。

这个会堂运营了 350 多年。独立战争爆发后，四会堂合并——组成坚固的建筑——作为最后的避难所。在犹太区陷落后，这些会堂连同埃利亚胡·哈纳维会堂的华丽的椅子都被掠夺和烧毁了。"六日战争"之后这些会堂得到修复，那把椅子得到重建并被安置在邻近埃利亚胡·哈纳维会堂大厅的一个小房间里。

这个精雕细琢的藏经柜来自意大利。

卡哈尔·锡安 [也被称为 Emtsai (Middle)] 会堂

多年来，会堂之间的庭院作为女性的旁听席位，在住棚节期间，那里就会有一个大的苏克棚（临时房屋，有小隔间）。但是，社区的发展需要另建祈祷大厅。因此，人们决定在这个庭院上搭建一个屋顶。这并不是一项简单的工作。奥斯曼政府禁止犹太人完成任何会堂屋顶的建设工作。只有到了1835年，在埃及的穆罕默德·阿里（Muhammad Ali）将奥斯曼统治者从巴勒斯坦驱逐出去的几年里（暂时的），才允许犹太人修缮会堂，完成穿顶的建设。

伊斯坦布尔会堂

四个会堂中的最后一座的建造是为了满足从土耳其伊斯坦布尔迁移到耶路撒冷的移民的要求。在朝北的那个楼梯间的边缘处有一个神龛。独立战争时期，在犹太区陷落之后，犹太人的一个指挥官将会堂的钥匙藏在了这个神龛里。在"六日战争"期间，犹太区获得重生，那个指挥官返回到那里，令他惊奇的是，在他将手伸进神龛时，他发现了那些钥匙——好像它们一直等着他的到来。

★ 在你出去的路上，你会注意到这个建筑群那鲜有人至的金属叶入口门，它是由比撒列艺术与设计学院（Bezalel Academy of Art and Design）的创始人鲍里斯·莎茨（Boris Schatz）的儿子比撒列·莎茨（Bezalel Schatz）创造的。顺便说一句，那些（亦称我们）曾经写道会堂建筑通常并不是值得大书特书的人也不曾提到你刚才已经参观了的地方。永远不要说没有……

★ 现在，无论你是在会堂里面还是外面，找一个地方坐下来，阅读有关在独立战争期间犹太区陷落的书籍。

◀ 为犹太区而战 ▶

有关历史遗留问题的分歧

1947年11月29日，联合国大会对181号决议进行表决——结束英国对巴勒斯坦的托管，将这块土地分立成犹太国和阿拉伯国家，将耶路撒冷变成联合国控制下的一个国际城市。当这场历史性的投票结束时（阿富汗——反对，阿根廷——弃权，澳大利亚——赞成……），结果显示这项决议获得三分之二多数的支持。犹太社区的代表们接受这项决议，人们涌向街头，边唱边跳。但是，阿拉伯人完全反对这个决定，第二天，一辆靠近本-古里安国际机场的犹太人的公交车遭到袭击，车上的五名乘客身亡。独立战争就这样开始了。

令人窒息的六个月

当时，耶路撒冷大约有十万犹太人，而仅有大约2200人生活在老城。但在英国统治时期，老城里却充斥着犹太人。犹太区通过雅法门和锡安门（Zion Gate）与新城连接在一起，但是在两个门与犹太人的房子之间有长约200码 / 米的窄巷。这种状况使阿拉伯军队到1947年12月就封锁了那两个门，因此犹太区就处于包围之中。在英国人离开以色列之前的六个月中，他们偶尔也允许补给车队通过，但同时他们也怂恿犹太人撤离。哈加纳（Haganah，犹太人的一个准军事化组织）武装力量设法建立营地和防御工事，但这里的英国人却给他们设置障碍并没收了他们的武器。在那六个月里，这个区有九名居民和防御者牺牲了。

英国人离开

当英国人在1948年5月13日离开时，犹太区仅剩下由150名士兵保卫的1700人。尽管他们力量有限，但他们在英国人撤出后就立即控制了关键的要塞。尤其是锡安门和亚美尼亚区希腊正教堂屋顶上的"耶稣受难十字架"（Crucifix Post）。这些要塞足以打破封锁，但亚美尼亚人找到犹太领导人并要求犹太人撤出该驻地，条件是他们许诺保持中立。犹太军队撤出了，但阿拉伯人很快就把它夺走并把它用作向锡安门狙击的狙击点。

因此，犹太军队不得不从锡安门要塞撤退，封锁得以继续维持。阿拉伯军队主要是非正规部队（由帮派成员和穆斯林区居民组成），他们从四面八方发动了袭击，差一点就将犹太区攻陷。

错过最佳的机会

5月17日，在以色列国宣布成立后的第三天，以色列军队就试图打破封锁。耶路撒冷的防御部队设法控制雅法门，另一支部队策划对锡安山发动牵制性进攻。对雅法门的进攻失败了，但牵制性进攻取得了成功，他们占领了靠近锡安门的那部分锡安山。部队利用有利的势头，在5月18日晚上，22名士兵突破了锡安门并与犹太区内的防御力量会合。他们的领导人是大卫·"达杜"·埃拉扎尔（David "Dado" Elazar），他后来成为以色列的参谋长。紧随他而来的一支由84组成的援军进入了老城。当时犹太区的喜悦达到了顶峰，但高兴是短暂的。或者是由于战争中的自负导致的后果，或者是策略方面的原因，取得突破的先头部队很快就撤出来了。这是多么致命的一个错误啊！你只能想象如果这个区域的指挥官能充分利用锡安门的战利品，就有可能突破雅法门，耶路撒冷的历史就是不一样了。这是后见之明。藏身在亚美尼亚区的阿拉伯人意识到他们不再守卫锡安门，就又迅速控制了它。尽管锡安山仍然由哈加纳武装力量控制，但他们几经努力，再也不能去援助那些被围困的居民。

前线

阿拉伯人的自信心已被攻势所破坏，他们强烈要求约旦国王阿卜杜拉（Abdullah）派遣援军。事实上，在 5 月 19 日，由英国官员率领的一个团的阿拉伯军队与正在进攻的军队会合了。这支武装力量被认为是当时最好的阿拉伯军队。里面的士兵在第二次世界大战期间就有作战经验，而且按照英国军队的作战方法进行训练。同时还有数千名"志愿者"（包括帮派成员和穆斯林区的居民）与他们并肩作战。

他们从好几个方向对犹太区发动了进攻，并用大炮和迫击炮进行轰击。在防御方面，他们进入 18 个临时设立的壕沟中固守阵地，通过这样做，稳定了前线。通讯员大多由年轻人组成，由他们负责保障阵地之间的通讯。然而，阿拉伯军队的兵力迅速超过了防卫者，还在持续地缩紧包围圈，并进行挨家挨户的战斗。首先陷落的是蒂法雷特以色列会堂（Tiferet Israel Synagogue），阿拉伯军团的士兵很快就将它毁坏掉了。在阿拉巴人占领了胡瓦会堂后，他们也将它毁掉了。哈伊姆·泽尔尼克（Chaim Zelniker）在战斗中三次受伤，直到现在——仍带领着士兵和游客穿过犹太区的小巷，告诉人们是由于频繁使用而导致

武器过热。防卫者们想让武器变凉，但他们没有水。在困境中他们想到了一个原始的解决办法，但由于处于脱水状态，他们甚至不能撒尿。

后方

平民聚集在拜特·马哈泽（Batei Mahase）区和四个塞法迪会堂，他们几乎不参加战斗。在 5 月 27 日星期四这一天，部分部队撤退到会堂区域里。有一个名叫阿哈龙·利兰（Aharon Liran）的志愿者，他曾参加保卫犹太区的战斗并在战斗中三次负伤，他描述了在埃利亚胡·哈那维会堂中发生的事情：

"那里的居民们立即恐慌了起来。所有的孩子们聚集在藏经柜附近。老人们打开通往约柜的门，恳切地向上帝大声呼唤，一边朗读《旧约》中的诗篇，一边进行悔罪祈祷。妇女们一直在大喊……'你们要打到什么时候？'那些居民们向他们乞求，'你们都受伤了……'老妇人们开始哄我们，'投降吧！为什么还要继续打呢？阿拉伯人已经到了。我们为什么要被屠杀？！'"

哈伊姆·泽尔尼克（Chaim Zelniker）继续叙述说他们当时是在为那些牺牲的人祈祷。

★ 从塞法迪会堂退出来，向左拐，一直在米什梅洛特·哈－科胡纳路（Mishmerot Ha-Kehuna Rd.）上走，你会到达一个停车场。

★ 沿着这个停车场走一小段路后向左拐到哈－哈兹奥兹罗特路（Ha-Hazozrot Rd.）上。

★ 在哈－哈兹奥兹罗特路的尽头你会到达盖尔德街（Galed St.）。一到盖尔德街就向左转，然后向右穿过一个石门，你就会到达拜特·马哈泽广场。

★ 在宽敞的石阶上坐下，继续读一下有关这个地方和为犹太区而战的书。

{ **❼ 拜特·马哈泽广场** }
★

>>>>>>>>>>>– – – –<<<<<<<<<<<

一手证据

正如前面我们所提到的，平民在战斗中聚集在那四个塞法迪会堂（我们刚刚拜访过）和拜特·马哈泽区。在网站 www.erim-pow.co.il 上，以色列战俘老兵团体的成员，阿哈龙·利兰进一步描述了 5 月 28 日早上的情况："在这场持续了近 15 天的战斗——这是 1948 年独立战争期间持续时间最长的战斗——之后，我们被留在一个 1000×2200 平方英尺的区域（大约 100×200 平方米）。剩下的弹药仅能维持一至两个小时的战斗，我们还要负责保护 1700 名居民，他们同我们一样都面临着被屠杀的威胁。在战斗的最后几天里，我们看到了那些一夜又一夜营救我们的努力都失败了，弹药越来越少，不断有人受伤，我们的人在不断减少。在我们的大约 235 名士兵（包括援军）中，39 人牺牲了，154 人受伤了（许多人受伤多次），只有 42 人没有受伤"。

见到你的邻居们

局势变得明朗，再也没有可供进一步抵抗的据点；在弹药几乎用完，空气中到处弥漫着死尸的恶臭之时，犹太区的指挥官准许一个拉比代表团对停战进行洽谈。事实上，他知道阿拉伯人正策划在第二天晚上从锡安山方向发动一场大的进攻，他当时想拖延时间。阿拉伯军团的指挥官——阿卜杜拉·埃尔－塔勒（Abdullah el-Tal）——知道犹太人正处于绝境，就要求犹太人立即无条件投降。在谈判期间双方停止了射击，人们都从他们的藏身点出来了。以前的邻居和熟人们发现了熟悉的脸庞，令人吃惊的是，他们甚至坐下来共同享用一片面包，喝一杯咖啡。在代表们从谈判桌上回来后，犹太区的指挥官本打算命令继续战斗，但情况很明显，再也不可能这么做了。

炸毁于硝烟中的波拉特·约瑟夫犹太学院（Porat Yosef Yeshiva），约翰·菲利普斯（John Philips）摄于 1948 年 5 月。

阿拉伯人确实驱逐过犹太人

投降协议签订于星期五下午 4：36，尽管该协议允许犹太平民和伤员转移到耶路撒冷西部的犹太社区，但所有的战士都要被当作战犯。下午 5 点钟，所有的居民都被命令到拜特·马哈泽广场集合，并且平民要和士兵分开。当埃尔·塔勒发现仅有 30 名士兵没有受伤时，他就决定让所有的男人（甚至包括一些伤员）都成为俘虏以扩大他的胜利成果。不出两个小时，随着信号的发出，1300 名平民走出锡安门，他们被驱逐了。当天晚上他们中的大多数人被转移到已被遗弃的卡塔蒙（Katamon）街区。

战俘们被领到外约旦的战俘营，他们在

那里一直被关到 1949 年 3 月，在以色列与约旦签订停火协议后他们才返回以色列。

同时，战火也蔓延到临时搭建的战地医院附近，那里只收容伤势特别严重的伤员。

虽然阿拉伯民众试图用私刑处死他们，但他们在最后时刻才撤出并被转移到犹太社区。到星期六晚上，在老城已经找不到一个犹太人了。

埃尔·塔勒后来对这场战斗进行了总结：圣城耶路撒冷中的犹太人已被清除殆尽，这是近一千年来首次在老城找不到一个犹太人。正如它发生的那样，狂热的犹太人正通过示威以表示他们非常不满并已做好自卫。我能证实这样的事实，即老城的犹太人对这场战争承受着难以形容的痛苦。

▶◀ **拜特·马哈泽** ▶◀

让我们休息片刻然后继续阅读。这一次，我们要回到 19 世纪来描述一下你现在正坐的位置——拜特·马哈泽区的建立。那个时候，耶路撒冷城中的犹太人很穷，他们中的大多数居民靠哈尔乌卡（haluka）基金（捐款）过日子。他们居住在归阿拉伯人所有的破烂不堪的房屋里，还要付很高的租金。奥斯曼政府根本不关注市政服务，环境卫生条件十分糟糕，流行病时常爆发。尽管有这些困难，但许多犹太人仍然从采法特（Tzfat）来到耶路撒冷。

实际情况是，由于地震、屠杀和流行病，采法特的情况要更为糟糕。社区的领导者们开始寻求新的住房方案。这就是从蒙蒂菲奥里建立米甚肯努沙昂尼姆（Mishkenot Sha'anim）区

开始，犹太人大量离开老城的背景。但是另外一个方案也出现了：在老城里建立一个新社区——这是一个由霍德·科莱尔（Hod Kollel）提出的倡议。

霍德·科莱尔是什么？

直到 19 世纪中期，对耶路撒冷犹太人的捐赠是由塞法迪首席拉比分配的。阿什肯纳兹犹太人感到受到了歧视，并建立了第一个科莱尔。科莱尔是一个旨在筹集资金并自主分配资金的组织。单词"Hod"就是对荷兰和德国的缩写。1859 年，他们建立了拜特·马哈泽社团，它也因其气派的全称而出名——"拜特·马哈泽（济贫院）穷人社团及耶路撒冷锡安山酒

店，愿上帝在我们有生之年很快建造起圣城，阿门！"。为什么要在该组织的名字中提到穷人呢，这样做是为了让租户感到羞愧吗？原来土耳其政府只允许犹太人以慈善的名义建造房屋——因此就有了这个名字。顺便说一句，这个方法受到了欢迎，并且随着时间流逝，耶路撒冷城内许多新的社区建立了几十个科莱尔。

霍德·科莱尔从流散的犹太人那里募集资金，购置了大面积的土地，在奥地利领事的帮助下取得必需的许可证，并于 1860 至 1890 年间在那里建立了几栋建筑，包括大约一百个公寓——相对于当时公众接受的标准来说，这些建筑物的质量是非常高的。这些公寓有两间卧室和一个厨房，并环绕一个内有大水井的铺设好的庭院而建。

直到独立战争期间（1948 年），在犹太区陷落以后，这里的大多数房屋才遭到了破坏。"六日战争"期间，在耶路撒冷获得重生后，一些房屋得到了修复，新建的房屋也取代了那些已经被毁坏的房屋。

在重新修复的建筑中，有一栋最初的建得益于法兰克福的威廉·卡尔·冯·罗斯柴尔德男爵（Wilhelm Carl von Rothschild）的捐赠。罗斯柴尔德在德语中是红盾的意思。

确实如此，如果你看到高挂于二楼的族徽，你就会发现它由一个红盾和五把利箭组成。五把利箭代表着罗斯柴尔德王朝的五个儿子，他们的父亲把他们派往欧洲不同的地方，让他们在各个领域里建立自己的商业帝国。那个红盾下面是他们家族用拉丁语表示的箴言：Concordia, Integritas, Industria（和谐、正直、勤奋）。

最后说明：广场上散落的柱子是在犹太区进行发掘时挖出来的，它们的年代大概可追溯到第二圣殿时期。

面对那带有罗斯柴尔德族徽的建筑，围绕着它的右侧前行。你一离开那栋建筑，你就会发现你正要前往的纪念遗址就在你的右边。

❽ 犹太区牺牲者纪念碑

>>>>>>>>>>> - - - <<<<<<<<<<<

根据犹太教律法的要求，在犹太区战斗中的牺牲人员是不能葬在耶路撒冷之外的地方。因此，有人在靠近拜特·马哈泽的一小块土地上挖了一个集体坟墓，并将 48 具遗体埋葬在那里。犹太区陷落后，以及以后的 19 年里，约旦政府不允许将这些遗体转移至一个永久性埋藏地。

"六日战争"结束后又过了两个月（1967 年 8 月），在 IDF 首席拉比、已故的布里格迪尔首席拉比什洛莫·戈伦（Shlomo Goren）的倡议下，那些遗骸被转移至并被埋葬在橄榄山上。尽管其中有些遗体的身份能够得到确认，但还是决定把他们埋葬在一个集体墓穴中，并给他们每个人分别立一个墓碑。那些在战斗中牺牲的人被追授军衔和 IDF 徽章，他们以及他们的士兵编号被一同刻在他们的墓碑上。他们之中最小的人是二等兵尼西姆·吉尼（Nissim Gini），他牺牲时只有十岁。

★ 向右走到一个有屋顶的小巷上——盖尔德街，它很快就变成拜特 – 埃尔（Beit-El）街。

★ 走一小段之后，你就能在你的左面看到赛法迪会堂后面的窗户（找一下墙上的介绍牌）。在这条小巷的尽头就是已故的西墙拉比梅厄·耶胡达·盖茨（Meir Yehuda Getz）以前的房子的正门，这位拉比建立了卡巴拉的拜特 – 埃尔犹太学校［Beit-El Yeshiva（Yeshivat haMekubalim）］，这栋房子现在仍供人居住。

★ 沿着拜特 – 埃尔街往前走。当走到它与一个大的开放性广场连接处的时候，在右边就是拜特 – 埃尔犹太学校那令人印象深刻的前门。门上装饰性的铁制的叶子刻画了耶路撒冷旧城城墙所有的七个城门。

★ 向前走，然后稍微斜着向右插过去，这样你就会再一次经过那个清真寺。这一次它在你的右边。经过清真寺后向右转，然后立即向左走，走上那座横跨卡多路的桥。走到桥的中部后转向右，走下来，走到卡多路上。

★ 你正要前往的展览得再往前走，它在你的左边，并且其入口看起来像一个商店的入口。因而它很容易走过，如果你走到那些销售物品的商店之处，这意味着你已经走得太远了。

❾ 独自站在墙上 ★
（城墙）

>>>>>>>>>>>>– – – –<<<<<<<<<<<

约翰·菲利普斯（John Phillips）是《生活》杂志的摄影师，他记录了犹太区在陷落前后的黑暗时刻。他拍摄的照片被放大，做成了海报，并被永久性的展览。这实际上成为了对犹太区陷落前繁华的生活，对投降时刻以及之后的掠夺、焚烧房屋和驱逐出城的唯一可视的证据。请求看管人员打开录像带，你就能看到那个时期的音像资料。

我们将你的注意力引至左边墙壁上悬挂的一张引人注目的照片上。照片上的那个人躺在一块面包附近，他的脸被盖着。这名斜躺着的人是摩西·米沙利（Moshe Mishali），他被一枚子弹射穿了下颌和脖子，伤势异常严重。由于人们认为他已经死了，就把被放在停尸房里。晚上，当另一具尸体被送来时，人们发现他正用脚轻叩着地板。这引起了医生的警觉，医生马上意识到摩西需要立即做手术。但是医生认为这是一个非常危险的手术，他需要征得病人的同意。已经不能讲话的摩西就写了一个便条，上面写道"我相信你"。手术后，作为生命的象征，人们在他的头的附近放了块面包。

★ 走出展览长廊。你决定沿着卡多逛街的话——向左转，沿着街来回走。你在哪里能找到在1500年前的商店留下来的空间里营业的商店呢？

★ 在展览室的对面有一个楼梯，顺着楼梯你就能走出卡多。然后向后转，你就走到了那条与卡多平行的犹太区路（Jewish Quarter Rd.）。

★ 走很短的距离，在你左边你会发现卢哈默·哈 – 罗瓦·比 – 塔什阿街（Lohamei Ha-Rova Be-Tashah St.）。在你右边有一个小型遗址。

❿ 独立战争纪念馆

>>>>>>>>>>> – – – <<<<<<<<<<

在犹太区被围困以及为犹太区而战的六个月里，有 68 名男女同胞牺牲了，他们的年龄跨度从 10 岁到 90 岁。他们之中有 39 名士兵和 29 名平民。一幅巨大的地图悬挂于穴状遗址的上方，这幅地图描绘了犹太区里战斗的过程。

★ 当你走出展览馆后，向右转，你会立即发现在你的右侧有厕所。在同一侧再继续走一点就是胡瓦会堂了。在写这些文字的时候，胡瓦会堂周围仍是脚手架。

★ 沿着这条路往前走，它首先带你去右边。片刻间，你就会回到犹太区的主广场。继续向前，沿着对角向右走到哈－卡里姆路（Ha-karaim）上。

⓫ 蒂法雷特
（斯普伦多尔）以色列会堂

>>>>>>>>>>> – – – <<<<<<<<<<

俄国人的院落

在 19 世纪 30 年代，鲁兹欣（Ruzhin）的拉比以色列·弗利德曼（Israel Friedman）听到流言说沙皇尼古拉一世想要在犹太区建立一个教堂。他将阻止这项计划的任务委托给了他在以色列的代表——拉比尼桑·巴克（Nissan Bak）。1843 年，拉比巴克成功购买了沙皇看上的那块土地。结果，拉比以色列就被驱逐出俄国，而沙皇也被迫在耶路撒冷买下了另一块土地——现在它以俄国人院落而为人所知。

一处好的院落不能够浪费，拉比弗利德曼的儿子——萨迪古拉的拉比亚伯拉罕·雅各布（Abraham Jacob）继续募集资金以在这处院落上建立一个会堂。1857 年奠定了地基。奥斯曼当局给建设者设置了许多障碍，但是，作为一名奥地利人，拉比巴克请求奥地利皇帝弗朗茨·约瑟夫一世（Franz

Joseph I）的帮助，这位皇帝能获得奥斯曼苏丹所要求的灭火员（王室法令）。

奥地利人的穹顶

1869 年弗朗茨·约瑟夫皇帝在去参加苏伊士运河（Suez Canal,）开通典礼的路上拜访了耶路撒冷。在他的行程中有一项就是到那个在他的帮助之下获得建筑许可的建设工地游览。据说当他得知穹顶尚未竣工的事实后，他非常吃惊，拉比尼桑·巴克就滔滔不绝地说："英明的君主，会堂为表示对您的敬意而摘掉了帽子"。皇帝理解这句话的意思，就捐赠了建设穹顶所需要的剩下的钱。

会堂竣工于 1871 年，当时距离买这块地已经过去 29 年了。

辉煌的终结

蒂法雷特以色列会堂是老城中两个最重要的会堂之一（另一个是胡瓦会

堂）。蒂法雷特以色列会堂服务于哈西德派，而胡瓦会堂则服务于与他们对立的派别。蒂法雷特会堂高于它周围的建筑，正是由于这个原因，在为犹太区而进行的战斗中它被设为军事据点。阿拉伯军团的士兵认识到它的战略地位并试图炸毁它，他们最终在 1948 年 5 月 20 日取得了成功。哈加纳士兵在赶走了那些已开始掠夺胡瓦会堂的民众后就收复了此地，但之后的轰炸给会堂建筑带来严重的破坏，他们不得不退了出去。今天，它外面仅保留了一小部分被破坏的遗迹——作为对那场刚过去不久的英勇战斗的无声纪念。

经过右边那些会堂的遗迹你就会来到社区咖啡馆的入口处。如果你是带孩子旅行的，你也许更喜欢到你左边较低位置的椅子上坐下，那里，你可以和你的孩子们在一所街边餐馆里共度美好时光。这些餐馆提供诸如沙拉三明治、沙瓦玛、披萨、百吉饼等各式各样的快餐。

{ **⑫ 社区咖啡馆**
——大饱眼福 }

> > > > > > > > > > – – – < < < < < < < < < < <

在我们看来这个区域的精华就是社区咖啡馆，这是一种半自助性质的奶制品餐馆。尽管是这种形式的服务，但其食品质量是非常好的。另一方面，考虑到这种服务形式，在这里饱餐一顿所花的钱就有些贵了。再者，由于这也是咖啡，所以这顿饭就不是必须的了。但是一旦你上到二楼看到外面那壮观的景象，你就会忘掉所有这一切。

开放时间：

星期日至星期四：9：00-17：00

星期五：9：00-15：00

📞 02-628-7770

到此为止所描述的旅程已将你带到老城里只有一个社区的时期。但这里还有其他历史时期，在这些时期里，耶路撒冷完全就是一个犹太城市——这就是圣殿时代。为了对耶路撒冷城中犹太黄金时期的遗迹进行深入考察，你需要为另一场完整的旅游做好准备，它不仅需要花费一天的时间，还需要另一本单独的小册子。这场旅行尤其应当包括沿着第一圣殿时期宽阔的城墙和高塔进行散步；参观烧毁的房屋，在那里你可以观看一场有关愚蠢与仇恨的电影，正是这种仇恨导致圣殿的毁灭；参观希律区——这是一个令人惊叹的地下考古遗址，它上面就是犹太区新建的房屋；当然，还包括对西墙广场进行深入的参观，在各种观光胜地中，西墙广场以大卫中心、考古公园、西墙地道、年代历史展示中心，当然还有抵抗处——西墙本身。

你会在下本书中发现这种性质的深度游（如神愿、愉悦神、受约束）。但是，由于这本书尚未完成，同时由于你不可能闲坐着等着这本书，所以这里先对主要的场所进行一个简单的概述。在这本小册子的第一页你会找到这些场所的开放时间。

❸ 烧毁的房子 ★
（蒂法雷特·以色列路 2 号）

>>>>>>>>>>>----<<<<<<<<<<

谁烧了它？

1967 年"六日战争"后对犹太区的发掘及对残骸的处理工作揭示了一个被摧毁的建筑物的地下室。地下室里的残留物表明这个房子毁于一场大火并埋葬了它的住户。对这些发现的分析得出了激动人心的结论，该结论认为在第二圣殿被毁 1900 年后，即在 1970 年，人们首次发现了罗马军团烧毁房屋的真实可信的遗迹。

它是谁的房子？

在发掘出来的东西中有一块石头，上面刻有"（归属于）凯斯罗斯（Kathros）家族的儿子"——因此人们猜测这个房屋极有可能属于一个大祭司家族。

《塔木德》提到这个家族：

……我因为这个家族而悲哀，我因为这个家族的笔而悲哀，因为他们是大祭司，他们的儿子是司库，他们的女婿是受托人，他们家的仆人用棍棒殴打民众……（巴比伦塔木德，犹太文件 57，1）

现在这个房间用来做什么？

这个房间有一部用作考古展览。最精彩的是目睹有 1900 年历史的烟灰，这是相当动人的。但是参观焚城博物馆的主要部分却是观看能无形中将你带回这个家族可能经历的生活的音像展示。这个音像重现了圣殿被毁之前的岁月，也再现了约瑟夫·本－马蒂阿胡（约瑟夫斯）[Yosef ben-Matitiahu（Josephus）]所描绘的民众之间的分裂，他写道："冲突压垮了城市，而罗马人则承袭了那些比坚固的城墙还要强大的冲突。"

❹ 希律区 沃尔考古博物馆 ★★
（哈－卡拉伊姆路 1 号）

>>>>>>>>>>----<<<<<<<<<<

去富人家的邀请

今天你所参观的区域遮蔽着亚美尼亚区和犹太区，第二圣殿时期人们称之为上等城市。它的名字源于它坐落的位置——即在圣殿的上面。这里主要居住着城市里富有的贵族。位于以色列博物馆的第二圣殿晚期耶路撒冷城模型里可见到对第二圣殿时期希律区的重建，这个重建令人入迷。想象一下，参观那个时期高雅的房间，观看 2000 年前耶路撒冷的精英如何生活该是多么的有趣吧。现在你可以停止想

象了，因为你事实上正在体验。

在对犹太区被破坏的土地进行检查后，人们发现了几处辉煌府邸的遗迹。犹太区的重建者们面临着艰难的困境。一方面，他们想重建犹太区。另一方面，这些重大的发现必须得到保护和陈列——因而这就需要将犹太区的大部分区域变成遗址。这个困境产生了一个革命性的解决方案——考古发现将得到保存，同时也将在它的上面建设新的房屋，

因此就产生了一种世界上最令人惊叹的博物馆：一个位于住宅区房屋之下的考古遗址。

仿照公元元年设计

在这里发掘了六处建筑，但只有其中的三处开放以供人们参观。即使是 2000 年前，那些富人们也肯定懂得如何生活。那个"公馆"的一层——这些建筑物最大的部分有 6500 平方英尺（600 平方米），这里也有可能有第二层。这个公馆体现出罗马希腊化时期的设计特征，并且有一个大阳台远眺着庙宇。其墙壁不仅仅用油漆涂过，而且以拥有像大理石纹理的灰泥粉饰抛光和看起来像粗糙石头或壁画的表面而自豪。其地面用马赛克镶嵌——间或镶嵌两层，它告诉我们一些有关房东在对老地板感到厌烦时所做出的革新的事情……这个住宅有几个净身池（礼仪性沐浴）、储藏室（餐具柜和食品储藏室）、大型厨房和造型精美的炊具，甚至还发现了进口的酒壶——这是房子的住户喝了犹太人所禁止的祭酒的证据。然而研究表明这个房子归一个重要的祭司所有（甚至可能是大祭司），所以我们现在正在讲一个重大的丑闻！这个公馆位于米斯盖夫拉德阿赫（Misgav Ladach）街上哈克泰尔犹太学校（Yeshivat Hakote）和波拉特·优素福犹太学院（Porat Yosef Yeshiva）的下面。这真是太令人吃惊了！

下面的景点坐落于西墙广场里，到那里去就意味着你要走下许多层楼梯。

{ **⓯ 西墙（哭墙）**
★ ★ ★ }

> > > > > > > > > > – – – < < < < < < < < < <

耶路撒冷如何获得幸运

我们已故的圣贤总是问他们自己问题。例如：创世纪开始于哪里？他们思考并给出答案：开始于摩利亚山顶的一块石头上，他们称这块石头为基石。他们继续设问：上帝在何处创造了第一个人——亚当（Adam）？他们再一次给出那个答案：在同一座山上。时光飞逝，他们提出更多的带有"哪里"的问题：亚伯拉罕（Avraham）在哪里将他的儿子以撒（Isaac）当做祭品绑了起来？这一次，他们又轻而易举地给出了答案。就在那座山上的石头上！那么，你也许会问，他们如何得出这些结论？因为根据他们的直觉，上帝选择摩利亚山作为其神性临在的处所——在圣殿里，在其顶部放置着那个基石——所有这些重大事件都发生在这里。

那座山去哪了？

对于一个 2000 年前就已经消失的小山而言，摩利亚山是一个相当炫耀的名字。是谁让它消失了？是大希律王，一个由罗马人于公元 37 年任命来统治以色列的国王。这个人热衷建筑并不断给以色列带来各种宏伟的建筑。其中最值得炫耀的就是用那些从巴比伦

被驱逐出来的人扩建第二圣殿建筑群。我们说扩建了吗？他建立了他那个时代里世界上最大的人造平台和功能性宗教场地，因此他能够很轻松地在三个朝圣节日中聚集起民众，这三个节日是逾越节、五旬节（Pentecost）和住棚节。他是如何将山制造成一个平台的呢？他将山顶削平，在其周围建立起挡土墙，并且用他夷平山顶所产生的碎石和泥土来填平沟壑。那个山就是这样消失的，把它的空间腾出来建成一个巨大的长方形建筑，现在被称之为圣殿山。

1414 英尺长的城墙去哪了？

我们所熟知的西墙只是圣殿山、西部挡土墙的一部分。那个墙的总长度是 1600 英尺（488 米），但在祈祷广场中所见到的部分仅仅是 187 英尺（57 米）长。另外可以见到的那几十米在西墙右边的考古广场区域。剩下的部分被埋藏了起来，它们处于穆斯林区住宅的下面。墙的高度也不再是它当初的样子。西墙最初有 200 英尺（60 米）高，但是罗马人拆除了大部分的墙层。现在屹立在广场中的这段城墙仅剩 62 英尺（19 米）高——这还要归功于蒙蒂菲奥里，为了将犹太人和穆斯林进一步分离，在他的安排下又增加了几层（注意在墙的顶部是一些相对较小的石块）。设想一下，如果现在有人提出同样的想法会发生什么呢……

什么使这段防卫墙变得神圣？

根据哈拉卡律法（Halachic ruling），由于祭司法律中有关于与死者接触而变得污秽的规定，所以犹太人被禁止前往圣殿山。Tamed met（惯例上认为由于接触死者而变得不纯洁）——根据哈拉卡的解释适用于所有曾经接触过犹太人尸体的人，同样适用于接触到死人或参观过坟墓的人；这种不洁的状态只有通过用红色小母牛的骨灰进行清洁才能被取消——现在这种仪式已经不再进行了。毋庸置疑，已经有人针对禁止登上圣殿山的禁令提出各种解决方案和限制条件，但是无论其目的或意图如何——就是这么回事。由于禁止虔诚的犹太人登上圣殿山，他们只能接近环绕圣殿山的一段防卫土墙。我们所熟悉的西墙（哭墙）正是那部分最靠近神性所临在的至圣之所的外露城墙，因此作为礼拜场所，它的重要性就体现出来了。

⓰ 西墙地道
★ ★ ★

>>>>>>>>>>>>> — — — — <<<<<<<<<<<

它的入口就在西墙广场的左边。

西墙地道（事实上是一条长长的隧道）使你有可能沿着一条地下通道走完整个圣殿山西部挡土墙的长度。对西墙地道的参观只能作为有向导（可用希伯来语或英语）的旅游的一部分，而且必须预定。旅程的起点在西墙广场的左侧，终点在穆斯林区十字架苦路（Via Dolorosa）第一站附近。回来的路是在保安员的陪伴下穿过市场中的街道。在我们看来，这是我们所参加的最有趣和感人的旅行了。在地道首次对参观开放之时，总理本杰明·内塔尼亚胡（Benjamin Netanyahu）曾授予该景点"我们存在之石"的称号。整个旅行过程大约需要 75 分钟。

⓱ 年代历史展示中心
★

>>>>>>>>>>>----<<<<<<<<<<

其入口在西墙广场的左侧，在西墙地道入口处的右侧。

这是一个集博物馆与展览馆于一体的建筑，它致力于讲述古往今来犹太人民的历史。它被分成数个展厅，每一个展厅都将参观者与犹太人民的世代链条连接，它以"始祖和十二支派"作为开端，以"以色列的新生"作为结束。每一个展厅都因由多层玻璃制作的发光雕塑而引人注目。

在该中心建设的七年之中各种各样的考古发现被发掘出来，它们也成为展览的组成部分。因此，在渴望厅（Room of Yearning）中，你能看到第一圣殿时期的城墙，第二圣殿时期的净身池（礼仪性沐浴），"十字军"时期的城墙和马穆鲁克时期的天花板。参观的最后一部分是光之厅（Hall of Light），你会坐在一个黑暗的房间里，房间里有一口发光的井，井的四周有柱子和蜡烛。一幅全息图像讲述了摩西·阿米拉夫（Moshe Amirav）博士的故事，他是为耶路撒冷的解放而战的一名伞兵。参观只能作为有向导（可用希伯来语或英语）的旅游的一部分，而且必须提前预定。整个旅行过程大约需要半小时。

⓲ 耶路撒冷考古公园
★★

>>>>>>>>>>----<<<<<<<<<<

假如你要通过粪门（Dung Gate）到达西墙区，在你穿过粪门之后，你会发现在你左边就是考古公园的入口。在入口区的边缘，厕所的左边，有一幅如同由同一群法国艺术家——我将在《无处不在的绘画》一章中介绍这群工作在耶路撒冷的艺术家创作的描绘卡多的壁画。

我强烈建议你跟随一个有向导的旅游团来参观这个地方，这样，你会得到很好的建议来提前做些调查和准备工作。参观从坐落于考古广场的戴维森中心开始，在这里主要是观看由电脑呈现出来的圣殿的模型，紧接着是对这个遗址的观光。这将是一次令人难忘的旅行！

戴维森中心

在考古公园里有一处从外面看来比较现代的建筑，它的中心部分建立在倭玛亚（Umayyad）王朝（公元七八世纪）最初的一座宫殿上。它起到游客中心的作用，在那里可以将考古展览与解释性陈述结合起来。

首先，你通过一条蜿蜒的坡道下到戴维森中心。这时映入参观者眼帘的是一短串有关在此地进行考古发掘的画廊和电影。该中心最精彩的部分就是一个由电脑制作的圣殿的模型，就像它呈现了第二圣殿时期其辉煌的图景一样，只有该中心雇佣的导游才能启动这个模型。

考古公园

该公园本身就以保留第二圣殿时期耶路撒冷最重要且令人兴奋的考古遗迹为特色。这些遗迹有：礼拜者在进入这些神圣之地之前在其中清洁自身的礼仪性沐浴池；朝圣者们用以登上圣殿山的众多的楼梯和入口；甚至还有罗马人在破坏了圣殿山的部分支撑墙后留下的巨石堆。

返回雅法门

还记得那辆你停在雅法门附近的汽车吗？在西墙主要入口处的前面（在粪门方向），你能坐上1路公交车，它能把你带到那里。

Al-Aqsa Mosque 阿克萨清真寺

Dome of the Rock 圆顶清真寺

Temple Mount (Haram Esh-Sharif) 圣殿山（哈拉姆·埃什·沙里夫）

Mosque al-Maghariba 阿尔·马格哈里巴清真寺

Mugrabi Gate 穆格拉比门

Chain Gate 链门

Ablution Gate 净礼门

Archaeological Park 考古公园

Davidson Center 大卫森中心

Ma'ale Ha-Shalom 马阿莱哈·沙洛姆

To City of David 通往大卫城

P

N

0 码 55 110
0 米 50 100

© The WizeGuide

17
16
15

Western Wall Rd. 西墙路

Suq el-Quattanin 埃尔·夸特恩集贸天场市

19

Dung Gate 粪门

18

Ma'ale Ha-Shalom 马阿莱哈·沙洛姆

Malki Zedek 麦基·泽德克

Ma'ale Ha-Shalom 马阿莱哈·沙洛姆

Al-Wad(Ha-Gai) 阿尔·瓦德（哈·加伊）

Western Wall Rd. 西墙路

Moslem Quarter 穆斯林区

Aqbot el-Khalidieh 亚喀巴尔巴特·埃尔·哈里迪埃赫

Al'Hakary 阿尔哈凯瑞

Ha-Tamid 哈·塔米德

Misgav Ladach 米斯加夫·拉达克

Shonei Halachot 绍内伊·哈拉克克特

Jewish Quarter 犹太区

Sheminit 谢米尼特

Ma'alot Ha-Rav Shlomo Goren 马阿洛特哈·拉夫·什洛莫·戈伦

Nahamu 纳哈穆

Bait Ha-sho'eva 拜特·哈·肖埃瓦

Ha-Bikurim 哈·比库尔伊姆

Plugat Ha-Kotel 普鲁加特·哈·科泰尔

Ha-Kotel 哈·科泰尔

Menachem Zion 梅纳切姆·锡安

Bikurim

Ha-O'mer 哈·奥梅尔

Bonei Ha Homa 博内伊·哈·霍马

Tiferet Israel 蒂费雷特·以色列

13
12
11

Ha-U'gav 哈·乌加夫

Haye Olem 海耶·奥莱姆

Mamedot Israel 马梅多特·以色列

Shvut 什武特

Batei Mahase Sq. 拜特·马哈泽广场

Ha-Karaim 哈·卡拉伊姆

14

The Hurva 胡尔瓦

The Ramban 拉姆班

Ha-Mekubalim 梅库巴利姆

8
7

Gal'ed 加尔埃德

Batei Mahase 拜特·马哈泽

Ha-Hezroti 哈·海兹罗蒂

10
5
4
9

Sephardi Synag. 塞法迪会堂

6

Ha-Tuppim 哈·图平

Mishmerot Ha-Kehuna 米什梅洛特·哈·科胡纳

Cardo 卡多

Habad 哈巴德

2

Open Cardo 开放的卡多

Presidents 居民

P

Visitors 游客

P

Muristan 穆里斯坦

Suq Aftimos 阿夫提莫斯集贸天场市

Suq el-Khawajat 埃尔·舍瓦哈特集贸天场市

Suq al Attarin 阿尔塔林集贸天场市

Suq al La'h'hamin 阿尔拉明集贸天场市

St. Mark 圣马可

David(Suq el-Bazzar) 大卫街（埃尔·巴扎尔天场市）

Es-Syrian 叙利亚会院

Ararat Hamal'ach 阿拉拉特·哈马尔阿赫

Bikur Holim

El-Arman 埃尔·阿曼

Oz-Ha-Hayim 奥兹哈哈伊姆

Ha-Shofar 哈·朔法尔

Ha-Maloh 哈·马洛赫

Ha-Nevel 哈·涅韦尔

Barkai 巴尔凯

Habad 哈巴德

Ha-Kinor 哈·基诺尔

3

Ararat 阿拉拉特

Atarat 阿拉拉特

Ha-Malakh 哈·迈拉克

Christian Quarter 基督区

Christian Quarter 基督区

Maronite Convent 马龙派修道院

Armenian Quatter 亚美尼亚区

Zion Gate 锡安门

Cathedral of St.James 圣雅各大教堂

Armenian Museum 亚美尼亚博物馆

Armenian Caiaphas Palace 亚美尼亚该亚法宫

Catholic Cemeter 天主教堂墓地

Armenian Cemetery 亚美尼亚人墓地

Greek P. 希腊区

Latin P. 拉丁区

Tower of David Citadel 大卫城塔

Armenian Orthodox Patriarchate 亚美尼亚东正教

Patriarchate 宗主教区

Hativat Ezyoni 哈蒂瓦特·叶兹尤尼

Jaffa Gate 雅法门

Jaffa 雅法

P

Hativat Ezyoni 哈蒂瓦特·叶兹尤尼

Yerusalem Brigade 耶路撒冷旅

Hativat Ezyoni 哈蒂瓦特·叶兹尤尼

P

1

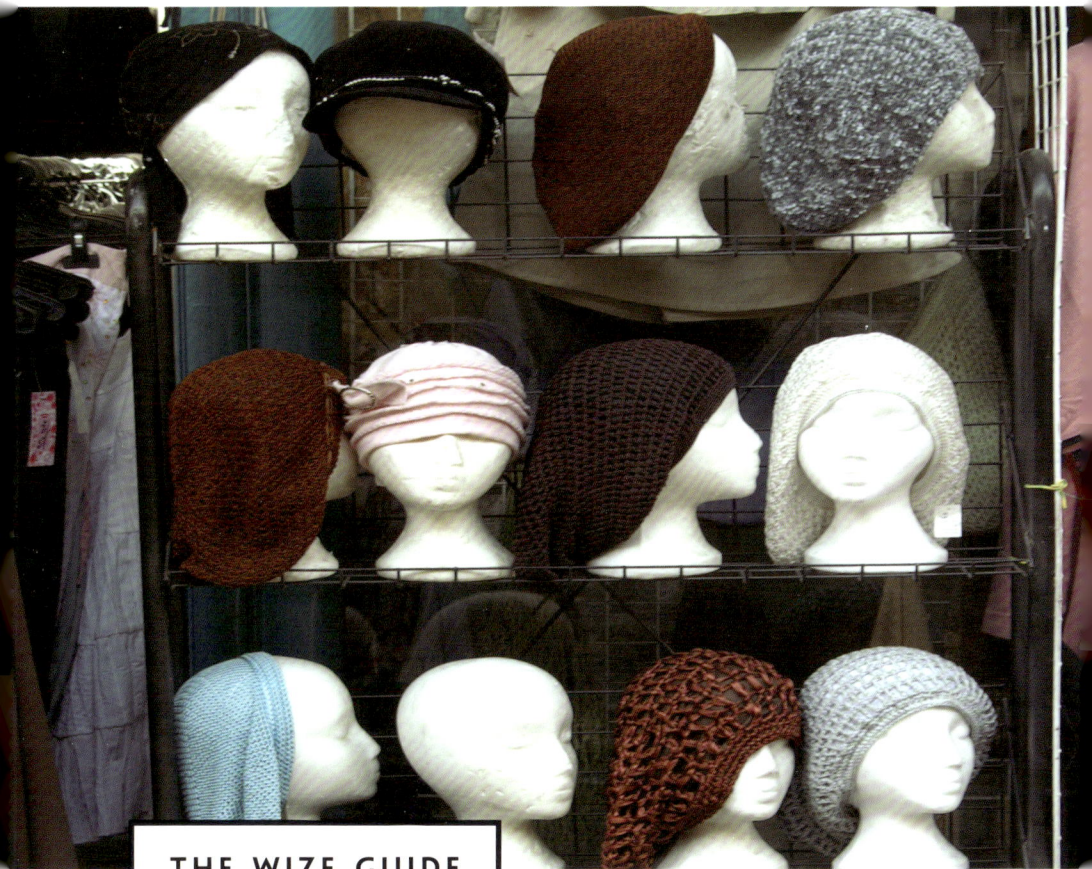

THE WIZE GUIDE

第四章

米歇雷姆

给困惑者的指南

JERUSALEM – STEP BY STEP

奥伊·亚伊尔（Oy Yair）：

今天我们游览了米歇（米亚）雷姆以及它周边的一些社区——当然啦，我们还很想你。我们也很好奇，如果你当初没有放弃你的信仰，而我们在这里相遇，你将会是什么样子。我们会把你想象成一个已婚的犹太学校的学生——当然我们不能这样想……在这里，一些简单的东西，例如衣服和发型，就能够定义我们是谁。这真的让人感到惊讶。起初，看到身穿黑色长袍的居民，或是街头宣传栏张贴的海报，都会让我们感到不舒服，但是这里的人都很乐意给我们指路。

米歇雷姆让我们感到惊讶，甚至迷惑。这里的很多居民都不富足，但是他们都会做一些捐助，并且积极参与慈善活动。一方面他们竭尽全力免除外界对自己的影响，另一方面这个城市发生的大事小情却又牵动着他们的神经。其中有些人支持犹太复国主义，而另一些人则激烈地反对这一主义——可他们看起来并没有什么不同。

不知道你是否想念它……

游览米歇雷姆危险吗？

米歇雷姆的居民已获得了不反对暴力的狂热分子的名声。既然这个城市不怎么欢迎游客，游览这座城市还会将你置于险地，你就会怀疑，这到底值不值得。我们不仅认为这么做是值得的，而且我们还觉得，如果你错过了它，那真是太遗憾了。为什么呢？所谓眼见为实，瞧，在距离现代化的耶路撒冷仅有一箭之地的区域，你会发现一个风格迥异而又十分迷人的世界，仿佛是在一个平行宇宙，又有一些沉郁庄严。这个世界饱受指责，而它的美丽却常常被人忽略。而一丝丝危险的气息则给这趟旅程增添了几分冒险的气氛……

那么为了避免对抗或者骚乱，该做些什么呢？首先，你要理解当地人的心理。根据极正统犹太教徒的想法，如果一个社会有可能对他们的生活方式产生消极影响，那么同这个社会隔离就是生存的需要。由于当地居民把他们相邻地区看作自家后院的扩展区域，所以他们就像保护一个泡泡一样，让这些地方不受外界的干扰和诱惑。所以你必须遵循当地谦逊诚实的标准。比如，如果你迷路了，需要寻求帮助，你就应该遵循"男性问男性，女性问女性"这个原则。至于穿衣守则……

推荐携带的物品

朴素的穿着是绝对必要的。女性应该穿宽松的衣服，裙子要到膝盖以下，领口不能开得太大，袖子也要长一些。裤子搭配裙子是可以的，也很常见。但一名女性不穿裙子而只穿裤子就在社区里四处行走就是彻底的挑衅。建议女性用围巾遮住头发。男性可以戴着无边圆帽（无边便帽）或者普通帽子，而且要确保衬衫上没有其他宗教的标志。还要避免公众场合的亲密行为，但是一对夫妻是可以在一起走路的。不建议一群人混杂在一起，即便是组团旅游（包括两对夫妻），男性和女性也应该分开走路。

在礼拜日和节假日，这些规则就更加必须严格遵守。不要携带以下个人物品：背包、大包、瓶装水、相机、手机。男性推荐穿白色衬衫，黑色裤子和皮鞋，戴犹太小帽。女性应该和男性保持距离。尽量不要给孩子和女性拍照。听起来很复杂吧？是的，但这一切都是值得的！

最佳游览时间

✗ 在米歇雷姆，每周五就是为安息日做准备的日子。如果你不喜欢公路和人行道上都挤满了人，不要选择这一天来。

安息日或者节假日前几个小时是非常好的时间，这段时间里你可以充分体会到世俗是如何让位于宗教的。但是，当地人在节假日会穿上礼服前去会堂——这就意味着游客在人群中会十分显眼。不要把车停在社区里，否则你只能到礼拜日晚上才能拿回你的车了。

✓ 来旅游的最佳时间是礼拜五晚上，你可以参加托尔多特·以哈龙犹太学校（Toldot Aharon Yeshiva）或贝尔兹·哈西德王朝风格（Belz hasidic dynasty）的"Tish"（哈西德教派聚集在拉比周围进行的一项庆祝活动）。那将会是一次难忘的经历。

✗ 在每个礼拜六，整个社区都会完全关闭。毋庸置疑，像商店、面包房和旅馆也都会关门。也就是说，最好不要在此时来旅游。

✓ 一些节假日是很值得来看一看的，比如住棚节或者节期中祝日（Hol Hamoed，住棚节期间的日子），这样你就可以参加 Simchat Beit Hashoeivah（在住棚节期间举办的特殊庆祝活动）了，你会发现，尽管很拥挤——但每个家庭都能想方设法找出一席之地来建造一个苏克棚；在光明节（Hanukkah）期间，你可以看到每家都会展示一个光明节的枝状烛台让所有人观看，用以显示光明节的奇迹。在普林节（Purim）期间你可以看一看犹太风格的服装。

✓ 我们有没有提到平常的礼拜一到礼拜五也是很值得旅游的时间？好，那我们就开始说了：这些时间当地居民对外人的疏离感会相对较弱，商店正常营业，你也可以用背包携带瓶装水，或者放口袋里一个钱包……礼拜四下午和晚上尤其值得来。面包房通宵营业，商店也很晚才关门。而临近安息日也使得城市都沉浸在节日的氛围当中。

给带孩子家庭的温馨提示

人们或许认为在正统派的犹太教社区游览是对于孩子们的一种惩罚手段。然而我们自己的孩子已经陶醉于这种活动，被它所深深吸引。这里任何东西都能引起他们的想象：装在大袋子里售卖的爆米花，孩子们在他们那年龄段的衣服和发型，风格迥异的商店，冒险的感觉……任何事情！无论如何，都不要在假期里将孩子落在家里面，这些假期本来就是为孩子们准备的！这些节日是普林节、住棚节、诵经节（Simchat Torah）和篝火节（Lag BaOmer）。

行程安排（约3.5小时）

7分钟	从停车场走到阿维查尔面包店（Avichail Bakery）。
10分钟	参观安息日广场。
15分钟	沿着巴泰伊·瓦沙（Batei Varsha，华沙的房屋）散步。
30分钟	游览米歇雷姆社区。
15分钟	穿过哈西德·布拉斯洛夫犹太学校（Hasidei Breslov Yeshiva）。
30分钟	游览巴泰伊·内伊廷（内伊廷之屋）[Batei Nayteen（The Houses of Nayteen）]，倾听托尔多特·以哈龙犹太学校的故事。
20分钟	游览巴泰伊·温加林（温加林之屋）[Batei Ungarin（The Houses of Ungarin）]。
30分钟	汤、面包或者沙拉三明治。
30分钟	去米歇雷姆街（Mea Shearim St.）购物。
10分钟	你将车停在了哪里？

去米歇雷姆附近的停车场怎么走？

私家车：

* 先通过1号高速公路去耶路撒冷，在快到市区的时候，走通往市中心的车道。
* 然后在第三个红绿灯路口走中间的车道，转向右前方，穿过一个白色大桥的桥洞，然后左转。
* 在第一个交通信号灯处［经过了国际会议中心——也被称为宾亚内伊·哈乌马（Binyanei HaUma）——它就在你右侧］，向左拐到诺尔道街（Nordau St.）。
* 在第三个交通信号灯处［这时候诺尔道街将变为成萨雷伊·以色列大道（Sarei Israel Blvd.）］向右拐到马尔齐·以色列街（Malchei Israel St.）。沿着这条大道行驶，你可以到达正统派犹太社区内部，这样你就可以在空调车里舒服而又仔细地观赏它们。
* 继续前行，马尔齐·以色列街就变成了米歇雷姆街——虽然拥挤缓慢，但是迷人。
* 在米歇雷姆街的尽头（那里应该有一个闪烁的行人灯），向右拐到希夫泰伊·以色列街（Shivtei Israel St.）。再过一段很短的距离，再往右拐进哈-内维伊姆街（Ha-Neviim St.）。
* 开车到达哈-内维伊姆街。刚过了第二个红绿灯后往右看，就有一个大型停车场（没有标志，只有一个入口）。这个大型停车场就位于安息日车流交通区域的外面（在安息日停车场免费开放）。

搭乘公交车会不会更简单呢？

在中心汽车站搭乘1路、15路或者50路（还有更多公交车路线供选择），并提醒司机让你在米歇雷姆街开始的地方下车，那里是安息日广场的位置。

米歇雷姆的儿童 拍摄者：纳蒂·哈尼克（Nati Harnik），摄于1983年，政府新闻办公室提供。

参见旅游手册背面的地图。从停车场在哈－内维伊姆街上的出口出来后向右拐，让后再向左拐到耶沙亚胡街（Yeshayahu St.）。沿这条街街一直走，首先上坡，然后下坡，一直走到佩里·哈达须街（Peri Hadash St.）这条街就在你的左边。而在这条街道的右侧——那些卡路里正在等待着你……

❶ 阿维查尔面包店

> > > > > > > > > > > – – – – < < < < < < < < < <

周日至周三：7：00—13：00；周四：7：00至周五中午；周六／假日：安息日／假日后一个小时直到凌晨1：00。

从停车场走过来的这七分钟路程肯定让你感觉到饿了，而阿维查尔面包店正好可以抚慰你饥饿的肠胃。爱尝鲜的顾客会买硬面包圈，或是加上一小块黄油，或是一些美味酱，然后在收银台索要一柄一次性餐刀，就可以享用一顿美味而又健康的三明治了。快到保质期的食品则会和柜台样品一起，加入更多甜品：卢吉拉奇甜卷饼，入口即化的羊角面包，葡萄干镶边的丹麦糕饼，一大块面条布丁……稍等，我们正要从冰箱里拿一些可口的食物呢——这就来啦……

回来了！面包房的主人——丹尼（Dani）告诉我们，当年他父亲开面包房时，这个社区还是世俗化的呢。但是时代早已变迁。甚至于在耶沙亚胡街另一边经营多年的艾迪逊影剧院（Edison movie theater）也正在逐渐变成撒塔玛哈西德（Satmar hasidic dynasty）的建筑工程。正统派的居民并不赞同男男女女一起出现在这个充满甜品和风味食品的店里，有时候他们会引起一些骚乱，甚至会纵火。但这些并不能阻止他们继续光顾这家面包房——只要火还没有烧焦面团。

PS：在这里你可以买到一些既美味又便宜的自动售货机产出的咖啡，享用完毕后可以在螺旋楼梯尽头使用一下洗手间🚻……

带着你的烘焙食品，沿着耶沙亚胡街一直走，直到你看见一个红绿灯交叉路口。但是先不要直接走过去。在耶沙亚胡街（你所在的这条街）和南森·施特劳斯街（Nathan Straus St.）组成的三角形交汇区的顶点，有一个俯瞰着广场的自动出纳机机。这是一个绝佳的思考并阅读有关这个交汇处书籍的地方，这个交汇处被称为：

{ ❷ 安息日广场 }

>>>>>>>>>> – – – <<<<<<<<<<

南森·施特劳斯街、耶沙亚胡街、米歇雷姆街和马尔齐·以色列街交汇处，被认为是俗世和宗教纷争混杂的标志。因为尽管这里根本就没有广场的样子，却依然被称为"安息日广场"。很多年来，这里是暴力冲突游行示威的标准场所，接下来是对安息日广场历史的简短介绍。

安息日的乐趣

每周六下午人们都有进行重要"游行"的风俗习惯。当地居民都带着妻子孩子，来到城市的主要街道。同朋友会面，看看别人，也让别人看看自己。游行只是表象，真正的目的是介绍青年男女认识，也就是相亲；这样青年男女就不需要通过正式的约会，就能够发现可能的对象。

想象一下，车流在这样一个雅致有趣的时刻，正好经过米歇雷姆的大街。冲突碰撞就在身后。人们大声喊着"安息日"（shabbos 是意第绪语中的安息日），甚至会演变成投掷石块，进而引发暴力冲突。广场吸引了樊篱两旁的无聊的年轻人——简而言之：全面开战。1956 年，一位名叫皮恩查斯·赛格洛夫（Pinchas Seglov）的正统派游行者在此广场被杀，从此这个广场逐渐成了为纪念安息日而进行宗教斗争的象征。

谁赢了呢？你肯定知道答案了。示威游行和纷纷扰扰持续了数年之久，导致此处交通日渐衰落。非宗教居民选择远离此处，而原本住在那里的人也一个个都离开了。1965 年在任的市长柯莱迪·科莱克宣布屈服——抱歉，是宣布官方正式关闭安息日广场。

在你右侧，和米歇雷姆街平行并靠前一些，是巴泰伊·瓦沙街（Batei Varsha St.）。通过一段楼梯可以走到那里，由于不好辨认，图中用红色箭头做了标注。地标：你所在街道右侧有一个建筑，上面标志为"库帕斯拉比迈尔·巴尔·豪奈什（Kupath Rabbi Meir Baal Haness）"。入口处在前方，通过一段向下的台阶就可以走到。

沿着街一直走，直到变得开阔之后。你可以看见一些被封死了的井，可以坐在上面休息一下。还能看到路边的石头垒成的"篱笆"。在这里，你可以读一下关于这个社区的历史。

---

❸ 巴泰伊·华沙（华沙的房子）★

> > > > > > > > > > > – – – – < < < < < < < < < < <

第一印象这是一个小而拥挤且被忽略的社区，第二、第三印象也是如此。2006年7月，市政当局宣布已分配了两百万美元来"恢复那些具有巴泰伊·华沙风格的老建筑的尊严"。时间会证明一切的。

巴泰伊·华沙是米歇雷姆原有的各种社区中的一个附属区，而且被认为是这个城市第一个科莱尔（kollel）的发源地。在这种情况下，"科莱尔"这个词指的是来自外国同一个地方并用他们所来的社区的捐款建造房屋的一群人。耶路撒冷的巴泰伊·华沙就是由来自华沙的科莱尔所建造的。

从前有一个老师

这个故事开始于拉比摩西·彼得曼（Moshe Biderman）1851年迁往以色列的时候。他是来自波兰雷隆（Lelów）的一位拉比（哈西德派大师），计划及时赶到西墙，然后吹起羊角号，就一直待在那里，一直等到救世主的到来。但是，很可惜，等到他到达西墙附近的时候，他就去世了。由于时机还没有成熟，他的追随者们在他的死亡中发现了上帝之手。

但是生活还得继续，他的儿子拉比以利亚撒·孟德尔·彼得曼（Eleazar Mendel Biderman）——第一个在耶路撒冷开始其任期的拉比，为了给他的社区建造房屋就买了一块地。唉，但是只有到他的孙子拉比大卫·兹维·什洛莫·彼得曼（Dovid Tzvi Shlomo Biderman）才获得了在这块土地上建造最初的二十个公寓的权利。顺便说一句，由于谦逊质朴的品格，他本人不在这个社区居住，甚至还禁止他的儿子们住在那里。其他一些慈善家后来又捐资建造了另外四十三个公寓和附近的一个会堂。

沉默的洗……洗衣房

这个社区有两层高的楼房和非常小的公寓住宅。这些院子非常值得一看。尽管正统派社区坚守着"脏衣服不应该晾晒在公共场合"的格言，但他们却是将干净衣服挂在外面的坚定的信徒。井水曾经用来洗涤，直到1992年耶路撒冷爆发了一场霍乱之后，这个城市的所有的井都被封死了。都封死了吗？你瞧：这里的一些井就没有被封，而是被妥善保管起来了。难道说这条街上的居民们仍在使用着井里的水，这样就可以少向政府交钱了？洗衣房的嘴被封住了……

在你继续这趟旅程之前，你应当趁现在读一下你将要参观的米歇雷姆的历史，因为在那个社区里就没有凳子坐了。

◀ 建造一个神佑的社区 ▶

在 19 世纪，耶路撒冷是一个小的、被人所忽略的城市。土耳其当局并不负责打扫它，它的卫生状况极为糟糕。街道上散落着动物的尸体，雨水将垃圾冲到了蓄水池中……流行病猖獗，许多人死于霍乱和痢疾。尽管如此，犹太人还是涌入这座圣城，这里只会变得日益拥挤。

这种状况使拉比优素福·里夫林（Yosef Rivlin）以及其他人开始在老城城墙外建造一个新的社区。里夫林和他的朋友们之前已经有过建造纳克哈拉·谢瓦（Nahalat Shiva）社区的经验，现在是将这个模型扩展到一百多个公寓。出于这个目的，他们建立了一个协会。在那里，那些创始家族（而不是慈善家）提供了最初的资金。现在他们称之为"自己动手"（在你邻居的帮助下）……

我听到的是一百吗？

这些创业者们要为他们的事业找一个相配的名字。他们在哪里找呢？当时是在这个协会成立的那一周里读的《摩西五经》里找了。事实上，他们的确在《摩西五经》的"以撒的后代"（Toldot）这部分找到了反映他们建立一百个公寓这个目的的诗句："以撒种地，有一百倍的收成；神已赐福于他"。米歇雷姆的意思是一百倍——正如以撒所收获的是他所播种的一百倍一样，这就是获得神佑的标志。

顺便说一句，最终有 140 个家庭报了名，由于没有人想拒绝那些多出来的人，所以他们都被放在了等候批准的名单里。

米歇雷姆（左侧）和巴泰伊·温加林（右侧）鸟瞰图，艾萨克·瑞基（Isaac Shweky）提供。

符合教规的计划

从创始家庭中募集的资金仅够用于 8 英亩（32 德南）的土地，而且其位置离主干道雅法街相对较远。为了保护这个孤立的社区中的居民，同时也为了避免与邻近的教堂接触，创始家庭就以建立防卫墙的方式在这些屋子的外面建立墙壁。内部的庭院是用来建立公共建筑、蓄水池和花园的。不用说，在该项计划中遵循了哈拉卡信念。因此，人们看到两支骆驼驮着装煤的袋子彼此穿过这个社区，从而勾勒出了这条街道的宽度……那么谁会依据哈拉卡信念来设计这个社区呢？他就是康拉德·希克（Conrad Schick），他是一位德国新教传教士，除此以外，其任务还有就是将木工手艺教授给那些改宗新教的儿童……

公寓抽彩

这些房子的建造工作开始于 1874 年，并且持续了六年时间。每年的年底都会举行抽彩活动，赢了的人就能住到这一年已经完工了的公寓里。六年的时间分配完了计划中的一百套公寓，紧随而来的就是最后的抽彩。一百个创始家庭和一百套公寓参与其中，就是这样形成了每个人都要被迫搬迁的现象……

当计划遇到现实

还有 40 个家庭仍然没有公寓而正在排队等待，这也困扰着那个创始协会，这就是为什么它决定在庭院中增加房屋的原因。然而，一旦对该计划的限制性条款作出妥协后，这种趋势就再也阻挡不住了。这个社区中

间的绿色空间被牺牲掉了，在最初的计划结束后不到 18 年的时间里，这里就建造了 300 多套公寓。好像这还不够，现存的那些公寓正往各个方向扩大，这个社区变得很拥挤，也逐渐被人们所忽略。这种情况一直持续到现在。当局也尽力去改善这种状况，却发现这样做很难获得当地居民的配合，这些人之所以不合作是因为他们害怕万一他们的社区看起来漂亮了会吸引更多的像我们一样的游客……

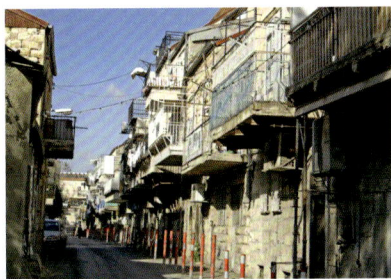

作为这个社区边界的亚伯拉罕·米斯卢尼姆街（Avraham Mislonim St.）。右边的那堵墙过去曾是一条防卫墙。真的……

这是 "东方的巴黎"？

你相信吗，在初期，米歇雷姆获得过 "东方巴黎" 的称号？这里举办过耶路撒冷第一场时装表演，也是这个城市里最早拥有电影院和留声机的地方，是吗？

嗯，不要相信那些话，因为它们都仅仅是童话故事而已……实际情况是，所谓的时装表演就是这样一件事：社区裁缝让犹太学校的学生们站在椅子上来给他们量尺寸……这个城市的第一个留声机确实曾被带到过这个社区，其目的是提升居民们对唱诗音乐的欣赏水平；这种情况同样也适用于幻灯片（电影的前身）——但是，在这两种情况中，这是它们首次也是最后一次出现在这个社区！

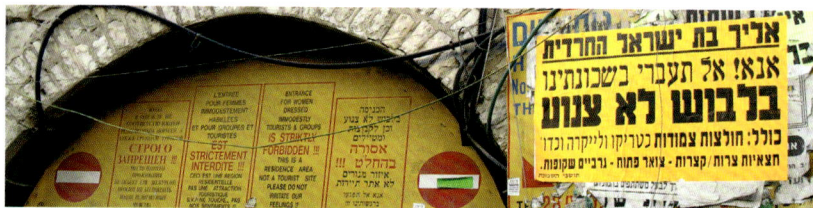

停，前面就是社区边界！

今日米歇雷姆

围绕米歇雷姆形成了一些小的卫星社区，例如：西边是巴泰伊·瓦萨（Batei Varsha）和巴泰伊·维尔纳（Batei Verner），东边是巴泰伊·内伊廷和巴泰伊·温加林。现在，市政当局界定的米歇雷姆要比最初时的社区宽广得多，它北到所罗门－扎尔曼－比哈兰街（Shelomo-Zalman-Beharan St.），南到萨伦特街（Salant St.），西到亚伯拉罕·米斯卢尼姆街，东到米歇雷姆街。在那个社区最初的边界里的 220 个公寓（许多公寓都合并了）里居住着将近一千人，他们都属于正统派不同的分支，从布雷斯洛弗正统派（Breslover hasidim）到内杜雷伊·卡尔塔派（Neturei Karta sect）。这个社区形成初期就形成了这样的规定，即"禁止将公寓出租给不符合犹太教教规的犹太人。"这就确保了这里的居民都拥有符合正统派教规的邻里，因此我们是没有机会在这里租一套家庭旅馆的机会的……！

★ 你已经读了足够多的有关米歇雷姆的历史，但是你还在瓦萨住宅里。现在开始沿着这条街慢慢地走。

★ 在这条街的尽头处右拐，然后立即向左拐，这样你就会到达海塞·勒－亚伯拉罕街（Hessed Le-Avraham St.）。

★ 在海塞·勒－亚伯拉罕街的尽头向左拐。然后立即向右拐，你将会碰到最初的米歇雷姆区六扇门（现在是开放的入口）中的一扇。每扇门上都有相关标识来劝阻人们不要进入，同时也警告那些旅客要穿着得体。

你现在正在进入的是恩－雅科夫街（En-Yaqov St.，与米歇雷姆街相平行）——这条街是这个社区市场所在之处。

{ **❹ 米歇雷姆市场** }

> > > > > > > > > > > – – – < < < < < < < < < < < <

不要抱任何希望。尽管这个市场曾经是这个社区的核心区，但它在过去的几年里确实萧条了。"这里完全是死气沉沉的"，那个卖菜的小贩在我们前进的方向上大声说，"几乎没有留下什么东西"。他记得这个市场是耶路撒冷主要路线的时期，还告诉我们许多商店都已经歇业了。在白天，你可以在这里找到水果和蔬菜摊点，饿了的人可以停下来买些水果来为赶路做准备或者买一杯鲜榨果汁。

继续沿着恩－雅科夫街往前走，在第四个小巷处向右拐。你面前就是米歇雷姆犹太学校那令人印象深刻的建筑。这里是年轻人学习塔木德律法的地方，那里的老师并不想让参观者进入。你可以……

{ ❺ 米歇雷姆犹太学校和 }
塔木德律法

>>>>>>>>>> – – – <<<<<<<<<<

正如我们以前所提到的，米歇雷姆是由老城的居民建立的。但是即使他们住在了那里之后，起初他们仍继续把孩子送到城墙以内那些好评较多的教育机构。但是，由于路上很危险，人们就决定在中心地带建立一个律法研习机构。

犹太教并不鼓励为了礼拜而建立宏伟的房子（这就与基督教不同）；然而，在第二层楼上的那个主要的会堂还是拥有飘零的壁画的：在1950年，画家伊扎克·贝克（Yitzhak Beck）装饰了这个会堂的墙壁，并且用了一年的时间在天花板上作画。

其中有一幅壁画描绘了雅法门附近的大卫塔，人们就这样发现了带有清真寺尖塔（宣礼使在这个塔上号召信徒来做礼拜）的绘画在一个犹太教会堂之中……

由于潮气渗入了这些墙壁，因此壁画的处境非常糟糕，这个学校的领导们也曾想过由他们自己来粉刷这些墙壁……以色列遗产保护协会（SPIHS）的代表们正在努力募集资金以请到更加专业的画家！

从它成立以来，这个学校就没有被看作任何一个具体的支派；哈西德派（他们是通过欢乐的方式取悦神而不是通过学问）和密那德派（mitnagdim，通过敬畏以及大量的研习来服务于神）都可以在这里学习。在它存在的一百多年的时间里，它已经目睹过美好的时光，也目睹过糟糕的岁月。现在，那个成年人参加的犹太学校已经签到到了拜特·以色列（Beit Israel）社区。白天，这个建筑就成为孩子们学习塔木德律法的场所。

会堂的天花板。拍摄者：艾萨克·瑞基。

生来就学习

你可能不知道的有关正统派教育的十件事

1. 男孩子们在 3 岁时就要在犹太儿童宗教学校（cheder，宗教小学）学习如何阅读。其教材就是《摩西五经》（Chumash，也被称为 Pentateuch，即《摩西五书》）。在他们的第一个剪发礼之后，他们就来到儿童宗教学校，为了避免碰到路上的那些不洁净的东西，他们还被包裹在一个披巾（祈祷披巾）里。

2. 到了 7 岁时，他们就毕业进入犹太教公共小学（Talmud Torah），然后开始学习《密西拿》（口传律法的汇编，它们构成了一个广泛而标准的法典）。学习了三年之后，他们就开始钻研《塔木德》（是对《密西拿》的解读和补充）。丢了什么东西吗？你一定相信：他们没有学习地理、历史、数学、文学、外语……但实际上，他们确实学习了外语：阿拉姆语和意第绪语……

3. 到了 13 岁，接受了受诫礼（Bar-Mitzvah）的男孩就会转到犹太初等学校（yeshiva ketana）；在 18 岁时，他毕业就会进入犹太高等学校（yeshiva gedola）。这些犹太学校仍然主要教授《密西拿》和《塔木德》。

4. 在这个小伙子结婚之后（最好如此），他就不再被称为犹太学校的男孩了，而是被称为 avrech（已婚男人）。如果他特别聪明的话，他就会在犹太学校里获得教师这份工作。另外，他可以继续在科莱尔里学习，这是一个专门为已婚男人指定的学习场所。如果他将学习作为一种生活方式，那么他将会得到支持和奖励。或者，他可以每天都到科莱尔（抛开学习律法的时间）学习几个小时来换取一个小奖学金。

5. 只有在科莱尔，一个已婚的犹太男子才能够学习与夫妇生活有关的哈拉卡问题。

6. 立陶宛犹太学校（Lithuanian yeshivas，隶属于反对哈西德派的阿什肯纳兹犹太人）是最有名的正统派机构。那四所最著名的犹太学校是耶路撒冷的米尔（Mir）和希伯伦（Hebron），伯尼·布莱克（Bnei Brak）的斯拉博德卡（Slabodka）和波诺维兹（Ponovezh）。要进入其中一所，应试者必须见一下学校的教学拉比。他的家庭背景、对学习的态度、介绍信和讨论、各式各样的口试这些都是入学考试的组成部分。

7. 塞法迪犹太人（他们遵守着那些来源

米歇雷姆幼儿园的孩子们正在学习《塔木德》律法上的字母表——1974 年。政府新闻办公室提供。

塞法迪首席拉比奥瓦迪亚·优素福在耶路撒冷波拉特·优素福犹太学校捐赠仪式上讲话。他右侧是已故总理伊扎克·拉宾（Yitzhak Rabin）。拍摄者：摩西·米尔纳，1977 年。政府新闻办公室提供。

于伊斯兰国家的犹太人的习俗）并没有成功地在以色列重新部署他们的宗教中心（耶路撒冷的波拉特·优素福犹太学校除外），然后他们就迅速地世俗化了。只是在三十年以前，由于拉比奥瓦迪亚·优素福的行动，许多塞法迪家庭改变了他们的生活方式，穿上了正统派穿的衣服。数以百计的塞法迪正统派风格的《塔木德》律法机构和神学院建立了起来，他们还接受了阿什肯纳兹正统派的一些特征，比如他们的服饰。

8. 拉比奥瓦迪亚·优素福的儿子们以及大多数的塞法迪沙斯党议会成员（Sephardic Shas Party Knesset Members）都在阿什肯纳兹犹太学校（这就遵守了来自于基督教国家的犹太人的习俗）里学习。

9. 在 1918 年以前，女孩子们只是在家里接受基本的宗教教育。当时一个名叫萨拉·史尼勒（Sarah Schenirer）的女裁缝在波兰的克拉科夫（Kraków）为女孩建立了一所正统派学校，这推动了拜特·雅科夫教育网络的建立。

10. 女孩子从六七岁时开始学习。她们不学《密西拿》和《塔木德》，只接受一些实用性的宗教教育、律法，等等。拜特·雅科夫高中并不是为了让学生参加教育部的大学入学考试。女孩们参加考试是为了能让她们在拜特·雅科夫高级中学获得一个教学学位。

朝着米歇雷姆犹太学校的方向走，然后向右拐到耶斯华特·雅各布街（Yeshuat Yaakov St.）上（不要刻意寻找路标）。沿着右手边的小房子（Shtiblekh）走，在那里，你能看到小祈祷室和净身池（沐浴礼）的入口。

❻ 小房子（Shtiblekh）

>>>>>>>>>>> – – – <<<<<<<<<<<

Shtiblekh 在意第绪语中是小房子的意思，是给祈祷者提供的小屋子的昵称，哈西德派的先辈们在这些私人公寓中能够按照他们那独特的方式，在不固定的时间里进行祈祷。例如，与那些老会堂分开后就使工人们有可能根据他们方便的时间在早上进行祷告而不是在拂晓时刻祷告了。由于一个祈祷班（法定的十个成年犹太人）需要共同做礼拜，无论是谁，只要他错过了会堂里固定的做礼拜的时间，他就可以走进一间这样的小屋子，说出他需要几个人来组成一个祈祷班，一会儿其他礼拜者就会加入进来，就可以举行祷告了。

我们认为米歇雷姆的祈祷小屋是这个社区里最具吸引力的建筑（我们没有对它说太多……）作为一种社交俱乐部，其数量也增加了一倍。它昼夜不停地运作着，而其侧厅也为人们提供了一个浸礼池（mikveh）。

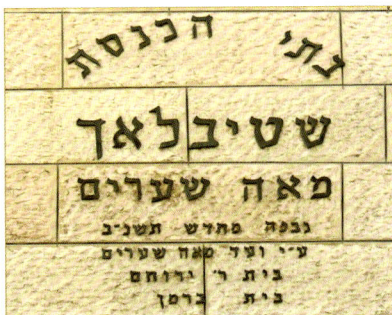

在耶斯华特·雅各布街的尽头向左拐到赫夫拉特·特希利姆街（Hevrat Tehilim St.），在它的尽头处再向左拐进赫夫拉特·沙斯街（Hevrat Shass St.）。

❼ 有三个支柱的世界

>>>>>>>>>>> – – – <<<<<<<<<<<

根据《父亲伦理》（Pirkei Avot，包含有道德箴言的有关论述《密西拿》的小册子）的记载，"世界基于三件事之上：律法（学习）、服务（对上帝）和友好的行为（在人们之间）"。在这条街上，你能够找到与这"三大世界支柱"中至少两个支柱有关的机构。

在哈西德派的世界中，其理想就是终身学习律法。但如果一个人不能或不会这样做又会发生什么呢？这条街道的名字中含有"Havrat"（友谊的意思）这个单词——诸如 Hevrat Shass 或者 Hevrat Tehilim——象征着这里有学习之屋。这些机构能使人们每天都投入几个小时来进行学习。作为交换，他们能获得为数不多的奖学金。

至于那些友好的行为，慈善机构通常都是不公开地实施的，这是因为人们的观念是暗中对人施以帮助。出人意料的是，你能在这条街上找到那个恰巴德（Chabad）大厦，上面很醒目地写着这样一句话："为穷人免费提供食品"。这个地方提供免费的午餐和口腔卫生服务。

为慈善行为和慈善组织进行捐赠的诫命（有关道德行为的犹太律法）是哈西德社团的基石。迈蒙尼德（Maimonides）甚至写道："与其他任何明确的戒律相比，我们都必须更加高度地关注有关慈善（tzedakeh，实施慈善和博爱行为的宗教义务）诫命"。社区中的每一个人，甚至是那些靠慈善生活的人，都缴纳 maser（十一税——他的收入的十分之一）。因此，即使是最穷的人也能感觉到他也为其他人捐赠了东西而不是只接受别人的捐赠。许多人都在他们的家里实施过一些小的慈善行为，有提供一次性使用的尿布，为节日场合提供设施，还有结婚礼服等。这里有几百个类似的小型机构为每一种需求提供解决方案。因此，比如说，这里甚至有为那些想去度假的人提供帮助的慈善组织……这里最著名的慈善组织可能就是雅德·莎拉（Yad Sarah）了，它为每一个需要的人提供医疗设备。这个不可思议的组织是由乌里·卢波利安斯基（Uri Lupolianski）建立的，他那时是耶路撒冷市的市长。

为穷人提供的食品包裹。拍摄者：艾萨克·瑞基。

走到赫夫拉特·沙斯街尽头然后向左转到奥内格·沙巴特街（Oneg Shabbat St.），你左边就是我们稍后会致以敬意的托尔多特·亚伯拉罕·伊扎克学校（Toldot Avraham Yitzhak Institutions）。

但是现在，我们要在奥内格·沙巴特街的尽头处向右拐，走到那个弯成弧形的恩－雅科夫街，这条街会将你带到米歇雷姆的边界地带。是的，这就完了，但现在你将要面对：

{ ❽ 哈西德·布拉斯洛夫中心 }

> > > > > > > > > > — — — < < < < < < < < < <

布拉斯洛夫哈西德主义（Breslov hasidism）是由布拉斯克洛夫派（Breslover）的拉比纳赫曼（Nachman）创建的，其最出名的就是那句涂鸦铭文，这句话就是"来自乌曼的纳……纳赫……纳赫玛……纳赫曼"。对我们来说，这是一个让我们告诉你一点有关哈西德主义的知识的机会。对你来说，这可能并不是一个能让你轻松阅读的环节……那么你该怎么做呢？你自己决定。你可以读，或者跳过去，但要答应回到家后再补上这一环节……

新发展冲击下的犹太教

为了对布拉斯洛夫运动一探究竟，我们需要带着你一起回到18世纪早期的欧洲，当时在这个大陆出现了民族觉醒（"国家的春天"）、经济革命和教育发展的趋势。这些趋势给了犹太人新的发展机遇（获得解放）。许多犹太人离开了他们的社区，并且离开了宗教。

这时的犹太教迫切需要一个更具吸引力的包装，这产生了两种形式的新运动：由巴尔·谢姆·托夫（Baal Shem Tov）创立的哈西德主义，以及随后的改革派运动（我们在这里不会对该运动进行阐述）。哈西德主义赞扬日常生活中的犹太人，因此他只需要在快乐中进行祈祷，这样就从终身的律法学习中解放了出来。扎迪克〔tzadik，圣人、正直的人，也被称为圣徒（admor）或者简称为拉比〕领导着每一个哈西德派社区，并且成为哈西德信徒和上帝沟通的桥梁。

让我们返回到来自拉比纳赫曼·梅－乌曼（Nachman Me-Uman）那里

拉比纳赫曼是巴尔·谢姆·托夫的曾孙，他在拉斯洛夫市建立了哈西德犹太教的一个分支。他宣传说"总是很欢乐"是一个伟大的戒律（mitzvah，犹太人道德行为的律法），因此，拉斯洛夫哈西德派倾向于在街道上跳舞和唱歌。但是，拉比纳赫曼并没有用这种方法来勉强应付。他找到了与上帝联系的途径。他的哲学思想强调说，由于每个人都被各种外在的层面所包裹，所以他每天都必须这些外在的层面并隔绝自己——最好是每天至少一小时出去体验自然（甚至披着一层毯子也可以）。这种隔绝可能会使他摆脱自己那外在的层面，进行真挚而深刻的反省，在内心深处与上帝进行对话——在心里而不是在祈祷书上。

拉比纳赫曼出生于1772年，在38岁时死于肺结核。由于在他有生之年他曾说过"我的火将燃烧，直至弥赛亚到来"，再加上他并未指定继承人，所以他的信徒们从未选择一个新的领袖——因此他们就获得了一个贬义的绰号："死了的哈西德派"，因此他们没有"义人"。但是拉比纳赫曼已经将与他保持联系的方法教授给了他的追随者们："如果有人来到我的墓地，给慈善事业捐一枚硬币并且读十个诗篇，我就会把他从地狱的深渊中拯救出来。"

应他的要求，拉比纳赫曼被安葬在了乌曼市靠近布拉斯洛夫的地方，有两万名犹太人曾在那里被杀害。由于在他有生之年他曾要求所有的追随者与他共度每一个哈桑纳节（犹太教新年），因此，这个节日就成了人们到他的墓地去朝圣的首选时间。他的那些包含众多精神元素的教导已经在哈西德主义的反对者，甚至在世俗性的社区中找到了追随者。

这个拉比口吃了？

1922 年，作为布拉斯洛夫哈西德派一员的以色列·贝·奥德埃塞尔（Yisroel Ber Odesser）拉比忘记了那一日是斋戒日，并且在坦木兹月（Tammuz）17 号吃东西了。据他所说，这种罪恶感使他像一具死尸一样躺在学院会堂里，六天的时间里不吃不睡。就在那时，他感到自己迫切地想去他屋子里的书架处，然后他就随便打开了一本书，结果他发现了一张纸，上面写着：

我珍爱的学生，对我来说，很难降临到

你面前，并且我要告诉你我从你的服务中获益很多。对于你，我要说的就是，我的火将燃烧，直至弥赛亚到来，你要在你的服务中坚强和勇敢——来自乌曼的纳……纳赫……纳赫玛……纳赫曼。说完这个，我就告诉你一个秘密：

如果你完整地得到了我所说的话，并且十分虔诚地服务，你将会理解它。其迹象就是：他们将说你没有在坦木兹月 17 号没有进行斋戒。

拉比以色列震撼了。他确信自己已经收到了那位早在 112 年前就已去世的拉比的来信。他保守着这个纸条的秘密，直到他 80 岁时他才决定把它公布出来，这离他发现那张纸已有 60 年了。并非这个拉比的所有的追随者们都相信这个纸条是真的，伴随着布拉斯洛夫哈西德派那个俗称为"纳纳赫"（Na Nachies）的新子群的产生，结果就导致哈西德运动出现了分裂。

你面前的这所犹太学院号称拥有这位拉比原来坐过的椅子，这把椅子是由哈西德派信徒拆除之后逐渐地通过走私的方式运出乌曼的，这是因为当局并不想舍弃任何文物来阻碍他们旅游业的发展……

这把由以色列博物馆修复的精致的手工椅子是由这位拉比的一位追随者于 1808 年带给他的。

◀ 拉比纳赫曼·梅-乌曼语录 ▶

· 整个世界就是一座窄桥，主要的事情就是不要害怕。

· 没有什么比发自心底的叹息更能引领完整的生命了。

· 人与金钱不可能永远在一起。不管是由人带来的钱，抑或是由钱带来的人。

· 当问你最近怎么样的时候，你不要对你的麻烦进行抱怨。如果你回答说"确实很糟糕"，那么上帝就会说

"你认为这是糟糕的吗？那我就向你展示糟糕的东西！"。当问你最近怎么样时，尽管有烦恼或者痛苦，你也应当回答说"很好"，那么上帝就会说："你认为这就很好吗？那我就向你展示美好的东西！"

· 不要成为一个老者——既不是一个老的义者，也不是一个老的哈西德派教徒。人必须永远更新自己，无限期地重新开始。

拉比纳赫曼的印有那把椅子的布拉斯洛夫高脚杯。
由以色列政府硬币奖章公司提供。

要到达米歇雷姆街，就要从面向那个布拉斯洛夫犹太学校的方向向左拐。
从米歇雷姆街向左拐，然后立即向右拐，这样你就会到达巴泰伊·内伊廷。

❾ 巴泰伊·内伊廷
（内伊廷之屋）

你将再一次进入原来的米歇雷姆附近的一个小附属社区，你将会再一次碰到通过关闭其敞开的大门来尽力保持封闭的典型的社区。在我们所处的时代，通过脆弱的身体分离的手段努力使外部世界与人的好奇心分开，这种做法看起来相当的可悲。但是真的可悲吗？哈西德世界正呈现出前所未有的繁荣局面……

你将要参观的那个新生社区里建造了六十个公寓，其中有四十一个是在 1903 年由来自芝加哥的梅纳赫姆·内伊廷（Menachem Nayteen）拉比捐赠——因此，这也是在这个社区入口处上方的拱门上刻有他的名字并使其名垂千古的原因。

穿过这道门你就会直接进入一个小院子。托尔多特·以哈龙犹太学校就坐落在右侧的那面墙的外面。这个学校就是一个鲜活的证明：在极端虔诚的公共场所可能没有电视机，但它肯定不缺乏肥皂剧。

❿ 托尔多特·以哈龙 犹太学校

>>>>>>>>>> — — — <<<<<<<<<<

曾经发生了这样一件事，大拉比以哈龙·罗斯（Aharon Roth）于 1928 年从罗马尼亚迁到了以色列，并且还在耶路撒冷建立了一个名为希奥姆雷伊·埃姆尤尼姆（Shomrei Emunim，信仰的守护者）的社区。当这个拉比于 1947 年去世时，他的儿子亚伯拉罕·哈伊姆（Avraham Chaim）拉比顺理成章成为他的继承者。但是，在希夫阿（shiv'ah，7 天服丧期间）时期，他的女婿拉比亚伯拉罕·伊扎克·卡恩（Avraham Yitzchok Kahn）做了一个梦，那个死者出现在他的面前甚至对他说："你就是我的继承者"（显然，这个"梦"来自于这样一个事实，即那位继承者倾向于犹太复国主义）。这位女婿立即开始废黜掉那位拉比的儿子的继承权，那些追随者们也如法炮制。那个想证明对岳父效忠程度的女婿甚至将这个新社区称为"托尔多特·以哈龙"（以哈龙年鉴的意思）。那位被驱逐的儿子对这个决定并没有感到害怕，而是带走了一些支持者并保留着这个哈西德派的最初的名字——"希奥姆雷伊·埃姆尤尼姆"。

有其父必有其子，当拉比卡恩于 1996 年走向人生必然的归宿的时候，他的两个儿子之间为继承权发生了冲突。他们之间的裂痕是如此之大，以致其中一个儿子在其父亲去世之后建立了这个托尔多特·以哈龙·伊扎克犹太学校。仍然属于托尔多特·以哈龙王朝的另一个儿子的追随者们十分愤怒，以至于他们要求与那位持不同意见的儿子的追随者们结婚的女性都要离开她们的丈夫，并且要求她们回到家中。最终，这场群体性离婚事件并没有发生。但是，直到今天，这种裂痕已经弥漫了这个社区的各个角落。这个持不同意见者建立的"托尔多特·亚伯拉罕·伊扎克"犹太学校就坐落在哈西德·布拉斯洛夫中心的对面，当我们经过它时，我们承诺稍后对它进行介绍——所以我们做了。

晚餐

在旅途中（有一些……）我们所经历的最令人吃惊、最感人的一个经历就是在托尔多特·以哈龙犹太学校进行的"Tish"。Tish（意第绪语中餐桌的意思）就是安息日（周五晚上）晚餐，这时拉比就会在其追随者面前吃饭。拉比会从自己的盘子里给那些哈西德派教徒分发食物，人们认为这就受神赐福了（女性只被允许在女性的走廊中行走），并且还一起唱哈西德派那美妙的音乐。不，并不是那些食物令我们如此感动，令我们感动的是那里的场景、声音和令人振奋的氛围：数以百计的哈西德派教徒站在大厅两侧的讲坛上，他们都穿着他们社区的正式的礼服，虔诚地歌唱，整齐划一，一直唱到午夜一两点钟。

纪念安息日

这个晚餐开始于晚上十点钟，是哈西德派教徒与自己的家人吃过安息日晚宴之后。有幸前来的客人也受到热烈的欢迎，但是要记得那些严谨的规则，在安息日必须要严格地遵守。托尔多特·以哈龙犹太学校（你正在参观的这所）和托尔多特·亚伯拉罕·伊扎克犹太学校（在之前你已路过的那所）都举行这种晚餐。但是在以禄月［Elul，这是一个进行忏悔和宽恕祷告（selichot，即为宽恕和仁慈进行祷告）的时间］，以及哈桑纳节（Rosh Hashanah）与犹太赎罪日（Yom Kippur）之间的十日悔改（teshuvah，忏悔），这两个时间段里是不举行这种晚餐的。

现在已经到了到巴泰伊·温加林内部一探究竟的时间。不要担心万一你迷路怎么办。你正在参观的这个区域在形状上是一个三角形，在希夫泰利·以色列街、希奥姆雷·埃姆尤尼姆街（Shomri Emunim St.）和米歇雷姆街之间。距离都不远，所有的小巷和街道都值得一去。

★ 一直向前走下去。在你经过的路上排列着液化气瓶。在这个下坡路的尽头向左转，穿过这条街，走过这个社区的交通信号灯，就会进入庞帕蒂塔街（Pompadita St.）。

★ 庞帕蒂塔街会把你带到一个开放的法院，你能够在那里找到一个地方坐下来并读一读有关这个社区的文字。

⑪ 巴泰伊·温加林（温加林之屋）★ ★

\>\>\>\>\>\>\>\>\> — — — \<\<\<\<\<\<\<\<\<\<

巴泰伊·温加林的居民是幸运的，因为这个社区是由他们之中最富有、最具组织性的科莱尔建立——即代表了匈牙利和罗马尼亚犹太人社区的希奥姆雷·哈科姆奥特（Shomrei Hachomot）科莱尔。多亏这个科莱尔和市政当局之间的合作，巴泰伊·温加林被一只慈爱之手加以修葺和保护，并被变成了一块宝石。确实，这里的公寓仍然很小，但是与米歇雷姆里不同的是这里的街道更具吸引力。顺便说一句，你想都不要想这个社区的居民会因为拥挤而想从这里搬走。巴泰伊·温加林社区公寓的价格很高，能够在其他任何一个社区买一套宽敞的公寓。社区生活和社区特征要优先于建筑面积，这只是一个优先事项。

一切为了祈祷

许多家庭的屋子正面都有表明这个房子是用来升华捐赠者灵魂或提升其家庭地位的石匾。这些石匾被称为 hekdesh，它们通常记载这样的事实：居住在这些房子里且没有后代的住户将这些房子捐赠给了那些穷人，以确保有人给他们念祈祷文。

嘘，安静一点……以免爱被唤醒

有三节诗几乎以同样的形式出现在所罗门王（King Solomon）写的《雅歌》（The Song of Songs）之中，这就是为什么许多（尽管并不是所有的）极端正统派团体认为以色列国的建立是与哈拉卡（犹太教律法）相矛盾的原因：

耶路撒冷的众女子啊，我指着羚羊或田野的母鹿，嘱咐你们，不要惊动，不要叫醒我所亲爱的，等她自己情愿。（《雅歌》2：7和 3：5）

耶路撒冷的众女子啊，我嘱咐你们，不要惊动，不要叫醒我所亲爱的，等她自己情愿。（《雅歌》8：4）

标牌上写着：无论是谁参加选举，就是对天国的背叛。拍摄者：雅各布·萨阿，1988 年，由政府新闻办公室提供。

根据有争议的解释，上帝命令耶路撒冷的众女子（犹太人民）不要唤醒或唤起爱情（救赎）直到时机到来。总之——不应当匆匆忙忙地救赎。这美丽的诗篇隐含这一个深奥的哲理，因此，最好不要去爱。人们的理想就是维系永恒的思念，因为在梦醒实现之后，失望必定会到来。这对于民族和国家来说是如此，对于个人生活而言也是如此。

为什么这句诗歌会出现三次呢？《塔木德》的解释如下：首先，之所以如此是因为犹太民族并没有通过武力或大规模迁徙来到以色列；第二，之所以如此是因为以色列人并没有反抗那些非犹太人的国家；第三，之所以如此是因为那些非犹太人的国家并没有对以色列的儿女随心所欲地征收重税。

如果所有这些对你来说听起来像是《塔木德》做的吹毛求疵的解释——那么它确实是最卓越的吹毛求疵，而这恰巧就是犹太教中最大的争议，因为它就是正统派所主张的反犹太复国主义的基础。该信条的提议者们认为犹太复国主义运动违背了那些誓言，这就给犹太民族带来了灾难（大屠杀和战争）并推迟了弥赛亚的到来。犹太复国主义的解释者们和拉比解释说这里根本没有犹太人反抗那些国家的问题，这是因为它们同意联合国通过了成立犹太国家的决议，而当这些国家用无数的残酷行为奴役以色列人的时候，它们则违背的他们的"誓言"；尽管如此，他们还是宣称那种解释只是一则寓言，根本就不起作用。

萨塔玛拉比约尔·泰特尔鲍姆（Satmar Rebbe Yoel Teitelbaum）声称，在犹太复国主义世俗化的过程中，犹太人实际上就是那些违背了他们誓言的人，这就是为什么他禁止他的追随者们

进入"六日战争"期间占领的那些地区的原因，例如西墙和始祖墓穴。

穿着无领束带对襟长袍的阿什肯纳兹犹太人

如果不说一下这里人穿的服装，那个对正统派住处的参观将是不完整的——但就一句话，因为你确实能够在这个问题上写一篇博士论文。正统派世界里的男性服装各式各样。总而言之，这些制服说明了穿戴者所信奉和隶属的教派。

最有趣的故事与托尔多特·以哈龙成员制服的产生有关，这种服装由带条纹的土耳其长袍（各种各样的轻便外套）组成，因此他们获得了一个亲切的外号：斑马。阿什肯纳兹哈西德犹太人是怎样选择这种形式的服装的呢？所有这些都始于1700年，当时一大群来自波兰的哈西德派犹太人在拉比耶胡达·哈－哈西德（Yehuda Ha-Hasid）的带领下到达了耶路撒冷（当时耶路撒冷还在老城城墙以内），但是不到五年，这位拉比就病倒并去世了；那笔应当从国外寄给他的资金就被留在了国外。哈西德派犹太人继续建造这位拉比记忆中的会堂，并且还雇佣了穆斯林施工人员来做这件工作。但是，他们却没有钱给他们付工资。那些没有领到钱的施工人员进行了抗议、催促、威胁并最终放火烧了那个会堂，还把阿什肯纳兹犹太人赶出了这个城市。只有那些与阿拉伯人和平相处的塞法迪犹太人才被允许住在这个城市里。为了到圣城参观和居住，阿什肯纳兹犹太人就穿上了由带条纹的被称为无领对襟束带长袍的塞法迪服装。资金问题在19世纪得到了改善。但是与此同时，阿什肯纳

兹犹太人已经习惯了他们所选择的服装；直到今天，他们继续穿着同样的衣服。

他们在周六和节假日也戴上"什特莱牟"（shtreimel），这是一种用狼的毛皮制作的帽子，它最初模仿的是波兰富人的穿戴。显然，这是由匈牙利哈西德犹太人将叙利亚与波兰风格融合在一起产生的一种服装……

顺便说一下，在过去三十年里，塞法迪犹太人中的哈瑞迪派已经开始穿上立陶宛（Lithuanian）风格的外套

了，但这完全是另外一个故事了……

聚在一起的妻子们通过在头上带上 yazme（一种有手绘图案的土耳其方头巾）来表示她们也喜欢穿着打扮。因此，在过去的两百年里，只要她们一结婚，她们就会立即剃光她们的头发，在平时她们就带上黑色的方头巾，在周六戴上白色的方头巾，在假日则戴上彩色的方头巾。总之，暂时的伪装已经成为以色列的一个习俗；如今，土耳其毯帽成了耶路撒冷正统派在普林节流行的一种服装。

继续沿着这个院子走，在其尽头处绕着那个建筑（希伯来字母中第15号）向右拐。这样你就会到达一个长广场。你身后是科塔夫·索弗（Ktav Sofer，抄写员的文书）犹太学校，而在尽头的就是查塔姆·索弗（Chatam Sofer，抄写员的印章）犹太学校。

{ ⑫ 查塔姆·索弗犹太学校 }

>>>>>>>>>>>– – – <<<<<<<<<<<

律法禁止新事物

拉比摩西·索弗（Moshe Sofer，在他的一本著作的后面也被称为查塔姆·索弗）在19世纪早期住在匈牙利。当时，在律法领袖中一种忧虑与日俱增，他们担心作为世俗教育的结果，犹太教会被清除。为了阻止这一趋势，查塔姆·索弗就制定了一条禁止犹太人接触任何新文化的法律。为了达到这个目的，他杜撰了这样的一句表述："律法禁止新事物"（基于《圣经》律法的布道，据此，在利未记中写道逾越节前禁止使用新谷物）。根据这条律法，任何与正统派犹太教无关的文化都是必须禁止的（即使它本身并不涉及任何可能违反哈拉卡本身内容的东西），这仅仅是因为它未来的发展趋势有可能会产生一些

难以忍受的体验。既然知道了最基本的概念，那能否理解为什么他们会在这里按照17世纪波兰的最新款式穿衣服……？言归正传，现在在耶路撒冷居住着85万哈瑞迪犹太教徒，这样一件事实毫无疑问证明了查塔姆·索弗的方法已经将正统派犹太教从犹太复国主义的世俗化中保护了起来。

广场房子的左手边就是"希奥姆雷伊·哈丘莫特（Shomrei Hachomot）"。塔木德律法就属于内图雷伊·卡塔（Neturei Karta）这个哈西德宗派。

内图雷伊·卡塔

内图雷伊·卡塔（阿拉姆语中的意思是城市的守护者，或者是城墙的守护者）是正统派哈瑞迪教派，他们是反对以色列国的

犹太教。他们的人甚至在 2006 年 12 月在伊朗参加了否认大屠杀的会议。这个教派成员中最著名的人物就是耶胡达·米什－扎哈夫（Yehuda Meshi-Zahav）。多年以来，他是超正统派团体的行动指挥官。在他小时候，

他就曾因为给赫茨尔（Herzl）山上的赫茨尔墓喷涂诅咒的话而被捕；在青年时期，他继续尽自己最大的努力来反对政府当局。然而，这么一个极端主义者却偏偏是以色列志愿者搜救组织 ZAKA（希伯来语"确认事故遇难者身份"的缩写）的一位创建者，这是一个在交通事故、恐怖袭击及其他灾难中帮助救护人员

的志愿者组织。在 2003 年，他甚至还在赫茨尔山以传统的仪式火炬来正式启动对独立日的庆祝，而且还说出了犹太复国主义的宣言"为以色列国的荣耀"（for the glory of the State of Israel）。

以色列总理阿里尔·沙龙（Ariel Sharon）在他的苏克棚里会见耶胡达·米什－扎哈夫。拍摄者：阿维·奥哈永（Avi Ohayon），2002 年，政府新闻办公室提供。

★ 现在上去，兄弟们，再加把劲，返回我们走过来的那个院子里（往回走，绕过 15 号楼），然后向右拐，这样就能够走得更远。

★ 继续往前走到路的尽头处，那里有一扇门，你可以走进希奥姆雷·埃姆尤尼姆街。

★ 向左拐，然后在立即向右拐到哈－雷夫·佐内恩菲尔德街（Ha-Rav Zonenfeld St.）（朝下走），这条街会把你带到应许之地（Promised Land）。

{ **⓭ 巴达兹（Badatz）认证的美味** }

> > > > > > > > > > > – – – – < < < < < < < < < <

🍴 **法拉费·米罗（Falafel Miro）（在右前方）**

坐下来吃炸豆丸子吗？是的，——如果你想去洗手间的话⋯⋯这里还有鹰嘴豆泥、中东式夹馍、豆羹和炸鱼或炖鱼。我们说过这里有椅子了吗？我们说过把炸豆丸子放在皮塔饼（pita）或大饼（lafa）里味道会极佳的吗？你喜欢就着咸菜吃吗？

🍴 **纳哈玛面包店（Nahama Bakery）（在左前方）**

哈－雷夫·佐内恩菲尔德街 3 号

毫无疑问，面粉是米歇雷姆的热销商品。纳哈玛的独特性就在于它那美味的布哈拉面包上——这种面包有黑色小茴香和手工制作的大凹陷。问题是面包里不放任何东西⋯⋯

有家常风味的美食。优素福神父每天都早早起来，将特大号的锅放到煤油炉上。他的那些经营生意的儿子们就会将盘子装满，直到那些大锅见底了，然后就会将剩下的东西放到小锅里面。放得越晚，味道越好，但是什么都留下的机会是很渺茫的……

耶路撒冷饭店里标准的做法就是用煤油炉做饭。在煤油炉上准备来自另一个不同时期的食物意味着尽情享受来自那个时代的菜肴——这种食物需要连续不断地烹调，这样才能制作出易嚼的、具有家常风味的美食。

因此，一种混合有各种各样的汤、油炸丸子、砂锅菜肉、素食菜肴等更多美味的饭已经慢慢炖了近40年了。其价格合理。总之，这是一个蓝领工人吃得起的饭店，它就位于一个到处都有木工车间和犹太学校的地区。

我们提到了犹太学校吗？你现在就在米尔犹太学校附近，那么为什么在你吃饭的时候不读一下有关它的资料呢。

⓮ 米尔犹太学校

>>>>>>>>>>> – – – <<<<<<<<<<<

你现在距离米尔犹太学校建筑群只有一步之遥，这个学校是四个正统派精英学校中的一所。这所受到高度赞誉的机构有5000名学生，而附近的科莱尔则有另外2000名已婚的学生。在过去的20年里，这所犹太学校逐步扩张，并在这个地区接管了好几栋大楼。这里的班级用五种语言授课：希伯来语、意第绪语、英语、俄语和法语；但这个学校的校长在他的课堂上主要用意第绪语授课。

如果没有面粉，也就没有了律法

米尔犹太学校中来自国外的学生（有三分之二以上的学生是美国人）占的比重非常高。由于他们在耶路撒冷没有家来吃午饭，学校为了解决他们的饥饿问题就找到了一些富有创意的方案。这所学校有一个餐厅，并安装了食品自动售货机，在靠近这个学校的那条街道上建立了路边小吃摊，这条街也获得的"食品街"的称呼。另外，在附近的地区还开了许多便宜的餐馆。这里也是正统派团体那人性之光照亮的地方。那些其丈夫是这所犹太学校里学生的女人们烤制蛋糕、甜点和其他好吃的东西，他们的丈夫则将这些食物送到学校门口靠近一个储钱罐的地方。饿了的学生只需要选择一个食物并将钱放在那个钱罐里即可。没有人看守着这些罐子，所以有个说法：蛋糕是免费享用的。这是一个典型的双赢的案例。

在米歇雷姆购物

你吃饱了吗（而且吃得还要多）？往回走到哈－雷夫·佐内恩菲尔德街，直到你到达米歇雷姆街，然后向右拐以便沿着这条街散步。

现在你终于可以在这段闲暇时光里逛逛商店。

当你在国外旅游的时候，橱窗购物能够激发起你的兴趣，即使你并不是一个购物爱好者。在这里——在这个类似的天地里同样如此……这里有几件东西可能会引起你的喜爱：

丰富的书籍

几乎这条街道上的每一栋房子的第二层都是书店。在正统派区域里几乎没有休闲活动的概念。"休闲？"一位老居民对我们的问题感到惊奇，"谁会有休闲时间呢？如果有，那还有好多事情要做呢！拜访一下奶奶，去一趟小祈祷室（shtiblekh），到西墙祷告"。因此，你不会在这里找到咖啡馆或（上帝所禁止的）电影院。但是，在这里，阅读却是一件很精细的活动。想象一下探索妇女、儿童（喜欢看探险故事，这些故事里的侦探小分队是由同性别的人组成的）和普通的青少年（喜欢看犹太版本的神秘主义和新世纪，例如《圣经》中的命理学）的阅读品味时的激动心情吧。

服装

紧接着米歇雷姆街的是马尔奇·以色列街，这条街道会把你带到格乌拉（Geula），这里也是一个正统派社区，不过这里的人更富有。由于正统派的女人们特别关注她们的外表，对自己的穿着都很精细用心，而男人们则穿着整套的西服。所以你能找到提供高质量服装的商店，其价格也比你那些普通的购物中心里的衣服价格更为合理。顺便说一句，这些社区里的许多交易都发生在他们自己的房子里，对于那些有许多孩子需要照顾的妇女来说，这是一种可接受的和方便的谋生之道。

哈西德派音乐

我们不要忘了还有一些精神食粮！一旦你经过安息日广场，我们建议你参观一下贾勒帕兹（Galpaz），它就位于马尔奇·以色列街左边5号的位置。这家公司在分销犹太音乐（主要是哈西德派和唱诗班指挥家的音乐）方面被认为是全球销售冠军。其种类多得令人难以置信，而且你还能找到哈西德派故事和希伯来语布道的录音，低价出售的希马尔（Shimaleh）玩偶和MP3播放器。

☎ 电话：02-538-5514 www.galpaz.co.il

玩具

我们发现玩具店里最吸引人的东西就是希米（Shimmy）和他的妹妹瑞奇（Rivky）。由于对迪士尼人物有禁令，所以这两个人迅速成为正统派区域的卡通明星。例如，希米有迷人的微笑，梳着鬓发，头戴犹太小帽，衣服上带有流苏（tzitziyot，虔诚的犹太人所穿戴的腰部上的"条纹"或"流苏"）。你必须试着按他的手掌。这个品牌的产品在这个地区形风靡一时，在其鼎盛时期，出售了成千上万件衬衫、棋牌和笔记本，甚至还启动了希马尔夏令营。

鲱鱼的结局

通过选择米歇雷姆周围熟食店来结束你对真正的犹太人、犹太教正统派和耶路撒冷人印象的参观。有些熟食店给你提供座位，但是由于让男人与女人坐在一起是有问题的，所以你可能得将就着将这些熟食带走。在这个社区里也有一些面包店，但是由于你要通过耶沙亚胡街返回到停车场，在路上就有我们已经参观过的阿维查尔面包店，所以现在就没有必要进一步看这些面包店了。这样，你就可以把能在你的车内吃的美味放在一起！

那么在米歇雷姆的熟食店里可以买什么呢？这里有三角馄饨、耶路撒冷面食、霍伦特（cholent，安息日炖菜）、沙拉、什锦泡菜、鱼丸和——鲱鱼。网上到处流传着对于在哪里可以买到以色列最好的鲱鱼这个现实问题的争论。不熟悉鲱鱼？那这就是一个确定的标志，说明你的父母并不是我们这附近一带的人……这个社区的每一个孩子都知道它是生活在波罗的海和北海浅水区的一种体形小而圆胖的鱼。鲱鱼成为欧洲人的食物已经有5000年的历史了。欧洲人就是那些学会如何制作不同种类鲱鱼食物的人，因此这种鱼也是欧洲犹太人餐桌上的贵宾也就没有什么大惊小怪的了。顺便说一句，你也许知道它的名字叫腌鲱鱼（一种还没有产卵的"处子"鲱鱼）。

现在要做的就是告诉你去哪里买到它，在我们的头脑中有两个地方。顺便提一下，无论是谁，只要他认为所有的正统派都是穷人，那么他就应当仔细看看那些价格，注意那拥挤的商店，然后再想一想。

马达内·哈达尔·格乌拉（Maadanei Hadar Geula）

马尔齐·以色列街13号

周日至周四：8：00—20：00，

周五：8：00—14：30

梅尔卡斯·哈－哈姆特齐姆·本齐·科恩（Mercaz Ha-Hamutzim Benzi Cohen）

马尔齐·以色列街3号

周日至周三：9：00—15：00，16：00—20：30，周四：9：00—21：30，周五：8：00—14：00

自制鲱鱼食谱

最好买鱼桶里的整条鲱鱼。洗干净、剥皮、切块，然后腌泡起来，其准备如下：

·往炖锅里加进煮沸的一杯醋、半杯水、一大汤匙糖、几片月桂叶和一点多香果。泡5分钟，变凉。尝一下卤汁，如果必要的话，调整调味料或者酸度。

·同时，准备好洋葱卷。

·在罐子里放3汤匙的油，然后开始逐层填满它，操作如下：

·最底层，放月桂叶、多香果和一点粗磨花椒。第二层用洋葱卷，第三层是鲱鱼。

·重复铺设这几层，直到将罐子填满。现在将卤汁倒进罐子里，然后放两天。

整个过程结束之后，将鲱鱼配着黑面包或土豆，以及一点酒精饮料——最好是伏特加。

还有其他六种明确的鲱鱼食谱。例如，阿什肯纳齐烹饪中有一种被称为切碎的鲱鱼（forshmak），也可以油炸。

回到未来（停车场）。

当你从米歇雷姆街的方向到达安息日广场后，就向左拐到耶沙亚胡街。沿着耶沙亚胡街走，直到走到哈－内维伊姆街，然后向右拐就可以找到那个停车场了。让美好旅程开始吧。

Mir Yeshiva
米尔犹太学校

Shivtei Israel
希瓦特·以色列

Ministry of Education
教育部

Shivtei Israel
希瓦特·以色列

Mea Shea'rim 米歇霍姆

Ha-Homah Ha-Shelishit 品·哈思与·谢里普特

Iddo Ha-Navi 伊多·岳·纳维

Helene Hamalka 海伦·哈玛尔卡

Shomri Emunim 肖姆蕾·埃穆因姆

Spizer 斯皮泽尔

Spizer 斯皮泽尔

Admon 阿德蒙

Yosef Gershon 约瑟·格申

Devora Ha-Nevia 德沃拉·哈·尼维亚

Ha-Neviim 品·内维伊姆

Ha-Avraham 哈·阿维拉姆
Bar-Ilan 巴尔·伊兰
Ha-Meggid 哈·梅吉德
Zonenfeld 佐嫩费尔德

Mea Shea'rim 米歇霍姆

Bar-al Ha-Tania 巴尔·al 哈·塔尼亚

Hevrat Shas 赫夫拉特·沙斯

Mislonim 米斯洛尼姆

Harav Shemuel Salant 哈拉夫·谢蒙尔·萨兰特

Shaul Adler 沙乌尔·阿德勒

Karlin 卡尔林

Edelman 埃德尔曼

Leib Dayyan 莱布·达伊扬

Razabi 拉萨比

Habshus 哈布夏斯

Hevrat Tehilim 赫夫拉特·特希利姆

Ein Yaaqov 埃因·雅各布

Hevrat Tehilim 赫夫拉特·特希利姆

Blecher 布莱克

Avraham 亚伯拉罕

Nahum Ish Gamza 珀胡姆·伊什·加姆扎

Honi Ha-Meagel 霍尼·哈梅亚格尔

HeHarach 赫哈拉什

Ha-Melocha 哈·梅洛查

Ha-Masger 哈·马斯格尔

Ethiopian Church
埃塞俄比亚教堂

Ethiopia 埃塞俄比亚

Shelomo Zalman Beharan 所罗门·扎尔曼·比哈兰

Ha-Neviim 哈·内维伊姆

Yehye Kapah 宇珠·卡帕赫

Tarmab 塔尔马布

Habakuk 哈巴库克

Hazanoviz 哈赞诺维兹

Bnei Brit 比内·布里特

Hayet Adam 哈耶特·亚当

Even Yehasshea 埃文·叶哈斯喀伊

Batei Varsha 巴泰伊·瓦沙

Avodat Israel 阿沃达特·以色列

Hessed Le-Avraham 赫赛德·勒·阿维拉姆

Yoel 约埃尔

Haggai 哈该

Mea Shea'rim 米歇霍姆

Avigdor 阿维格多利

Bilfious 比尔奥乌斯

Nathan Straus 南森·施特劳斯

Yizhaq Prag 伊特扎克·布拉格

Nathan Straus 南森·施特劳斯

Bikur Cholim Hospital 比科·克里姆医院

Wallenberg 瓦伦贝格

Yeheskel 耶赫斯克尔

Meknesh 马克尼斯

Nathan Straus 南森·施特劳斯

Press 普雷斯

Yeshayahu 耶沙亚胡

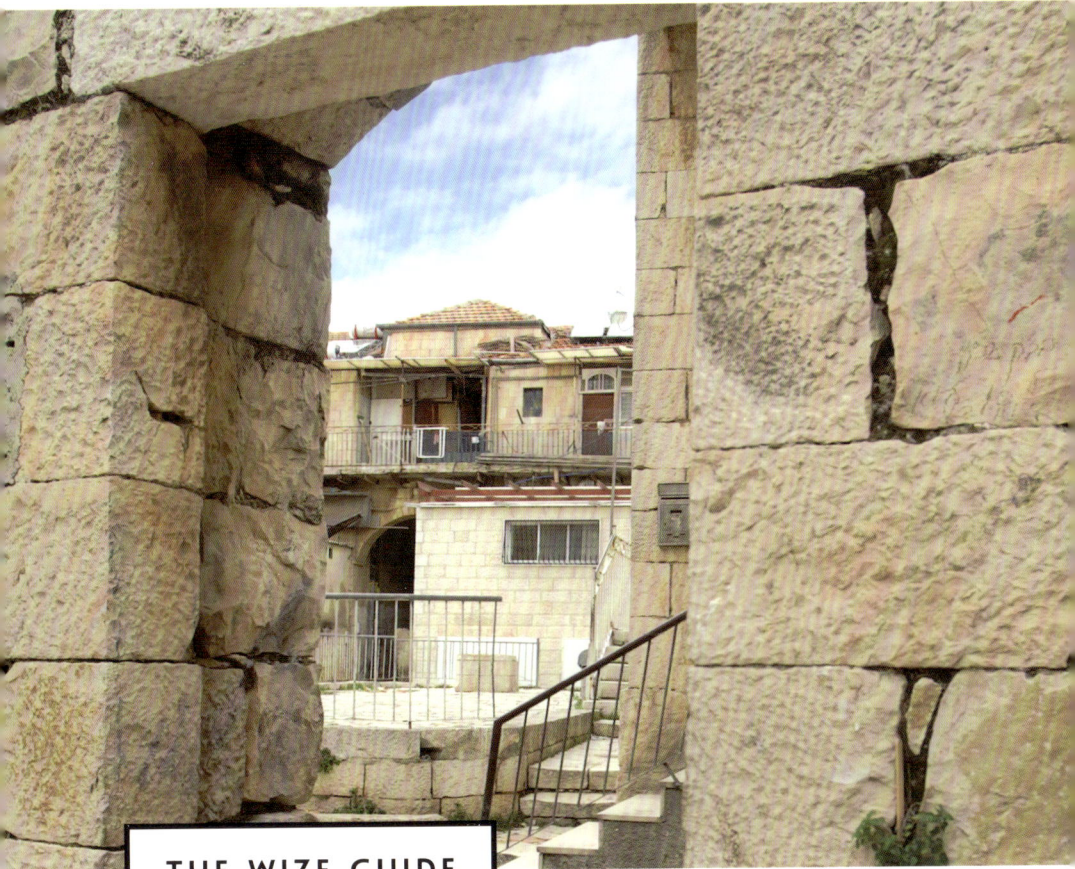

THE WIZE GUIDE

纳克拉沃

耶路撒冷人的融合

JERUSALEM - STEP BY STEP

游客，您好！

你正在考虑拜访一下纳克拉沃街区。是吗？这里并不是你所认为的典型的旅游胜地，尽管如此，但它却值得你来。为什么？因为每一扇剥落的门都有一段激动人心的故事。这里的风景——有的让人回忆起波兰的犹太城镇；有的展示了高雅的住宅环境，并带有对新泽西和巴黎财富的恭维之情，这里给了我们最后目睹这个即将消失的地区的景色的机会。这里展示了我们大多数人的父母和祖父母是如何生活的：拥挤又贫穷，更有些朴实，但还带有一些品质和内在美。纳克拉沃亦新亦旧，好像有一只穿着旧袜子的脚指向过去，另一只脚上的袜子则时尚新潮。然而它们两个却一起在具有异国情调的马哈耐·耶胡达市场上购物。这个市场也有多重性格。靠近那些传统的摊点，你会发现价格合理的进口水果、欧洲风格的咖啡、美食餐厅，甚至还有卖美酒、奶酪和巧克力的熟食店（或者三种都卖）。

行程安排

这场徒步旅行将花费你两到三小时的时间，之后你会发现自己已经来到了马哈耐·耶胡达市场的入口处。你要在这个市场逛多久呢？这要视情况而定：你可以将它作为"速成"，宣传总是一种选择；或者尝试着在买些东西之后吃一顿热乎乎的美餐。

给带孩子家庭的温馨提示

我们会通过讲童话和故事来描绘纳克拉沃。故事与孩子们在一起很搭配，当然，他们会发现参观市场很有意思。换句话说，这是一场为孩子准备的伟大旅行。

推荐携带的物品

　　也许是由于它就在市场附近，所以在纳克拉沃几乎没有杂货店，因此你应当至少带上一瓶水。即使你将穿梭在各个建筑中，也请你务必带上一顶帽子、一副太阳镜和防晒霜。因为本行程要穿过正统派（极端正统派）区域，因此明智的做法是穿上端庄的衣服（女士们要穿长裙，不要穿短裤），并避免在公共场合有亲密的举止。

最佳游览时间

　　✓ 这里没有固定的营业时间，因此你可以在任何一天的任何时间来这里闲逛。然而，凉爽的夜晚时光更适合夏日而冬日里最好在白天参观。平日里来要强于周末来，因为马哈耐·耶胡达市场在安息日（周六）不营业。周五晚上尤其过瘾，因为此时这个街区弥漫着安息日的气氛。我们强烈建议你去贝尔谢巴街（Be'er Sheva St.），在大街 26 号有一个横跨街道的公共避难所组成的会堂，其成员是已故的音乐家什洛莫·卡尔巴赫（Shlomo Carlebach）拉比的追随者。

　　住棚节（这是个七天假期，在这个节日里，以色列人民为纪念先民出埃及而建立临时小屋，他们在这里进餐、款待客人甚至睡觉）和光明节时期（这个八天的节日是用来纪念收复圣殿的，其纪念途径是在这八天里每天晚上从日落时分开始点燃蜡烛：第一个晚上点一支，第二个晚上点两支，以此类推）的纳克拉沃是非常值得一去的；篝火节前夜可以一睹正统派犹太人在庭院里点燃的篝火。

在纳克拉沃依然存在的宽恕祷告（Selichot）

曾经，据报道，纳克拉沃自诩有多达 100 所活跃的会堂！我们已经无法计算到底还剩下多少，但是"很多"应当是一个较为恰当的估算。在宽恕祷告时期［希伯来历以禄月和提斯利月（Tishrei，九月至十月）第一天，这期间，犹太人会在天亮前起床，背诵忏悔诗和祈祷文］，这些会堂具有极大的吸引力。大概是因为教区执事在黎明前值班期间要挨家挨户走动来叫醒人们做祷告的原因，对许多人来说，这个传统的忏悔时间听起来很浪漫。成千上万的人为了观光而涌向纳克拉沃，通常是在周四晚上，他们充斥着这里狭窄的街道，以至于那些参拜者很难找到他们的会堂……总之，这里就像是周五下午市场降价促销时一样拥挤。那么，是什么吸引着人们呢？守夜的人们很早就起床并做祷告了；你不得不付出的代价就是彻夜不眠——虽然是"浪漫"的。在我们看来，如果你渴望在参观这些会堂的过程中不被人踩到脚，那选择周五晚上参加一个有导游的旅游团就更好了。这样会使你同不同种族的团体一起参观会堂而不会感到这是令人讨厌的旅行。

如果我们尽了最大努力仍不能劝阻你，那你也要确保带上帽子，穿得庄重、亲切，并且记得关掉你的手机——然而，谁会在凌晨 3:45 给你打电话？

我怎样才能到达杰拉尔德·巴哈尔（Gerard Behar）停车场？

乘小汽车：

★ 从 1 号高速公路来耶路撒冷，快到耶路撒冷时，走通往中心的线路。

★ 然后，在第三个交通信号处走中间的线路，斜穿过交叉路口向右转，来到大白桥下面后向左转。

★ 通过你右边的国际会议中心（也被称为 Binyanei HaUma）后，在第三个交通信号灯处向左转，驶进比撒列街（Bezalel St.）（右边有一大块绿色的牌子，它能指引你前往巴哈尔中心和老城）。

★ 从比撒列街开始，在第三个交通信号灯处向右拐，进入尤西斯金街（Ussishkin St.）。

★ 从尤西斯金街向左转，你很快就会到达那个停车场。

乘坐公共汽车：

从中心公共汽车站坐 17 路车，告诉公交车司机当到达杰拉尔德·巴哈尔中心时让你下车。

说到行进在这个街区，你极有可能找不到街道名称的标志而迷路。然而，塞翁失马，焉知非福，因为这将由于你亲身的体验而丰富你的游历。无论如何，我们正在描述的纳克拉沃地区位于比撒列街和阿格里帕斯街（Agrippas St.）之间，在任何时刻，你距离文明之地都不会超过 178 码／米远……

查阅小册子后面的地图，沿着停车场走向杰拉尔德·巴哈尔中心［这里以前叫拜特·哈阿姆（Beit Ha'am），人民礼堂］。在中心附近的广场里有一些石凳，这里很适合你凝聚你的智慧来评论一下这本指南。但一个更好的主意是到这个广场的右边，来到比撒列街和优素福·特罗姆佩多尔街（Yossef Trompeldor St.）的夹角处，你能在这里找到夜曲咖啡馆（Nocturne Café）街区，这个地方由于其提供的美味的咖啡和蛋糕而成为一个诱人的去处，不仅如此，它还有一个厕所——这件事可不能掉以轻心。现在，你也许处于 21 世纪，但不会太长，因此你应当利用这个机遇，因为在你即将前往的时代里，你将不会找到任何机会……

❶ 杰拉尔德·巴哈尔
中心概述

>>>>>>>>>>> – – – <<<<<<<<<<

纳克拉沃并不是一个典型的旅游胜地。我们为什么这么说呢？因为这里没有一个地方收门票……纳克拉沃主要是一个住宅区。为了发现其外部的美丽，你就得去看那些老油画或者有关这个街区的照片，因为贫困是适宜于拍照的主题……这里的房屋，甚至是那些由富有的西方移民修葺一新的房屋也不会让你感到吃惊。对这里的印象主要是脱了皮的墙壁、锈迹斑斑的大门和低矮的房屋。因此，你在接近纳克拉沃时要戴上墨镜，还要有灵敏的想象力。墨镜会使你看到的墙变得平整，而灵敏的想象力会使你想起不久以前的情景：驮着饮用水沿小巷蹒跚而行的毛驴；背上扛着金属罐，挨家挨户送牛奶的送奶工；几家人共享着庭院，他们在这里一起洗衣做饭；来自世界不同角落的各种烹饪的传统气味；从扩建学校和小自修室传来的孩子们的声音；你甚至也能分辨出蜂蜜糖的味道，而切这块蜂蜜糖的刀在一分钟之前切过一块奶酪……

回到天真无邪的时期

如果需要这么多的想象而不去考虑任何旅游附加福利的话，那纳克拉沃的什么东西会吸引如此之多的人考察它的小巷呢？首先是这个"街区"的市场，马哈耐·耶胡达市场——这也许是以色列最著名的市场。另外，你肯定会碰到那些过去（和现在）都沉迷于这块土地的具有明显差异性的人：他们是来自北非、欧洲、美洲、亚洲、匈牙利、波兰、也门、波斯、叙利亚、乌尔法、库尔德斯坦的移民；塞法迪犹太人和阿什肯纳兹犹太人，哈西德派和米斯纳格德派（Misnagdim，哈希德宗教团体和他们的对手）；穷人和富人……这简直是人类的大杂烩，在向以色列这个大熔炉投降之前，这里的各色居民都拒绝牺牲他们的独特性。

然而，我们认为其魅力的秘密就存在于它能够让其爱好者们体味过去那些天真无邪的日子。那个时候，孩子们在街上玩耍；人们在街区的烤箱里一起制作安息日的 cholent（一种炖品食物）；邻居之间像一个大家庭一样相互联系，而不是在楼梯间一闪而过。

街区之母

这片区域北到阿格里帕斯街，南到比撒列街，西到本·兹维大道（Ben Zvi Blvd.），东到梅斯拉特·耶斯哈里姆街（Mesilat Yesharim St.），有大约 32 个"街区"。为什么要对"街区"这个词做标记呢？因为在它的全盛时期，在耶路撒冷的中心区有一万六到两万居民，这就意味着大多数的"街区"小到只有一幢单体建筑，或者只有围绕一个公共庭院或者一条短街而建的几个房屋。耶路撒冷人亲切地称整个社区为纳克拉沃，意思是"一簇房屋"。第一个街区是建于 1875 年的埃文·以色列（Even Israel）区，当时以色列正处于奥斯曼统治之下。最后一个是建于 1931 年的雅各夫（Zichron Ya'akov），当时正处于英国托管时期。建这些区时根本就没有一个中心规划。有些房产是由国外的犹太团体为他们在以色列的同胞募资捐赠的；而其他的则是为以色列的种族或宗教团体而建。有时是由慈善家筹资为穷人建造的房屋；有时是由企业家或地产开发商投资建造一条新的街道或庭院。换句话说，这种无规则的建设确保我们能有一个有意思的旅程……

庆祝新生儿的割礼。摄影：摩西·米尔纳，2002 年由邮政总局提供。

正统派保留下来的区域

在本次观光的第一部分，你会参观正统派（极端正统派）居住区，这里号称有一部分欧洲风格的建筑，有一点东欧犹太区的精神头和中东标准的维护费用。这个地区是以色列议会 A 区、B 区和 C 区，是兰德（Rand）、布洛伊德（Broyde）、明斯克（Minsk）和穆卡切沃 (Munkatch) 民居的发源地。这些独特的街区建造于 19 世纪末 20 世纪初期，但由于正统派犹太教徒都不敢将他的公寓住房卖给世俗的犹太人（即使这个地区的一套公寓能卖很多钱），因此这些街区直到今天还保留着他们的正统派特色。

现在戴上你的太阳镜，充分发挥你的想象力，准备一场穿越时光之旅。换句话说，穿过比撒列街，然后进入伊泽尔埃尔街（Yizre'el St.）。走 150 步，就相当于往回走了 150 年。走过第一幢房屋之后立即向左拐（拐进一个看起来像后院的地方），然后要向右走，穿过整个街区（最多 100 步……）

❷ 从以色列议会 C 区 到布洛伊德房屋

>>>>>>>>>>>> − − − − <<<<<<<<<<<<

我们又说了一遍"街区"吗？事实上，我们目前正在谈论的确实是三幢相互独立的建筑。以色列议会 C 是一幢由以色列议会中心委员会建立的"现代派"住宅（1925）——是这个系列中的第三个。该委员会从国外募集资金来建立一系列小型房屋以满足这个城市日益增长的住房需求。注意，你正走在一个公共庭院里，这里有点奇怪，因为一般来说，前门都是面向街道的。但根据正统派社区规划者的记事册来看，这里并没有这样做。这里的房屋都是围绕一个中心庭院而建，每个房屋的正门都是朝里面向庭院。

这种安排能使人们能更好地抵御外面

的进攻，同时也使在里面的居民能够相互监督。记住，这些房屋是为那些封闭的正统派社团而建的，他们遵守着严格的行为律条，他们并没有选择的自由，每一个社区成员都要严格遵守各种关闭标志。

一个庭院、一条街道和一个街区。

* 当你走出这个庭院时，向左拐，穿过哈内特齐夫街（Hanetziv St.）进入哈－利瓦诺恩街（Ha-Levanon St.）。在你的右边，你会发现侧面装有铁栏杆的楼梯（看右边的照片）。只走上该楼梯的第一段，然后向左拐。现在你就会进入以色列议会 B 区住宅区。

* 当你走出以色列议会 B 区的庭院时，向右拐，再走几步，你就会在你的左手边看到以色列议会 A 区住宅区的庭院。

如果你来到这个庭院，你将会看到那些密封了的水井以及一大块书写有祈福式利瓦纳赫（Kiddush Levanah）的牌匾（每一个犹太月的第一天背诵的神圣化月亮的祈祷文）。为了能够在夜间诵读，这些祈祷文都用大写形式书写在了会堂的入口处。

现在我们前往布洛伊德房屋的庭院，它在以色列议会 A 区的对面。

当你越过这个庭院，你可以看到这个街区那令人印象深刻的大门（实际上从外面看更震撼）。它的一半被丑陋的混凝土砌成的墙壁挡住了，这是在 1948 年独立战争期间为了抵御榴霰弹（shrapnel）而建。从那以后，再也没有人能对这个大门采取什么举措了。相反——它正保护这些居民免遭偷窥……

一旦你越过这个庭院，你就会来到哈内特齐夫街。在另一边，你会找到兰德之屋（Rand Houses），但是别进去。

❸ 在哈西德派及其反对者之间

> > > > > > > > > > > – – – < < < < < < < < < < <

我们现在正要去参观的兰德之屋是哈西德社团之家。我们刚刚走出的布洛伊德房屋中居住的是米斯纳格德派（反对者）社团。他们反对什么呢？他们反对的是哈西德主义！这值得一提，而要提及此事，我们需要将你带回到19世纪早期的欧洲。当时，1848年革命、经济革命和教育革命的浪潮席卷了欧洲大陆，同时也为犹太人提供了新的机会（解放）。许多人离开了他们封闭性的社团，然后远离了宗教。

犹太教急需新的整合，这就产生了两种新型的运动：由巴尔·谢姆·托夫（Ba'al Shem Tov）创立的哈西德教派以及随后兴起的改革运动（Reform Movement）（关于改革运动，我们不在这里展开叙述）。哈西德主义赞扬普通的犹太人，并将他从日常对托拉的学习中解放出来。现在他可以工作养家，他所必须做的就是祈祷并取悦上帝。圣徒（这是希伯来语中"我们的大师、老师和拉比"首字母的缩略词），有时称为扎迪克（"正直的人"）或简称为拉比是哈西德社区的领导者。圣徒是上帝和哈西德信徒之间的媒介。人们认为他是一个神圣的人，而且其职务是通过其男性继承人传承下去的，就好像王室一样。作为大众化哈西德运动的反对者，那些正统的拉比坚守他们的信仰，并自称为米斯纳格德派或"反对者"。在他们看来，对托拉的学习应该保持典范状态，同时代中最伟大的托拉学者就是他们的领导者，正因为如此，他不能将他的职务传给他的儿子。

多年以来，这两种运动处于全面对抗的状态。例如，与我们同时代的反对哈西德犹太教的拉比沙驰（Shach）就曾说过，由于其拉比的仪式性的行为，那些由仪式派先生梅纳凯姆·思赫尼尔森（Lubavitcher Rebbe Menachem Schneerson）领导的查巴德运动（Chabad Movement）追随者们的所作所为看起来不像个犹太人。然而，最近以来，这两派好像已经开始学着相互妥协，承认对方的存在并欣赏各自所展现出来的优点。最近甚至有人说到他们要建立一所共有的犹太学校（宗教学院）。

现在我们前往布洛伊德房屋的庭院，在那里，你会发现公共净身池（仪式性沐浴之处），新获得的器具在使用之前都要先在这里洁净。

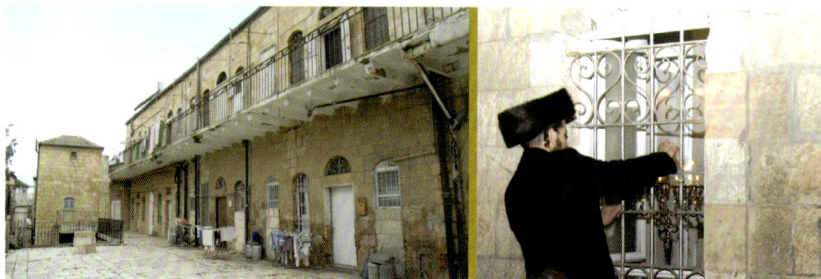

兰德住宅。

兰德住宅的拉比点亮光明节烛台。

在你走出兰德住宅之后，向右转，走进撒玛利亚街（Shomron St.），然后立即向左拐，再向左拐进哈－雷夫·海伊姆·阿布阿夫雅街（Ha-Rav Hayyim Abul'afya St.）。你现在就处于运气之屋（Goral Houses），在街的入口处，在右边第二层，你能看到运气会堂（Goral Synagogue）的入口。

{ ❹ 运气之屋 }

>>>>>>>>>> - - - - <<<<<<<<<<

拉比哈伊姆·哈布苏萨（Haim Habshush）在其回忆录中叙述了一件事：1870 年，当他在也门旅行之时，他碰到了一个希望移民以色列的犹太人。这个拉比就问他怎样去适应遥远土地上的生活，他回答说："如果上帝把我带到那里，然后第二天我就死了，那我的愿望也得到满足了。"的确，在也门犹太人淳朴的内心里有对救赎的强烈渴望。

这种情况直到 1881 年才得到改变，当时奥斯曼当局发布了一项声明，宣称由于罗斯柴尔德已在以色列为犹太人购买了土地，因此准许也门犹太人移民到那里。这是多么激动人心的救赎啊！很多人变卖了他们的财产，然后前往那片圣地。

震惊

在以色列竟没有人张开双臂等着欢迎这些也门犹太人。更糟的是，他们没有获得任何土地，并且在艰难跋涉中花光了他们的钱财，他们变得一无所有。他们中的多数人被迫露宿街头或者蜗居在城市周边的洞穴里。耶路撒冷那些恰好也并不富裕的犹太人并没有跑来救助他们这些从东方流散之地远道而来的陌生兄弟。当得知基督教传教士开始接近这些也门人甚至要给他们提供土地之时，犹太区的领袖们才开始有所警觉。当地犹太人用以色列和英国募集到的捐款为这些也门犹太人在西尔万（Silwan）村庄建立了永久性的房屋，并且于 1884 年在纳克拉沃开启了名为"运气屋"的工程。这些房产之所以如此命名是因为这里的居民要通过抽签的方法（希伯来文作 goral，运气之意）来获得他们的公寓住宅。每两年一次，为新来者举行的抽签会迫使那些"老前辈"离开他们的公寓。这个想法就是，那些幸运的获胜者在这两年的时间里有稳定的住所，这将使他们有机会在经济上安顿自己。这个小街区总共才有 13 幢房子，其中还有一幢被指定作为会堂使用。

沿着哈－雷夫·海伊姆·阿布阿夫雅街一直往前走，一直到走到拉比阿里耶街（Rabbi Arye St.）。拉比阿里耶·莱文（Aryeh Levin）就曾经住在拐角处的房子里，该房子的第二层（拉比开办的犹太学校）有一部分"悬在半空中"。在这个犹太学校入口处对面找一个石凳坐下。在入口的右边有一扇低矮的金属门，这里就是这个拉比的住宅的入口处。在门的上面有一个牌匾用来纪念这幢建筑的捐赠者和建造者。

❺ 已故的义者

★

>>>>>>>>>> - - - <<<<<<<<<<

作家希姆夏·拉兹（Simcha Raz）写过两本有关拉比阿里耶·莱文的传记，他曾用以下语言称赞这位拉比："他是一个伟大的道德楷模，激励启发着阿哈瓦特（Ahavat）以色列采取九项措施"（爱他的同胞）。尽管他失去了他的两个儿子和两个女儿，过着贫穷甚至是饥饿的生活，但他总能保持微笑，鼓励他的同胞，并致力于慈善事业而不求任何回报。他做了如此之多的事情，作风如此高尚，以至于人们都称他为"耶路撒冷的正义者"（正直的人）。

一位已故的正直的女性

许多人都记住并纪念那位曾住在这里的拉比，但只有极少数人能提及他的妻子，即西坡拉·汉娜夫人（Rabbanit Tzipora Channah），一个 tzadeket，她本身就是一个正直的女性。当拉比阿里耶帮助那些穷人和孤儿时，她也在这么做。当拉比为那些可怜的灵魂（麻风病人，政治犯和其他因徒）寻找陪伴之时，她也这么做。正是这位拉比的妻子正如他经常诙谐地描述的那样：为他缝制了深深的口袋以使他能够将那些被囚禁（被英国人）的抵抗者们写得潦草的便条塞进去，要么偷偷地带给身处监狱中的他们，要么将他们所写的带到外面。无论人们何时提到他的善行，他就会说："我怎么能和她相比呢？"但是，在耶路撒冷很少有街道以女性的名字来命名，而以色列政府货币与奖章公司也没有发行过纪念女性的纪念币，这确实是令人感到羞愧的事！

你的家在哪里？

本应有很多有关这对夫妻所享有的爱情

的诗作。一天，拉比阿耶里同扎尔曼·希拉该（Zlaman Shragai，他是 1948 年以色列建国后耶路撒冷第一位民选市长）一起坐车环绕耶路撒冷城。在路上，司机问拉比阿耶里："你的家在哪里？"——但他并没有回答。司机又问他："你想在哪里下车呢？""在这条和那条街，"拉比回答说。他们一下车，拉比就对市长说："您一定感到很惊奇我并没有回答司机我住在哪儿的问题。因为我那善良的妻子已经过世了，我的家也就不存在了。毕竟，妻子才是男人的家。这就是我为什么保持沉默的原因。"

就像王公贵族一样

他们的住宅非常的朴素，两层共有两个小房间。在他的妻子去世后，拉比阿耶里住在下面的一层而将上面一层的房间给了他的女儿。在一次新闻采访中，拉斐尔·巴珊（Raphael Bashan）曾经问他："阿耶里拉比，请告诉我，您在这里感到舒服吗？在冬天，天花板不漏吗？床不硬吗？"（那张床是用木箱子制作而成的）。这位拉比将他的一只手放在这个记者的肩膀上然后说："听着！我曾经和我的妻子有个约定，那就是我们要离开我们所拥有的东西而生活，事情就是这样，愿我的妻子安息。现在，我缺什么呢？房子比我高，我不需要弯腰进去！现在这些都是奢侈品。我需要用他们来干什么呢？如果在第一个房间里我伸手就能拿到那些东西，那我为什么要跑到第三个房间里去？感谢上帝，我现在有自来水，还有电，而且我确实还活着，他们现在能怎么说呢？这样的生活真像王公贵族一样啊！"

关于工作

当他接受对他拉比职务的任命，而拉比萨伦特（Salant）赞美他之时，拉比阿耶里就撕碎了那份文件以免他记住那些词句。当市政当局想授予他荣誉市民的称号之时，他断然拒绝了。相反，他却置身于梅兹·哈伊姆·塔木德－托拉（Etz Haim Talmud–Torah，一所宗教学校）拱形的楼梯间下，在那里，他是一个精神顾问和教师。

运气（抽签）哈－格拉（ha-gra）

1948 年 1 月，一支帕尔马奇（Palmach）武装力量（是英国托管时期非官方的犹太人武装力量）被派往耶路撒冷南部的古什埃齐翁以帮助解救那里被围困的居民。当他们在夜里行军的时候，当地的阿拉伯村民发现了他们。紧接着就发生了一场战斗，帕尔马奇的战士们都被杀死了。他们后来被人们称为"35 护卫"。他们那被阿拉伯人亵渎的遗体被转运到卡法埃齐翁（KfarEtzion，埃齐翁村庄）以进行安葬，并且在独立战争结束时他们的遗骸又被重新埋葬在了赫尔茨山军人墓地（Mount Herzl Military Cemetery）。

在转运到他们最终的安息地的过程中，人们努力确定这些牺牲者的具体身份，但能明确查实身份的只有 23 具遗体。有 12 名牺牲者不能确定身份，他们那些失去孩子的父母就找到了耶路撒冷首席拉比，即已故的兹维·帕扎赫·弗兰克（Zvi Pesach Frank），就是他建议举行一场运气（抽签）哈－格拉仪式的。这是一个用来解决重大问题的神秘仪式，它通过随机打开《圣经》并将打开页上出现的诗句与手边的问题相联系（其具体的程序有些复杂）。在家属的请求之下，拉比阿里耶·莱文主持了这场仪式，记者艾萨克·多伊奇对它描述如下：

这是一个星期四的晚上。拉比阿耶里本人，他的女婿阿哈龙·雅克博维齐（Aharon Yakobovitz），他的儿子拉比拉斐尔·莱文（Rafael Levin），以及这些失去孩子的父母的代表鲁宾·马斯（Rubin Mass）先生和伊扎克·多夫·哈科恩·帕尔希茨（Yitzhak Dov HaCohen Parsitz）先生，他们一起前往位于拉比阿耶里那狭小而又朴素的房间上面一层中的犹太学校。在大厅里，四周漆黑一片，那些拉比点亮了十二根蜡烛，它们照亮了放有藏经柜的东墙。他们通过从《圣经·诗篇》中选读诗句开始这场仪式。这个房屋已经经历过那些艰难又痛苦的年代，但没有人记得曾经有如此震撼、如此神圣的感觉并期盼上帝帮助他们确定真相的经历。

赫尔茨山军人墓地中 35 护卫的坟墓。

祈祷的声音爆发出来，使那些参与者感到颤抖，甚至也使那些生活在这个谨守律法并虔诚的社区里距离稍远一些的听众感到震惊。

然后一阵神圣的静谧弥漫在这个不大的会堂里。那正在燃烧的蜡烛增强了人们的恐惧感。人们带着找到答案，或者至少找到一丝线索的希望随机翻开了《圣经》，并读出打开页最后一节诗句。

他们将这个过程重复了十一遍（已没有进一步通过碰运气来确定第十二位牺牲者的必要了）并且每一次他们都能找到带有一个牺牲者名字的诗句。例如：

· 本杰明·博格斯拉夫斯基（Benjamin Bogoslavsky）就是通过这句来确认的："通过抽签从本杰明的部族中选出"（《约书亚记》21：4）。

· 埃利亚胡（以利亚）·赫什科维茨 [Eliyahu (Elijah) Hershkovitz] 则是通过这句来确认的："以利亚抱着这个孩子"（《列王纪》上 17：23）。

如果以上的描述听起来有些虚构的色彩，那么你要知道，在这场仪式之后，拉比阿耶里·莱文就写了一份详细的备忘录并把它上交给了政府当局。参加了这场仪式的那些目击者们也证实了那些事情正如所描述的那样是毫无隐瞒的。在希姆夏·拉兹那本名为《我们时代的正义者：拉比阿耶里·莱文的一生》（*A Tzadik in Our Time:The Life of Rabbi Aryeh Levin*）一书中有对这些事情更为详尽的描述，甚至还附有那份备忘录的传真。如果你想对这位非凡的人物了解得更多，或者想对其质朴与仁慈有个大体的了解的话，那么这本书肯定对你有帮助。

谁支持堕胎法案？

已故的什穆埃尔·塔米尔（Shmuel Tamir）是以色列最优秀的律师之一，他于1977 年被任命为司法部长。在其新职务权限

以色列政府硬币与奖牌公司提供。

范围之内，他致力于通过一部在诸如人口众多的家庭遭遇经济困难等特殊条件下允许堕胎的法令。由于他知道拉比阿耶里·莱文的一个孩子由于营养不良而夭折了，再加上其特殊的身份，他试图说服阿耶里的儿子——拉比拉斐尔·莱文——加入他们支持该法案的游说团体（正义者拉比阿耶里已经去世了）。阿耶里的儿子拒绝了，并解释说犹太教律法是禁止堕胎的。这位部长意识到他不能说服这位拉比，然后就起身离开了。拉比拉斐尔将他送到外面，同时告诉他这并不是第一次有人就这个问题来找他父亲。"有一次有个孕妇找到他，请求他允许她堕胎；她声称她不能为孩子提供合适的生存条件。即使那样……"这位拉比说，"我的父亲还是被迫拒绝了她的请求。"那个部长就问那个妇女是否听了他父亲的话。拉比极为肯定地回答了他。部长紧追不舍，继续问道拉比是否觉得他父亲当时做了一件正确的事情。拉比回答说："我知道他做了一件正确的事情，因为那个妇女就是你的母亲。"

拉比阿耶里·莱文于 1885 年出生于波兰的比亚韦斯托克省（Bialystoc）附近的一个名叫乌尔拉（Urla）的村庄，于 1969 年在耶路撒冷去世。尽管他在橄榄山上为他自己买过一块地，但应他的要求，还是把他埋葬在了桑赫德利亚（Sanhedria）公墓里靠近他妻子的地方。

在阿里耶·莱文街（Aryeh Levin St.）上向右转（这时阿里耶房子的门应当在你的左边），你将会被带到苏卡特·沙洛姆街区和苏卡特·沙洛姆广场（Sukat Shalom Square），那里有两个你可以坐下去的木凳。

❻ 苏卡特·沙洛姆广场

★

>>>>>>>>>> – – – – <<<<<<<<<<

在苏卡特·沙洛姆庭院中有一种独特的挂衣服的设施——长长的木棍，其顶端绑上绳索。为了悬挂或取衣物，洗衣工会将支柱弄弯，降低衣物的高度并将衣物拉得更近。

以色列第五任总统伊扎克·纳冯在他的戏剧《布斯坦塞法迪》（塞法迪的果园）中描述了在洗衣日如何应对孩子们的场景。

Tenemaka

（妈妈端着一个洗衣盆进来）

莫斯霍恩：妈妈，给我讲个故事吧。

妈妈：现在我没时间，宝贝儿；你看，我还有很多衣服要洗呢。

莫斯霍恩：那为什么你总是在洗衣服的时候做米饭和豆子呢？

妈妈：因为这些东西简单啊。

莫斯霍恩：是不是所有的妈妈都会在洗衣日做米饭和豆子啊？

妈妈：是的，他们都是这么做的。

莫斯霍恩：也就是说一个洗衣妇一辈子都要吃米饭和豆子了，对吧？

妈妈：出去玩去。

莫斯霍恩：我不想玩，给我讲个故事吧。

妈妈：听着，莫斯霍恩，帮我个忙。去到邻居家阿姨那里，让她给你拿个 tenemaka。我洗衣服马上要用到它。

莫斯霍恩：是 tenemaka 吗？

妈妈：是的，是 tenemaka。

莫斯霍恩：那 tenemaka 是什么东西？

妈妈：马尔卡达（Marcada）知道；她会给你这个东西的。（悄悄地对观众说）可怜的莫斯霍恩，他被骗了。Tenemaka 是女人之间表达意思的密码词，它的意思是把他留在你那儿。每一个忙碌的女性都会用它把她所有的小孩子们派到邻居那里以获得片刻的休息。

莫斯霍恩：你好，马尔卡达阿姨。

马尔卡达：你好，莫欣科（Moshinko）。

莫斯霍恩：我妈妈想从您这借个 tenemaka。

马尔卡达：好的，宝贝儿，我一会就给你。家里在干什么呢，招待客人还是洗衣服？

莫斯霍恩：洗衣服。

马尔卡达：洗衣服！这可得需要一个大的 tenemaka。来吧，莫欣科，找个座位，坐下等会（唱着歌出去了）。

莫斯霍恩：妈妈说她洗衣服需要 tenemaka——你忘啦！

马尔卡达：马……马上，宝贝儿（嘴里唱着歌）。有好东西要不要？（走了进来）给你，尝尝这些玫瑰花瓣酱。

莫斯霍恩：先谢谢您了，马尔卡达阿姨，我妈妈也在做玫瑰花瓣酱（说着就把盘子舔了个干干净净）。

马尔卡达：天哪？很好。

莫斯霍恩：我吃完了，tenemaka 在哪？

马尔卡达：我必须把它烹调好啊。

莫斯霍恩：它是吃的东西吗？

马尔卡达：这要视情况而定了，宝贝。如果有客人的话，那它就是吃的东西；如果洗衣服的话，那它就是放到衣服里面的东西。

莫斯霍恩：（站起来）那么先走，一会儿再过来吧？

马尔卡达：莫欣科，你要去哪？给我唱首歌吧。

莫斯霍恩：我不想唱歌，我要告诉妈妈你没有 tenemaka。再见……

马尔卡达：我有，但我得把它做好啊。等等，就一分钟。我给你出个谜语，让我看看你能不能猜出来。

莫斯霍恩：什么？

马尔卡达：在一个房子里有三个小孩。一个名叫 Zilch。

莫斯霍恩：Zilch？

马尔卡达：第二个名叫 Nobody。

莫斯霍恩：Nobody。

马尔卡达：然后，第三个名叫 Nothing。

莫斯霍恩：Noting。

马尔卡达：你说一遍这些名字。

莫斯霍恩：Zilch，Nobody，Nothing。

马尔卡达：很好，现在注意了。Zilch 走到窗户外面，Nobod 走到门外面，Nothing 从天花板上爬了出去。那么还剩谁？

莫斯霍恩：没人了（Nobody）。

马尔卡达：莫欣科，Nobody 走到窗户外面了。

莫斯霍恩：哦，呀。Nobody 走了。

马尔卡达：莫欣科，我问的不是谁没有留下，我问的是谁离开了。

莫斯霍恩：Zilch。

马尔卡达：莫欣科，Zilch 就在窗户外面。

莫斯霍恩：那么，我不知道了，你告诉我吧。

马尔卡达：莫欣科，坐在这儿，好好想想（走了出去，继续唱着歌）。

莫斯霍恩：（思索着）我知道了，tenamaka 就是屋子里剩下的东西（跑了出去）。

★ 在最右侧走出苏卡特·沙洛姆广场，就会来到苏卡特·沙洛姆街。

★ 继续往前走，一直走到这条街的尽头，你就会走到这个街区入口处大门的前面。在门的外面有一个标识牌，过去人们常把它的名字写在上面。现在这里只剩下牌子，上面的字已经消失了。为什么我们要把你送回这文明社会中的混乱之处呢？因为就在阿格里帕斯街对面，稍微往左拐，你就会找到科拉（Klal）商业中心。你知道那里有什么吗？有洗手间🚻！！！

★ 一旦你在那里把你的事处理完了，你就返回来，回到纳克沃的怀抱，向右拐进雅克夫·比-雷夫街（Ya'aqov Bi-Rav St.），这条街在走一段后就会变成哈卡尔梅尔街（Hakarmel St.）。它们两个都与阿格里帕斯街平行。

★ 在路上，你会见到那些大约种植于一个世纪之前的桉树。在这些树的后面就是维纳遗产中心的建筑。再往前走一点，在你的右边，你会发现：

{ ❼ 海塞·韦-拉哈明会堂 }

＞＞＞＞＞＞＞＞＞＞－－－－＜＜＜＜＜＜＜＜＜＜

这个会堂的建筑过去可能被称为"悔改的罪人"，因为在以前，它曾经是一个酒馆……据说有个这样的故事：在1925年，有个名叫艾萨克·埃尔姆奥扎（Isaac Ermoz）的屠夫走了进来，并给这房子的主人出了一个他不能拒绝的价格："这是十磅——你走开吧"。也许是因为虔诚而机警的居民中的酒鬼很少，又或许是因为屠夫那令人生畏的表情，这个房子的主人接受了。不管怎样，这个地方变成了海塞·韦-拉哈明会堂（在当地人中埃尔姆奥扎会堂的名字比较出名），其成员都是来自塞法迪犹太区。

看起来好像它的捐助者都是富人：这个地方是会堂中的宝石，这里有彩色玻璃艺术品、壁画和两扇给人深刻印象的金属门。那扇大门以用高浮雕形式呈现的以色列十二

部落的象征为特征；而那扇小点的门则通向女性部分，上面有对"贤惠女人"的整篇赞美诗（《箴言》31：10-31）。

★ 现在从哈卡尔梅尔街向左转进入艾因阿伊姆·拉-米什帕特街（Einayim La-Mishpat St.）。

★ 在因阿伊姆·拉—米什帕特街16号（拜特·恰巴德）和18号之间向右转，进入一个小巷。

★ 在这条小巷的尽头马上向左转，然后再向右拐，穿过另一条小巷，并在这条小巷的尽头向右拐，你面前就有一堵以装饰两张照片为特色的墙。像往常一样，我们已经为你在围栏上为你安排了座位。你可以在那里再次坐下和阅读。哇，这是一些旅行指南……

❽ 石头中的照片
★ ★

>>>>>>>>> － － － <<<<<<<<<

我们已在更早的一些时候给你讲过，要参观纳克拉沃，你要做的就是用灵敏的想象力武装自己，它能使你联想到景色、声音和气味。然而，对于那些在想象力方面并不及格的人来说，我们带来了好消息——它就在墙上……

这项工作早在 2002 年之前就开始了，当时阿黑摩西区（Ohel Moshe）庆祝其成立 120 周年。社区当局为了纪念这个事情，就召集了社区里的几代居民，并让他们带来一些照片。但人们的反应是令人吃惊的。我们说令人吃惊吗？人们带来了十多张照片！好吧。但是，之后这些图片被放大并被挂在社区的宣传栏里。这些宣传海报引起了人们热烈的反应，并促使以整理诸社区的历史为主要任务的维纳遗产中心的主任德沃拉·阿维·丹（Devorah Avi Dan）也致力于照片的搜集工作。这个消息很快传播开来，很快就收集了多达 600 张照片。剩下的工作就是决定如何处理这些照片，而德沃拉·阿维·丹提出了一个极佳的主意：她从浴室出来——哎呀，对不起，这是另一个不同的故事了……事实就是德沃拉当时正从事于记录犹太人遗产捐赠的工作，她要将这些记录在许多石质饰板上并把这些石板固定在遍及纳克拉沃的房屋的墙上。因此，她的主意就是将这些耶路撒冷先驱者的个人和家庭照片印在石板上并把它们安装在这些人所居住的房屋的墙上。事情就是这样发生的。

任何一项计划都需要资金和对它有强烈兴趣的人。我们已经介绍过了德沃拉，那个充满激情的历史学家。而钱则来自乌兹·哈勒维（Uzi Halevi），他慷慨的捐助是为了纪念他那曾生活在这个社区的爷爷。这项计划不容小觑。它涉及一项特殊的技术，即陶瓷丝网印刷技术，每一块的成本都有 2000 美元。这些饰板就安装在拍摄对象曾居住或者附近的房子上如果房屋现在的住户不同意。首批 20 个饰板做成后立刻引起了轰动。组织者就扩大了该计划，他们在阿黑摩西区又制作了 17 块，在埃文以色列区制作了 9 块。

他们中谁是最美的？

★ 靠近你的这面墙以一对夫妇婚礼上的照片而富有特色，这对夫妇的名字叫大卫和利百加·佩萨（Rivka Pessah）。这张照片拍摄于 1912 年，当时很流行奥斯曼式排列。新郎的表情和胡子是点睛之笔，这使这张照片在本书中位列第三名。

★ 穿过院子（现在是一个小"街心公园"）有一张约瑟夫和米利亚姆·纳冯（Miriam Navon）及其家人的照片。若你感到这名字听起来有些熟悉，那你的感觉是绝对正确的。照片中的小男孩就是伊扎克·纳冯，他是以色列的第五任总统，他的童年时代就是在这个社区度过的。这张照片显示了某一天他们一家人外出到特拉维夫的海滩旅行。在夏天到海滩短途旅行时耶路撒冷人都穿些什么呢？爸爸约瑟夫穿了一件三件套，而他的孩子们则穿着海军装……这些服装使这张照片名列第二位。

★ 在纳冯家人照片的右边是马勒卡·米兹拉希（Malka Mizrahi）（娘家姓帕纳斯，Parnas）的一张照片。尽管这张照片的质量不好，但我们能感到她的微笑和姿势，这也让它成为最美。

现在绕着这栋建筑走[这栋建筑有两张照片（在多张照片中）取得了第一和第二的排名]，使这栋建筑一直在你的右边。这样你会来到位于基利波街 11 号（11 Gilboa St.）的那栋房屋前面，这里你会看到纳冯家族的另外一张照片。

❾ 总统的房屋

>>>>>>>>>> - - - - <<<<<<<<<<

已故总统伊扎克·纳冯成长于这个街区，其剧本《布斯坦塞法迪人》（塞法迪犹太人果园）的创作灵感也是在这里获得的。这本戏剧的演出已经超过了一千次，使它在以色列赢家榜上的排名永久性地占据了第二名的位置。纳冯在剧本中对他童年时代的家做了如下的描述：

我能跟你说什么呢？我也不知道为何，但每当我身处耶路撒冷，我就会不由自主地来到这个街区——我曾居住的街区。许多年前我就离开了这里，但我一次又一次的回来拜访它——这里是我四十年前出生的地方。在这个院子里，在那个水池的对面，有我母亲过去常常粉刷的三十四种不同的锡制花盆，里面种着凤仙花、康乃馨、玫瑰、薄荷、芸香、苦艾、甜马郁兰、茉莉，还有其他更多的花。每次我回来，正值茉莉花开，其甜甜的味道弥漫在空气之中，我仿佛能听到母亲的声音，回想起过去的一切。

沿着基利波山街走几步，向左拐，一直走到那条小巷的尽头，左边有一个隐蔽的小会堂。

❿ 塔兰托会堂

>>>>>>>>>> - - - - <<<<<<<<<<

这里有 180 座教堂，近 40 座清真寺和大约 1100 所会堂。许多会堂都很小，或者，更确切地说，是微小的。一个恰当的例子就是你面前的这所会堂，这里哪怕仅仅有举行正式礼拜仪式的法定人数（十名成年犹太人为公共崇拜所需的法定人数）也会感到拥挤。那它是怎样建立的呢？嗯，在 1890 年，约姆·托夫·以法莲·塔兰托（Yom Tov Ephraim Taranto）临近死亡，他承受着巨大的痛苦。因为他没有孩子，没有人为他念祈祷文（哀悼者为死亡的亲属念的祈祷文），也没有人继承他的这间卧室，这两件事使他备受煎熬。他日益憔悴，不断地思考着，并最终找到了解决方法。他决定将他的房屋作为会堂奉献出来。另外，他附带了一个条件：不能将这个房子卖了。因此，他解决了两个问题——这个房子不能被用作其他任何用途，同时，也永远有人为他念祈祷文了。注意，这是极具独创性的：假如他有十二个孩子为他守夜，他们应该为他念祈祷文，但这仅限于他们有生之年，最多也许就是四十年。但是由于他将他的屋子捐出来服务于犹太人民，这就意味着人们每年都会在他去世周年纪念日时集合在一起为他举行一个纪念仪式，他的名字将永远不会被人们忘记。他是怎样确信人们不会忘记呢？塔兰托也将一个小饰板固定到会堂的前墙上以作为对人们的提醒。

耶路撒冷掠影

⑪ 哈布斯坦·哈泽法拉迪

> > > > > > > > > > — — — < < < < < < < < < < <

沿着那条小巷往回走，为到达那个"街心公园"，你要向左拐。尽管邻居们都亲切地称它为加恩·哈－图特（Gan Ha-Tut）或者桑树公园，但在官方，它有一个诗意的名字，它叫哈布斯坦·哈泽法拉迪（塞法迪果园）。为了了解记者兼演员杰克·利未（Jacky Levi）不可思议的故事，你应该在桑树树荫下面的长凳上再休息一会儿。

我们遭遇了独立战争，在耶路撒冷，炮击每天都在发生。我们当时并没有报警系统或雷达系统，而拥有平静声音的军队发言人纳赫曼·沙伊（Nachman Shai）将不会在另一个四十多年里告诉我们哪里将遭受攻击。那么谁来做这份工作呢？那些阿姨们！阿姨能听到从远处飞来的炮弹，抬起头来喊道："稳住——炮弹将会打到这条和这条街上。"阿

姨的话是神圣的，没有人敢争论。我要回顾的是一个特殊的清晨，当时父亲一家生活在极端正统的米亚·歇雷姆区。阿姨醒来就说："今天，炮弹将会打到我们的房子上。"人们问她我们到哪里会安全，她回答说"到阿黑摩西区"。

我们没有再问问题。每个人都起来了，收拾他们那不多的财物，用床单把它们包裹起来并把它们捆到肩上。不到四十分钟，除了那个又胖又慢的阿姨之外，我们都来到了阿黑摩西区。即使在被围困的时期，当时耶路撒冷没有吃的东西，但阿姨们仍会变得越来越胖。当阿姨最终来到这里，看到我们都站在桑葚树下时，她开始嘲笑我们。当时她痛斥我们："站在树下面，真像狗啊？阿苏林（Asulin family）的家就住在希腊会堂的后面。我们在老城就认识他们的亲戚。让我们进去吧。"她在门上敲了三次：咚，咚——然后停更长一段时间——咚。门开了，我们都进去了……并且在那里待了六个月。我们要考虑到环境的变化。这里的人很穷，在我的家族到来之前，他们都挤在阿苏林家中。尽管如此，有四十个人过来，咚咚敲门，然后走进去，没有人偷看一眼。现在，哪怕是仅有一个人（更别提是一个家族了）如果没有事先安排而要在家门口台阶上待上一晚的话，这可就是一个不寻常的事件了。

在这六个月的时间里，每当亚伯拉罕的成人礼到来之时，他就会被叫起来在会堂里诵读《托拉》。阿姨就会高喊："他怎么能读《托拉》呢？炮弹马上就要打过来了。让我们在拂晓之时再做吧，因为在凌晨四点中，约旦的枪手——但愿他不想起来——正在睡觉。"正因为如此，他们四点钟就起来，然后叫醒孩子们。在那些天里，当你在早上四点叫醒孩子时，他会起来。但现在，他甚至都不在家……

孩子们起来后，他们聚到一起就达到了举行礼拜仪式的法定人数（举行犹太教仪式至少需要十名十三岁以上的男子）。

聚齐法定人数是件困难的事，要在凌晨四点钟聚齐就更加困难。而这在一个没有男人的街区中则几乎是不可能的事情。在1948年这个战争的岁月里，年龄小于90岁大于14岁的"男人"都被征召入伍。就剩下很老的老年男性、儿童和阿姨们，但是没有男人。那么这些男孩到底是怎样找齐法定的人数的？有一个男孩穿过马哈耐·耶胡达市场，来到雅法路。他走进那里的警察局（直到今天这个警察局仍然工作着）。他在里面发现了三个值夜班的犹太人。其中两个是警察，一个是消防员，他们三个都穿着英国人的制服。为什么要穿英

国制服呢？因为在英国人离开以色列的时候，他们将自己的衣服卖掉了。它们是如此漂亮，以至于无论是谁，只要买得起，就会花钱买这些衣服。其结果就是这两个低等警察穿着带有金色流苏和许多奖章与装饰品的服装走来走去，看起来就像将军和元帅一样。那两个警察穿着蓝色和金色相间的衣服；而那位消防员，从头到脚都是亮红色。

这三个着着花里胡哨的人大步走入会堂，然后各自用柠檬马鞭草泡了一杯茶。整个家里面的人都暗自发笑，因为那个时候的人都穿灰色衣服，而这三个衣着花里胡哨的人却依然在凌晨四点穿着蓝色、金色和红色的衣服。

同时，另一个孩子走进伊拉克市场，那里有三四个哈马拉斯（hamaras），在阿拉伯语中是酒吧的意思。可是那里没有酒，只有西洋双陆棋、多米诺骨牌和年龄是60及以上的老年人，而他们的妻子则认为他们去看病了。那天晚上共有两个伊拉克犹太老人在下棋。那个小孩就朝他们大声叫道："要实行受诫礼了，但还凑不够法定人数。"他们两个都穿着黑白条纹睡衣而且还有着与之相匹配的牙齿——一个人的牙是黑色的，另一个人的牙是白色的。他们的胡子一半是黑的，一半是白的；皮肤黑黝黝的，几乎是黑色的了，但上面有好多白色的雀斑。在40年代有好多种皮肤病，而且还有许多达尔马提亚的老人在四处游荡。现在，他们已经为举行礼拜仪式找到了五个人。

还有另外一个男孩，他走进了这里的一所犹太学校（神学院），叫醒了两个学生。他们起床，穿上他们的外套，戴上帽子，穿上鞋子然后走了出去，像乌鸦一般黑。现在还需要再找两个。他们走到一家面包店，并从那里带来了两个阿什肯纳齐面包师，他们两个都有95岁了，晚上烤面包，白天睡觉。突然之间就好像出现了两朵"云"，根本不可能将那个老人身上的白色与面粉的白色区

分开来。透过白云，我们只能看到两个红点状的昏昏欲睡的眼睛所闪烁的光芒。现在他们凑齐了举行礼拜仪式所需的法定人数（庆祝 13 岁生日而举行受诫礼的男孩也被计算在内），他们将《托拉》取出并放到房子下面，召集亚伯拉罕来读《圣经》。这就是为什么在这一天社区里使用"多姿多彩"这个词的原因了——他们说"就像亚伯拉罕读的《圣经》一样多姿多彩"。

他们开始祷告，说阿门，但这时奶奶突然哭了起来。奶奶是一个很坚强的女人，以前从来没有人见她哭过。"利未太太"，有人说道："现在您没有理由哭泣啊，您的孙子已经到了成年的年龄了（成为男子汉），这是一件值得歌颂的事情，因此让我们一起庆祝吧。"但是奶奶却说道："我的孙子被叫去读托拉律法，而我们却都穿着睡衣，光着脚。这里没有亲戚，桌子上没有点心，也没有礼物给孩子。"奶奶一说完这些话，在场的每个人都揪着衣角开始啜泣，同时肩膀也在颤抖着。每个人的哭泣都有自己的原因，大多是因为回忆起了自己家里那令人忧伤的成人受诫礼。那两个被邀请来参加受诫礼的 95 岁高龄的可怜的面包师最后一直在安慰那些悲伤者，就好像他们来参加了一场葬礼似的。他们走了出去，一路走回到他们刚刚锁好的面包房，并重新打开了它。他们那天晚上烤的所有的

东西都送到商店里去了，就剩下了一个面包卷。你也可以把它留在那。它从外观上看已经不像一个面包卷了。他们把它捡起来，给它抹上黄油，之后便从面包房返回，一路上他们都在乞求它看起来要像一个面包卷；为了尽力恢复它上面的小凸面，他们甚至还对着它打了几拳。他们来到亚伯拉罕面前，将那个面包卷递给他并说道："恭喜你，亚伯拉罕，这是为你成人礼准备的礼物。"然后他们把他举到他们的肩膀上开始跳舞，你瞧，庆祝活动接下来就开始了。听说这件事的邻居们都兴奋起来，他们带着鼓过来，边跳边唱，热热闹闹，这种状态一直持续到下午两点。这一切都开始于那个挤压变形了的面包卷……

尽管每个孩子都知道这个故事，且烂熟于心，但说句实话，我对这个故事里的人物并不熟悉，甚至都没有见过他们。但在我的一生中，这个故事已经听了许多遍，以至于每当我走过那个市场，我常能认出来那个消防员的孙子。我知道故事中的那个消防员，并且他的孙子也有相似的容貌……

总之，这是一个内容丰富的故事……

离开哈赫蒙街（HaHermon St.）附近那些桑葚树的树荫，这条街的尽头就是一个高大的拱形门，它是为纪念为这个街区的建立做出贡献的摩西·蒙蒂菲奥里而建的。如果你能读懂希伯来铭文，你就会学会如何去真正讨好人……现在到了逛摊点、买东西的时间了。

⑫ 马哈耐·耶胡达市场
★ ★ ★

>>>>>>>>>>> - - - <<<<<<<<<<<

在土耳其人掌握权力，并且纳克拉沃的居民还是早期拓荒者的时候，从利夫塔（Lifta）农村来的阿拉伯人常常将农产品带到瓦莱罗（Valero）的土地上，并把它们摆在地上卖给犹太人。后来，梅兹·哈伊姆犹太学院（Etz Haim Yeshiva）买下了这块地，但当这个学院遇到经济困难时，它又将这块地租给了那些主要来自波斯的犹太商人。1917 年，英国人来到了耶路撒冷，他们试图强迫这些商人负责诸如卫生和排污之类的琐事，但是骚乱仍然流行了很多年。耶路撒冷人是一群顽固的人，那些摊贩更是如此，但是那个出生于奥匈帝国的耶路撒冷前市长泰迪·科莱比耶路撒冷人更固执，在 20 世纪 80 年代，他竟然要说服那些商人去整修有百年历史的基础设施。

这个市场有两条纵长的街道连接着雅法路和阿格里帕斯街，它们是梅兹·哈伊姆街（EtzHayim St.，有顶棚的市场）和马哈耐·耶胡达街（露天市场）。这两条街之间有众多小巷相连。在我们看来，充分利用这个市场的正确方式就是放弃自己、迷失自己。顺便说一句，在星期五，露天市场会吸引街头艺人进行一系列的可供你享受的表演。

我们本可以向你推荐"番茄王"，并指明那个著名的巴奈（Banai）家族的家，但谁又愿意被人看到手中拿着本旅行指南绕着市场闲逛呢？还有，由于我们不可能什么钱都不花就走了，所以我们就对市场中及其附近的最合算的饭店总结出了一些建议。当地的特色菜是库尔德或伊拉克风格的在石蜡炉上的烹饪以及梅乌拉夫·耶鲁沙尔米的快速烧烤（耶路撒冷风格的形形色色的烤肉）。顺便说一句，如果本文中的某些内容你听起来较为熟悉，那时因为它出现在"无处不在的绘画"一章中，在这里重新写了一遍是为了让你不必拿两本小册子走来走去。

⑬ 米兹拉希咖啡馆

一个可以做饭的咖啡馆

> > > > > > > > > > – – – < < < < < < < < < <

哈斯赫兹夫街（Hashezif St.）12 号
电话：☎ 02-624-2105
周日至周四：7：30—19：30，周五：7：30—15：00
符合犹太洁食标准。

它是由马哈耐耶胡达摊主委员会前主席以利·米兹拉希（Eli Mizrachi）建立的，他是一位乐观主义者，绝不会一生都以刻板老套的摊贩的形式经营。多年以来，他拥有一个卖坚果和干果的摊位。他将他的女儿莫兰（Moran）派到法国，让她在世界先进的烹饪艺术学校即巴黎蓝带厨艺学校（Le Cordon Bleu）学习糕点制作技巧。对于他的二女儿，他开了一家专门出售独家厨具的商店。为了吸引公众，她又在那里安装

了一个制作浓咖啡的机器。毕竟，人们喜爱咖啡，尤其是它与糕点相搭配——这样买卖就成交了。商业上的努力一旦尘埃落定，人们就会喝一小杯舒适的咖啡。我们在有餐前小吃（tapas，来自西班牙的开胃品）的晚上进行了参观。毫无疑问，在巴黎学习如何烘焙的人必定知道如何烹饪。爵士乐队是优秀的，而食物也是一道味觉的盛宴。我们也在该市场的正常营业时间里进行了参观。我们品尝了一块三明治、一些香颂羊角面包，还咬了一口蛋糕。我们忘了记下这些物品的名字，但我们还记得它们的味道。顺便说一句，你还能买到一些更有味道的东西，例如用刚从附近摊点买来的新鲜水果做成的酸奶汤……

⑭ 阿祖拉（Azura）

一个真正的伊拉克—库尔德风格餐馆

> > > > > > > > > > – – – < < < < < < < < < <

伊拉克市场 电话：☎ 02-623-5204
周日至周四：8：30—16：30，周五：8：30 至
安息日前一小时。符合犹太洁食标准。

不要根据地址找饭店——你要去问，因为一个五十多年来都让人们在每天午饭时间排队的饭店肯定是一个人们所熟知的标志性建筑。其成功的秘密就在那些煤油炉上的盆盆罐罐中：诸如 Kubbeh khamoustah 之类

的超级自制汤（有肉饺子的酸汤），带有蔬菜和肉丸子的西红柿酱，配有禽类的蛋和肉做成的鹰嘴豆泥，装饰有炒洋葱的穆佳达（mujadara，扁豆和大米煮饭）以及木莎卡（moussaka，一种肉末茄子饼）。它有这样好的声誉，很少有人对其上涨了一点的价格感到奇怪……

请注意，在这段时间里，一旦你吃完了，就会有人希望你立即离开……

{ ❶❺ 哈尔瓦甜食王国
（halva kingdom）}

> > > > > > > > > > – – – – < < < < < < < < < <

梅兹·哈伊姆街 12 号（那个长长的有顶棚的市场街道）。

使参观变得最为有趣的途径就是在市场中走来走去并且尝试着去买：一些时令水果，当地特殊风味的果汁（例如柠檬汁或罗望子汁）或者哈尔瓦甜食王国众多品种中的一些样品。这些知识来自于摩洛哥，有机芝麻子从埃塞俄比亚进口并在磨盘上碾磨。如果你很难选择，那就尝尝那个带有瑞士巧克力的甜食。注意，在你品尝过这个健康美味的甜食之后，你的生活将会发生改变……

{ ❶❻ 拉赫莫
（Rahmo，东方鹰嘴豆泥饭店）}

> > > > > > > > > > – – – – < < < < < < < < < <

哈－埃什科尔街（Ha-Eshkol St.）5 号。你去问就好了，每个人都知道它的位置。
电话：02-623-4595
周日至周四：8：30—18：00（夏季到 19：00）；周五：8：30 到安息日前一小时。符合犹太洁食标准。

如果你没有听说过这个饭店，你就不可能是耶路撒冷人。拉赫莫是一个适合工薪阶层的饭店，它从 1954 年营业至今。这里没有服务生——你就站在橱窗口旁的队里，提交订单，然后付钱购买煤油炉上做的肉或者其他美食。要准备好在午餐时间排队。

{ ❶❼ 纯天然选材
（Naturel Choice 面包店）}

> > > > > > > > > > – – – – < < < < < < < < < <

阿格里帕斯街 111 号，电话：02-622-3229，符合犹太洁食标准。
周日至周二：7：30—20：00；周三至周四：全天；周五：从午夜到安息日前 2 小时。

如果你需要进一步的证据表明这个市场并没有吃老本，而是面向了市场，那么你就会发现这个城市中最有创新精神的面包店。其与众不同之处就在于它只用有机原料来烘焙面包、蛋糕和饼干。这个面包店给人们提供了有益于健康的选择品种，有人曾经很恰当地写到人们来这里并不仅仅是为了健康的原因，也是为了其味道而来。

⓲ 马赫尼尤达
（Machneyuda，以地中海市场为基础）

> > > > > > > > > > > – – – < < < < < < < < < < <

拜特·雅各布街（Beit Yaakov St.）10 号。电话：02-533-3442，需要预定。
周日至周四：12：00—17：00，最后一位客人到 18：30。
周五：11：39 至安息日前一小时。符合犹太洁食标准。

从幕后到台前，马赫尼尤达的厨房布景优美，这里是其大厨的主场秀。这里的趋势是向饮宴狂欢上发展。在一楼（这里还有二楼），在客人面前准备那些令人惊奇的新颖食物时，整个团都都在唱啊、跳啊、喊啊。这个饭店已经演变成街道对面的裕达酒吧（Yudale Bar），并且在伦敦还有一个名叫帕罗马（Palomar）的分公司。在这里有话语权的一个名叫阿萨夫·格拉尼特（Asaf Granite）的主厨已经成了一个表演秀明星。总之，这里拥挤、嘈杂、价格高昂，却是一个要经历的地方。演出时间到了……

★ 在市场中满足了你的味蕾之后，你就沿着阿格里帕斯街走下来，然后向左拐进哈尔胡街（Halhul St.）。
★ 在哈尔胡街上走一小段路，你会到达一个岔路口。向左边的路走，走进奥瓦迪亚·索姆赫街（Ovadiah Someh St.）。
★ 走到奥瓦迪亚·索姆赫街的尽头，然后向左拐进拉马街（Rama St.），再立即向右转，就到了杰瓦街（Geva St.）。
★ 从杰瓦街再向左拐到贝尔谢瓦街（Be'er Shev'a St.）。
★ 漫步走在贝尔谢瓦街上，务必要参观它中心的花园。

⓳ 贝尔谢瓦街

> > > > > > > > > > > – – – < < < < < < < < < < <

这条街道是社区成功整修的一个主要范例。其中有一部分曾经使纳克拉沃给人以典型的摇摇欲坠的形象，它对自己的改造让人联想到巴黎的拉丁区。一方面是停车点，另一方面是步行街，那些古朴的房屋的铺路石、立面和屋顶都在尽力融入或使街道给人以一种视觉的体验。

该街道 26 号对面的公共建筑物形成了一个会堂，它隶属已故拉比什洛莫·卡尔巴赫（Shlomo Carlebach）的追随者们，这位拉比被人们称为歌唱拉比。最有意义的就是在周五晚上来参加坎巴拉特（Kabbalat Shabbat）安息日（"安息日接待"）的活动。这个地方给人的感觉就像一个俱乐部，但那激昂的歌声又是令人感到感动和温馨的。

走出贝尔谢瓦街，从哪一边进去，就从哪一边出来，沿着这条街道一直走到头，然后向右拐进希洛街（Shilo St.），找到 45 号。

{ ❷⓪ 耶路撒冷的黄金地产 }

\>>>>>>>>>>> – – – <<<<<<<<<<<

希洛街54号的单间公寓受到了令人质疑的宣传，这并不是它本身的错——所有这一切都是因为有一段时间它归总理埃胡德·奥尔默特（Ehud Olmert）所有。而我们已经提到过奥尔默特，现在正是告诉你房地产的最好时机：

纳克拉沃的绅士化

在房地产领域，其价格是由三个因素决定的：位置，位置，还是……位置。可以肯定的是，每个人都懂得，曼哈顿摩天大楼里的一个单间公寓的价格可以轻松抵得上环境优美的郊区里一幢漂亮别墅的价格。从这点来看，纳克拉沃是拥有一流地产的基本条件。毕竟，它位于圣城的中心，并且离老城不远。它的南边就是有名的哈维亚区，那里充满魅力；而在它的西面则坐落着许多政府机构和几个城市文化中心与停车场。需要铭记的一点是，纳克拉沃原来的房子大多是低层建筑，而市政厅则鼓励这个对这个地区的开发，很明显，这个区潜在的诱惑力将永久性地改变这给地方的环境，这只是个时间问题。

这一切是如何开始的呢？对于这个问题看法不一。有人认为是来到这个区的一个著名的百万富翁开启了这个趋势；而另有一些人则将它归因于从哈维亚区逐渐传过来的追求豪华住房的风气。

无论如何，纳克拉沃不再落后了。但是如果你想给你的房产代理人打电话，你要记住一点，这里的房产需求很大，但房产供给有限，因此，房价极高。那些又小又旧的公寓房，有650—750平方英尺（60—70平方米）的面积，其目前售价最低要20万美元。如果一块土地上现存的建筑是一个将要拆除的小屋，而且计划建造一幢两至三层的联排别墅，那么其售价会轻松飙至70万美元，甚至更多。这些高价房对于那些来自美国和法国的购买者来说是可承受得起的，他们中多数人是虔诚的教徒。

雅各布·"雅基"·塞里（Jacob "Yaki" Seri）是居住在这个社区的短篇小说作家，他曾对这里氛围的变化进行抱怨。

曾经有一段时间，如果一个妇女暂时没有看到她的朋友，她就会来到她朋友的门前，轻轻地敲门，叫着朋友的名字问候道："Sarina(用西班牙语说莎拉)，我怎么最近没有见过你呢？你是不是生我的气了？你是不是病了而没有告诉我啊？"但是现在，再也不会在门口邂逅了。现在仅仅是在大街上，美国人从你身旁走过，只会说声"嗨"，然后他就高高兴兴地走了。他不会问你"你还好吗，一切顺利吗？我有段时间没见到你了"之类的话。法国人也只会敷衍地咕哝一声"晚上好"，然后就匆匆走开了。

我们在这种沉思的气氛中结束了这场旅行。从希洛街向左拐进比撒列街。在下一个十字路口向右拐进尤西斯金街，之后向左转，最后再向右转，这样就返回那个停车场了。

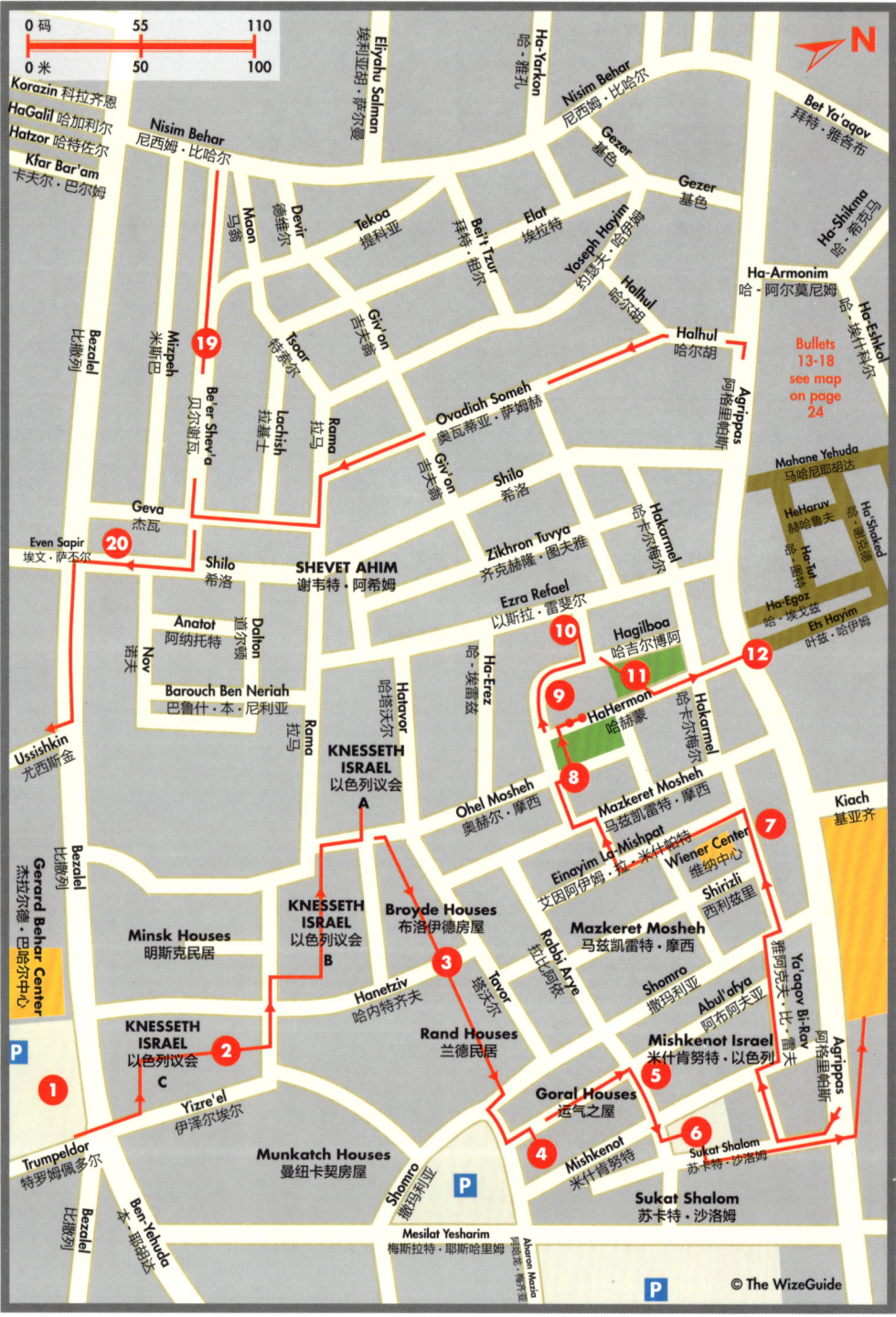

0 码　　55　　110
0 米　　50　　100

Korazin 科拉齐恩
HaGalil 哈加利尔
Hatzor 哈特佐尔
Kfar Bar'am 卡夫尔·巴尔姆

Eliyahu Salman 埃利亚胡·萨尔曼

Nisim Behar 尼西姆·比哈尔

Ha-YarKon 哈·雅孔

Nisim Behar 尼西姆·比哈尔

Bet Ya'aqov 拜特·雅各布

Bezalel 比撒列

Mizpeh 米斯巴

Maon 马翁

Devir 德维尔

Tekoa 提科亚

Bei't Tzur 拜特·楚尔

Elat 埃拉特

Yoseph Hayim 约瑟夫·哈伊姆

Gezer 基色

Gezer 基色

Ha-Shikma 哈·希克马

Ha-Armonim 哈-阿尔莫尼姆

Ha-Eshkol 哈·埃什科尔

Be'er Shev'a 贝尔谢瓦

Tsoar 特萨尔

Lachish 拉基士

Giv'on 吉夫翁

Rama 拉马

Ovadiah Someh 奥瓦蒂亚·萨姆赫

Halhul 哈尔胡

Halhul 哈尔胡

Agrippas 阿格里帕斯

Bullets 13-18 see map on page 24

Mahane Yehuda 马哈尼耶胡达

HeHaruv 赫阿鲁夫

Ha Shaked

Geva 杰瓦

Even Sapir 埃文·萨丕尔

Shilo 希洛

SHEVET AHIM 谢韦特·阿希姆

Giv'on 吉夫翁

Shilo 希洛

Zikhron Tuvya 齐克赫隆·图夫雅

Hakarmel 哈卡尔梅尔

Ha-Tut

Ha-Egoz 哈·埃戈兹

Ets Hayim 叶兹·哈伊姆

Ussishkin 尤西斯金

Anatot 阿纳托特

Dalton 道尔顿

Nov

Barouch Ben Neriah 巴鲁什·本·尼利亚

Hatavor 哈塔沃尔

Ra-Erez 哈·埃雷兹

Ezra Refael 以斯拉·雷斐尔

Hagilboa 哈吉尔博阿

HaHermon 哈赫蒙

Hakarmel 哈卡尔梅尔

Rama 拉马

KNESSETH ISRAEL 以色列议会 A

Ohel Mosheh 奥赫尔·摩西

Mazkeret Mosheh 马兹凯雷特·摩西

Kiach 基亚齐

Gerard Behar Center 杰拉尔德·巴哈尔中心

Bezalel 比撒列

Minsk Houses 明斯克民居

KNESSETH ISRAEL 以色列议会 B

Broyde Houses 布洛伊德房屋

Einayim La-Mishpat 艾因阿伊姆·拉·米什帕特

Mazkeret Mosheh 马兹凯雷特·摩西

Wiener Center 维纳中心

Shirizli 西利兹里

Ya'aqov Bi-Rav 雅阿科夫·比·雷夫

Agrippas 阿格里帕斯

KNESSETH ISRAEL 以色列议会 C

Hanetziv 哈内特齐夫

Tavor 塔沃尔

Rabbi Arye 拉比阿锐

Shomro 撒马利亚

Abul'afya 阿布阿夫亚

Yizre'el 伊泽尔埃尔

Rand Houses 兰德民居

Mishkenot Israel 米什肯努特·以色列

Trumpeldor 特罗姆佩多尔

Bezalel 比撒列

Ben-Yehuda 本·耶胡达

Munkatch Houses 曼纽卡契房屋

Shomro 撒马利亚

Mesilat Yesharim 梅斯拉特·耶斯哈里姆

Goral Houses 运气之屋

Mishkenot 米什肯努特

Sukat Shalom 苏卡特·沙洛姆

Sukat Shalom 苏卡特·沙洛姆

Aharon Mazia 阿伦·马齐亚

© The WizeGuide

1 2 3 4 5 6 7 8 9 10 11 12 19 20

P P P P

THE WIZE GUIDE

CHAPTER 6
第六章

叶明莫什

下榻之处聚集地

JERUSALEM - STEP BY STEP

嗨，朋友们：

今天我们参观了米甚肯努沙昂尼姆（Mishkenot Sha'ananim）——这是在耶路撒冷老城城墙外建造的第一个居民区。在将近三千年的时间里，耶路撒冷就像一个睡美人一样被封藏在石墙之后。只有一个来自远方的骑士——摩西·蒙蒂菲奥里爵士设法打开了城门，并将她带到了外面那个他为她建造的一个新城堡里。几年之后，他又在隔壁建立了一个新的王国，取名叶明莫什（Yemin Moshe，意思是"摩西的右手"）。这两个卫星城最终合并为一个社区，在经历了一番翻新之后，这里成了体现耶路撒冷真正的美的地方。

在这一天结束的时候，我们参观了奉献给以色列前总理梅纳赫姆·贝京的遗产中心（Menachem Begin Heritage Center）——对第一个以色列领袖来说，这是与之相称的纪念建筑，因为他同一个阿拉伯国家签订了和平协定。途中，我们在两个酒店停留休息：锡安山酒店和大卫王酒店。这是耶路撒冷上等的、经典的酒店。如果你付钱，我们将会预定……

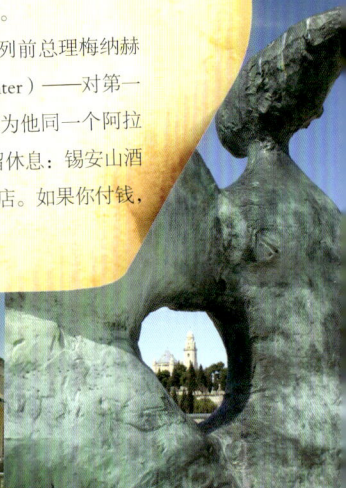

行程安排（大约 5.5 小时）

30 分钟	参观锡安山酒店并在那里喝早晨第一杯咖啡。
5 分钟	参观缆车纪念馆（博物馆）（Cable Car Monumen）。
10 分钟	从圣约信徒桥（B'nai B'rith Bridge）上观看风景。
20 分钟	米甚肯努沙昂尼姆的观测点。
30 分钟	步行（10 分钟）到达蒙蒂奥里的风车房（Montefiore's Windmill），在它的阴凉处休息一下，并阅读所有有关它的记载。
30 分钟	徒步旅行穿越叶明莫什的小巷。
30 分钟	在特艾宁饭店（Te'enim Restaurant）喝第二杯咖啡。
30 分钟	步行（10 分钟）到达基督教青年会（YMCA），参观那里的大厅并登上塔楼。
1 小时	在大卫王酒店的休息大厅获得贵族式的休息。
1.5 小时	步行（10 分钟）到达梅纳赫姆·贝京遗产中心，并在导游的引导下参观。

请注意，这场旅程中你得上上下下地爬很多台阶。

开放时间和门票价格

	开放时间	关闭时间	电话	价格
缆车博物馆（Cable Car Museum）	周六至周四：9：00—16：30 周五：9：00—13：00	周六	02-627-7550	免费
风车房	周一至周四：9：00—15：00 周五：9：00—13：00	周六 周日	054-545-5427 02-623-0323	免费
梅纳赫姆·贝京遗产中心	周日、周一、周三、周四：9：00—16：30	周六	02-565-2020 需要提前登记	成人票 25 谢克尔

最佳游览时间

春天，工作日，白天。最浪漫的时间就是在晚上来。你将不会看到锡安山的景色，但你什么时候开始对远方的山峰感兴趣了呢？

给带孩子家庭的温馨提示

对于年轻人来说，参观贝京中心可能有些无聊。其他的地方适合所有年龄段的游客。

推荐携带的物品

舒适的休闲鞋、帽子、太阳镜和防晒霜，在冬天还要带把伞。对于野餐者们来说，沿途都有诱人的景点，但装满食物的背包会让你疲惫不堪，因此你可能更喜欢在这个区域里各式各样的餐馆就餐。由于行程中我们要顺道去锡安山酒店和大卫王酒店的大厅，所以穿得时尚些是个不错的主意（例如穿上潇洒优雅的运动鞋……）

我怎么能到锡安山酒店？

★ 当你由 1 号高速公路到达了耶路撒冷之后，你要遵循路标前往斯高帕斯山。

★ 开车大约 5 分钟之后，在第二个交通信号灯路口向右拐，进入哈伊姆·巴-列弗路。

★ 一直向前开大约 3—5 分钟（哈伊姆·巴-列弗路先后变成切尔·汉达萨街（Chel Handasa St.）和哈-赞哈尼姆街）。首先，路标会指引你前往老城。注意寻找引导你前往雅法门和塔尔皮约特（Talpiyot）的车道上的标志，确保在正确的车道上行驶以到达隧道。

★ 走出隧道后直行至耶路撒冷军旅街 [Brigade St., 即哈蒂瓦特·耶路沙伊姆街（Hativat Yerushalayim St.）]。

★ 当地到达斜坡底部的交通信号灯处时，你要向右拐，然后立即向左径直开上希伯伦路。

★ 靠路的右边，在锡安山酒店（希伯伦路 17 号）对面停车，那里有一个免费停车场。

坐公交车：

从公交车中心站出发，乘坐 14 路公交车到埃梅克·雷法伊姆站 (Emek Refa'im)/ 加恩·哈帕蒙（Gan Ha-Pa'amon）站下车；或者乘坐 7 路、21 路或 21A 路公交车，在卡恩剧院（Khan Theater）/ 老火车站（Old Railway Station）附近的车站下车。可以向司机询问下车后前往锡安山酒店的方向。

❶ 锡安山酒店
★ ★

>>>>>>>>>>>>>>----<<<<<<<<<<<<

进入这个酒店的大厅（请记得查看小册子后面的地图）。

清晨的第一杯咖啡

英国圣约翰教团（Order of St. John）的
成员肯特公爵（Duke of Kent）于 1882 年建立
了圣约翰眼科医院。其优雅的建筑由克利福
德·霍利迪（Clifford Holliday）设计，克利福

德还设计了苏格兰的圣安德鲁教堂（Andrew's Scottish Church）。在 1948 年独立战争之前，这家医院为信仰所有宗教的病人提供免费医疗。但是在独立战争期间和独立战争后，这家医院关闭了，原因是它离前线太近。以后，这幢建筑就成了学生公寓，后来又闲置了好多年。1986 年，它又变成迷人的锡安山酒店，我们将要从这里开始我们今天的艰苦跋涉的旅程。在酒店大厅，我们可以一边透过那巨大的玻璃落地窗看到锡安山的全景，一边品尝咖啡和蛋糕。一定要去一趟洗手间🚻，它就在下一层。

要到缆车博物馆的入口就要穿过锡安山酒店。如果你不想参观，那你就走出酒店，之后向右拐，沿着希伯伦路走大约 50 米，就能在你的右边看到缆绳和缆车了。

❷ 缆车博物馆

>>>>>>>>>>－－－－<<<<<<<<<<<

1948 年 1 月，阿拉伯军队在耶路撒冷的老城包围了犹太区。当时统治这个国家的英国人拒绝解除封锁。犹太人绞尽脑汁寻找解决办法，并且提出了两个方案：架缆车和挖地道。这条地道位于叶明莫什区和锡安山上的戈特主教学校（Bishop Gobat School）的下门之间。缆车从英国眼科医院大楼（现在是锡安山酒店）的窗户处一直悬挂到戈特主教学校。为了隐藏缆绳，缆车的操作者们白天把缆绳降到地面上，到了晚上再把它升起来。因此，士兵、食物和弹药就会通过这个山谷运到锡安山上，而那些伤员就会被撤出。

到 1982 年，缆车的存在已经成为众所周知的事情了，一个名叫菲利普·佩蒂特（Philip Petit）的法国走钢丝艺术家迎难而上进行挑战。在没有任何防护网的条件下，他成功地走过了这条 200 码 / 米长、中点离地距离有 50 码 / 米高的缆绳。

参观完这个博物馆后，沿着希伯伦路继续往前走。走几步就会到达圣约信徒桥，桥的中央就是你的第一个观察点。

从锡安山酒店饱览锡安山美景。

❸ 从桥上看到的风景
★ ★ ★

>>>>>>>>>> - - - <<<<<<<<<<

一直往前看，前面就是锡安山了。那两个尖顶很容易就被认出——圣母安眠大教堂的尖顶和锥形顶。对于那些来这里参观大卫王墓的犹太人和穆斯林来说，锡安山是神圣的；对于那些经过艰苦跋涉来看最后晚餐厅的基督徒来说，锡安山也是神圣的。尽管当时以色列和约旦这两个国家仍处于战争状态，但在 1964 年，在以色列人与约旦人的联合之下铺设了一条通往锡安山的公路。怎么会这样呢？这仅仅是为了方便教皇保罗六世的行程，保罗六世是第一个拜访圣地的教皇。

锡安山的右边，在你的正下方就是欣嫩子谷，在希伯来语中写作"Gai ben Hinnom"（其含义是"欣嫩儿子的山谷"）。很明显，欣嫩是拥有这个山谷的家族的名字，但家族的这块土地并没有给这个家族带来荣耀。《密西拿》（犹太人口传律法前半部分的书面记录）中讲述道，在第一圣殿时期，在赎罪日那一天，神殿的祭司就会将替罪羊从悬崖上扔到这里，同它一起被扔下来的就是人类的罪恶。另外，《圣经》告诉我们迦南人（Canaanites）在这个山谷里为他们的神祇巴力神（Ba'al）和摩洛神（Moloch）建立祭坛，而迦南人的宗教仪式就包括拿儿童来献祭。后来犹太人远远地偏离了律法，以至于犹太国王亚哈斯（Ahaz）要在这里将他的儿子献祭。先知耶利米预言说由于这种行为，圣殿将被毁灭，欣嫩子谷将充斥着尸体。那么，多年以后，欣嫩子谷与地狱联系在一起也就不足为奇了——在希伯来语中被写作"Gehenom"。

望欣嫩子谷的东边看，你现在正面对一个山坡，那上面的房屋属于西尔万（Silwan）区，这里以前是一个阿拉伯人的村庄，1967年"六日战争"后被并入了耶路撒冷。这是一个阿拉伯人的村庄？也不完全是。1884 年，那些来自也门的犹太人在这个阿拉伯村庄的附近建立了西罗亚居民区。然而，在随后的 1936—1939 年阿拉伯人发动了暴动，那些犹太居民就逃离了他们的家，只是到了最近才有犹太人返回那里居住。

你的后面是一个苏格兰教堂，官方的名称就是人们所熟知的圣安德鲁教堂。这个教堂以耶稣那被钉死在 X 形十字架上的门徒安德鲁的名字来命名。多年以后，苏格兰人以安德鲁作为他们的守护神，并将白色 X 形十字绘制在他们的旗帜上。在苏格兰和英格兰合并后，苏格兰的白十字旗就被合并到了不列颠的旗帜中。

该教堂建造于 1927—1930 年，它是为了纪念第一次世界大战期间英军第 52 师的伤亡

从锡安山看锡安山酒店。

人员而建的，这些伤亡人员大多是苏格兰人。这个教堂拥有独特的结构，看起来像长方形的盒子、圆屋顶和拱形窗户是集合品，这是克利福德·霍利迪尝试着去创造一种具有圣地本土风格的建筑的结果。

在这个教堂的地板上嵌入了一小块纪念牌匾，它是用来纪念死于 1329 年的苏格兰国王罗伯特·布鲁斯（Robert the Bruce）的。为什么要在这里纪念他呢？因为他的遗愿就是让人（在他死后）将他的心脏挖出来并带到耶路撒冷埋葬。唉，实现他愿望的努力并没有成功。他的心脏被放在了一个银质的小盒子里并交给了两个骑士，而这两个人却在西班牙阵亡了。不管怎样，布鲁斯的心脏完好无损，并被带回了苏格兰安葬在梅尔罗斯修道院（Melrose Abbey）。

与该教堂毗邻的是一家小宾馆，该宾馆最初是为那些新教朝圣者们提供住宿的，但现在它对所有人开放。

在苏格兰教堂下面是一幢低矮的、现代化的大楼，这里就是梅纳赫姆·贝京遗产中心的房屋。后面我们还要对它进行更详细的讲解。

和平纪念碑

和平纪念碑紧靠着圣约信徒桥，它由以色列的雕塑家兼画家伊格·图马金（Yigal Tumarkin）创造。它在 1963 年被矗立在这里，当时这里距离沿锡安山展开的战斗前线非常近。

那尊雕塑的主体是一块粗糙的石柱，这块石柱看上去将要压碎那些农业机械和武器的碎片。它上面用希伯来文和阿拉伯语雕凿的凸面文字是引自《以赛亚书》第 2 章第 4 节的《圣经》段落，上面写道：

他们要将刀打成犁头，把枪打成镰刀；这国不举刀攻击那国，他们也不再学习战事。

图马金引用这个具有乐观精神的诗篇就是为了强调，是要和平还是要战争取决于人类的选择，是制造枪炮还是制造犁头。这也正是那位雕塑家将开凿的痕迹留在石柱上的原因——这是为了向人们表明未来仍具有不确定性。

图马金所使用的原料也具有象征意义：石头象征着与空间的连接，而那些金属工具则象征着与时间的连接。这种矛盾的组合体体现着斗争，这就是耶路撒冷。

圣约信徒桥与和平纪念碑。

一走下那座蜿蜒的大桥，走大约 10 码 / 米，你就能走到一条路上，这条路的尽头通向了一座加油站。你左边就是梅纳赫姆·贝京遗产中心，而在你的右边则是一段有金属栏杆的楼梯。爬上那段阶梯，走向那里的观察点。在离你左边遥远的地方你会看到一幢长长的建筑。这就是耶路撒冷老城城墙外第一个居住区里的首个建筑物。

❹ 米甚肯努沙昂尼姆
★

在 1856 年，耶路撒冷的人口大约有一万八千人，其中三分之一是犹太人。整个老城区都被城墙所包围（现在仍是如此），其面积大约为三分之一平方英里，不足一平方公里。现在则有七十五万人居住在耶路撒冷，他们中三分之二是犹太人，而耶路撒冷的面积大约为四十八平方英里（一百二十四平方公里）。这一百五十年的变化太大了！而所有这一切都开始于一个名叫蒙蒂菲奥里的人，他的全名为摩西·蒙蒂菲奥里（Moses Momefiore）。

面包还是工作？

1827 年，一个来自英国的犹太慈善家摩西·蒙蒂菲奥里和他的妻子朱迪丝（Judith）来参观耶路撒冷。在这里，他们见到了这个城市里的居民，他们一贫如洗，大多靠救济维持生存。蒙蒂菲奥里在看到了他们的贫困状态后捐献了一大笔钱。

十二年后，蒙蒂菲奥里再次来到了耶路撒冷，结果却发现这里什么都没有改变。这一次他决定多做一些事情，而不是仅仅给钱。他开始鼓励这里的犹太人从事创造经济价值的活动。1843 年，他给他们送来了一部印刷机，一年后他又在这里建立了一家纺织厂，同时还为女孩子建立了一所职业学校。但这里的局面仍然变得越来越糟。

事态发展

根据 1856 年的人口普查，耶路撒冷有五千七百名犹太人，其中只有二十三分之一的人通过工作谋生。这个城市中大多数犹太人租住在公寓里，并被迫向奥斯曼当局缴纳沉重的赋税，这就使他们处于可怕的窘境中，以致基督教传教团成功地使几百个犹太人皈依了基督教。同一年中，耶路撒冷爆发了霍乱，一千多人因此丧生。尽管有这些悲剧和困难，仍然有更多的犹太人潮水一般涌入有城墙环绕的老城，那里的居住条件也就变得更加糟糕。

蒙蒂菲奥里和帕夏（Pasha）

蒙蒂菲奥里明白已经到了该采取行动以带来彻底变化的时候了。他充分利用了他英国巡回大使的职位，并说服土耳其苏丹授予他一份允许他购买老城外土地的特许状。带着这份文件，蒙蒂菲奥里赶紧来到了圣地。在那里，他设法接近了艾哈迈德·阿迦·迪兹达尔（Ahmed Agha Dizdar），这个人是耶路撒冷的前任帕夏（统治者），并且拥有大量土地。他们两人之间很快就产生了真诚的友谊，蒙蒂菲奥里就请求迪兹达尔将老城城墙对面的一些土地卖给他，那位前任总督这样回答他："你是我的朋友，我的兄弟，我的挚爱，你立刻就能占有它。我所拥有的这块土地是我从我的先人那里继承下来的传家宝。我不会以几千磅的价格将它卖给任何人，但对你来说，我分文不取，它现在就是你的了，拿走吧。我自己、我的老婆孩子，我们都是你的。"

尽管有这些漂亮的话，详尽的谈判还是需要持续几天的，之后那位帕夏就叫来蒙蒂菲奥里的秘书并对他说："你是我的朋友，我的兄弟；我以我的胡子和脑袋保证，我宣布情况就是这样。去告诉摩西先生，给我一千英镑作为纪念，我们马上出发去找卡迪（Khadi，穆斯林的宗教法官）。"

作为对这个"纪念品"的交换，蒙蒂菲奥里获得了四十五英亩（大约一万八千平方米）的土地。这些钱来自犹大·图罗（Judah Touro）的地产，犹大·图罗是一个来自新奥尔良的富裕的美国犹太人。但这并没有阻止蒙蒂菲奥里以他自己和他妻子的名字来为这块土地命名为："摩西与朱迪丝的葡萄园"。

一个耶路撒冷出现了

不到三天，地基就打好了，然而，确切地说，正如它所显现的那样，当时都没有人知道要建成什么。最初，这个地方被指定用来建造一座医院，但同时又有人指出罗斯柴尔德已经抢在蒙蒂菲奥里之前占了上风——要把它建在老城城墙以内。只有到了这个时候蒙蒂菲奥里才决定建造一个居住区。这是一个革命性的，几乎是无法无天的想法，因为在那个时代，耶路撒冷是被限制

1864 年的版画。

在其城墙以内的。每到晚上，守卫们就会锁上城门以防范那些强盗和野兽。居住在城墙之外的想法看起来是完全"荒诞不经"的。

然而，蒙蒂菲奥里却是一个聪明的开发者。首先，他围绕那片计划中的居住区建造了一条墙。然后，他又建造了一个面粉厂，甚至还挖了一个蓄水池。只有在这个地方构筑了防御工事并且确保了面粉和水的供应之后，他才开始建造第一幢住宅大楼。在这个时候，这个居住区的名字才改变成米甚肯努沙昂尼姆（希伯来语中意思是"和平的居所"），这个名字是受到了《以赛亚书》中话语的启发而起的，其中第32章18节写道："我的百姓必住在平安的居所，安稳的住处，平静的安歇所。"提出这样一个明智名字的"撰写人"，其身份已经不得而知了，但很明显，他想设法宣传的是：这里对于居住者来说是一个安全的地方。

行动吧，摩西！

所有这些听起来有点像陈旧的历史课，但是在现代犹太耶路撒冷建立的过程中，这确实是具有决定性意义的时刻。米甚肯努沙昂尼姆是在那条封闭的城墙之外建立的第一个居住区，然而一旦心理防线的闸门被攻破，那山冈就会由于建设的声音而变得生机勃勃。在以后的二十五年里，在老城之外就涌现出了七个新的居民区，其中就包括米歇雷姆。

我们将会返回米甚肯努沙昂尼姆的第一批房子，但目前，我们要离开这个观察点，将那个定位板留在你的身后。

❺ 狮子·喷泉
★

>>>>>>>>>> - - - <<<<<<<<<<

你现在正漫步于叶明莫什附近的一个花园里。这使我们有机会去仔细考虑那些为耶路撒冷而进行的筹款活动所付出的巨大努力。实际上，这里的每一个条凳和花架都有一个纪念性的牌匾。尽管这些牌匾的描述一般都比较谦逊，但它们的数量绝对惊人。已故市长泰迪·科莱克领导耶路撒冷长达 28 年，一直以来，他都被人们认为是以色列第二位最伟大的资金筹集人［希蒙·佩雷斯（Shimon Peres）排名第一］。耶路撒冷大多数公园都是在泰迪·科莱克任职期间建立起来的，而且，根据城市传闻，你会发现泰迪·科莱克的支持者们就居住在那些绿色空间的附近。

走不了多远你就会到达狮子喷泉，这是德国前总理赫尔穆特·科尔送来的礼物。狮

已故的耶路撒冷前市长泰迪·科莱克 拍摄者：尤瓦尔·马库斯（Yuval Marcus），拍摄于 1990 年。 政府新闻办公室提供。

子是耶路撒冷的象征，而这群狮子正懒洋洋地躺在栖息有和平鸽的生命之树的周围。本应该有水从树枝中喷洒而出。但是，显然是使之正常运转的集资进程出现了问题，因为那些狮子大多数时间都不在水里……

在你来的方向的右边有一个岔路口。向右拐，然后穿过通往那栋长形建筑的道路，继续往前走就会到达风车房。

❻ 蒙蒂菲奥里的风车房
★

>>>>>>>>>>– – – –<<<<<<<<<<

　　建风车房的目的是好的——它不仅可以为耶路撒冷贫穷的居民降低面粉的价格，还可以为这个新居住区的第一批居民提供工作岗位。蒙蒂菲奥里既不缺乏资金，又不缺乏专门知识。他引进了风车房的平面图、机械设备，甚至还引进了第一批磨工。一切看起来都是完美的。那个风车房离地有 20 码 / 米高。它的顶部有一个独特的机械装置，其旋转总能使帆的正面迎着风。

　　看起来确实是成功的。实际上，由于当时阿拉伯人的磨房仍是用驴子拉的，而且他们已垄断面粉的生产，所以他们对这个新的竞争对手感到如此害怕，以至于他们召集了一个宗教牧师来诅咒这个现代化的装置。他预言第一场雨就能使这个风车房倒塌。很明显，他并没有意识到这个风车房是使用英国技术建造的，其设计就是让它在耶路撒冷能够承受比以往任何时候都更大的降雨……

　　尽管如此，那个诅咒仍然产生了一些效果，尽管这些效果是以人们难以想象的方式呈现出来的。首先，那些磨石只能压碎英国小麦，而这种小麦要比以色列小麦软一些。把蒙蒂菲奥里叫来！他回应说正在筹集资金以购买更重的磨石。然而结果却表明，耶路撒冷的

风力不够，不能使这些更重的磨石转动起来。蒙蒂菲奥里！蒙蒂菲奥…里！

　　好像这还不够，后来更加现代的、用蒸汽驱动的磨粉机出现使蒙蒂菲奥里的努力黯然失色。这个风车房也就停止了使用。但是，它还是成为了一个地标性建筑，并用来纪念这个居住区创始人的工作。

风车房内部

几年之后风车房就关闭了，2013年，在修葺一新后重新开放。令耶路撒冷人高兴的是，只要风力足够大，风车就会重新转动起来。在风车房内部有一段长四分钟，免费播放的视频，这段视频是用来纪念这个地方的那段历史的。浓缩的就是精华。

蒙蒂菲奥里的四轮马车

在风车房附近有一辆马拉的四轮马车停放在钢化玻璃的后面。这就是著名的蒙蒂

菲奥里的马车，它是载着蒙蒂菲奥里四处旅行的私人"战车"。尽管蒙蒂菲奥里只在欧洲使用它，但比撒列艺术与设计学院的创始人鲍里斯·沙茨还是决定将它带回以色列。在此后的许多年里，那辆马车被放在黑暗的库房里并失去了光泽。只有在1967年之后，人们才重新找到它，将它翻新之后展览。在1986年，好像是一群纵火犯将它付之一炬，但耶路撒冷市政厅并没有灰心。耶路撒冷基金会捐赠了一批款项，人们用其最初的金属框架，就按其原来的样子对它进行了重建——简直就是原来那辆车的复制品。

有关摩西·蒙蒂菲奥里爵士十件最重要的事

1. 蒙蒂菲奥里这个名字的意思是"山上的花"。

2. 摩西·蒙蒂菲奥里出生于1784年，他是一个富有的犹太家庭的后代。这个家庭被逐出西班牙后先到达了意大利，不久去了英国。

3. 摩西同朱迪斯·科恩（Judith Cohen）结婚，而朱迪斯的妹妹则嫁给了内森·迈耶·罗斯柴尔德（Nathan Mayer Rothschild）。

4. 蒙蒂菲奥里的妹夫是他几个金融企业的商务合作者，这些企业涉及股票市场和保险业务，这真是奇迹中的奇迹。

5. 他在40岁就退休了，之后就将他所有的时间奉献于公共服务事业和慈善活动。

6. 53 岁那年，英国女王维多利亚授予他爵士称号，这是因为他为伦敦的街道提供了第一批煤气灯。9 年之后，由于他为犹太人民所做的服务而被授予从男爵爵位。

7. 他在雷切尔（Rachel）的墓上建造了一个著名的建筑；在他去世后，在他那于英国拉姆斯盖特（Ramsgate）的坟墓上也建造了一个类似的建筑。

8. 为了庆祝他 90 岁的生日，人们建立了一个基金以继续从事于建立更多的耶路撒冷居民区，所有这些居民区都以他的名字来命名：马泽雷特莫什（Mazkeret Moshe），阿黑莫什、叶明莫什、齐赫罗恩莫什（Zichron Moshe）、基亚特莫什（Kiryat Moshe），等等（在希伯来语中，摩西写成 Moshe，莫什）。

9. 为了更好地将犹太人从穆斯林中分离开来，在他 100 岁高龄时，他进一步加高了西墙。

10. 他身高为 6.3 英尺 /1.9 米，活了 101 岁。

面朝锡安山和老城的城墙，背对着这个风车房，你会看到叶明莫什街的台阶在你的左侧。实际上，这条街道更像是一个走廊，它的右边是最初的米甚肯努昂尼姆居住区，左边是叶明莫什。沿着这条"街道"走下去，直到在你右边出现一条那种能停放汽车的真正的街道……你能在那里看到这个居住区建造的第二个建筑。

❼ "小蒙蒂菲奥里"
（Montefiore Jr.）

> > > > > > > > > > > – – – < < < < < < < < < < <

在这个比较小的建筑里计划只建四个房间，万一老板来的话，其中就有一个房间留给他。但他从来没有来过。这幢建筑于 1866 年建成，这已是那幢长长的建筑建成 6 年之后了。现在，这里是一个音乐中心。

沿着叶明莫什街直走，一直走到你右边的下一个拐弯处，你会在那里发现一条与那幢长长的建筑平行的走廊。沿着这条路，一直走到那幢大楼的中心。

❽ "老蒙蒂菲奥里"
（Montefiore Sr.）★★

>>>>>>>>>>>－－－<<<<<<<<<<<

蒙蒂菲奥里曾雇佣了一个名叫威廉·爱德华·史密斯 (William Edward Smith) 的英国建筑师来设计这幢住宅楼。它有 26 个公寓，每个公寓有一间半房间，一个厨房，一个小花园，还能看到锡安山和老城的城墙。两端的公寓被奉为会堂，在其庭院中还建有浸礼池。其屋顶的边缘呈锯齿形，这是在模仿老城城墙的外形以增强起安全感。

该建筑的正面铭刻着对创办人的献词。它指出，米甚肯努沙昂尼姆的建立多亏了一位来自美国新奥尔良的犹太慈善家犹大·图罗的遗赠，而这笔遗赠在 1860 年也得到了摩西·蒙蒂菲奥里爵士的支持。

从宿舍到精品酒店

设计这些公寓是为了给

贫穷的托拉学者的家庭提供住房，他们起初就只是打算在那里住三年时间。尽管城墙以内的居住条件拥挤且不卫生，但实际上仍然没有购买者。蒙蒂菲奥里不得不对那些"先驱者们"按月支付津贴，甚至将这些公寓作为礼物送给他们。现在，这栋建筑已成为一座宾馆以供那些国际著名的艺术家、音乐家和作家使用。对于这栋重要的建筑来说，把它或至少把它的一部分变成一个博物馆不是更适合吗？

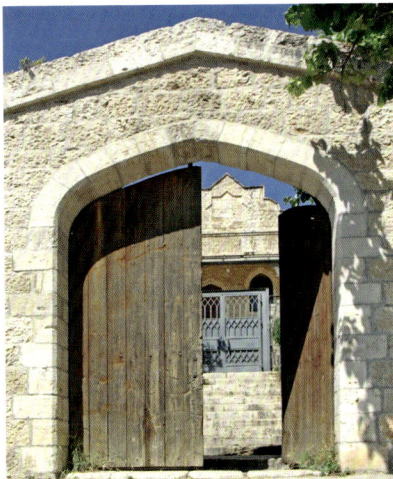

离开那条与这幢长长的建筑（这栋建筑位于献给创建人的建筑物的对面）平行的小道，然后穿过那扇旧木门，这个门的主体是用原来环绕居住区的城墙的残留物建造起来的。之后向左转到S.U.拿昆街（S.U. Nachon St.，那里也有指示牌）。

沿着这条街走大约150码／米远，在你的右边你会发现那些源于第二圣殿时期古代渡槽的遗迹。而左边那幢废弃的建筑曾经办过那个高雅的米甚努沙昂尼姆饭店，这家

饭店经典的法国烹饪被认为是这个国家中最好的。

沿着这条街继续往前走，你会看到一个绿色的全属门，这个门通往环绕居民区的花园的另一个门。从那个花园可以看到苏丹水池的景观，它就在花园的下方。

{ ❾ 苏丹池
（Sultan's Pool） }

›››››››››››－－－－‹‹‹‹‹‹‹‹‹‹‹‹‹

这个水池是欣嫩子谷的一个分支，在希伯伦路与欣嫩子谷交汇处的水坝建成后就建造了这个水池。那个水坝建成于希律王时期，其目的是保证要塞的水源供应，现在那些要塞的位置是大卫王城堡所在地。在这个水池建成后的2000多年的时间里，它是耶路撒冷供水系统的组成部分，但现在它成了一个露天剧场。30年来，这个地方也成了"胡兹索特·海伊奥特谢尔国际工艺展览"（Khutzsot Hayotser International Arts and Crafts Fair）的主办地——这个展览成了耶路撒冷夏季旅游最吸引人的去处。参展的艺术家来自以色列和世界各地；在一个大舞台上举行各种表演，沿着山谷的一侧蔓延开来的是富丽堂皇的美食展。

继续往前走，走出这个花园，你会到达一个停车场。在它最左边的边缘处爬上一段阶梯，然后向右拐到佩莱·约兹街（Pele Yoez St.）。在那里，你能进入一个被橄榄树荫遮蔽的小公园。如果你没有采纳我们的建议而自带了野餐食物的话，那么现在就是享用它的时刻了。不管怎样，这里就是最好的地方，我们要在这里讲述这个美丽的社区在其早期遭遇的苦难。

现代历史

正如前面所提到的，在米甚肯努沙昂尼姆最初的几年里，蒙蒂菲奥里不得不花钱让人过来居住在他为他们建造的公寓里。命中注定的是，老城又爆发了一场霍乱。令所有人震惊的是，那些居住在这个奇怪的新社区，主要喝自己井里的水的居民并没有感染霍乱。这件事促使更多的人冲破闭塞的老城并居住在这片蒙蒂菲奥里从帕夏手里购得的、仍未被开发的土地上。蒙蒂菲奥里基金会的垦殖公司拆除了那些非法占地建造的房屋并建造了130座新房子。这就是叶明莫什形成的过程。

处于边界地带的居民区

在1929年以及1936—1939年，一些阿拉伯暴徒总是三番五次地袭击这个居民区。当时统治这个国家的英国人并没有赶来保卫这个社区。只有在犹太人前国民军哈加纳费了九牛二虎之力后才打退了偷袭者的进攻。英国人离开以色列之后，独立战争就爆发了。老城外面的那些居民区就成了以色列防卫战的前线，那些私人房屋照例又遭到了炮击。在战争结束后，那里的居民们发现他们就居住在边界线上，而且很容易就成为山谷对面城墙中约旦狙击手的射击目标。

地点，场所，革新整修

直到1967年"六日战争"之时，叶明莫什与米甚肯努沙昂尼姆都是贫穷的社区。大约战争前一年，由泰迪·科莱克领导的市政厅决定把那里的居民撤出去，并将这个地区变为艺术家聚区。在以色列解放了老城之后，伴随着正在进行的城市改造计划加速进行，非常清晰的一点是那个破旧的边界社区会成为期望值很高的房地产。那个执行该计划的公司通过承诺给予巨额补偿成功地将那些老居民（他们大都不赞成）迁移了出去；原有的建筑物获得修复并且变得现代化了，这个老社区成为首都的最漂亮、整洁的部分，并且焕发出新的生机。

人们密切注意着每一个细节。所有的公用管道都安装在地下，由艺术家设计路标和街灯柱。最为重要的是，这个古朴精致的社区整修得整整齐齐的容貌不仅得益于这个城市的绅士化方案，更得益于居民对它那永久性的亲切关怀。

徒步旅行叶明莫什 ★★

· 刚才，主要是往下走。现在，开始往上爬。睁大你的双眼——转弯间的距离真的很短。

· 离开佩莱·约兹街，走上哈－梅特苏达街（Ha-Metsuda St.）的阶梯。

· 第一个转弯处的左边就是哈－蒂库瓦街（Ha-Tiqwa St.，"希望"），在它的右边就有一段楼梯。爬上楼梯，走到加恩·什穆埃尔（Gan Shmuel，"什穆埃尔的花园"）。在那遥远的尽头有一个公共饮水机。这是艰难的跋涉吗？别抱怨了。这里的居民都不得不将他们那许多的杂货缓慢而费力地拖拽回家……

· 从路尽头处的饮水机处离开花园。哈－蒂科瓦街（Ha-Tikva St.）的附加部分就是麦基街（Malki St.）。以色列已故的桂冠诗人耶胡达·阿米该曾在这条街的26号居住了许多年。他的妻子继续居住在那个房子里。然而，我们是要向左走，沿着哈－抹大拉街（Ha-Migdal St.）而下（"高塔"）。

· 在下一个拐角处要立即向右拐，进入哈－米斯赫拉特街（Ha-Mishla St.，军邮局），一直走到头，你就会处在九重葛拱门的下方。

· 在哈－米斯赫拉特街的尽头向右转入哈－贝雷克哈街（Ha-Berekha St.，"水池"街）。

· 沿着哈－贝雷克哈街往上走，在第二个拐弯处向右拐进图罗街（Tura St.）。这条街的名字来源于新奥尔良慈善家犹大·图罗，蒙蒂菲奥里就是用他的遗赠买下了那块土地并在其上建立了这个社区。

· 有一条先是向左，后又向右弯曲的小路，经由这条小路走出图罗街。你正在进入一个以摩洛哥马拉喀什的亚伯拉罕·戈兹朗（Abraham Gozlan）的名字命名的优美果园。你能在这里找到一些长凳，看到以色列本地七种果树中的至少四种（有石榴树、枣树、橄榄树和无花果树），这些果树遍及以色列地，树上传来鸟儿甜美的叫声，它们叽叽喳喳地飞走了。

穿过这个果园，继续往前走，让老城的城墙一直在你的右边。当你看到指向哈梅莱赫·大卫街（Hamelech David St.，大卫王街）的路标时，向左拐，走大约75码/米远就沿着斜对角的方向向左转。

❿ 这是希律家族的坟墓？

>>>>>>>>>>> ---- <<<<<<<<<<<

你现在正在进入一个墓葬区遗址。这些坟墓在 19 世纪末期就被希腊正教会发掘过，没有证据能够确切地表明这些坟墓中埋葬的是谁。不过，希腊人却宣称他们的确知道这些墓的主人，换句话说，这是希律王家族的坟墓。他们的这种主张的依据是罗马时期犹太历史学家约瑟夫斯·弗拉维奥（Josephus Flavius）的著作，约瑟夫斯·弗拉维奥曾经写道"希律家族的墓地就在那个蛇形水池的对面"。希腊人认为那个"蛇形水池"指的就是苏丹池，因此他们有关这个遗址的看法肯定是正确的。然而，实际情况确是，考古学家们于 2007 年在希伯来（Herodium）发掘出希律王真正的墓地，它位于耶路撒冷南部 7.5 英里（12 公里）远的一个小山上。

在墓穴洞口附近有一个大圆石，看起来好像是放在墓口边缘的一个石磨。设计这块"坟墓石"是让它滚动到墓口的另一边以将墓口封死用的。

返回那个果园，然后向左转，继续往前走到果园的另一边，让老城城墙在你的右边。走向那幢屋顶铺设了两层红瓦的建筑。这就是犹太复国主义者联盟大厦（Zionist Confederation House），是特厄尼姆（Te'enin）饭店的发源地。

⓫ 特厄尼姆
（咖啡餐吧）

>>>>>>>>>>> ---- <<<<<<<<<<<

这个犹太复国主义者联盟大厦过去曾经是一个希腊正教会的修道院。现在，这里是一个致力于促进民族音乐、世界音乐、文学、诗歌、冥想等诸领域的创新与发展的文化中心。

这个饭店有现代化的装饰，透过其大大的观景窗可以观看到老城城墙和锡安山，那景色美极了。这里的菜单都是严格的素食。我们曾尝过，但并不喜欢（根本不是因为我们想吃肉食）。我们并没有放弃这个地方，第二次我们又返回品尝了这里咖啡厅菜单的食物。精选的油酥点心很有趣，这里看到的景色壮观，内部装饰简单可爱——总之，这里是一个值得你再次光顾的地方。其主菜需要花费 50 谢克尔。提供商务午餐。饮食符合犹太洁食标准。附近有停车场。

地址：保罗·埃米尔·博塔街（Paul Emile Botta St.）12 号；电话：02-625-1967；营业时间：周日至周四：8：00—23：00，周五：8：00—15：00。

◀◆ 在去大卫王街的路上 ◆▶

从那个饭店到埃米尔·博塔街有一段楼梯和一条小路。右边是面向老城的另一个观察点。向左转就能走到埃米尔·博塔街。

·这条街的右边有一幢雄伟的建筑，它就是法国领事馆，考古学家埃米尔·博塔曾经掌管这个部门。

·继续往前走，右边就是宗座《圣经》学院（Pontifical Biblical Institute），里面设有图书馆和博物馆。

·左边还有另一个公园，公园上面屹立着静谧而高大的大卫王酒店。八块巨石守卫在公园的入口处。这些都是雕塑家马克斯·比尔（Max Bill）的作品，他曾将四个立方体切成各种形状。

·埃米尔·博塔街与大卫王街相交——向左转。你将会看到那些英国托管时期具有耶路撒冷特征的地标性建筑。

穿过大卫王街就会来到基督教青年会大厦前的场地上。找一个舒适的地方坐下来，然后读一读有关这个组织及其要塞的书。

⑫ 基督教青年会
★★

>>>>>>>>>>— — — — <<<<<<<<<<<

那么它代表什么呢？

正式地来讲，YMCA——即基督教青年会，将它的使命定为"采用基督教的原则来建立健康的身、心与灵"。该组织建立于1844年工业革命时期的伦敦，其创建者是想提供一种替代物来代替对《圣经》的研读与祷告，而后者则是当时人们在一天漫长的工作之后唯一能从事的活动。七年的时间里已经有24所基督教青年会遍及英国各地。两年后，在全世界的基督教青年会的数量已经飙升至397所。这竟然比麦当劳发展的速度还要快——这个明显的证据表明，基督教会过去是，现在仍然是基督教青年会事业发展的后盾。这些年来，尽管它有着基督教传统，但该协会已经向妇女、所有年龄段的人及所有的宗教信仰开放。每个基督教青年会都有完全的自由来选择其从事项目的内容，但重点通常都放在了受欢迎的体育项目上。

耶路撒冷的基督教青年会

这个运动在圣地开始于 1878 年。在第一次世界大战的末期，基督教青年会主动与驻扎在这里的 50000 名英国士兵接触。这种主动性带来了大量捐款，这笔钱用来资助这个大厦的建设。那个时候，在这块土地上英国军队的司令官是陆军元帅埃德蒙·洛德·艾伦比（Edmund Lord Allenby），他在 1933 年为这个大厦揭牌。在揭牌那天他做了一个演讲，其中有一句话被用三种语言刻在了这个大厦前面的纪念碑上。

起初，基督教青年会引起了犹太人和穆斯林的关注，因为他们怀疑这个协会所从事的项目有可能导致传教活动。但是，基督教青年会为这个国家提供了第一个铺设木地板的篮球场，为耶路撒冷提供了第一个暖水泳池，并且直到 1991 年，毗邻基督教青年会的足球场都是这个城市的主要运动场。体育爱好者们和球迷们涌向这些难以抗拒的设施，没过多长时间，所有的厌恶都烟消云散了。

本土建筑

耶路撒冷基督教青年会的建筑计划要归功于亚瑟·卢米斯·哈蒙（Arthur Loomis Harmon），这位美国建筑师还设计了纽约的帝国大厦。哈蒙不遗余力，甚至是不惜代价地在石头中表达建设者们对《圣经》深深的依恋。塑像、浮雕、圆柱和铭文——所有这些东西都有其明确或隐蔽的意义。让我们来破译一些。排成一排通向这个大厦的十二颗柏树象征着十二个犹太部落、耶稣的十二门徒和穆罕默德遍及伊斯兰世界的十二名追随者。那么四十呢？这个大厦有四十根圆柱，这个数字等于犹太人在荒野中度过的年数，也等于撒旦（Satan）试图诱惑耶稣所花费的天数。而且，总的来说，这个大厦自身又分成三部分，这象征着三位一体和三个一神论

宗教：犹太教、基督教和伊斯兰教。的确，在该建筑物的正面雕刻了三种文字：右边是用希伯来语雕刻的"耶和华我们的神是唯一的主"；中间是用亚拉姆语雕刻的"我就是道路"；左边是用阿拉伯语雕刻的"万物非主，唯有真主"。

"三"这个数字也让人想起基督教青年会饰章中三角形的三个边，它们代表了"灵、心与身的结合"。这些元素中的每一个在这个 U 形建筑中都有它自己的一部分。

· 左侧体现了体能的发展，这里提供健身设施和游泳池。

· 右侧有一个有 630 个座位的大礼堂和一个大风琴，这为心提供精神食粮。

· 至于灵，它则由中间的建筑来培育，那里有三个祈祷用的圣殿。这部分也负责在三重门酒店的客房里招待来访者，这是一个四星级酒店……但也就成了灵与钱袋子的结合了……

一个约 150 英尺 /46 米高的钟楼屹立在中间部分的建筑之上。这个钟楼正面的中间

部分是一个有关撒拉弗（seraph，天使）的装饰艺术风格的浮雕，这尊浮雕的建造基于《以赛亚书》第 6 章第 2 节的描述，该描述是"……每个撒拉弗都有六翼；两个翅膀遮脸，两个翅膀遮脚，两个翅膀飞翔"。那么他手中拿的是什么？答案在诗篇 6 中："……他手里拿着红炭，是用火剪从坛上取下来的"。

接近主要入口……

门口的象征

左边，在那圆柱的顶部是"撒玛利亚妇女"的头部雕塑，她是第一个认出耶稣就是弥赛亚的人，遇见耶稣时，她正从井中汲水。

右边是一个羔羊的塑像。"上帝的羔羊"是施洗者约翰将耶稣呈现给世人时给耶稣加的头衔。羔羊在基督教艺术中是一个流行的主题，象征着耶稣为人类而献身。

门口用两个拱门进行装饰：一个是葡萄和葡萄叶子；另一个是一束谷物。它们合起来象征着最后的晚餐中耶稣桌子上的酒和面包。

终于到了进去的时间了……

这家酒店的大厅真是太不可思议了。装饰天花板的艺术家们为了汲取东方图案模型及其细节的灵感，曾到远方土耳其的伊斯坦布尔（Istanbul）和黎巴嫩（Lebanese）的巴勒贝克（Baalbek）旅行。仰望那天花板和灯的支架，然后低头看镶嵌有 6 世纪米底巴（Madaba）部分地图复制品的地板，它所展示的耶路撒冷的马赛克就好像耶路撒冷处于那个时期一样（地图的原件现存于约旦）。

从钟楼顶部看到的景色

要到达钟楼的顶部，需要在接待处付钱。酒店客人可以免费参观，但路过的游客必须付 20 谢克尔。无论你是爬楼梯还是坐电梯——费用都是一样的。

爬上来值得吗？绝对值得。你获得的奖励就是将耶路撒冷老城和新城的景色尽收眼底。在西边（下午太阳所在的方向），你能看到那个房产工程，该房产占据了贝塔尔耶路撒冷足球足球（英式）俱乐部［Beitar Jerusalem Football（Soccer）Club］及稍后的本地夏普尔（Hapoel）球队曾经的主场地。1991 年，这两个竞争的队伍为了支持新的泰迪体育场（Teddy Stadium）而离开了旧体育场。基督教青年会那有历史意义的体育场被拆毁了，并且在 2006 年建立了一个有 250 间公寓的奢华的科特·大卫（Keter David）商住综合楼。开发商缴纳的地价包括为基督教青年会建立一个面积有 2.5 英亩（1000 平方米）的超现代的综合运动场和大型停车场的费用。

鸟瞰基督教青年会大厦和大卫王酒店。前面是被拆毁的基督教青年会体育场。

拍摄者：阿维·艾哈尤恩（Avi Ohayun），摄于 2003 年，政府新闻办公室提供。

⓭ 大卫王酒店 ★

>>>>>>>>>>> - - - <<<<<<<<<<<

返回大卫王街，穿越街道来到大卫王酒店并转动旋转门。还是在那个金碧辉煌的大卫王酒店的大厅中，你自己可以去吃点东西休息一下，或者去趟洗手间。在夏天，你可以坐在门口对面的阳台上。在大厅里喝杯咖啡，其价格还是非常合理的（不像客房的价格那么贵）。

墙上的镜子，镜子，告诉我，他们之中谁最美丽？

耶路撒冷最好的酒店是哪一个？在 2006 年 1 月，旅游杂志《悦游》（Condé Nast Traveller）的读者将大卫王酒店评定为以色列最好的酒店。不管它是不是最好的，但可以肯定地说，大卫王酒店是以色列最奢华的酒店。毫无疑问，大卫王酒店显然是以色列政府自其成立以来最中意的酒店。在这里，以色列第一任总理大卫·本－古里安将他的政府移交给了总统哈伊姆·魏茨曼（Chaim Weizmann）；也是在这里，梅纳赫姆·贝京会见了埃及总统安瓦尔·萨达特（Anwar Sadat），伊扎克·拉宾与美国总统比尔·克林顿（Bill Clinton）进行了座谈，西蒙·佩雷斯宴请了埃及总统胡斯尼·穆巴拉克（Hosni Mubarak），埃胡德·巴拉克（Ehud Barak）会见了联合国秘书长科菲·安南（Kofi Annan）；本雅明·内塔尼亚胡与乔治·W. 布什（George W. Bush）举行了非正式会谈，那个时候布什还是德克萨斯州的州长；阿里尔·沙龙与比利时总统在这里举行了记者招待会，当时比利时总统还是欧洲联盟的领导人；埃胡德·奥尔默特在2008 年会见了美国新任总统乔治·布什。许多名人也在这里住过，包括麦当娜和伊丽莎白·泰勒（Elizabeth Taylor）。但是，俄罗斯总统弗拉基米尔·普京和美国前国务卿康多莉扎·赖斯都比较偏爱附近的大卫城堡酒店。是他们两人做出了他们无法拒绝的提议，还是确实有了另外一家酒店能篡夺大卫王酒店的宝座？

当黄金地段赚得盆满钵满

　　埃及犹太人摩西里家族（Moseri family）在开罗拥有几家豪华的酒店，是他们建造了大卫王酒店。他们组建了一家公司，通过该公司从希腊正教会手中购买了老城城墙对面一块面积为 2 英亩（8000 平方米）的土地。这个酒店于 1931 年开始营业。它是一件艺术作品吗？不完全是。它风格保守，讲究对称，其笔直的线条和矩形的外形没有任何纹饰。尽管如此，在几年之内，它就成了耶路撒冷文化生活的中心。酒店访客留名簿上有那个时期最著名的人物的签名——从温斯顿·丘吉尔（Winston Churchill）和艾伦比勋爵（Lord Allenby）到乔治五世国王（King George V）和欧洲的其他王室与贵族家庭成员。1938 年，英国托管当局征用了这个酒店的绝大多数房间以用作他们主要的军事和行政部门的总部。这家酒店在一些特殊事件中都扮演了主角，并且还在它的前面竖立了一个平台以检阅阅兵

废墟中的大卫王酒店，拍摄者：雨果·门德尔松（Hugo Mendelsohn），拍摄时间：1946 年 7 月 22 日。由政府新闻办公室提供。

式。这些场合有：1937 年国王乔治六世（King George VI）的登基纪念日典礼和 1945 年第二次世界大战结束时的庆典活动。

火焰与硫黄

　　大卫王酒店逐渐认同英国在圣地的统治，这样的事实几乎给大卫王酒店带来灭顶之灾（毫不夸张地说）。在当局于全国范围内逮捕了数以千计的反对英国托管统治的犹太人后，哈加纳司令官就命令埃特泽尔（Etzel）犹太人准军事部队秘密炸掉英国人的总部。1946年 7 月 22 日，埃特泽尔战士伪装成送货人员进入地下室厨房，将 770 磅 /350 千克重的炸药藏在大奶油桶中，放在大楼南部侧厅的地基下面。在撤退过程中，他们与酒店的保卫交火，一名战士牺牲了。同时，酒店也收到了电话警告："我代表希伯来人地下组织警告你们，我们已经在酒店中安装了爆炸装置。立即撤离——已经警告过你们了。"

　　也许是由于他们的傲慢态度——就是为了证明他们不会听命于犹太人，或者是由于接踵而至的混乱，英国人并没有立即撤出那栋建筑。结果，在警告发出 21 分钟之后，炸药被引爆了，酒店南部的侧厅完全倒塌，28名英国人、41 名阿拉伯人、17 名犹太人和 5名其他国家的国民在此次爆炸中死亡。

在灰烬中崛起

爆炸过后，这家酒店的知名度下降，并逐渐被人遗忘。1958年，丹连锁酒店（Dan Hotel chain）的主人费德曼家族（Federman family）买下了大卫王酒店。他们将酒店大楼修葺一新，并于1967年又增添了3层。其至高荣耀就是那皇家套房，比尔·克林顿和希拉里·克林顿曾在这里的皇家套房住过。套房的主卧很大，客厅设计精致，能将老城漂亮的全景尽收眼底。套间中有一间浴室，里面有按摩浴缸和独立淋浴间。甚至还有带独立入口的会议室，有一个服务生厨房和客人浴室。价格是多少呢？如果你一定要问的话，它的价格是每天2200美元，而且还在涨价……

对内部设计做的注释

这家酒店的建筑师想让其内部的装饰反应大卫王时代的风格。但是由于基本没有保留下来能向我们展示大卫王宫殿样貌的考古证据，所以这些设计者们就到中东地区去寻找灵感。其结果就是用20世纪人的眼光来看待3000年前国王的宫殿。

当你离开大卫王酒店后，向左转。刚刚上路，在公寓大楼的后面就有一个公园，在那里你能找到公共卫生间🚻。

沿着大卫王街继续往前走，走过那个交通信号灯，你就会在你的右边看到一个加油站。在十字路口向左转，转到S.U.拿艮街上。顺着街道走，在右边就是——

⑭ 梅纳赫姆·贝京遗产中心
★★★
> > > > > > > > > > > －－－－ < < < < < < < < < <

在这个中心的所有游览都要有导游的引导，参观的地方必须预约。如果你在参观前一天还没有做这件事，那你就试着在早上打电话。也许你会很幸运。我们建议你在今天结束之前对游览做出预约。这里的建筑有空调，而且一半以上的时间你都能坐着，所以当你感到精力不足时，这种旅游对于"修理时间"来说是非常适宜的了。

梅纳赫姆·贝京遗产中心（Menachem Begin Heritage Center）是为了纪念一位现代以色列最伟大的领导人。梅纳赫姆·贝京会永远受到人们的崇敬，因为在他指挥准军事部队埃特泽尔组织的时候，他阻止了一场内战；在他担任总理时，他同一个阿拉伯们国家（埃及）签订了以色列第一个和平协议。他是一个出色的演说家，也是一个高贵的绅士；尽管他很伟大，但他总保持着谦虚、人道和高贵的风度。

尽管该建筑的外表显得相当温和，但里面的展品却是很震撼和感人的。穿过一系列展厅，导游会将游客带到一个视听设备前，这个视听设备会分阶段地再现梅纳赫姆·贝京那不平凡的一生：在波兰度过的儿童时代和青年时代，埃特泽尔指挥官时期，在Knesset（以色列议会）担任反对派领袖以及出任总理的时期。

在白宫的草坪上，以色列与埃及签订和平协定时三方握手。从左至右：梅纳赫姆·贝京总理，美国总统吉米·卡特（Jimmy Carter）和埃及总统安瓦尔·萨达特。拍摄者：雅科夫·萨尔，拍摄时间：1979年3月26日，由政府新闻办公室提供。

当你离开梅纳赫姆·贝京遗产中心时，向右转，就在下面一个拐角处走进希伯伦路。向右转，折回到你停放汽车的那条大街上。等等，你不饿吗？

◀ ◀ **饕餮盛宴** ▶ ▶

🍴 图罗（TOURO）

地中海式的，符合犹太洁食标准的肉食类厨师饭店。

S.A. 拿艮街（S.A.Nachon St.）| 米甚肯努沙昂尼姆

电话：02-570-2189

营业时间：周日至周四：12：00—23：00

最初，这栋建筑是个杂货店。后来在1948 年，在独立战争期间，这个社区遭到了来自老城方向的进攻，这个商店就被遗弃了。

在 1973 年，厨师摩西·佩厄尔（Moise Pe'er）离开了大卫王酒店，在这里开了一家法国美食餐厅。老城那迷人的景色给城墙和以色列最好的葡萄酒酒窖增添了光彩，这就是这个地方成为那些到耶路撒冷参观的 VIP 游客的必游之地，不管他们是政府首脑还是电影明星。许多人在这里同耶路撒冷的传奇市长泰迪·科莱克一起用餐。我们也曾在这里吃过。那时我们一生中第一次用热盘子盛食物。我们用业务账户支付……是的，这就是那些日子！

那家饭店在 2000 年就关门了，随后这个建筑再一次被人忽略了。只有到了 2013 年，在无所不能的耶路撒冷基金会的帮助之下，这栋建筑才被修葺一新。它的一侧成了外国记者俱乐部，而被保留下来的另一侧又成为了一个美食厅。

总之，如果你有合适的客人，而且预算允许——那就把他们带到图罗吧。提醒你一句，犹大·图罗是新奥尔良的慈善家，正是他捐助的资金才使蒙蒂菲奥里爵士能够建造这个社区。这家饭店提供一种以蒙蒂菲奥里的名字命名的葡萄酒。

🍴 萨蒂亚（SATYA）

地中海里的鱼，海鲜和肉食类厨师饭店。

克伦·哈-耶索德街（Keren Ha-Yesod St.）36 号

电话：02-650-6808

营业时间：周日至周五：18：00 到最后一位顾客离开，周六：12：30 到最后一位顾客离开

万一你没有读到以上内容，记住，这家饭店在周六是营业的。难道你不为所动吗？在周六的正午时刻，在保守的耶路撒冷市的中心，要找到一个很好的，正常营业的饭店几乎是不可能的事情。而为了神的馈赠驱车60 公里前往特拉维夫则是件较为容易的事。在耶路撒冷，人们还不能接受一个人无论何时（周六）想要做任何他想做（出去吃饭）的事。也很难在一周的任何一天找到一个非犹太教传统的饭店。但是，在这里，我们正在对付一个有着自由犹太精神的企业家。

在梵语中，萨蒂亚的意思是真理。据说，一旦公开同样的名字，每个人在他的成年生活的每个阶段都有权自由选择是坚持还是改变他指引自己的方式以及他生活的现实。可能是由于这种信念，这家饭店的老板伊兰·伽鲁西（Ilan Garussi）作为一名厨师和瑜伽教员，敢于离开自己已经成功的公司（希卡拉饭店，Chkara）并开辟自己的新空间。他为他独创的菜谱寻找新鲜食材而逛市场，他的日子就是这样开始的。

除了上述内容之外，在埃梅克·雷法因街（Emek Refaim St.）上走很短的路程就会有适合各种口味和钱包的饭店。有人要汉堡、比萨或百吉饼吗？

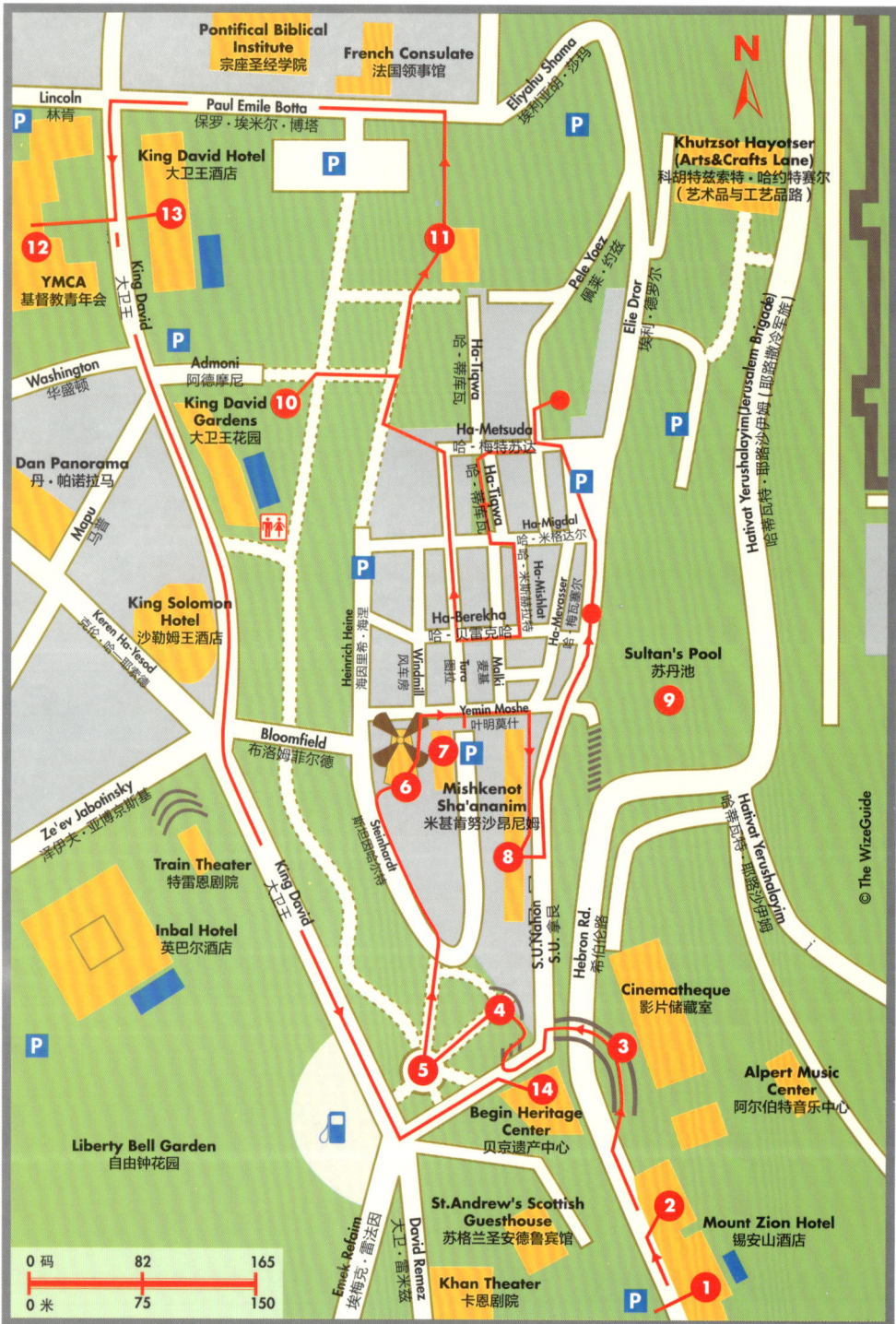

Pontifical Biblical
Institute
宗座圣经学院

French Consulate
法国领事馆

Eliyahu Shama
埃利亚胡·沙玛

N

Lincoln
林肯

Paul Emile Botta
保罗·埃米尔·博塔

P

Khutzsot Hayotser
(Arts&Crafts Lane)
科胡特兹索特·哈约特赛尔
（艺术品与工艺品路）

King David Hotel
大卫王酒店

P

11

Pele Yoez
疯莱·约兹

Elie Dror
埃利·德罗尔

Hativat Yerushalayim(Jerusalem Brigade)
哈蒂特瓦特·鄂路撒沙伊姆（耶路撒冷军旅）

13

12

YMCA
基督教青年会

P

Admoni
阿德摩尼

10

Ha-Tiqwa
哈·蒂库瓦

Washington
华盛顿

King David
Gardens
大卫王花园

Ha-Metsuda
哈·梅特苏达

P

Mapu
马普

Dan Panorama
丹·帕诺拉马

Ha-Tiqwa
哈·蒂库瓦

Ha-Migdal
哈·米格达尔

P

Keren Ha-Yesod
凯伦·哈·耶索德

King Solomon
Hotel
沙勒姆王酒店

Ha-Mishlat
哈·米斯哈拉特

Sultan's Pool
苏丹池

Heinrich Heine
海因里希·海涅

Ha-Berekha
哈·贝雷克哈

Ha-Mevasser
哈·梅瓦塞尔

9

Malki

Toro

Windmill
风车房

Ze'ev Jabotinsky
泽伊夫·亚博京斯基

Bloomfield
布洛姆菲尔德

Yemin Moshe
叶明莫什

7

P

Hativat Yerushalayim
哈蒂特瓦特·鄂路撒沙伊姆

6

Mishkenot
Sha'ananim
米基肯努沙昂尼姆

© The WizeGuide

Train Theater
特雷恩剧院

Steinhardt
斯坦因哈特

8

King David
大卫王

Inbal Hotel
英巴尔酒店

S.U.John

Hebron Rd.
希伯伦路

Cinematheque
影片储藏室

4

P

Alpert Music
Center
阿尔伯特音乐中心

5

3

14

Liberty Bell Garden
自由钟花园

Begin Heritage
Center
贝京遗产中心

2

Mount Zion Hotel
锡安山酒店

0 码   82   165

0 米   75   150

Emek Refaim
埃梅克·雷法因

David Remez
大卫·雷米兹

St.Andrew's Scottish
Guesthouse
苏格兰圣安德鲁宾馆

1

P

Khan Theater
卡恩剧院

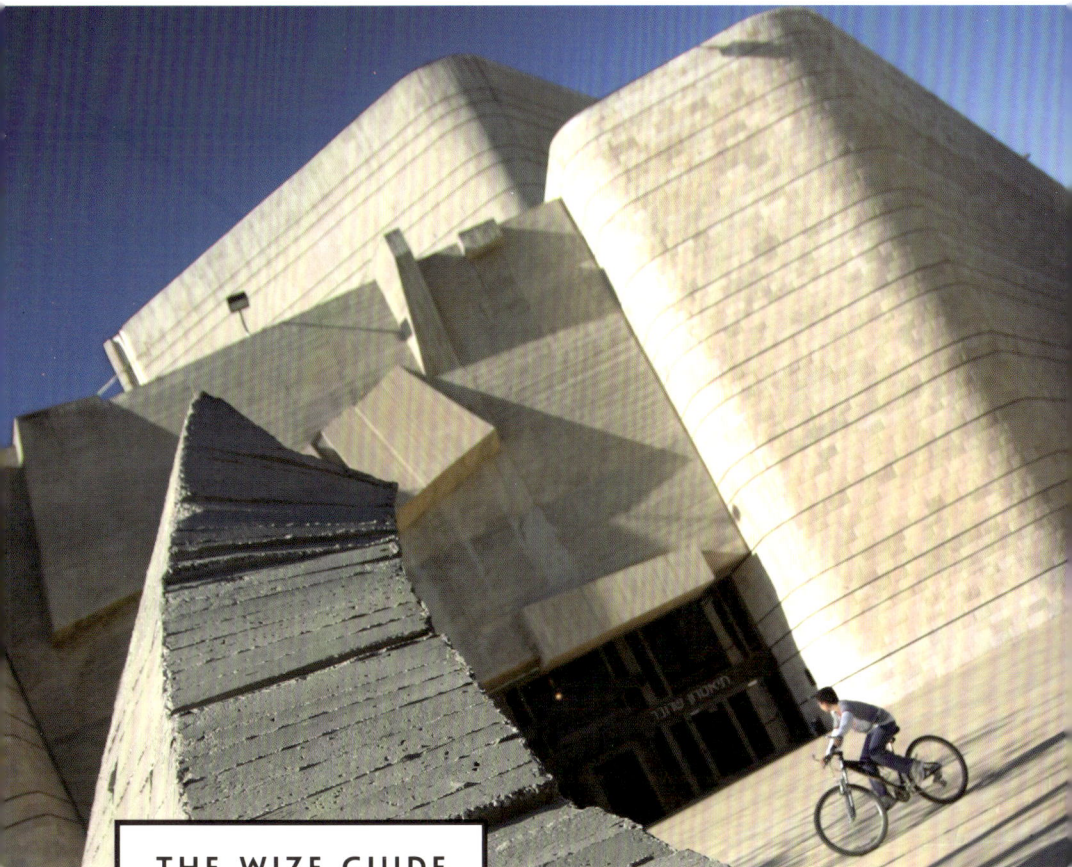

THE WIZE GUIDE

CHAPTER 7

第七章

里哈维亚和塔尔比亚

石头之下：
房子很少，八卦很多

亲爱的埃德蒙（Edmond）：

我们今天逛了里哈维亚和塔尔比亚的胡同。这里是民主贵族愉快地居住的地方：总统、总理、官员和富人。

在日本，豪华高尔夫俱乐部的会员年费已经突破了百万美元的界限。那些付费的人完全清楚这样一个事实：场地并不值这么多钱，而是在那里你有可能遇见的玩家才值这个身价。在耶路撒冷，要成为这个国家最有声望的俱乐部中的一员就意味着要在这些社区拥有一套房子（尽管这种情况要比过去少）。这趟旅行向我们介绍了这个城市的建筑遗产，并让我们了解了那些住在这些漂亮房子里的人。那么，告诉我，巴伦，你是不是计划在这里买一套房子呢？

行程安排

✓ 这场徒步旅行大约需要 4 个小时，包括三餐和午休。换句话说，如果你想享受这个旅程而不想感到煎熬，那么你务必要不时地穿插着享用一顿野餐，喝杯咖啡小憩一会或吃一顿饭。

开放时间和门票价格

这条路线上几乎所有的站点都是关闭的（民宅一般都是这样，你知道的），但是那些街道总是开放的……

最佳游览时间

房子在任何季节都会光彩依旧，但由于本次是沿街旅行，所以不冷不热的天总强于热天或冷天。最好在照明条件能将这些房子最完美地呈现出来的日子来参观。另一方面，在晚上更容易向房子里面窥视……

给带孩子家庭的温馨提示

如果他们喜欢观看那些漂亮的房子并喜欢听有关房子的解释说明就好了——务必尽一切办法做到这一点！

饮食指南

我们已经将推荐的咖啡馆和饭店融入了整个旅行的行程之中。如果天气允许的话，靠近旅行起点的玫瑰园是进行野餐的合适地点。

我如何才能到达耶路撒冷剧院（Jerusalem Theater）？

私家车：

* 当你从一号高速公路来到耶路撒冷时，按照标志牌开往耶路撒冷中心。

* 在第三个交通信号灯处走中间的车道，向着这个路口的右前方斜穿过去，走在白色的大桥下，然后向左拐到扎尔曼·沙扎尔大道（Zalman Shazar Blvd）。

* 继续往前走，扎尔曼·沙扎尔大道会先后变成伊扎克·本－兹维大道（Yitzhak Ben-Zvi Blvd.），哈伊姆·哈扎兹大道（Haim Hazaz Blvd.）和切尔尼乔夫斯基街（Tchernichovsky St.）和雅科夫·费奇曼街（Ya'aqov Fichman St.）。

* 从雅科夫·费奇曼街上向左拐进哈－帕尔马赫街（Ha-Palmah St.）。

* 在哈－帕尔马赫街上行驶至 T 字路口，然后向右拐到肖邦街（Chopin St.）上。

* 走不了多远，你就会在你左边看到耶路撒冷剧院，右边则有一个两层的大型停车场。

公交车：

从中心公交车站坐 13 路公交车。

假设你将车停到了剧院前面，你要穿过街道并围绕着那个在你左手边的大楼走。这样你就能到达主入口处前面的广场了。

> { **❶ 耶路撒冷剧院** ★ }

\>>>>>>>>>> - - - <<<<<<<<<<

清晨咖啡

"剧院咖啡"是一个在主入口大厅里的咖啡与甜品餐厅。如果你的旅途很漫长或者你很饿，我们建议你从这里开始你一天的行程（周日至周四：从上午9点直到最后一位顾客离开，周六和宗教节日：从安息日后一小时直到最后一位顾客离开）。

大家一起来到谢尔奥弗剧院（Sherover Theater）入口处前面的大广场上。你（认为这些说明与谢尔奥弗无关的人）也回到那里。来看看他是一个对夫人多么好的丈夫吧。

穷人的儿子

当梅耶·普谢尔奥弗（Meyer Psherover）即将高中毕业时，他的父亲去世了，为了生活，他不得不开始工作。他改名为迈尔斯·谢尔奥弗（Miles Sherover），而且成了一位足迹遍布世界的商人。他所从事的职业名单是惊人的：他在纽约推销保险；他在日本和中国编辑并销售过英语月刊；在美国制造并进口过内衣；在美国发行过苏联债券；在智利（Chile）、委内瑞拉（Venezuela）和墨西哥（Mexico）建立过各种各样的工厂；将美国的电影卖到东欧；在他的朋友亨利·华莱士（Henry Wallace）的总统竞选活动中帮忙……

这个犹太人命运的转折点在哪里？

在1954年，当时正值参议员麦卡锡近乎偏执地搜寻美国共产党员的活动达到顶峰之时，迈尔斯·谢尔奥弗被要求到美国驻委内瑞拉首都加拉加斯（Caracas）的大使馆报到，当时他因公出差正待在那里。迈尔斯害怕他们没收他的美国护照，他就没有理会这份请帖而是与以色列大使馆取得了联系，并通过以色列使馆到达了以色列。在那里，他被指派了一位名叫吉塔（Gita）的官方陪同人员。尽管她比他年轻二十岁，但在这俩人之间还是开出了爱情之花并且结了婚。最初他们在委内瑞拉生活了三年，然后他们返回了以色列并在耶路撒冷安了家。

谁给我建造一座礼堂呢？

有一天，这对夫妇在爱迪生剧院（Edison cinema）参加了一个音乐会，这个剧院现在已经不存在了。在他们回来的路上，迈尔斯对吉塔说："在如此糟糕的地方演出如此美妙的音乐简直是犯罪。"在严格的德国传统中长大

迈尔斯和吉塔·谢尔奥弗（Gita Sherover）出席耶路撒冷剧院的开幕典礼。

并被埃胡德·奥尔默特称赞为"坚强的女人"（"也是一个温柔的女人"，他又急忙用外交性的口吻补充说）的吉塔就对她的丈夫回答道："那么就给我们建一个更好的礼堂吧。"

极具眼光

当他的妻子给他的良心加负重担之时，是他花钱如流水的时候，这时他见了当时耶路撒冷的市长莫迪凯·伊什－沙洛姆（Mordechai Ish-Shalom），而这位市长也想在首都建造一个剧院。伊什－沙洛姆给他划出了一块2.7英亩（10德南）的土地，"纯属巧合"的是，这块土地正好在谢尔奥弗家所住的那条街的对面。他给迈尔斯提出了一条成功的市场营销建议："你将要在街的对面拥有一个私人剧院……"是啊，耶路撒冷的市长都是很称职的。

因此，到1958年该计划就正式启动了。这可不是一项简单的业绩，直到1971年，当迈尔斯75岁之时，这栋建筑才举行了落成典礼。本来想着用他的名字为这栋大楼命名；但是，他谦恭地请求泰迪·科莱克（他当时已经取代伊什－沙洛姆成了耶路撒冷的市长）给他免去这份荣誉。那么他的名字又是如何最终出现在了这栋大楼的正面的呢？请耐心地读下去。

克朗（Crown）家族的羽翼

到了1986年2月，原来的礼堂有了三个兄弟。这个大家族由来自芝加哥的克朗家族投资兴建。实际上克朗家族本来计划用他们捐赠的钱来建造一个足球场。在极端正统派人士破坏了这个计划之后，泰迪·科莱克不得不去说服克朗将体育场换成剧院。体育场，剧院——这有什么不同吗？但其不同并不是事情的全部。一方面，新的捐赠者要求他们的名字不能仅仅出现在检票口。另一方面，谢尔奥弗为礼堂主体部分筹措了资金。该怎么做？要有一个折中方案！这个建筑群又增加了一个入口，上面标明"丽贝卡·克朗（Rebecca Crown）剧院"，而在以前的入口处则贴上"谢尔奥弗剧院"的标志。

为表演艺术而建的耶路撒冷中心

该中心的折中方案：

· 900座的谢尔奥弗剧院（主体礼堂）。

· 750座的亨利·克朗（Henry Crown）交响音乐厅（耶路撒冷交响乐团之家）。

· 450座的丽贝卡·克朗剧院。

· 150座的小剧院。

顺便说一句，耶路撒冷剧院并没有自己的剧团，而是主办一些来自其他戏剧院、歌剧院、演唱会的演出，也主办一些一年一度的以色列奖颁奖典礼和国民《圣经》问答（National Bible Quiz）之类的文化活动。

注意，当你站在这个剧院入口处的时候，大门上面的墙看起来就像舞台上的帷幔。想象一下而已，快跟上来……

★ 从肖邦街上向右转到雅各布·谢斯金街（Jacob Sheskin St.）。

★ 向左拐到格达利亚胡·阿隆街（Gedalyahu Allon St.），下一站的主要入口处就坐落在这条街的14号。

{ **❷ 汉森之屋 ★**
（Hansen House） }

>>>>>>>>>>>>－－－－<<<<<<<<<<<<

名为"耶稣之助"（Jesus Hilfe）的收容所是于1887年由德国基督徒在这里建造起来的，其目的是为耶路撒冷感染麻风病的民众提供救治。这种疾病对人类身体上诸如手、脚和鼻子等更容易受凉的部分产生危害，尤其是破坏人体的皮肤和神经末梢。挪威的内科医生格哈德·汉森（Gerhard Hansen）于1873年发现了导致这种疾病的麻风分枝杆菌，从那以后，这种病就被人以一种不那么不祥的名字来称呼了，即"汉森病"。

由于这是一种传染病，所以麻风病患者自古以来就是被转移到隔离的聚集地。的确如此，当德国人买下10英亩土地（40德南）来建立这个收容所的时候，这里就远离任何一个社区。为了严格限制与外界的接触，又用一面墙围了1.7英亩（7德南）的一块土地，这样收容所里的居住者就可以自己在菜园里种菜以满足自己的需要了。

义人会平安无事！

敢于打破这种封锁的少数几个人中就有一个叫阿里耶·莱文的拉比，他被称为"耶路撒冷的正义者（圣洁的人）"。据说他经常拜访这所医院，尤其是在犹太新年这一天，他要来这里吹响羊角号。

参观还是不参观？

从2009年开始，这栋给人以深刻印象的建筑就不再是为病人治疗汉森病的日间诊所了。耶路撒冷市政当局接管了它，并于2013年将它变成一个设计、新传媒和工艺中心。它也为比撒列艺术与设计学院的老师提供安排展览。

一部分大厅腾出来为这个医院的历史做永久性的展览；其他大厅则用作临时性的展览。

你现在要围着汉森建筑群走，确保它在你的右边。

★ 从主出入口走出汉森庭院，然后向右拐到格达利亚胡·阿隆街。

★ 向右拐到雅各布·谢斯金街，然后再向右拐进入杜布诺夫街（Dubnov St.），停在该街的 1 号位置。

❸ 珀蒂特·谢尔奥弗（Petite Sherover）别墅

>>>>>>>>>>> - - - - <<<<<<<<<<<

爱之船

当迈尔斯与吉塔·谢尔奥弗决定在耶路撒冷安家之时，他们已在久负盛名的塔尔比亚社区买了一块 1.5 英亩（6 德南）的土地，并且还聘请了委内瑞拉建筑师莫伊塞斯·贝纳塞拉夫（Moises Benacerraf）来设计他们的住宅。迈尔斯要求他们的爱巢要给人一种海上的感觉，他的这种想法来自于他曾驾驶过的那些邮轮——并且他的要求实现了。这栋别墅是耶路撒冷城中这类别墅里面最大和最豪华的。围绕屋顶四周的是倾斜式的女儿墙，上面装饰有拉美风格的马赛克；而莫迪利亚尼（Modigliani）和毕加索（Picasso）的绘画则使这栋别墅四壁生辉。庭院中有一个游泳池，迎接谢尔奥弗家的客人的是一名中国仆人。在行程中，你能近距离看到这栋别墅入口处的风采。

● ● ● 几时的回忆 ● ● ●

....

身为记者和作家的埃利泽·雅里（Eliezer Yaari）曾经在他年轻时参观过这栋住宅，他回忆道：

一天，我在那个私人泳池中游水嬉戏，那感觉，用现在的话说，就等同于和所有的空中小姐一起在休·海夫纳（Hugh Hefner）的飞机里来一次空中旅行。显然，那次游泳给我带来的震动是如此之大，以至于直到今天我还记得每一个细节：泳池上镶嵌着蓝色的小块马赛克石材，还装有淋浴设施，而那些折叠椅漂浮在水面之上。直到今天，这种情况对于我来说仍是不可思议的，当时，我哥哥把我拉到那里，我所记得的是：我哥哥和另一个名叫加比（Gabby）的家伙坐在漂浮的椅子上，看起来就像摩纳哥公国的两个王室成员一样，他们当时还喝着红莓汁。"记得在一部电影中有这样一个场景：一个奇怪、沉默寡言忧郁的人在他离奇死亡之后仍流连忘返于那个奇怪的住宅，而这个住宅就像是耶路撒冷向南延伸到沙漠里的一条手臂上所戴的迷人的手镯。

加布里埃尔（Gabriel）

加比就是加布里埃尔，他是吉塔第一次婚姻时所生的儿子。他于 1988 年死于艾滋病，年仅 43 岁。在他死后，吉塔将她全部的精力和财富都倾注到使他儿子名垂千古的事业中去。她建立了加布里埃尔·谢尔奥弗基金会（Gabriel Sherover Foundation），除了别的工程之外，该基金会的基金还在建造加布里埃尔谢尔奥弗大道（Gabriel Sherover Promenade）上起了很大作用，这条大道将阿蒙·哈纳特齐夫（Armon Hanatziv）、塔皮奥特（Talpiot，雅里曾经提到过的那个手镯）和加利里海（Kinneret）的拜特·加瑞尔（Beit Gavriel）联通了起来。

加布里埃尔·谢尔奥弗

秘密人士的亲密接触

　　谢尔奥弗的住宅被用于重要的外交会见活动，并被用来招待政府首脑、外交官、知识分子、艺术家和诸如雷昂纳德·伯恩斯坦（Leonard Bernstein）和亚瑟·鲁宾斯坦（Arthur Rubinstein）之类的音乐名家。

　　在迈尔斯于 1976 年去世之后，吉塔提出将这套住宅交由政府作为招待政府首脑的国宾馆使用——有些类似于白宫附近的布莱尔国宾馆（Blair House）。但政府没有采纳这一提议，因为当时在酒店（尤其是当他们为食宿付钱时……）招待这些重要人物更加便宜。只有到了这个时候，吉塔才将那个大房子卖给了来自萨弗拉（Safra）家族的一个银行家。作为那个花园中游泳池的替代品，吉塔给她自己建造了一个更小的别墅，这个别墅由建筑师大卫·雷兹尼克（David Reznik）设计——你面前的这栋建筑就是了。在这里，她仍然继续举办秘密聚会，到 2004 年她去世时，埃胡德·奥尔默特在他的悼词中对她的住宅评价道："这里就是那个举行了最出乎意料的集会的地方，在集会上人们谈

迈尔斯和加布里埃尔在他们家里接待著名的钢琴家亚瑟·鲁宾斯坦。

论了那些最为敏感的话题。"

现状如何？

　　由于谢尔奥弗家里没有任何继承人，他们的不动产就由加布里埃尔·谢尔奥弗基金会来管理。1991 年，吉塔将那个大别墅以 310 万美元的价格卖给了由萨弗拉家族的德卡公司（Deca Company）。目前，这家公司将这栋建筑出租给了犹太事务局（Jewish Agency）。

　　至于那栋小别墅（你现在正面对的这栋），碰巧吉塔曾与德卡（Deca）达成协议，在她去世后，这栋房子将以 235 万美元的价格转给德卡公司。谢尔奥弗基金会对此提出抗辩，目前，这件事仍在等待法院审理。

沿着杜布诺夫街向前走——最好你在街的右边，这样你能看到左边那些住宅更为美丽的景色。

❹ 杜布诺夫＆平斯克（Dubnov ＆ Pinsker）别墅

> > > > > > > > > > – – – < < < < < < < < < <

在塔尔比亚建立的时期，那里的居民更愿意居住在离汉森医院围墙较远的地方，因此在靠近它的地方就留下了一片无人居住的地带。只有到了 50 年代初期，当谢尔奥弗家族在那里买下一大块土地并建造别墅之时，人们才开始争夺靠近围墙的其他地块。由现代以色列豪宅组成的迷你社区就是通过这种形式在多半是阿拉伯社区的塔尔比亚的外围形成了。

在那排别墅的尽头向左转，就会进入一个花园。

❺ 玫瑰花园

> > > > > > > > > > – – – < < < < < < < < < <

这里是进行野餐的理想之地，因为你的车仍然停在附近。这个花园最早是 30 年代由市政当局种植的，多年以来又在富裕社区不定期的资助之下经历了几次整修。

在草坪上找个地方或者找个长凳坐下，然后读一读关于塔尔比亚的历史。

◀ 一个新中东 ▶

上帝鞭打了效忠者

一切都开始于遥远的俄罗斯，1917 年，那里爆发了布尔什维克革命。那些革命分子强力贯彻共产主义信仰并严禁其他宗教仪式。他们也叫停了到圣地的朝圣活动，因此切断了对当地东正教会尤其是希腊正教会的任何财政支持。在圣地的希腊正教会的领袖们别无选择，只得将他们的财产兑换成现金，并将他们在奥斯曼时期设法接收过来的大量土地出售或出租。

谁是第一批购买者？

两个不同的团体立即与希腊人开展交易：1922 年，犹太复国主义者组织购买了一块土地并在上面建造了里哈维亚社区；截止到 1925 年，富裕的阿拉伯基督徒则购买了塔尔比亚的大部分土地。

富人是如何到达这里的?

希腊人卖掉他们的土地并不是为了获得微薄的收入。犹太复国主义者组织在花了一大笔钱买了 65 英亩（260 德南）的里哈维亚那多岩石的土地后，想尽快收回笼资金以便购买更多的土地——因此他们以更高的价钱出售这些地块。当时，只有那些来自柏林、华沙、罗兹和维也纳的富裕移民才能买得起这些土地。那些最初由塔尔比亚的富有的阿拉伯人购买的大块土地则被分成了更小的地块并以三倍的价钱出售。就是这样，富人来到了这里。

一张 30 年代航拍的照片。下面是大卫王酒店，大卫王酒店后面是基督教青年会的大楼。后面，是里哈维亚（右边）和塔尔比亚（左边）的部分区域。

塔尔比亚是如何变成一个犹太社区的?

自从这个社区建立以来，犹太人就从阿拉伯人那里租公寓和房屋。在独立战争期间（尽管阿拉伯人与他们的犹太邻居关系和睦）军事冲突将阿拉伯人驱逐了出去。是他们那些阿拉伯兄弟迫使他们离开他们的家园以证明犹太人和阿拉伯人不能共存，还是犹太哈加纳强迫他们离开的？无论哪种方式，在战争结束之时，政府已不再允许阿拉伯人返回他们的家园了。根据《缺席业主物权法》（Absentee Property Law），这里的别墅和大厦都被没收并被委托给那些在战争期间撤走的犹太区居民和这个新生国家中的新移民，无论是谁，都会感到政府官员的青睐。塔尔比亚就是这样变成一个犹太社区的。

从另一边走出这个花园，让后向左转到平斯克街（Pinsker St.），继续往前走，一直走到它与阿尔卡莱街（Alkalai St.）交汇处，拜特·哈南（Beit Hanan）那得到精心管理的庭院的入口处就在阿尔卡莱 11 号；而它那有点被忽视的兄弟——什库恩·哈－伊拖纳伊姆（Shikun Ha-Itonayim）的入口处就在平斯克街 3 号。

6a 拜特·哈南
6b 新闻记者住房建造计划

>>>>>>>>>> － － － <<<<<<<<<<<

即使是著名的塔尔比亚社区也没能逃脱"计划住房"的现象。有两个特权团体设法通过了在这个社区的中心地带建立私人住宅的计划：退役士兵在独立战争后启动了建立"拜特·哈南"的计划；另外一个（与士兵不具备可比性）就是十年之后耶路撒冷的新闻记者。在这两个案例中，有大约 0.75 英亩（3 德南）的土地被用于这些计划，并且这些房屋是围绕一个中心庭院而建的。"拜特·哈南"是以阵亡于 1954 年的哈南·他施（Hanan Tarshish）的名字来命名的，哈南是右边大楼里一个居民的儿子。

继续往前走。几乎快到达平斯克起点的时候，在平斯克街 2 号（在左边），你会发现原来的谢尔奥弗别墅。很遗憾，这个地方现在是犹太外事局的办公大楼而不再举办舞会和宴会了。

❼ 拿单·罗滕施特赖希 （Nathan Rotenstreich）广场

>>>>>>>>>> – – – – <<<<<<<<<<

平斯克和马库斯（Marcus）交叉处为以拿单·罗滕施特赖希命名的一个小广场的建立创造了条件。内森·罗滕施特赖希是希伯来大学校长并兼任这个学校人文学院院长；他还是人文学科领域以色列奖获奖者；他是一个多产的作家，写过 80 多本著作；而且最重要的是，就像希伯来大学的许多老师一样，他还是这个社区的一名居民。确实，学者曾经得到人们的尊崇。

从这里开始，你已经进入了一片住宅区，这个住宅区由建立塔尔比亚的阿拉伯人建造。我们要关注的第一个住宅就坐落于这个广场之外，在马库斯街 18 号，稍微靠左一点（与剧院广场相邻）。

{ ❽ 哈伦·阿-拉希德别墅 ★ }
（Harun ar-Rashid Villa）

> > > > > > > > > > > > – – – < < < < < < < < < < < <

这栋别墅由汉纳·易卜拉欣·比沙拉特（Hanna Ibrahim Bisharat）建造于 1926 年。尽管他是名基督徒，但他还是以《一千零一夜》这本书中著名的阿巴斯王朝哈里发哈伦·拉希德的名字来为这栋别墅命名——也可能是以这位哈里发所建立的非凡的宫殿来命名。

在 20 世纪 30 年代，汉纳家族破产了，之后其孩子迁到了开罗和美国。这栋别墅就租给了英国皇家空军，皇家空军在一楼建立起司令部，而二楼则由参谋长居住。后来又为其工作人员——或者说是服务人员——在楼顶建造一个小公寓。在英国人离开巴勒斯坦前的一天，他们将这栋房子的钥匙交给了哈加纳（英国对巴勒斯坦托管时期犹太人准军事化组织）。在战争结束之后，根据《缺席业主物权法》，这栋房子就被收归国有了。

谁住在这栋房子？

以色列政府允许公职人员居住在这里。因此，例如，在那个屋顶的阁楼里（以前居住仆人的住处）就住过莫迪凯·纳米尔（Mordechai Namir，后来的特拉维夫市市长），卡迪什·卢斯（Kadish Luz，后来是以色列议会议长）和戈尔达·迈尔（Golda Meir，时任劳动部长，后来任外交部长和总理）。这栋别墅的小公寓被称为"戈尔达政治厨房"（Golda's political kitchen）的诞生地。

一段伤痕累累的过往

值得注意的一项是这栋房子里的亚美尼亚瓷砖装饰，这种装饰是由一位耶路撒冷最早的亚美尼亚陶瓷艺术家大卫·奥哈内森（David Ohanessian）设计的。仔细看一下就会发现有些瓷砖已经被刮坏了。历史照片表明一些彩绘瓷砖上用拉丁文字母标明了这栋别墅的名字——哈伦·阿-拉希德。一项简单的调查向我们揭示了当联合国秘书长达格·哈马舍尔德（Dag Hammerskjold）即将拜访戈尔达时，人们用喷砂的方式对瓷砖进行了清洗，当局这么做是想掩饰他即将居住其中的这栋房子过去曾属于阿拉伯人的事实。

❾ 瓦萨夫·比沙拉特（Wasaf Bisharat）住宅 ★

>>>>>>>>>>> - - - - <<<<<<<<<<<

汉纳的兄弟瓦萨夫·比沙拉特在哈伦·拉希德别墅（马库斯街 16 号）的右边建造了他的住宅。独立战争期间他离开了这个社区。之后他的房子就被收归国有，并成为荷兰领事馆的总部，后来又成了以色列国防军（IDF）第一位发言人摩西·佩尔曼（Moshe Perlman）的住宅。我们挑选这栋房子的目的是说明这个社区里更高的建筑的发展趋势。在 20 世纪 50 年代后期，城市总体规划使这个社区的容积率上升到 75%—120%。这个社区的许多居民都是免费获得了他们的房屋，他们又将这种分区性供给的房产卖了那些想住在城市中最时髦地区的富人，然后这些新的业主就在这些房屋原来那宏伟的结构上又增添了新的楼层。因此，到了 1999 年，你

面前的这栋楼房的房顶上面又新添加了两层。在我们通过这个社区之时你还能看到类似的附加建筑。在某些情况下，这些变化别有风味，使用的也是高质量的材料。但在另外一些情况下，这些添加建筑却损坏了原有的设计风格。

现在沿着马库斯街继续往前走几步，你会到达马库斯街 11 号的那栋房子。

❿ 马斯（Mas）住宅

>>>>>>>>>>> - - - - <<<<<<<<<<<

居住在塔尔比亚的第一个犹太家庭。这个家庭的一个名叫丹尼马斯（Danny Mas）的儿子是第 35 护卫队的指挥官，这个护卫队就是所谓的拉姆梅德·赫（Lammed Heh），其成员在独立战争期间为重新对古什埃齐翁进行紧急补给而全部阵亡。这栋房子最初只有一层。如果你现在数一数它的楼层的话，你会发现它的楼层增加了，而且还很漂亮……

行程继续，从马库斯街走向文盖特萨拉马广场（Wingate/ Salameh Square），但是如果你还想再看一些塔尔比亚不久以前建造的优雅的房子的话，你就向右转到迪斯雷利街（Disraeli St.），并一直走到迪斯雷利街 7 号与阿尔卡莱街 8 号的拐角处。

这栋房子由贾马尔（Jamal）家族建造于 1927 年。从德国移民到以色列的马斯家族于 1933 年租下了这套房子，因此，他们就成了

⑪ 贾尔拉德（Jallad）房屋
★ ★

>>>>>>>>>>> − − − <<<<<<<<<<<

承包商奥古斯特·贾尔拉德（August Jallad）以出租为目的建造了这栋房屋。它被认为是这个社区中最漂亮的建筑，在1936—1937年曾作为英国皮尔委员会（Peel Commission）的总部。这个委员会首次提出了将这个国家分立为阿拉伯和犹太两个独立的国家，而耶路撒冷则单独处于国际控制之下。你应该意识到这个建议遭到了双方的反

对······

1948—1983 年，由青年阿利亚（Youth Aliyah，一个曾拯救过 2.2 万名犹太儿童的犹太人组织，该组织将这些儿童从第三帝国转移到巴勒斯坦和其他国家）管理的"莫特扎"儿童协会（"Motza" Children's Institute）坐落于此处。现在，这栋建筑仍然是一个教育机构。请注意其建筑元素的精致的细节：

阳台上的栏杆、窗子上的斗拱飞檐、门上的圆拱、锯齿状的屋檐和主要特色——亚美尼亚瓷砖。

向左转到阿尔卡莱街，再向左转到霍夫维·锡安街（Hovevei Zion St.），在霍夫维·锡安街 3 号就是——

⑫ 苏努努（Sununu）别墅

>>>>>>>>>>> － － － <<<<<<<<<<<

一个来自希腊正教会团体的名叫苏努努的商人在 20 世纪 30 年代建造了苏努努别墅。苏努努这家人在 1948 年春天就离开了他们的房子并前往黎巴嫩。这座废弃的房屋后来就由马丁·布伯（Martin Buber）居住了，马丁·布伯是一位哲学家，他被认为是我们这个时代最伟大的犹太思想家之一，他是在独立战争最激烈之时被迫撤出他在阿布·图尔（Abu Tur）的家后才来到了这里。在布伯去世后，这套房子就卖给了阿诺德·斯帕埃尔（Arnold Spaer），这个人是以色列最杰出的一位律师。例如，斯帕埃尔声称，当不能确切地知道夫妻中是谁开车之时就不能对他们进行罚款，同时也不能强迫他们互相检举对方，作为其结果，以色列议会被迫改变了在诉讼领域的某些法律……现在这栋房子归美国一位名叫迈克尔·斯坦哈特（Michael Steinhardt）的金融奇才所有。

当你再一次来到马库斯街之时，向右转，一直走到这条街的尽头，在那里——在马库斯街 1 号——你会找到：

⑬ 卡列夫基金会 ★ （Karev Foundation）

>>>>>>>>>>> － － － <<<<<<<<<<<

卡列夫基金会由布隆夫曼（Bronfman）家族在 1990 年建立，其目的是确保所有以色列儿童享有平等的教育机会。在实践方面，该基金会资助了社会实践项目以及课外数学和英语班，因此在一定程度上消除了实现教育公平性的一个最大的障碍——只有那些有着知名父母的孩子才能享受额外的教育。

这栋建筑由一个名叫安东尼·卡哈纳（Antonio Kahana）的富有的阿拉伯基督徒于 1926 年建造，而上述基金会就坐落在这里。这栋房子在建成后的许多年里都被当成仓库来使用，之后它被捐给了希伯来大学，希伯来大学则将它出售给了布隆夫曼家族，后者当时就把它传给了这个基金会。城市的容积率使人们在上面又增添了两层，而为了保存原来的建筑结构，这两层又被抛弃了。

⓯ 文盖特广场、X、Y 和 Z ★

>>>>>>>>>>> - - - <<<<<<<<<<<

这个广场原来是以康斯坦丁·萨拉马（Constantine Salameh）的名字命名的，他是一个商人，将他的住宅——那栋在街道对面的奢华别墅连同三个以出租为目的的住宅楼围绕那个广场而建。他给它们指定了字母 X、Y 和 Z 来进行区分。为了淡化塔尔比亚过去那段阿拉伯历史，耶路撒冷当局将这个广场的名字改为"奥德·文盖特广场"，并试图授予这个社区 Komemiyut（主权）的称号。但它没有坚持。塔尔比亚这个名字的起源是不确定的。有人认为其起源于到麦加朝圣时所喊的"应召词"，而另一些人则认为一个名叫阿布·塔利布（Abu Talib）的富有的地主正是给这个社区起名字的人。

添加楼层之前的 Z 号住宅楼（马库斯街 2 号）以及楼前的树木。
拍摄者：西摩·卡特科夫（Seymour Katcoff），1950 年，由政府新闻办公室提供。

⓯ 萨拉马别墅 ★★
[巴尔弗街（Balfour St.）2 号]

>>>>>>>>>>> - - - <<<<<<<<<<<

萨拉马的传奇故事

康斯坦丁·萨拉马（Constantine Salameh）是一位成功的商人：他是通用汽车代理人，建筑工程承包商，并且还取得了对英国监狱食品供给的垄断权。他确实很成功，但也是命运多舛——在他一生中，他曾三次失去他的财产：第一次，在独立战争期间，当他离开以色列时，他的资产都被没收了；第二次，他的财产被埃及总统纳赛尔（Nasser）的政权没收了，其理由是他与纳赛尔前面的统治者法鲁克国王（King Farouk）有联系；第三次是在黎巴嫩内战期间。尽管发生了这一切，但他仍然是个有钱人，活到了 103 岁的高龄，并且在他之后留下了一个辉煌的商业王朝。毫无疑问，他过去曾是英国人，而他的传记则应该成为一部有趣的电视连续剧的剧本，其中最迷人的章节应该是他为他自己在塔尔比亚建造房屋的故事。

第 1 幕—— 一套与众不同的房屋

1925 年，康斯坦丁·萨拉马还是希腊正教社区的一员，他从当时正处于财政困境中的正教会手中购买了一大块土地。他在其中一部分土地上建造了房屋以供出租，并将剩下的土地出售以获取可观的利润。那个时候，他正忙于在埃米尔·博塔（Emile Botta）街上建造法国领事馆。在这个工程实施过程中，他与建筑师马塞尔·法维耶（Marcel Favier）关系日益密切，并请求法维耶为他建造一座能恰当地反映他的财富与地位的房子——"一座无人能够模仿的独特的房子。"事实上，法维耶设计了一座直到今天被认为是耶路撒冷最漂亮的房子。它是一座干净的府邸，拥有笔直的线条，为了适合国际风格，它还将经典的对称结构和一些东方的圆形窗户结合在了一起。

房屋里面具有装饰艺术风格（Art Deco）。中央大厅有引人注目的两层楼高的天花板，而使大厅生辉的则是一个八边形喷泉。房间都有木质天花板和卡雷拉大理石地板。这栋房子有一个内部电梯，还有供佣人居住的地下室层，甚至还有一个可容纳两辆汽车的车库——在 1935 年这是非常少见的。一个花园围绕这栋房子而建而形成了一个小动物园，这时为了取悦萨马拉的孩子们。换句话说——这是一栋非常出色的别墅。

第 2 幕——处于危险中的房子

在 1947 年联合国巴勒斯坦分治法案通过后，美好生活就结束了。耶路撒冷爆发了流血冲突，塔尔比亚的阿拉伯人放弃了他们的家园。起初，萨拉马待在他的屋子里，但阿拉伯人担心萨拉马待在那里有可能意味着犹太人和阿拉伯人能生活在一起，于是他们就威胁他的家人，最后，在 1948 年 3 月，他屈服了。他将房子租给比利时领事后就带着他的家人去贝鲁特（Beirut）了。

第 3 幕——围绕房子的战斗

萨拉马在以色列拥有很多财产，这引起了一个以色列的名叫加齐特（Gazit）的好斗的律师的兴趣，他找到了萨拉马，并提出他要设法恢复萨拉马家族的财产。最终，在 1983 年取得了一个折中方案，即：以色列政府补偿给萨拉马 70 万美元，作为交换，萨拉马则明确宣布放弃他在以色列的全部财产。故事到此为止了吗？当然没有。由于一些神秘的原因，商人大卫·索弗（David Sofer）进入了这个故事，他声称他已经为这桩交易付过钱了，作为交换，对方已许诺将这栋别墅的所有权给他。这件事目前正在最高法院进行辩论，第二季也可能有足够的爆料。萨拉马的后人否定了这项交易，而比利时领事馆则正在获得好处：由于比利时人并不希望在这场冲突中站在任何一方，所以他们自 1983 年后就再也没有交过房租……

巴尔弗街是当初的阿拉伯塔尔比亚社区（在右边）和里哈维亚（在左边）之间的分界线，后者从它形成之时起就是犹太人的。耶路撒冷居民过去常将这条街称为"领事街"，因为在这条街上有许多的领事馆。

巴尔弗街 20 号——这是萨拉马建造的 X 号房屋。以色列总统扎勒曼·夏扎尔（Zalman Shazar）在被任命为教育与文化部长时搬到了这里，在 1963 年被选为总统时才离开。

巴尔弗街 19 号——总理摩西·夏雷特（Moshe Sharett）在结束了任期后就在这里住在上面一层。

巴尔弗街 18 号——以色列外交部第一任总干事沃尔特·埃坦（Walter Eytan）曾经住在这个房子里。

巴尔弗街 15 号——这里是土耳其领事馆。

巴尔弗街 7 号，布伦纳街拐角处——这里是塞法迪首席拉比以色列·伊扎克·尼西姆（Yitzhak Nissim）的家。

你应当进入总理官邸街道了。如果道路被禁用了，那么就向左转，并向右拐两次来绕着这个封闭的街道走。

⑯ 肖肯图书馆
（巴尔弗街 6 号）

>>>>>>>>>> ----- <<<<<<<<<<

读书的百万富翁

扎尔曼·肖肯（Zalman Schocken）在其一生之中将其私人藏书收集在一起，其藏书室被认为是世界上最好的藏书室之一。这里收藏着一些珍藏版图书，例如：第一部完整版的《巴比伦塔木德》，还有《光明篇》（Zohar）（犹太教神秘主义派别卡巴拉教（Kabbalah）最重要的著作）的第一个版本。当他即将移民到以色列之时，他就要求建筑师埃里希·门德尔松（Erich Mendelsohn）为他的家人和书籍分别设计一套房子。是的，他爱他的书籍。

希伯来大学的官员总是对这些收藏品梦寐以求，他们想方设法要说服肖肯将这个图书馆捐赠给希伯来大学。肖肯同意了，但条件是在他 75 岁生日那天由希伯来大学授予他一个名誉博士的头衔。学校要求他先捐赠，然后再视情况而定。双方拒不让步，结果就是肖肯将这个图书馆传给了他的孩子，而他的孩子则将这些珍藏品卖给了最高价竞买人，例如，法国政府。就这样，以色列失去了最伟大的收藏品，而这些（如果有一点点敏感性和理智的话）本来能够成为犹太国家图书馆王冠上的宝石。

每个房子都需要有一个圆形阳台

这栋房子以及里面大部分的犹太文物藏品都捐赠给了美国犹太教神学院，与希伯来大学形成对比的是，这个学院很明智地授予了肖肯一个名誉博士的头衔。与肖肯别墅不同的是，这个图书馆的建筑仍保持着原来的样子，并且还拥有一个专业的参考书阅览室。从外面看，这栋建筑并没有什么引人注意的地方；但是如果你绕着内部的院子走走，你就能发现这个伟大的建筑师所惯用的特点，即将诸如阳台或楼梯井之类的圆形元素融合进他的建筑中去。

在总理官邸的对面，即巴尔弗街 4 号，以前是瑞士领事馆。以色列政府在梅纳赫姆·贝京的领导下于 1980 年占领了东耶路撒冷之后，大多数领事馆就迁出了耶路撒冷。

在总理官邸（我们一会还会回来）附近四处走走，然后向右拐到斯莫伦斯金街（Smolenskin St.）上，我们要前往的是斯莫伦斯金街 7 号那栋靠近总理官邸的房子。

🔞 肖肯别墅

>>>>>>>>>>>> - - - <<<<<<<<<<<<

扎尔曼·肖肯是第二次世界大战前德国的一位成功的商人。他所拥有的 14 个百货公司就足以证明他的成功了。但是，他并没有满足于"白手起家"的荣誉。尽管童年时代他并没有接受过正规的教育，但他一生都在学习，他还经常在出差时带上他的家庭教师。

所有者：扎尔曼·肖肯 | 建筑师：埃里希·门德尔松 | 城市：斯图加特（Stuttgart）| 建筑：肖肯百货公司。

他最突出的才能之一就是他识别和培养天才的能力。他资助过塞缪尔·约瑟夫·阿格农（文学领域诺贝尔奖得主）和哲学家马丁·布伯，这种资助贯穿于他们的一生；他还在他的百货公司中为埃里希·门德尔松（20 世纪最伟大的建筑师之一）提供了充足的建筑设计机会。当纳粹在 1933 年掌握政权后，门德尔松（他是个犹太人）就离开了德国并移民到以色列。肖肯则在德国又待了一年，他利用这段时间将他的资产转移到了其他国家；在此期间，他还委托门德尔松设计了他在以色列的住宅和图书馆。

肖肯别墅建在一块面积有 1.5 英亩（6 德南）的广阔的土地上，被认为是耶路撒冷城中最豪华的住宅之一。尽管从外面看，它好像是一座朴素的城堡，但其内部的设计者可能是所有城堡的骄傲。例如，其大理石地板有一部分开采自卡梅尔（Carmel）山脉，也有一部分是从约旦购买的。里面的家具是从德国进口的，阳台上装有椭圆形泳池。但是，所有这些都不足以将肖肯留在以色列，在 1940 年（在他来到以色列六年之后）他就离开这里去美国了。多年来，这栋房子接连住过许多房客，其中有著名的英国军队司令官巴克将军（General Barker）。

变成学校的豪华住宅

1957 年，这栋别墅被鲁宾音乐舞蹈学院（Rubin Academy of Music and Dance）购买。泳池被填满了水泥，门德尔松那洁净的作品也被许多建筑附加物所毁坏。今天所看到的正面结构是后来添加上的，这只是为了使把事情搞清楚。

大花园最终也被卖掉了，取而代之的是两栋拔地而起的住宅楼。当学院迁到它在吉瓦特拉姆的新址之后，这栋房子又被卖掉了，其购买者则想把它拆毁。尽管这栋建筑处境悲惨，但这一次，在那些想将它作为地标性建筑保留下来的人中出现了一股反对浪潮。在这本书写作之时，有传言说这个地方将会被买来建成国家档案馆，而那个开发商则会在其他地方获得土地补偿。与此同时，这个地方已经成了一个学习机构。总之，埃尔·肖肯别墅的最后章节尚未得出结论。

在 20 世纪 30 年代航拍的一张肖肯住宅及花园的照片。

现在返回到这个国家最重要的住宅，这里是斯莫伦斯金街9号，在巴尔弗街3号的拐角处。

⓲ 总理官邸 ★
（以前被称为阿金住宅）

>>>>>>>>>> – – – – <<<<<<<<<<

最早买这块土地的人是莉蒂亚（Lydia）和爱德华·阿金（Edward Agion），他们是来自亚历山大的富裕犹太人。那一年是1935年，当时这个地段是黄金地带——处于这个城市领事区的中心（在英国托管时期，耶路撒冷是行政首都；但是，由于这个地方当时还没有建立国家，因此这里只有领事馆而没有大使馆）。设计这栋住宅的任务当时委托给了理查德·考夫曼（Richard Kauffman），他也是规划里哈维亚社区的那位建筑师。为了与时代潮流保持一致，他以一种国际性风格［这是一个常常用来描述美国包豪斯（Bauhaus）建筑的术语］设计了一栋别墅。也就是说，这种风格强调功能，不再追求艳丽的装饰，其空间从外部来看像是"立方体"，重视使用直线和使人想起现代雕塑的非对称性。

自从阿金家族在1938年迁到这个住处之后，这个住宅就成了社会精英的文化俱乐部。我只想说，南斯拉夫皇太子彼得（Peter，他在1941年继承王位）的到来给这个房子增添了光彩。当时他只有15岁，在他父亲被刺杀后躲藏在以色列。

1947年，在大卫王酒店被炸前夕，英国人在耶路撒冷划定了安全区。当局要求这个家族腾出他们的房屋，当时他们的房子就租给了军事司令部。在独立战争期间，这栋别墅充当了一所战地医院。

1952年，在以色列政府将其重点从特拉维夫转移至耶路撒冷之后，当局就买下来这栋建筑并把它作为外交部长的官邸。例如，已过世的阿巴·埃班（Abba Eban）曾住在那

纳瓦（Nava）在看报纸，而埃胡德·巴拉克在弹钢琴。这就是那些日子……拍摄者：雅科夫·萨尔，2001年，由政府新闻办公室提供。

里。这种情况一直持续到伊扎克·拉宾第一次当选总理之后，当时拉宾的妻子丽娅去雅各布斯住宅检查总理官邸。当她回来后，她便宣称，那套房子散发着陈旧的气息。因此，她要求取得但也确实被授予了外交部长的官邸。从那以后，这套别墅就一直作为以色列总理的官邸。伊扎克·拉宾、梅纳赫姆·贝京、伊扎克·沙米尔（Yitzhak Shamir）、西蒙·佩雷斯、本雅明·内塔尼亚胡、埃胡德·巴拉克、阿里尔·沙龙和埃胡德·奥尔默特——他们所有的人都居住在这里。

在拉宾遇刺后，当局花了一大笔钱来增强这栋住宅的安全性，包括修筑高墙、加装防弹窗及其他安全措施。不要忘了，在本-古里安时期，只有一个警察守卫着总理的住处……在2000年，当埃胡德·巴拉克搬进来的时候，巴尔弗街靠近总理官邸的部分都实行了交通管制。如果你碰巧在总理到达或离开之时在这个社区，那你就准备观看一下城镇中最好的一场演出吧。当然，他们都很谨慎……

一直往前走，走到巴尔弗街的尽头，然后向左转到阿扎街（Azza St.）。我们正要前往的咖啡馆坐落在阿扎街和本·梅蒙·哈拉姆巴姆街（Ben Maymon Harambam St.）相交形成的一个三角地带。

⑲ 巴黎咖啡馆

>>>>>>>>>> ----- <<<<<<<<<<

本·梅蒙·哈拉姆巴姆街1号，电话：02-566-5126，符合犹太洁食标准。

营业时间：周日至周四：7:30—午夜；周五：7:30至安息日前一小时；周六：安息日过后一小时。

2002年3月9日，周六，晚上，当时这个地方还称为"咖啡时光"。仅仅两个月之前，这家受欢迎的咖啡馆就从阿扎街迁到了这里。但是，当时在晚上十点半时，有一个自杀式炸弹袭击者走进了这家拥挤的咖啡馆，穿过庭院，在楼房的入口处将自己引爆，这一举动导致11人死亡，几十人受伤。但咖啡馆的老板约拉姆·科恩（Yoram Cohen）很快就振作了起来，在不到一周的时间里就重新开业了。这个咖啡馆持续营业了两年半，但是沉重的债务负担最终打败了老板，使他不得不关门停业。在他那挂在门上的告别信中，他写道："亲爱的时光粉们，尽管我们的事业蒸蒸日上，每一天我们都能为很多人服务，

但是，我们经历了长期的痛苦折磨和孤注一掷的尝试并为之付出了巨大的意志力和个人牺牲，我们还是被那些债务击败了。从那该死的一天起，我们就一直背负着这个沉重的负担，它也将我们扼杀掉了——只是一种更慢的死亡。"

在围墙左边有一块纪念遇难者的石板。

这个地方值得参观吗？当然值得了。

朝着这个咖啡馆所坐落的三角区的尖角所指的方向，沿着本·梅蒙·哈拉姆巴姆街（迈蒙尼德）向前走。下一个交叉口被称为法兰西广场。2006年，当时巴黎市长参观了耶路撒冷之后宣布，为了纪念耶路撒冷解放40周年，他将为这个地方捐赠一个用来展示用的82英尺（25米）高的埃菲尔铁塔模型。耶路撒冷当局婉拒了这个阳具状的纪念碑，并答应用一个著名喷泉的复制品替代它。

⑳ 法兰西广场 ★

>>>>>>>>>> ----- <<<<<<<<<<

当你面朝你所来的那个方向时，在你的左边你会看到圣特拉（Terra Santa）大楼，它建造于1926年，是一所基督教大学。从独立战争末期（1948—1949年）到1999年，这栋大楼由希伯来大学使用。

这栋建筑由意大利建筑师安东尼奥·巴尔鲁兹（Antonio

Barluzzi）设计，其艺术风格为这个城市的许多教堂增添了魅力。站在屋顶上的是被光环所环绕的玛多妮娜（Madomina）的塑像，玛多妮娜是米兰的保护神。

在那条街靠近普里马国王酒店（Prima Kings Hotel，不知何故，其窗槛花箱中总是鲜花盛开，好像这里是瑞士一样）的地方向左转就会到达拉姆班街（Ramban St.，纳奇曼德斯）。你一走过该酒店，在你的右边，即拉姆班街8号，就是你要参观的下一站。

㉑ 风车房商业中心
★

>>>>>>>>>>> - - - - <<<<<<<<<<<

大约在1875年，希腊正教会建立了一个风车房以将当地的粮食磨碎。为了在与蒙蒂菲奥里在米肯努沙昂尼姆建立的新型风车房的竞争中确立其优势地位，那些希腊人给他们的风车房装上了汽油发动机，这就使他们的风车能在风力减小的情况下继续工作。

随着岁月的流逝，在俄国革命之后，希腊教会面临着破产的境地。那些教会领袖不得不将土地卖给房地产开发商，因此导致这个风车房处于闲置的状态。它一直闲置了好几年，而里哈维亚的孩子们则利用这个时机将这个建筑物顶部的十字叶片给卸了下来。不管你信不信，它最终还是以居住的目的卖掉了。建筑师埃里希·门德尔松（因肖肯别墅而成名）认识到了这个具有异国情调的建筑的隐蔽潜力，就把它买了下来，并且从1935年到1941年他都住在里面。

在20世纪70年代，这个建筑又落入一个承包商的手中，他想在它的下面建造一幢住宅楼。在其设想阶段市政当局就阻止了这项计划，人们也提出了很多有关如何挽救这个风车房的想法。最后，当局同意那个承包商将这个地方变成一个商业用地，但条件是要他保留风车房。在1986年，这栋建筑又易手了。这一次获得它的是加拿大房地产开发商爱德华·莱兴曼（Edward Reichmann），他完成了这个商业中心的升级，并修复了这个风车房。这个购物中心很小，但在这里却是独家经营。其顶层是兮阳大酒店（Sheyan restaurant）（营业时间：周日至周四：12：00—16：00，19：00—24：00。电话：02-567-2007）。这家酒店提供各式各样的远东美食，而且这些美食都很严格地符合犹太洁食标准。

风车房——一个秘密的营地

哈达萨·奥尔加德（塔克奥韦尔‐凯蒂）

发现一个隐秘之处，并把它变成一个"营地"是每个地方的孩子们都拥有的梦想。事实上，当我和我的五个朋友走进那个用墙围起来的庭院里，并发现了那个拥有奇特叶片的风车房时，我们觉得已经找到了我们的营地。我们战战兢兢地打开了那扇铁门，发现我们就站在第一层。天花板很高，呈穿拱形；空气中弥漫着臭味；每个角落都充满着灰尘。我们回到了家中，将这个地方的情况告诉给我们的父母们。我们得到了他们的祝福，他们要我们务必小心，并且要去就一起去。

我们又返回到这里。由于并没有女巫来迎接我们，我们就鼓起勇气走到第三层，也就是顶层。将手伸到窗户外面，几乎能触摸到风车上面的老叶片。从那里俯瞰花园，景色很棒。我们觉得好像已经征服了一艘海盗船的船桥一样。就是这样！这里就是那个组建秘密团伙的地方。我们坚信：这个风车房就是一块等着我们去打磨的宝石——更确切地说是等着我们去打扫。污垢堆积如山，有发霉的床垫、食物残渣和废旧包装材料、报纸、抹布，还有老鼠屎和大量的蜘蛛网——我的意思是成吨的。尽管我们都只是11岁的女孩，但我们都不怕这项艰苦的工作。

第二天，一支"劳动队"行走在耶路撒冷的街道上，这支劳动队穿着工作服，他们的右手中拿着桶和抹布，左手拿着扫帚。我们感觉就像以色列国防军中的精英部队。我们匍匐前行，穿过风车房的大门，偷偷溜到顶层，然后就开始将垃圾收集到塑料袋子里。我们将那些令人厌恶的床垫滚到较低的楼层。

但是，我们这场"大扫除"冒险需要用水。我们能得到水吗？嗯，普里马国王酒店至今仍坐落在这个风车房附近。那些宽大的台阶就通向其入口处，柔软的地毯吞没了在那里待过的游客的足迹，闪烁的枝形吊灯挂在天花板上。我们并没有被里面的浮华和光彩所吓倒，我们大步走进那家酒店，然后就去了客人的盥洗室。在那里，我们拧开了那些镀金水龙头，在那些宽阔的大理石水槽中冲洗那些已被灰尘弄脏了的抹布，并把我们的水桶灌满了水。正像我所说的那样，那个风车房很脏——所以我们在那个酒店中不断地进进出出，气喘吁吁，汗流浃背。直到今天，我还不理解怎么就没有人问我们在做什么或者将我们从那里赶出来。

令我们惊讶的是，一天下午，我们发现其他人知道了我们的这个秘密处所。那些床垫又被放回到了楼上，周围还有一些食物残渣和空瓶子。蜡烛则被粘到了窗台上。我们太幼稚，以致认为这里是那些可疑人物或者也可能是那些无家可归的人们的夜间避难所。我们拿来一张纸，并在上面写上以下注意事项："我们是一群想照管此处的女孩，请帮助我们保持此地的干净。"然后傻乎乎的我们就高高兴兴地回到了家。

几天之后，我们发觉不仅那些看不见的伙伴没有因这一尘不染的住处而给我们留下感谢的便条，而且他们根本上就无视我们的要求，他们对待我们那秘密的风车房就好像对待自己的东西一样。用黑烟灰写的字又以"装饰"墙的名义死灰复燃，而空烟盒子则散落着四处都是。我们别无选择，只能召开一次紧急会议，在那次会议上，我们一致决定，更好的方案是我们再去寻找一个地方——找一个没有其他伙伴与我们分享的营地。

返回拉姆班街，然后向左转到国王乔治五世大街（King George V St.）。

㉒ 国王乔治五世大街

>>>>>>>>>> – – – – <<<<<<<<<<

·一走过普里马国王酒店，你就会从海沙尔·什洛莫（Heichal Shlomo，"所罗门宫殿"）旁边经过，它在你的左边，以前是以色列首席拉比的宅邸。这栋建筑内部现在有犹太遗产博物馆、会堂、办公场所和一个礼堂。

·穿过这条街道，在其右边有一栋被认为是耶路撒冷城中最丑陋的一栋公寓。这栋公寓的左边就是耶路撒冷莱昂纳多广场酒店（Leonardo Plaza Hotel）。

·靠近你左边的就是仿照犹太圣殿而建的现代（1982年）耶路撒冷大教堂（Great Synagogue of Jerusalem）。如果门开着（它们通常会开着），你就可以进去看看。请注意，无论是男人还是女人，都应该带上一个头罩。

·这条路以国王乔治五世来命名，当时，也就是在1948年，英国人是这个国家的统治者。

就在下一个十字路口前面有几个楼梯，它们通向一个大院子。

㉓ 国家机构大楼

>>>>>>>>>> – – – – <<<<<<<<<<

这是耶路撒冷城中最重要的建筑。从20年代末期（在以色列建立之前）到60年代早期，这里就是犹太人领袖及后来的以色列领导人的办事处。

这块土地是从希腊正教会那里得到的，它位于英国政府（英国政府的人员就待在街道对面的一栋大楼里）的对面，这种选址展现了一种自豪感；它还位于设在附近皇宫酒店［Palace Hotel，现在则是华尔道夫·阿斯多里亚酒店（Waldorf Astoria Hotel）］里、当地主要的阿拉伯组织前面。

在1927年进行的一场建筑设计比赛中，最后建筑师约翰·拉特纳（John Ratner）取得了胜利。他以一种国际风格设计了一栋两层的楼房——讲究实用而拒绝装饰；然而，后来在当地法律的命令之下才加装了一层石面。前面添了一个令人印象深刻的阳台，现在这里有一些（更像是暗示）老城城墙的元素。多年以来，又在其上增加了一些楼层，这就导致这栋大楼失去了它原有的一些优美。

这栋大楼分成三部分，提供给以色列成立之前领导犹太人的三个著名机构。现在，它们仍然居住在这栋大楼里：

·中间是世界犹太复国主义组织，它在以色列建国之前是犹太社区的"政府"。

·左侧是克伦·哈耶索德（Keren Hayesod）的住处——这是为犹太复国主义运动募集资金的机构。他们从我们这里购买了915本指南书并将它们作为礼物赠送给这个国家最大的捐助者。令人肃然起敬。

·右侧是犹太国家基金会（JNF），该团体的工作就是去购买土地并为建立犹太人定居点做准备。

发生在这里及其周围的一些更为重大的事件有：

·1948年3月11日，一个汽车炸弹在庭院中爆炸，导致11人死亡。

·在这个庭院里举行了许多国葬，其中就包括"国家的梦想者"——西奥多·赫茨尔（Theodor Herzl）的葬礼。

·以色列议会在这里开会，第一次在耶路撒冷举行。

・1949 年 2 月 14 日，以色列第一任总统哈伊姆・威茨曼在这里宣誓就职。

・它为以色列前两任总理——大卫・本－古里安和摩西・夏里特服务了 13 年。

★ 一旦你走过了政府机构大楼，你就向左拐到哈－克伦・哈－凯耶梅特・勒－以色列街（Ha-Keren Ha-Kayemet Le-Israel St.，里哈维亚）。

★ 越过第一个左拐弯处，当到达通往步行道的一个路口时，你就向左拐。

★ 一旦路变得宽阔了，就拐个"U"形弯，然后就会进入亚德・伊扎克・本－兹维（Yad Yizhak Ben-Zvi）庭院。

★ 围绕着那个现在在你右边的建筑走走，你会直接面对一个大棚屋。

㉔ 亚德・伊扎克・本－兹维

> > > > > > > > > > > – – – < < < < < < < < < <

回到过去，当时罗奇代尔（Rochale）和伊齐克（Itzik）还是一对年轻的、一贫如洗的夫妻，但他们却以分期付款的形式买下了里哈维亚社区的一块土地。然而，这项交易却耗尽了他们盖房子的钱财。伊扎克（Yitzhak）是犹太军团的一名退伍士兵，他在第一次世界大战期间曾与英国人并肩作战，于是他主动联系军方，经过他的努力而取得了那些废弃的棚屋残骸。直到那时，他们才找到工作营（Work Battalion）成员里的伙伴来帮助他们建立起他们梦寐以求的棚屋。棚屋并不容易让人进入梦乡：那屋顶冬天漏风，夏天酷热，每当有大风刮过就嘎吱嘎吱作响。据传，在 1927 年，在那场地震袭击了耶路撒冷之后，情况得到了改观，那屋顶不漏了……但这些都没能阻止这对夫妇在棚屋里生活了 26 个年头，他们在这里养育了两个儿子，并与他们的父母生活在一个屋檐之下，还在他们的家里建立起来了一个热热闹闹的政治"厨房"。

他们的小儿子以利（Eli）年仅 24 岁就在独立战争中牺牲了。当伊扎克听到他儿子的死讯时，他就抱住罗奇代尔对她说："以前我们有两只眼睛，现在有一只已经被啄出来了。"在独立战争结束之时，这对失去孩子的父母将那个充满着回忆的棚屋捐赠给了拜特・科谢特（Beit Keshet），也就是那个他们的儿子与别人共同建造并以死守卫的基布兹。那块孤立的土地上建立起来了一栋公寓大楼，他们就居住在一楼的一套公寓里。

1952 年 12 月，在第一任总统哈伊姆・威茨曼去世后，伊扎克・本－兹维被选为以色列的第二任总统。由于威兹曼住在里哈维亚的个人住宅里，那么问题就来了，现在总统的住处应该选在什么地方呢。本－兹维拒绝了所有让他住在奢华房子里的努力，并且还争论说当那些来到以色列的移民还生活在小屋和帐篷里的时候，这么做是很不适合的。最后达成了一项妥协：政府在靠近本－兹维家附近的一块土地上买了一套房子——这是一套由一位名叫尼西姆・瓦莱罗（Nissim Valero）商人大约在 1925 年建造的石头房屋——并将之作为总统官邸。本－兹维家所在的地方又增添了两个瑞典小屋；大的用于需要正式出席的国家事务，而小的则用于更加私人的场合。

谈论伊扎克・本－兹维的家而不讲他极端谦逊的品格是不可能的。尽管在他十一年的总统任期中他不再住在那个棚屋里，而是住在棚屋附近的大楼里，但他却一直保持着那种谦逊与朴素。因此，例如，当守卫他房子的警察需要洗澡之时，这位总统就会在岗亭代替他值班……

本－兹维于 1964 年去世之后，瓦莱罗房子及附近的棚屋被用来建成了一个协会，其目的就是使他的遗产名留史册。出人意料的是，这里的房间都不开放以让人们参观，而那个本来可以让人参观的棚屋也总是关着。

走出亚德·伊扎克·本－兹维的大门，沿着那个过去曾是库萨里（Kuzari）花园的地方继续往前走，现在这里被分成了几部分，每个部分都有一个捐助者。走一小段路，你就会来到一个运动场，你能在那里找到一个座位并读一读有关里哈维亚的历史。

{25 里哈维亚—— 一个花园城市}

>>>>>>>>>>––––<<<<<<<<<<

以色列的拯救

正如我们之前已经提到过，里哈维亚社区的土地是在 1922 年从希腊正教会手中买来的，当时希腊正教会破产了。合同上的墨水还没有干，犹太人开发组织就急忙召集建筑师理查德·考夫曼来规划一个新的社区，这个社区大约占这块土地面积的一半——这里现在被称为里哈维亚 A 区，其边界是东边到乔治王大街，北边到哈－克伦·哈－凯耶梅特·勒－以色列（KKL）街，西边到迪斯金（Diskin）街，南边到拉姆班街。这个社区的名字源于《历代志（上）》（I Chronicles）第 23 章 17 节，上面写道："以利以谢（Eliezer）的儿子是利哈比雅（Rehabiah）。以利以谢没有别的儿子，但利哈比雅的子孙甚多。"

最佳建筑

难道会有人没有听说过理查德·考夫曼？这样你才能够让你的孩子知道……，他是迄今为止以色列最杰出和多产的建筑师及城市规划师。很多农业聚落、社区和私人住宅都得益于他的规划设计才能——例如那个宏伟的纳哈拉尔（Nahalal）基布兹。

一个绿色城市

考夫曼依据"花园城"的理念设计了里哈维亚，这种理念将乡村（绿色，开放的空间）与城市（就业、教育与娱乐）的好处结合在一起。这个社区的主干就是库萨里花园，它勉强算是一条绿色的步行道，从北到南将这个社区分成两部分。它的起点是耶路撒冷的希伯来体育馆，终点是这个你正坐于其中的运动场。这些街道都呈弯曲状，以致司机不能看到街道的尽头并迅速离去，而是要看一看路边的那些漂亮房子并享受他们的甜蜜时光。

在石面之下

土地市场发展缓慢。这里没有合适的通往该地区的通道；然而，这里却有丰富的岩石。其价格也很高。而且如果这些不够了，英国当局也会阻止其进度。耶路撒冷是以色列唯一一个犹太人占绝对多数的地方。为了使更多的犹太人在那里聚集变得困难，当局通过一项法规，该法规命令人们在房子上贴一层昂贵的石头，而只有阿拉伯人才提供这种石头。然而，在 1936—1939 年爆发了一场大规模的阿拉伯人起义——这是所有巴勒斯坦人暴动的起点。英国人坚定地镇压了这场起义，并且临时改变了相关规定；因此，人们可以在里哈维亚找到用水泥建造并且墙面抹上灰泥的房屋。

美好家园协会

以上所述内容的要点就是那些买下这些地块的人可能就是那些既富有又麻木的人——这些人恰巧就是那些来自德国的犹太人，他们在纳粹掌握政权之后于 30 年代离开了欧洲。由于他们已经习惯了高标准的生活，因此他们就雇佣了最好的建筑师并建造了一个德国文化岛，这个地方甚至还赢得了"耶路撒冷的格鲁内瓦尔德"（以柏林奢华的别墅社区的名字命名）的名字。他们在所建造的运动场上打网球以度过闲暇时光，而你现在所坐的地方就是个运动场。

★ 该继续往前走了——这次向右拐，走到拉姆班街上。
★ 从拉姆班街上向左拐到尤西斯金街上。
★ 沿着尤西斯金街走一小段路，在该街与本·迈蒙大道（Ben Maimon Blvd.）的交叉口处，你会到达下一个站点，你能在本·迈蒙大道46号找到它。

26 雅各布住宅

>>>>>>>>>>– – –<<<<<<<<<<

朱利叶斯·雅各布（Julius Jacobs）曾在从土耳其手中接管了巴勒斯坦的皇家军队中当过军官。巴勒斯坦吸引着他，他还与来自雷霍沃特（Rehovot）的尼查玛（Nechama）结了婚，在英国政府部门中任职以赚钱谋生，并居住在里哈维亚社区中。他委托英国犹太人建筑师本杰明·泽特林（Benjamin Zeitlin）来设计他的住宅，在本杰明·泽特林建筑设计的成就中有一项就是与他人合伙设计了大卫王酒店。泽特林设计了一栋别墅，在这栋别墅中，他将东地中海风格（拱门）与当时流行的国际风格（线条笔直、简洁，不讲究对称，等等）结合在了一起。

这栋别墅里的生活是宁静安详的。院子里开满了玫瑰花，房顶上居住着鸽子，而尼查玛则在客厅弹奏着那架大钢琴。1946年，大卫王酒店被炸，这种天堂般的生活一霎那就结束了，当时正在英国司令部中工作的朱利叶斯被炸身亡。在此之后，他的妻子离开了他们的家并将这里租给了犹太事务局（Jewish Agency）。

总理官邸

在1950年，当局在继续寻觅一座能配得上做总理大卫·本－古里安官邸的住宅。当时在塔尔比亚有几栋奢华的建筑，但是本－古里安拒绝住在任何一栋曾属于逃亡的阿拉伯人的房子里。因此，当局决定从这个遗孀手里买下雅各布住宅，这里也就成了以色列总理的第一座官邸。这栋房子由一个警察守卫，而本－古里安的妻子保拉（Paula）则习惯将这位警察从他值守的岗亭上拉过来与他们共同吃饭。这栋房子里后来住过总理列维·埃斯科尔（Levi Eshkol，还有比他小35岁的第三任妻子米里亚姆）和果尔达·梅厄（Golda Meir）。梅厄继续着她那在厨房召开内阁会议的习惯，而这里就成了一个充满着油烟味，有时又是油炸和战争味的屋子……

丑闻

在伊扎克·拉宾接替梅厄当上总理之后，他的妻子丽娅（Lea）拒绝住进这栋破旧不堪的房子里。从那时起的28年的时间里，拥有这栋房子的以色列当局都没有很好地去利用它，或者起码将它租出去或卖掉，流浪者和吸毒的人占据了这栋房子。谈到将政府资产私有化的必要性，在本世纪初期，官方启动了一项计划，其目的是将这栋房子变成一个纪念列维·埃斯科尔遗产的地方，正是他领导当时的以色列取得了"六日战争"的胜利，而且被认为是一位很杰出的总理。然而可耻的是，为此而进行的游说力度不够强大，以至于直到现在还没有募集到所需的资金。

已故的列维·埃斯科尔和他的（第三任）妻子米里亚姆，1966年。拍摄者：摩西·普里丹（Moshe Pridan）。

★ 沿斜对角方向向左穿过莫尔肖广场（Molcho Sq.），进入拉达克街（Radaq St.），然后在下一个十字路口向右拐，这时你能找到阿尔法西街（Alfasi St.）。

★ 沿着阿尔法西街向前走，经过阿尔法西街10号的房屋时向右拐，会进入一个院子。

㉗ 杰森墓（Jason's Tomb）
★

>>>>>>>>>>>----<<<<<<<<<<<

1956年，人们在里哈维亚社区中心的哈斯摩尼（Hasmonean）建筑下面发现了一个墓室。游客眼前的这个墓室上有一段哀悼已故的杰森的希腊铭文。其外面有一幅画着一个人划着小船的图案。这使人推测杰森是一个水手。人们只能猜测一个水手是如何死在耶路撒冷呢。也许他是一个海盗，而这里就是他埋藏其财宝的地方……

好啦，今天你已经来看足够多的房子了，因此在这里我们只提一提阿尔法西街，这条街道是摩西·夏里特（以色列第二任总理）和伊扎克·奥尔尚（Yitzhak Olshan，以色列最高法院第二任院长）的故乡；这条街道的25号是梅纳赫姆·贝京的秘密公寓，梅纳赫姆·贝京当时是埃特泽尔（Etzel，伊尔根——以色列建国之前犹太人的地下军事组织）司令官，后来成了总理。

- 返回拉达克街（Radaq St.），然后向右拐。
- 走到拉达克尽头就会到达哈纳西街（Hanassi St.）。右转。总统官邸就在路的另一边，但是不要过马路。第4号房屋有一面矮墙——上面有栏杆，这是靠在上面坐下来的理想之地，我们可以在这里读一读有关总统官邸的书：

㉘ 以色列总统的宅邸 / 住处 / 房屋 ★

>>>>>>>>>>>–––<<<<<<<<<<<<

皇帝——换言之，总统——没有衣服

以色列第一任总统是犹太公会（Nation of Israel）的首领，犹太公会是第二圣殿时期最高政治、法律和宗教机构。两千年之后，以色列国家的总统成了基于仪式性的一个国家机构。这一切又是如何开始的呢？

以色列的第一任总理大卫·本－古里安不得不为他的一个敌人哈伊姆·魏茨曼找份工作。他们之间的冲突起源于以色列建国前的几年。当时威茨曼的地位要高于本－古里安，而且他正在推动与英国人的谈判，但是本－古里安正领导着反对英国人的斗争。

在以色列国建立之时，本－古里安——当时是总理，而且还是个政治狂人——就为威茨曼设计了一个类似于英国女王的职位。据报道，威茨曼本人曾经说："政府允许我做的唯一一件事情就是让我拿块手帕来擦鼻子。"这也不足为怪了。

房屋、住处还是宅邸？

第一任总统威茨曼是个富人，他自己在雷霍沃特买了一套房子。第二任总统伊扎克·本－兹维凑合着用了那套在里哈维亚社区为他买的房子，房子附近还有为处理国务建立的两个小木屋。

为了向第三任总统扎勒曼·夏扎尔表示敬意，当局决定建造一座永久性的总统官邸。当时有将总统官邸建在政府建筑群中的想法，

在议会宣誓就职之后，以色列骑警在两侧护卫着总统伊扎克·本－兹维的专车。

拍摄者：泰迪·布劳纳（Teddy Brauner），1952年12月10日。政府新闻办公室提供。

也就是把它建在那个几年后建造了最高法院大楼的山坡上。但夏扎尔反对这个主张，他认为总统官邸应当建在居民区中，他说："我要住在人民之中。"他还要求不能称呼它为"总统官邸"，而应当叫作"总统的住宅"。这表示了他的谦逊了吗？根本没有！塔尔比亚是耶路撒冷城中最负盛名的社区，而这套房子占据了面积为2.5英亩（10德南）的土地。朋友们，这既不是住宅，也不是普通的房屋——正如当初总统扎勒曼·夏扎尔所称呼的——是一座不折不扣的宫殿。

以总统举行正式仪式的接待厅为例，地板上铺的是来自以色列北部里昂基布兹的马赛克瓷砖，上面还盖有波斯地毯。墙上的装饰品中有三个由画家鲁文·鲁宾（Reuven Rubin）所创作的20英尺（6米）高的彩色玻璃窗；还有一件由摩西·卡斯特尔（Moshe Castel）创作的艺术品，这是件卡斯特尔利用玄武岩来模仿科泰尔（Kotel，西墙）的艺术

品。其天花板上装饰有 63 幅正方形的绘画作品，而那些意大利风格的青铜木门则使其设计更为完整。

总统官邸的官员声称，这栋房子及其花园实际上是给国家文化遗产奉献的一座博物馆。一座博物馆，哈？太糟糕了，它并不对游客开放。例如，事实上白宫一年到头开放以供人们参观；而白金汉宫一年之中也开放两个月。这里，一年只开放一天，就在住棚节那一天！

已故总统哈伊姆·赫尔佐克，已故总理伊扎克·拉宾和以色列议会议员一张正式的照片。
拍摄者：雅科夫·萨尔，1992 年 8 月 14 日，由政府新闻办公室提供。

★ 当你面对总统官邸之时，向右转，绕着围墙走，这样它就在你的左边。这样你就可以绕过那群建筑了，其中之一就是总统官邸。

★ 在你向左拐之后，你将会看到在你右边看到伊斯兰艺术博物馆（Museum for Islamic Art）。

★ 你再次向左拐之后就会来到肖邦街上，迎面而来的就是肖邦街 1 号的以色列律师协会的大楼，该协会是首都和政府间联系的强大纽带。

★ 就你所喜爱的地方而言，你将会在这大楼附近，即肖邦街 3 号找到马洛特（Maalot）会堂。难道律师需要得到上帝的怜悯，所以它就设在会堂的隔壁……

★ 耶路撒冷剧院很快就会出现在你的左边，它就在你停车的停车场的对面。啊，要是你能在一辆敞篷车里参加这次旅游就好了……

> > > > > > > > > > – – – – < < < < < < < < < <

㉙ 塔尔比耶（Talbiye）

肖邦街 5 号（在耶路撒冷剧院下面）
电话：02-581-1927，每天都开门，营业时间：9：00—16：30，17：00 到最后一位顾客离开。并不是完全符合犹太洁食标准。

为结束这趟行程，或者在其他任何时间（例如在观看演出之后），我们建议你参观一下可爱的塔尔比耶。它过去曾是一个浪漫的茶室，后来它被在耶胡达市场上经营马哈耐·耶胡达酒店的人接管了。他们把它变成了一个现代的咖啡馆和酒吧，这里在早上提供新鲜的糕点，全天都有美味的食物，并且还有爵士乐伴奏。总之：这是一个小饭馆 / 酒吧。你可以在屋内，也可以在屋外坐着。

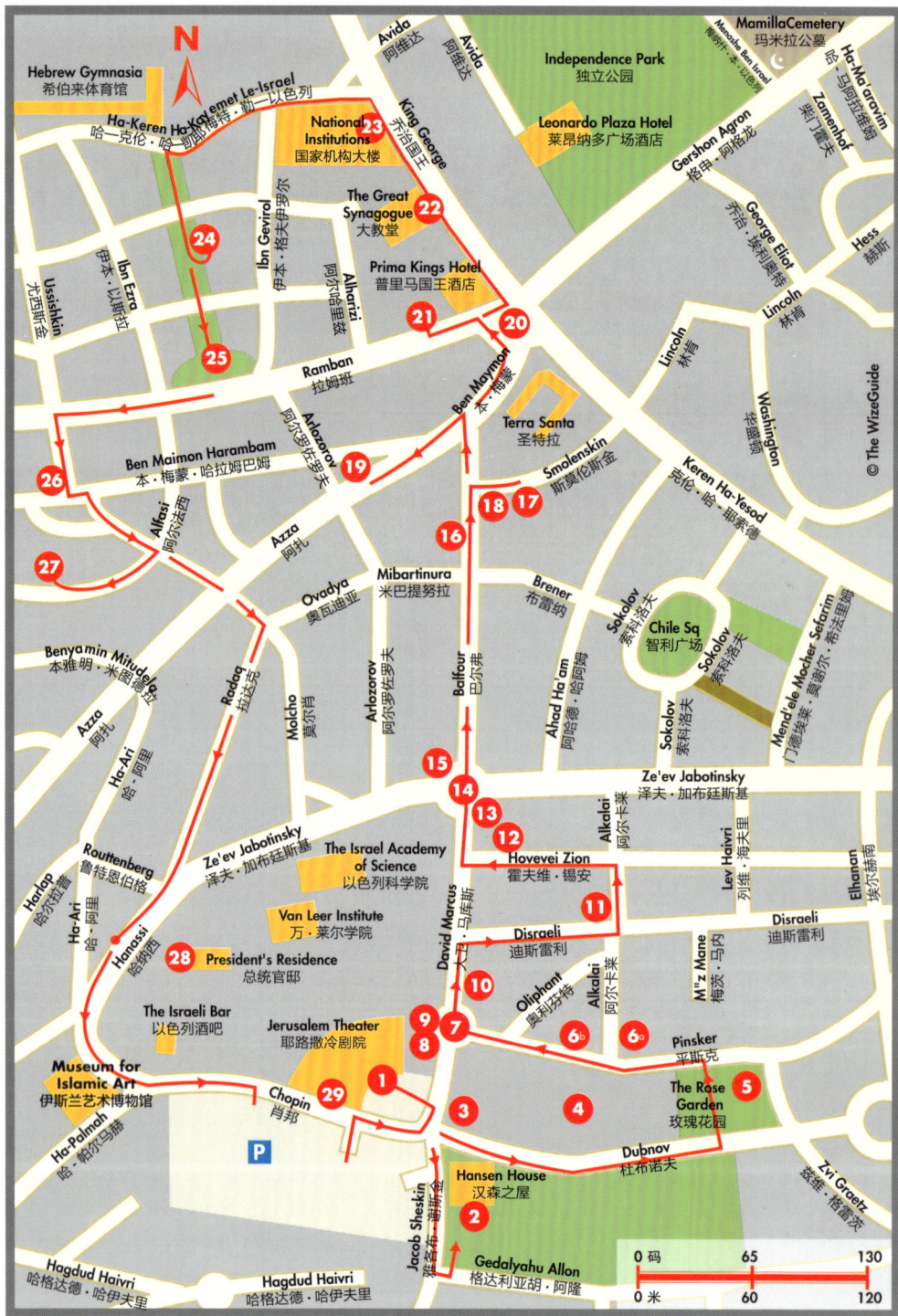

THE WIZE GUIDE

CHAPTER 8

第八章

苦路

十字架之旅

JERUSALEM - STEP BY STEP

亲爱的克里斯（Chris）和克里斯蒂娜（Christina）：

今天我们将沿着苦路（Via Dolorosa）向前走。这是条悲伤之路——根据基督教的传统，这条路见证了耶稣在其生命最后时光中的足迹。这条苦路沿途共有十四站。第一站是耶稣被判死刑的地方，现在是一个穆斯林学院的庭院。耶稣受难的最后阶段处于圣墓教堂内部，这座教堂就建立在耶稣被钉死在十字架上、耶稣被埋葬和耶稣复活的地方。这条路真的是耶稣走过的路吗？对于这个问题有多种看法，但有一件事是确定的：历史有一种奇怪的幽默感，因为这条路——对于基督徒来说是如此神圣的路，却正好穿过了老城中的穆斯林区。

你永远都猜不到我们在那里吃的东西。想象一下：在穆斯林区，在那个奥地利招待所的阳台上听着穆斯林宣礼使的呼唤声和天主教堂的钟声，并在供应苹果卷的地方找到一杯维也纳咖啡……

ויאה דולורוזה

طريق الآلام

VIA DOLOROSA

行程安排

10 分钟	站在狮门（Lions' Gate）底下。
20 分钟	参观圣安妮教堂（St. Anne's Church）。
20 分钟	为旅行做准备：在圣安妮教堂前上一堂简短的历史课。
20 分钟	沿苦伤道参观苦路十四站的头两站。
	在周五下午，你还可以在这里参加方济各会的游行。
30 分钟	参观荆冠基督修道会（Ecce Homo Convent，注：Ecce Homo，拉丁语：你们看这个人！是彼拉多将戴荆冕的耶稣交给犹太人示众时说的话）。
30 分钟	在奥地利招待所（Austrian Hospice）停留，喝杯咖啡。
60 分钟	沿苦路参观下面的七站（走路本身需要花大约 15 分钟）。
15 分钟	在圣墓教堂前面的广场上。
60 分钟	参观圣墓教堂，这里有剩下的五站。
10 分钟	在去雅法门的路上。

开放时间和门票价格

	开放时间	关闭时间	电话	价格
狮门	一直开放			
圣安妮教堂	夏季：周一至周六：8：00—12：00，14：00—18：00。冬季：8：00—12：00，14：00—17：00	周日	02-628-3285	10 谢克尔
方济各会游行	每周周五。夏季：16：00 开始。其他季节都是下午15：00 开始	–	02-627-2692	–
第二站鞭打教堂（Church of the Flagellation）和十字架教堂（Chapel of the Imposition of the Cross）	夏季：8：00—18：00 冬季：8：00—17：00	–	02-627-0444	
荆冠基督修道会	每天：8：00—17：00	受难节，十二月25日	02-627-7292	10 谢克尔
奥地利招待所	屋顶：10：00—18：00 自助餐厅和花园：10：00—22：00	–	02-626-5800	在屋顶上瞭望花费5 谢克尔
第1,3至8站	在周五方济各会游行时都开放。其他时候，开放的时间是可变的	大多数时间里	–	–
圣墓教堂	在没有特殊事件的时候：夏季（4月1日至8月31日）：5：00—21：00，冬季：4：00—19：00	–	02-626-7000	自1832 年后就免费了
老城露天剧场（阿拉伯市场）	全年开放。有些商店在周五开门晚或者关门早；其他商店则在周五关门。所有商店在日落时都要关门。	–		预计顾客会讨价还价

* 夏季时间：四月至九月，冬季时间：十月至三月。

最佳游览时间

✔ 每周五下午，方济会修士们都会沿着苦路举行一场游行。在每一站他们都会用意大利语、英语和阿拉伯语进行简要说明；祷告者则诵读《圣经》，唱赞美诗。在游行过程中，沿途所有的教堂都会开放。游行队伍从第一站开始——这里是埃尔－奥玛利亚学校的庭院，可以看到圣殿山壮观的景色。尽管很拥挤，但同修道士和朝圣者们一起前行是令人感动的。如果你打算参加这场游行，那你要提前打电话以查明游行开始的时间，并且要在游行开始前一个半小时到达狮门，这样你就有时间阅读一些有关的背景材料并在行程开始之时参观一些遗址。但是，在周五，穆斯林会在圣殿山上聚集起来进行祷告，又由于这一天是穆斯林的休息日，露天市场的大街小巷会挤满人。如果你不能在周五下午抵达，那也不要着急。这条线路会变得不那么拥挤，如果一些教堂关门了，这也不是什么大的损失。

给带孩子家庭的温馨提示

扔掉那些冗长的解释，直接把他们带上一起走。在露天市场逛商店会给你一种与你们社区商场完全不同的体验，而你要参观的圣墓教堂则充满着神秘与冒险的气氛。

我怎样才能到达狮门？

由于狮门附近的停车场很有限，你需要到老城外找到一个停车场，例如，将车停到靠近雅法门的那个大停车场。然后坐出租车或公交车去狮门。在旅游结束后，你要返回雅法门。

将车开往雅法门附近的卡尔塔（Karta）停车场：

★ 当你从一号高速公路到达耶路撒冷后，按照交通标志将车开向斯高帕斯山。

★ 开了大约5分钟后，在第二个交通信号灯处向右拐，进入哈伊姆·巴－列维路（Haim Bar-Lev Rd.）。

★ 驾车直行3—5分钟［哈伊姆·巴－列维路会先成为工程兵团（Engineering Corps）（切尔·汉达萨街 Chel Handasa St.），后又成为哈－赞哈尼姆街。］起初是指引你前往老城的路标。你要在这条路的正确的车道上找到指引你前往雅法门和塔尔皮奥特的路标，你要确定你行驶在通往一条隧道的正确的车道上。

★ 一走出那条隧道，你就要在交通信号灯前向右拐进伊扎克·卡里夫街。你会在你的右边找打卡尔塔停车场。把你的车停到那里。

从中心公交车站坐公交车：
乘坐1路或3路公交车。

从雅法门坐公交车：
乘坐1路或2路公交车。

❶ 狮门

>>>>>>>>>> - - - <<<<<<<<<<<

是狮子吗?

狮门是从东边进入老城的唯一入口,橄榄山就坐落在老城的东边。[金门(Golden Gate)也是朝东的,但它在几个世纪以前就被穆斯林封死了,直到弥赛亚来临时才会重新打开]狮门是在 1537 年打开的,其名字要归因位于大门两侧的石墙里雕刻的两对纹章狮子。据传,这两对狮子来源于奥斯曼苏丹苏莱曼(Suleiman)大帝所做的一个梦,在那个梦里,他看到自己将要被一个狮子吃掉。一个犹太裔的解梦者告诉他犹大的狮子之所以攻击他主要是因为他没有尽到保护圣城的义务。于是他立刻行动起来,下令围绕圣城建立一面墙,为了纪念这个梦,他就将雕刻的狮子浮雕安置在了门的两侧。当然,考古学家打破了这个美丽的传说,他们声称这些浮雕与犹大之狮没有任何关系,相反,它们是马穆鲁克苏丹拜伯尔斯(Baybars)的象征。事实上,狮子就是黑豹,它们并不是在这里雕刻的,而是从其他地方运过来的……

狮门也被称为圣斯蒂芬门,因为有传统认为斯蒂芬就是在这个门的附近殉道的。另外,这里邻近玛丽的出生地和她的坟墓,这个门也叫圣玛丽门。它还有很多名字,如果你的孩子不守规矩,我们可以将每一个都告诉你……

战士们要通过此门进城

以色列人会永远记住狮门,因为在"六日战争"期间,伞兵旅正是通过这个门进入老城的。莫塔·古尔(Motta Gur)——当时任伞兵旅指挥官,后来任参谋长——在他的著作《狮门》中对那一天做了如下描述:

1967 年 6 月 6 日,星期三,上午十点十二分,一发坦克炮弹击中了铁门并将它冲击到沥青路上。一辆第 55 伞兵旅的半履带车咆哮着冲进一辆燃烧的公交车(这是约旦人放置的障碍物)冒出的熊熊火焰中并深入推进到老城的巷道里。步兵团紧随其后冲了进来,并迅速向圣殿山广场和西墙方向开进。他们的指挥官说他们像一群雄狮。

从右至左:伊扎克·拉宾(时任参谋长),摩西·达扬(Moshe Dayan)(国防部长)和乌兹·纳尔基斯(Uzi Narkiss)(中部军区司令)通过狮门进入老城。
拍摄:伊兰·布鲁纳(Ilan Bruner)拍摄于 1967 年 6 月 7 日,由政府新闻办公室提供。

★ 通过狮门进入老城。走大约50码/米远，在第三个入口处向右拐，然后通过那巨大的木门，就来到了圣安妮教堂的庭院。

★ 在你的右边可以找到厕所，继续走则有一个花园，最后就会来到教堂。在进入教堂之前，你可以利用教堂前面的长凳阅读一下该教堂的历史。

{ ❷ **圣安妮教堂** ★ }

>>>>>>>>>>>>> - - - <<<<<<<<<<<<

耶稣的外祖父母

简朴的圣安妮教堂在其规模和低调的装饰上给人以深刻的印象。"十字军"于12世纪前半期建造了这座教堂，因为他们相信安娜（Anna）和约阿希姆（Joachim）（他们是玛丽的父母，也是耶稣仅有的外祖父母）曾住在这里。天主教徒认为玛丽就出生在这个教堂地下室中一个隐蔽的洞穴里。在附近拥有建筑（靠近狮门）的希腊正教会则认为玛丽出生在他们那里。

也许希腊人是对的；毕竟，是否是玛丽的出生地对于教堂的保护并没有作用。在该教堂建成的同一个世纪，穆斯林从"十字军"手中夺取了耶路撒冷，之后他们就清除了该教堂上的基督教符号，并且在他们的领袖萨拉丁（Salah a-Din）的命令之下，将圣安妮教堂变成了一所伊斯兰学校——一个为穆斯林儿童开设的宗教学校。直到今天，你还能在该教堂前面入口处找到能够证明这件事的铭文。

但是，在600年后的1856年，奥斯曼苏丹将这座"十字军"建筑给了法国人以换取他们对奥斯曼帝国抗击沙俄的支持。这个教堂就被送给了白衣传教会，白衣传教会是一个天主教修道会，由于其会员穿白色的长袍而得名。白衣传教会的会员基本不到庭院中来，如果你碰巧见到一个，你可能也会同意，即使是对于修道士，法国人也懂得如何让他们穿着时髦。

让我们进去。

外部设计

这座教堂是"十字军"建筑中被评价最高的范例之一。它将罗马式风格元素（产生于罗马时代晚期）与"十字军"时代的典型元素结合在一起。有人声称这栋建筑向一侧微微倾斜，人们认为这象征了在背负十字架时耶稣身体的倾斜。也许吧。

右边的石梯通向地下室（过去是一个洞穴），天主教徒认为玛丽就出生在这里。

内部设计

一进入教堂，你就会发现在你左边有一尊描绘安妮的塑像，这位端坐的母亲正拥抱着她的女儿玛丽。

圣安妮教堂因其出色的音响效果而出名，这种效果甚至使小合奏听起来像大合唱。由于有许多朝圣者来到这座教堂唱赞美诗，所以你有充分的机会来体验这些神奇的深刻。一点耐心就会起到很大的作用。

安妮的庭院

走出安妮教堂，向右转并走进栏杆。略微向右转，你会找到一幅彩色地图，它能帮助你理顺这个地方所经历的各种各样的变化——这是一种典型的耶路撒冷式的混乱：

·右边是献给希腊医治之神的罗马异教徒的圣地的遗迹。

·中间是考古挖掘，在里面你能找到"十字军"教堂的废墟。

·在"十字军"教堂的下面，你会看到拜占庭长方形会堂的遗迹。

·右边是成群的朝圣者经常站立的地方，那里有两个深水池。在第一圣殿和第二圣殿时期，附近的泉水流向这些水池，这些水池也聚集了冬季的洪水。在那些时期，这里还经营着一个羊市，这个羊市为神殿的献祭提供贡品，而水池中的水则用来对这些动物进行清洗。为什么那个时候成群的朝圣者都被水池所吸引呢？继续读：

毕士大（Bethesda）水池的奇迹

有传说认为天使将会每天对毕士大（阿拉姆语 beit chesda 的意思是"施恩之家"）的羊池施恩一次，并会将水激起。在水开始激起之时，第一个进入水中的病人将会马上被治愈。这就是《新约全书》中约翰福音第5：2-9部分所描述内容的背景：

现在，在耶路撒冷羊门附近有一个水池，它在阿拉姆语中被称作毕士大，其周围环绕了五个被掩埋的廊柱。过去，这里曾躺着大量的残疾人——有盲人、跛足者、瘫痪者。其中有一个人已经病了38年了。

当耶稣看到他正躺在那里，并且得知他处于这种状态已经很久了的时候，耶稣就问他："你想要恢复健康吗，先生？"那个病人回答说："当水被激起来时，没有人来帮我让我进入水池中。当我正努力进去时，已经有人在我之前下

去了。"这时耶稣就对他说:"起来! 捡起你的垫子, 走吧。"那个人马上就被治愈了; 他捡起自己的垫子就走开了⋯⋯

换句话说, 治愈的力量存在于我们自身, 并不在水中。可以将这句话传给那些卖圣水的人⋯⋯

顺便说一句, 水池的故事为纽约中央公园中间的著名雕塑提供了主题, 这个雕塑即是在毕士大露台处站于喷泉之上的天使。

现在往回走, 在教堂前面的长椅上找个地方坐下来, 阅读有关耶稣生命中最后一天的经历的书。你说这有点长? 来吧, 这些是有关基督教的一些大事!

• • • 苦伤道的痛苦 • • •

苦伤道被认为是耶稣走过的路, 这条路从耶稣被审讯并被判处死刑的那个庭院开始, 一直延伸到耶稣被钉十字架、耶稣死亡和最终复活的地方结束——后者位于圣墓教堂内部。对于基督徒来说, 沿着这条路追随耶稣的足迹就等同于穆斯林围绕着麦加的克尔白黑石巡游, 也等同于犹太人面向西墙祈祷。但问题是, 从许多方面说, 苦伤道是一条"虚拟"的路线, 甚至没有基督教官方人士确定其真实性。因此, 他们将走"十字架路"当作一项信仰行为对待。

耶稣最后的旅程被认为是受难记 (Passion), 这个词来自拉丁语——具有蒙受痛苦之意。因此, 就有了一些以"Passion"来命名的音乐作品, 例如巴赫 (Bach) 的《马太受难曲》(*St. Matthew Passion*) 和梅尔·吉布森 (Mel Gibson) 的电影《耶稣受难记》(*The Passion of The Christ*)。

扮演耶稣重走苦路, 1999 年, 拍摄者: 摩西·米纳 (Moshe Milner), 政府新闻办公室提供。

有几个基督教节日是为了纪念耶稣受难前后的有关事件的, 它们有:

· 耶稣受难日 (Good Friday), 耶稣在这一天被钉了十字架上。它在复活节星期日前的星期五这一天庆祝。耶稣受难日中的单词"good"来源于古英语, 当时这个词"好"是"神圣"的意思。

· 复活节是用来纪念耶稣复活的节日, 这个节日被认为是基督历中最神圣的节日。这一天是在星期日进行庆祝的, 其具体日期则是根据 18—19 世纪之交数学家卡尔·高斯 (Carl Gauss) 推导的复杂的运算公式计算出来的。

• • • 谁告诉了谁? • • •

耶稣将新约带给世人的故事被记载在四本并行的传记中, 这四本传记属于耶稣的四个门徒, 他们是: 马太、马可、路加和约翰。问题是他们的描述并不是第一手的记载。耶稣本人并没有留下书面文件, 但他的使徒确实在口述中记录了他的生活。当他们将他们的表述形成文字时, 耶稣已经去世了 40—70 年了。

尽管这些作者常常相互抄袭, 但是在他们的作品中仍有许多矛盾之处。例如, 关于耶稣的生日, 他们都没有达成共识。因此, 根据犹太教教义, 我们已选择向你呈现各方都能接受的版本。

●●●● 耶稣虽死，但耶稣永生 ●●●●

这一年大约是公元 30 年，在三大朝圣节（在这些节日里犹太人都要回到位于耶路撒冷的圣殿）之一逾越节的傍晚，一个虔诚的犹太人——耶稣——在他的十二个门徒的陪同下来到了耶路撒冷。他骑着驴驹进城以象征他那弥赛亚的使命。但不久以后，他就同圣殿的祭祀产生了分歧，原因是他将商人驱逐出了圣殿。

几天之后，在周四的晚上，耶稣同他的十二门徒一起分享他们的逾越节晚餐（这是传统的逾越节筵席），这就是著名的最后的晚餐。晚餐之后，这群人来到橄榄山山脚下的客西马尼园过夜。在那个黑暗的夜晚，圣殿的守卫和罗马士兵在加略人犹大的带领下来到了这里。为了换取犹太公会（古犹太最高法院）的贿赂，耶稣的这名叫犹大的门徒此前曾同意背叛耶稣。他走向耶稣并亲吻耶稣的面颊，这是在向那些士兵暗示这个人就是他们要抓捕的人。当天晚上耶稣就被带到了犹太公会前进行审判，这些犹太公会的领袖们正聚集在大祭司的家里。他们拒绝承认耶稣是救世主，并且在简短的审讯后，他们就将耶稣交给了罗马总督本丢·彼拉多（Pontius Pilate），而他则指控耶稣反叛皇帝。

周五早上，事态发展之快超乎预料。彼拉多当时正待在圣殿附近安东尼亚堡（Antonia Fortress）的总督府里，这里是罗马高级指挥部。他曾试图不审判耶稣，但是在那群暴徒的催促之下，他判处鞭打耶稣 39 鞭并将其钉在十字架上处死。那些嘲讽耶稣"犹太人的王"的罗马士兵让耶稣身披紫袍，头戴荆冠，同时让他背上作为刑罚工具的沉重的木制十字架并把他拖到城市的墙外。在那个废弃的采石场留下的石丘顶上，耶稣同两个盗贼一起被钉在了十字架上。

在安息日开始之前，在获得罗马人的同意之后，耶稣的一个追随者——亚利马太的约瑟——将耶稣的遗体从十字架上移了下来。在此之前，一名罗马士兵用长枪刺入耶稣的身体以确认耶稣的确死了。约瑟用裹尸布裹住耶稣的遗体并把他埋到了一个洞穴中，然后他移过一个石头用来封住洞穴的入口。

安息日结束后，在一个星期日的早晨，有两个妇女来到耶稣的坟墓前，她们在那里碰到了天使，这个天使告诉她们耶稣已经升入天了。确实，那个洞穴已被打开，里面什么也没有。

●●●● 从法官的视角来看这场审判 ●●●●

为这本旅游指南所做的准备给了我们丰富的知识经验，其中之一就是我们接触到了由已故以色列最高法院大法官哈伊姆·科恩（Haim Cohen）写的那本名为《耶稣的审判与死亡》（The Trial and Death of Jesus）的引人入胜的书。通过运用提示性判决的措辞，将福音书当作证据和借鉴犹太教法律和罗马法，科恩分析了这场审判前的重大历史事件。尽管哈伊姆·科恩是一个可信的作者，但我们相信，如果这本杰出的著作能够以一种大众化的风格去写的话，那它一定会像丹·布朗的《达芬奇密码》（The Da Vinci Code）一样吸引公众的关注……

前法官哈伊姆·科恩（右边）将他的书《耶稣的审判与死亡》的副本赠送给哈伊姆·赫尔佐克总统。拍摄者：雅科夫·萨尔，1992 年，政府新闻办公室提供。

下面所摘选的文章只是让你领略一下这本书中的轰动性的结论：

1. 耶稣的行踪已广为人知，并且耶稣本人在被捕时也清楚地说明了这一点。那么为什么当时还需贿赂犹大让他交出耶稣呢？

2. 犹太法律本应当禁止犹太公会在节日的前夜（逾越节）聚集在大祭司家里进行审判的。因为只有在生死攸关的时刻才能打破安息日的禁忌，所以哈伊姆科恩就提出了一个大胆的猜想，即在大祭司家紧急集合的目的是想将耶稣从罗马总督的手中解救出来；事实上，那个大祭司是想尽力"给耶稣一线生机"，但耶稣拒绝了。

3. 那些祭司想将耶稣从什么罪名之中救出来呢？根据罗马法律，耶稣的罪来源于彼拉多审讯他时间他的那个问题："你是犹太人的君王吗？"耶稣回答道，"你说的是"。这并不是一个无关痛痒的问题，因为罗马人从公元前 63 年就开始任命犹太省的统治者。起初他们任命诸如希律一样的国王来"代表他们"进行统治，但是后来又通过任命总督进行直接统治。因此耶稣自以为是的声称是王就等于犯了叛国罪，就等于煽动反对罗马帝国的统治，或者简单地说——发动兵变。另外，根据福音书的记载，那十字架上的拉丁文字母的缩写"INRI"在英语中读作"那勒撒人耶稣，犹太人的王"，这进一步论证了在罗马人的眼中，这才是耶稣的罪过。

4. 福音书将彼拉多描述成一个软弱的、优柔寡断的领导人，听命于犹太暴民的命令。然而，那个时期的两个著名的历史学家——亚历山大的斐洛和弗拉维·奥约瑟夫斯——却将他描绘成一个残暴的统治者，他因不经审判而将人匆匆处死

而闻名。即使是《新约全书》也证实了彼拉多在毫无理由的情况下就处死了几个加利利人。

5. 在福音书中，约翰声称是犹太人将耶稣钉在了十字架上——这是一个严重的指控，然而却容易被驳倒。第一，另外三本福音书清楚地表明是罗马士兵将耶稣钉在了十字架上。第二，耶稣的十字架上刻的字是肯定耶稣被钉十字架原因（犹太人的君王）的证据。第三，耶稣是在其他罪犯的"陪伴"下被钉上十字架的。他们也是被犹太人钉上十字架的吗？第四，——也是其中最令人感到惊讶的——约翰自己都指出了那些钉死耶稣的罗马士兵分了耶稣的衣服！

6. 就这些证据（四福音书）的真实性而言，法官科恩认为福音书的作者也没有亲眼目睹那些他们所描绘的事情。他们所讲的故事中的矛盾降低了其证词的可靠性，因此可以得出结论，即他们的叙述明显地带有偏见。

2006 年 4 月，受人尊重的《国家地理》杂志发表了一篇发现《犹大福音》的文章。根据这篇文章所说，是耶稣自己命令犹大将他交给罗马人的："你将超越所有的门徒，因为你将为我脱去我灵魂的外壳，就是我的肉体。"可能这本福音书在《新约全书》被奉为经典时已经被人知晓了，但在三十福音中之后那四本被选进了《新约全书》。《犹大福音》被摈弃为异端邪说，这是因为它与基督教的教义相违背，基督教教义一直宣称的则是义者耶稣是被一个朋友出卖了。

拍摄者：摩西·米尔纳，由政府新闻办公室提供。

扮演耶稣再现苦伤道

耶稣死后将近 300 年，罗马皇帝君士坦丁才将基督教提升至国教的地位。他将母亲派到耶路撒冷，在那里的一个罗马异教徒庙宇下面的洞穴里发现了十字架的残骸。"这里就是我们的救世主耶稣被钉在十字架的地方！"她坚定地说。毫无疑问，她的声明成为一个宗教事实。

如果你觉得三百年很长，那么整整一千年之后，在 1342 年，教皇克莱门特六世将圣地的监管权交给了方济各会。只有到了那时，他们才开始了"十字架之路"的礼拜仪式，也就是说，沿着耶稣在他生命的最后时间里走的那条路走，并在各个站点做短暂的停留。几个世纪以来，这条路线经常发生变化，其站点的数量从 7 个到 31 个不等。

在耶路撒冷，有关站点的争论一直持续，而且在某一时刻，甚至这条路线的方向也改变过。"十四处苦路之歌"的活动在 19 世纪才结束，因此我们今天所知道的苦路十四处在当时就已经得到广泛宣传——尽管它们之中有一些在《新约全书》中并没有依据。其中前八站位于路上，第九站在圣墓教堂的顶上，最后五处则在教堂里。

多年以来，世界各地的许多教堂为这十四站做标识已经是一习惯性的事件了。例如，在罗马，每个周五和耶稣受难日都会在竞技场举行走苦路十四处的象征性活动，教皇本人也会参加。

准备，做好，走咯！

★ 你受到启发了吗？现在到了测验你学识的时候了。走出圣安妮教堂的庭院，向右转，再向前走 200 码 / 米远。

★ 在通过第三个拱门后，你会发现在你的左边有一段斜梯，其侧面与蓝色的铁门相接。这里是埃尔－奥玛利亚男子学校（El-Omariyah School for boys）的入口处——这是十字架路的第一站。还是在这条街的同一边，就在那个楼梯的前面有一个不起眼的紫灰色铁门，这里是西墙地道的出口。十字架路从这里开始，西墙地道在此处终结，它们两个都在穆斯林区。这种情况仅存于耶路撒冷。

★ 通往这个学校的入口大多数时间是不对外开放的，这是件令人遗憾的事，因为从那里可以看到圣殿山的壮丽的风景（★★★）。如果你在禁止进入的时间来了，那你只能站在旁边，读一读记录着发生在这里的事情的书。顺便说一句，每周五，方济各会的巡行就是从这里开始的。

Ⅰ. 埃尔—奥玛利亚学校的庭院千年审判

在星期五早上，耶稣被带到犹太省的长官本丢·彼拉多面前接受审判。彼拉多想方设法地推卸，不想处理这个案件，《新约全书》对这个过程进行了描述。在第一次听证之后，他试图将耶稣的案子移交给希律大帝的儿子希律·安提帕斯（Herod Antipas），此人正统治着加利利，拿撒勒（Nazareth）的耶稣正是他的臣民。但是，碰巧小希律也在耶路撒冷，他很快就将这个烫手的山芋又扔

给了彼拉多。

　　第二次听证之后，这位罗马总督又想放了耶稣，但迫于公众的要求，当时他只得判处耶稣受鞭打和钉十字架的处罚。

　　根据基督教传统，这场审判发生在安东尼亚堡，希律大帝建造它的目的是用来保护他建造的那个宏伟壮丽的圣殿。埃尔－奥玛利亚男子学校的庭院就是这个要塞过去矗立的地方。

圣殿（左边）和安东尼亚堡（在右上角）。来自耶路撒冷博物馆第二圣殿时期耶路撒冷的模型。

在埃尔－奥玛利亚学校庭院里的方济各会修士。

公元 70 年，在镇压了爆发于圣地的一次起义后，罗马人也占领了安东尼亚。为了进攻锡安山，罗马军队将安东尼亚堡夷为平地，因此，他们就开辟了一条通往圣殿建筑群的宽阔而便利的通道。

现在在学校庭院中已没有安东尼亚堡的痕迹了。这里有一座相对较新的建筑，它曾经被建成营房。是的，这里已经没有要塞了，但你如果爬上右边的几个楼梯，你将会看到圣殿山清真寺上面那壮丽的景色。从这个有利的位置来看，那就很容易理解为何当初希律会选择在这里建造安东尼亚堡了。

回到那条街上，然后向右拐（这就意味着从你来的那个方向返回），用平均步幅向前走 18 步远。这样你就能找到第二站的入口，它在这条街道的另一边。我们建议你首先在那个院子里读一读下面的描述。

II . 鞭打、定罪并背负十字架 ★

福音书描述了本丢·彼拉多是如何尽力拯救耶稣的。起初，他建议人们在逾越节庆祝之际选择一个要释放的人，但是，人们却选择释放一个名叫巴拉巴（Barabbas）的罪犯而不是耶稣。只有到了这时彼拉多才对耶稣施以鞭打 39 鞭的处罚。鞭刑之后，罗马士兵给耶稣穿上了一件紫袍（那袍子的颜色与罗马皇帝的衣服同色），并将很多荆棘缠绕在一起戴到了耶稣的头上，同时还嘲讽他说，"嗨，犹太人的君王！"在这种受到折磨和羞辱的状态下，彼拉多将耶稣再一次带到公众面前。他本希望这些民众一看到耶稣所遭受的痛苦便会对他产生怜悯之情。但是，

那些民众却仍然要求处死耶稣，彼拉多别无选择，只能下令将耶稣钉在十字架上。记住，《新约全书》的作者们是在一个充满敌意，几乎没有"新闻自由"的罗马政权的统治之下描述这些事件的发展的，很难设想他们有多么的可信。

背对着出口，向右转。

鞭打教堂

这是一个建于 12 世纪的小教堂，并在1927—1929 年被方济各会进行了彻底的整修。他们雇佣了意大利著名的建筑师安东尼奥·巴尔鲁兹，他在耶路撒冷设计过许多著名的教堂。然而，在这种特殊的情况之下，我们发现结果有些令人失望。

荆棘是这个教堂装饰的主要图形——在

教堂入口处的外面以及在里面，那里的拱形天花板被饰以金色马赛克所展示的高浮雕荆棘王冠，星光透过那顶王冠，看起来就像花儿一样。

在这里的唱诗区的上方有三个镶嵌彩色玻璃的窗户，玻璃上描绘了那场审判的情景：

· 右边的窗户描绘了在那群犹太民众的要求之下释放强盗巴拉巴（有的人说他是一个自由战士）的场景。注意看那群人动物一般的面部表情。

· 中间的窗户展现了耶稣遭受罗马士兵鞭打的情景。

· 左边的窗户上是彼拉多在洗手，以此象征杀害耶稣的罪与他无关。

走出鞭打教堂，我们要参观的是鞭打教堂的姊妹教堂，它位于庭院入口左边，在街道同一侧（背对着门）。

定罪堂和背负十字架

这个教堂也经历过一些艰难的时期。它起初是一座拜占庭教堂，以后的许多年里又成了一座清真寺。在 1903—1904 年，方济各会又恢复了它往日的光彩。教堂建筑上有五个圆顶——每个圆顶下面都有一个带着几个彩色玻璃窗的塔楼。墙上的美术品具有混凝纸浆人物画的特征。

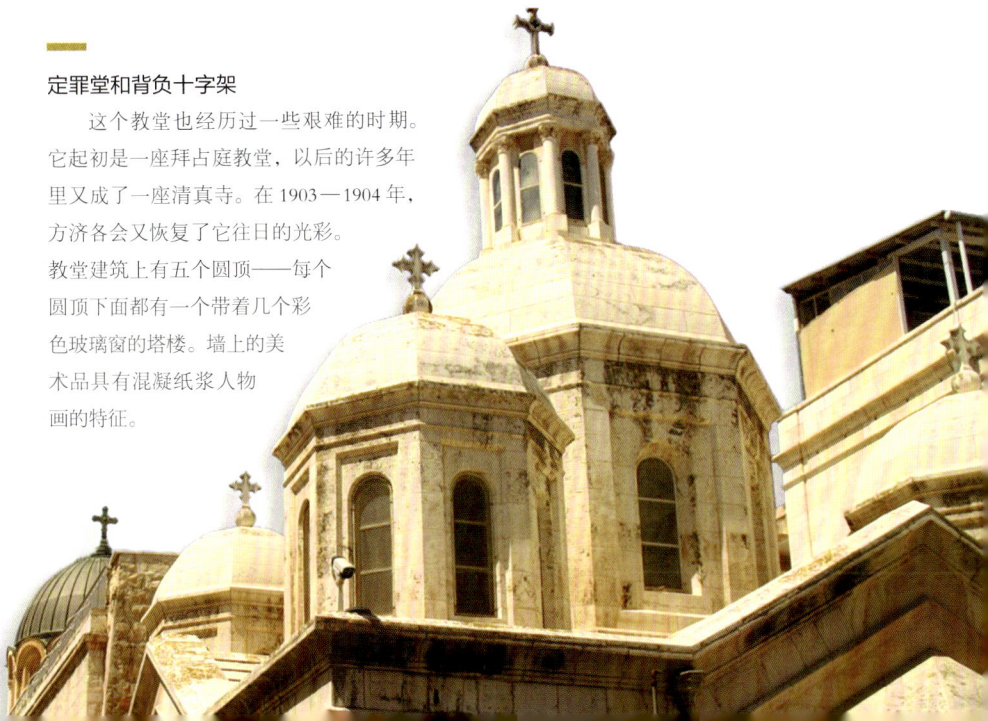

主祭坛后面墙壁上的画描绘了罗马士兵正在让耶稣背负十字架和彼拉多洗手以免除自己罪责的情景。

右边墙壁上（在入口的对面）的画描绘了施洗者约翰正试图不让耶稣的母亲玛丽看到耶稣背负十字架的情景。

在这幅画下面的地板上雕刻着可能是被罗马士兵用来游戏的棋盘。是这些士兵目睹了对耶稣的审判吗？抑或是他们的子孙守护着耶路撒冷废墟上建造的罗马城市爱利亚加比多连（Aelia Capitolina）城门入口？敬请期待更多的信息。

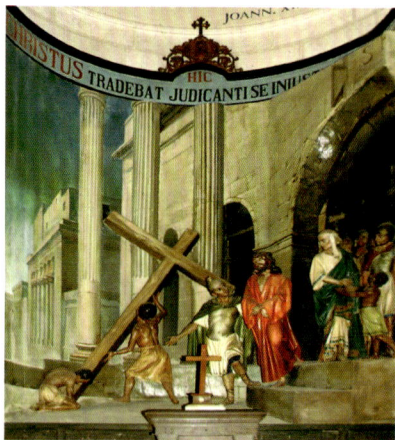

往回走，从那个庭院出来走到苦路上。向右转，走到道路上方的拱门处。

❸ 荆冠基督拱门

>>>>>>>>>>> – – – <<<<<<<<<<<

19世纪中期，玛丽·阿方斯·拉蒂斯博纳（Marie Alphonse Ratisbonne）买下了靠近这个拱门的地方，她相信这里就是耶稣被定罪的地方。她的依据是《新约全书》上面叙述了耶稣如何被鞭打，以及为了嘲讽他曾宣称是"犹太人的王"而给他穿上伪造的皇室服装的情形。在这种可怜的状态下，彼拉多将他带到众人的面前，说道："Ecce Homo!"（拉丁语"看这个人！"或"就是这个人"的意思）。几个世纪以来，朝圣者们都将这个拱门与那句话"看这个人"相联系，因此拉蒂斯博纳确信自己做了一生中最有价值的交易。

只有当他们开始发掘这个修道院的地基时，他们才知道了那个令人更为痛苦的事实：这个拱门是耶稣死后100年才建造的。我们是如何知道的？在公元135年，罗马帝国皇帝哈德良镇压了巴尔·科赫巴（Bar Kochba）起义后，在耶路撒冷的废墟上建造了一个罗马异教徒城市爱利亚加比多连。在城市的入口处建造了一个大广场——罗马广场；在城市的中心建造了一个凯旋门。今天，跨越苦路的那个拱门是哈德良凯旋门中间部分的局部（带有一些现代的建筑），哈德良凯旋门有一个大拱门，两边各有一个从大街上看不到的小拱门。在约旦的杰拉什（Jerash）城，哈德良皇帝也在广场前建造了同样类型的凯旋门。很清楚，这个拱门建造于耶稣死后，这就意味着彼拉多不可能站在它上面、站在它下面或站在它的任何一边。对于这个修道院的修女声望而言，她们并没有试图去隐藏考古真相，事实上，它的在杰拉什的姊妹拱门的照片就在这个修道院陈列着。

走过这道拱门，在你右边找到大街 41 号，这里有一扇棕色的木门。进去之前按门铃。

❹ 锡安圣母院，
荆冠基督修道院　★★

＞＞＞＞＞＞＞＞＞＞－－－－＜＜＜＜＜＜＜＜＜＜＜

值得参观吗？

　　如果你的时间安排比较灵活，我们建议你参加一场地下考古之旅。时间不会超过 20 分钟，而且能看到很多东西。

　　买门票，之后立即向右走到人群集聚的地方。你能在这里找到洗手间🚻，并且还能（不要把这两件事相提并论）找个地方坐下来阅读有关即将出现的景观的细节。

一个改变信仰的法国犹太人
在穆斯林区建造的修道院

阿方斯·拉蒂斯博纳（Alphonse Ratisbonne）出生在法国斯特拉斯堡（Strasbourg）一个富裕的犹太家庭。他在法国大革命之后被解放了的犹太人中长大，当时社会运动的名字就叫同化。他和他的兄弟希欧多尔（Theodore）都改宗信仰了基督教，直到建立了锡安神父修道院（Orders of the Fathers of Sion）和锡安姐妹修道院（Sisters of Sion）他们才罢手，这两个修道院里修士和修女的目的就是要使所有的犹太人改宗信仰基督教。基于这个目的，弟弟阿方斯于 1855 年跟随一个传教旅行团来到圣地。他的活动开始于在苦路上毗邻荆冠基督拱门的地方建造一座大型的女修道院。

在拉蒂斯博纳有生之年，这个女修道院的工作重心就已经发生了变化，换句话说，人道主义工作开始取代传教活动。这种变化发生在黎巴嫩德鲁士人屠杀马龙派基督徒之后。在危机时刻，拉蒂斯博纳决定让苦路的女修道院为男性孤儿提供庇护，而让另一个在艾因凯雷姆的女修道院为女性孤儿提供庇护。在他去世后，修道院里又发生了一个巨大的变化：那些修女们开始在异教徒中宣扬以色列之爱，而不把重点放在让犹太人改信基督教了。在艾因凯雷姆一章中你会找到更多的信息。

先进的考古学

* 继续向下朝那个阴暗的考古现场走［有指向铺华石处（lithostratos）的路标］。
* 在那段楼梯的下面，向后转，沿着那个通向水池的楼梯往下走——指向墙上地图的 3 号位置。

对修道院地基的发掘产生了一个令人震惊、藏品丰富的考古世界。其中一个重大发现是在扼守圣殿山的安东尼亚堡（Antonia Fortress）的壕沟里有一个蓄水池。后来，当罗马皇帝哈德良在耶路撒冷的废墟上建造罗马城市爱利亚加比多连时，他就为市场（罗马术语中的广场）建造了公共空间。为此，他不得不把那个开放的水池给掩盖起来，因此这就需要在水池上建一个顶，这个顶事实上就成了拱门地基广场的一部分。

顺便说一句，水池当时的宽度是拱门的两倍，而罗马人还没有掌握建造如此宽的拱门的技术，于是他们就将水池纵分，在每一半的宽度上建一个拱门，这样就成了两个拱门。

由于水池的长度是今天能看到的部分的两倍，所以会发生下面的情形：1866 年，在这个水池被罗马人掩盖了大约 1700 年后，一个名叫查尔斯·沃伦（Charles Warren）的英国将军和研究员在西墙附近进行挖掘。突然，他发现了一个洞，这个洞通向那条充满污水的地道。他想立即进行探测，但由于耶路撒冷不靠海，找不到小船也就不足为怪了。沃伦和他的助手就使用了孩子们经常玩的一种知名的把戏：摆门板。他们在水面上放置三块木制门板，每个人都坐在一块门板上，并推他们前面的第三块门板，每一次换门板都是为了保持向前走。他们就是通过这种途径穿过了这条坑道并最终到达了水池。正在他们不知道他们在哪里的时候，他们头顶上有一扇门打开了，两个受到惊吓的修女正在看着他们。因为她们确信有魔鬼正试图从地下

钻出来……

在意识到这个水池是进入修道院的一个通路之后，这些修女就在此建造了一堵墙，这个水池也就被分成了两部分。如果你要参观西墙地道的话，你就会看到另一边是水池。不管怎样，我们希望，现在从这里流出来的涓涓细流是纯净的雨水……

继续往前走（在回去的路上不用采取同样的步骤），你就会来到靠近一些长凳的区域，这里的部分地面被围了起来，并被照得通明（墙上地图的 10 号位置）。

这里公开的考古发现鼓舞了修道院的修女们，激励着她们去寻找所发现之物与《新约全书》所描述事件的联系。当发现一块表面上在字母 B（B 代表巴塞勒斯，希腊语中的"王"）旁铭刻有游戏棋盘的铺路石板时，想象一下她们那激动的样子吧。要对这些符号进行鉴别，你需要有敏锐的眼光或加强型电脑一样的想象力。在通向中心区国王塔的比赛中，通过掷骰子来决定谁先走，游戏以杀掉那个假国王而结束。修女们推断，正是那些给耶稣穿上长袍并给他戴上荆冠的罗马士兵将这个游戏铭刻在了这块铺路石板上！如果确实如此，那么，这里就是安东尼亚堡里那个审判耶稣的庭院，也是约翰福音（19：13）所说的那个地方："彼拉多听见这话，就带耶稣出来，到了一个地方，名叫铺华石处，希伯来话叫厄巴大（希腊语写作 lithostratos），就在那里坐堂。"

考古学家用令人难懂的证据声称这地板确实属于耶稣时代之后一个世纪建于凯旋门附近那个罗马广场的。作为妥协，他们也准备承认这些铺路石有可能是从被拆毁的安东尼亚堡带到这里的。

当你走出那个修道院之后，向右转。沿着苦路，你发现在那个修道院隔壁，有另外一个非官方的站点。必须进去吗？当然不是。

❺ 监狱

>>>>>>>>>>----<<<<<<<<<<<

希腊正教会宣称，在审判耶稣前和审判期间，耶稣就被关押在这里。只有看守这个地方的修道士在这里的时候你才能参观。参观时你沿着楼梯走下去，走到左边门的位置。这个地方除了简单的希腊正教的教堂之外，还有一些开凿在岩石里的地下室。在耶稣的时代，街道都比现在的街道要低，人们认为这个地方是一个马厩。

非常有趣的是，在圣墓教堂中有另一个被称为"神圣监狱"的地方，据推测，它主要是在基督徒离开教堂来到这里有危险时起到仪式性的目的。

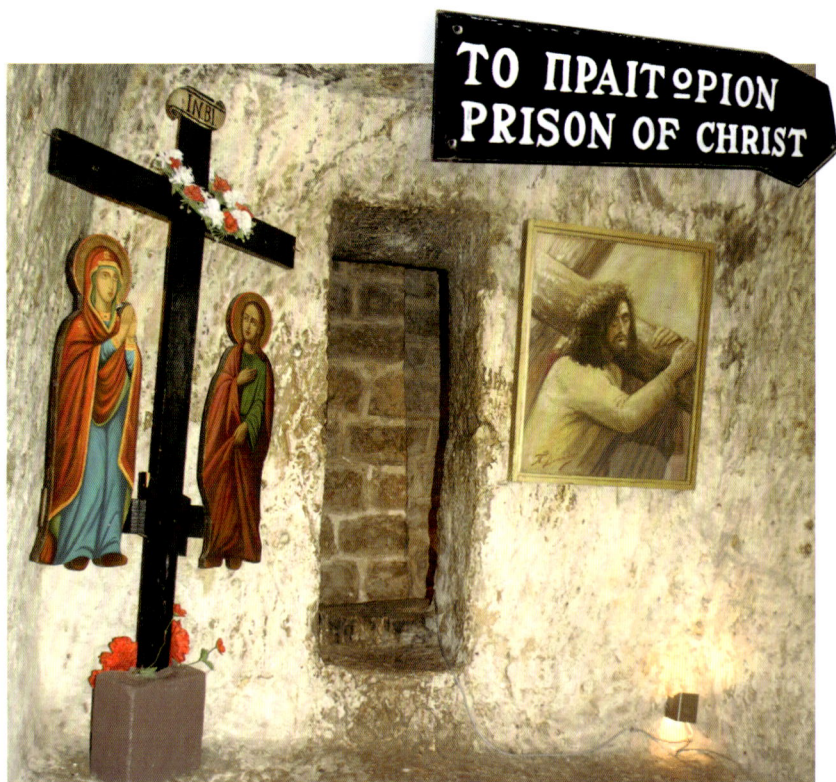

继续沿着苦路走。在右边苦路和阿尔瓦德街（Al Wad St.）交接的拐角处有一个通往奥地利招待所的门。尽管拜访这个招待所会中断走受难之路，但这也许正是这位博士安排好的。继续往下读再做决定。

❻ 奥地利驿站
★ ★

>>>>>>>>>> – – – <<<<<<<<<<

像许多其他强国一样，奥地利也利用了奥斯曼帝国的软弱，于 1863 年在这里建立了他们的驿站。甚至奥地利皇帝弗朗西斯·约瑟夫一世（Franz Joseph I）也在这里休息过。随后，这个驿站变成了一家医院。在第一次世界大战结束之时，英国人征用了这个在他们看来属于敌国的驿站，并把它变成一所军官学校。在一个土生土长的维也纳人、已故的耶路撒冷市市长泰迪·科莱克建议下，以色列政府才于 1985 年将这栋建筑还给奥地利。

那么为什么到这里来会成为你苦路之旅中有趣的一环呢？啊，如果停下来喝杯咖啡并来一份维也纳奶油苹果卷，你会感觉如何呢？我们没有和你开玩笑！菜单上还有冰激凌和各式各样的蛋糕（我们强烈推荐萨赫巧克力奶油蛋糕）和三明治，还有，如果你喜欢，这里也提供酒精饮料。身处穆斯林区，坐在房顶的阳台上或豪华的休息室里，俯瞰着拿撒勒人耶稣的巡行线路，在以色列耶路撒冷享用着维也纳美食——这是如此的不可思议，而你却能轻松做到。

如何到达这个驿站

★ 你已决定进去啦？按靠近外门的门铃。听到嗡嗡的声音，你就可以进去了。
★ 走上几段楼梯你就会进入这个招待所的大厅，右边是前台，走过去之后向左转，按照指示牌走向自助餐厅。
★ 你可以将食物带到自助餐厅外面的花园里。
★ 我们建议你稍后去屋顶上（在前台交钱，坐电梯到二楼，然后再上几阶楼梯）。这里看到的全景很奇妙。

• • • Ⅲ . 耶稣第一次跌倒 • • •

第三站是一个小教堂，它坐落在苦路和阿尔瓦德街相交的拐角处。他的入口（在它开放之时）就在阿尔瓦德街的左边。

这一站是耶稣在十字架的重压之下第一次跌倒的地方。《新约全书》中从没有提及耶稣在苦路上跌倒过，但却写到耶稣需要帮助才能走下去，因此，人们推测他肯定跌倒了。这个站点的宗教目的就是要表明耶稣所蒙受的苦难，并让朝圣者们对他的痛苦感同身受。顺便提一下，耶稣当时背负的仅仅是横木，而艺术作品的描绘总是呈现出他拖着整个十字架前行。

这个小教堂属于亚美尼亚主教区，作为对亚美尼亚区效忠教皇权威的回报，亚美尼亚主教从方济各会手中取得了对这个地方的管辖权。因此，亚美尼亚人拥有第三站和第四站，尽管他们之中只有一小部分仍效忠于教皇。这个教堂所处的位置曾经是一个土耳其浴室。教堂建造于 19 世纪后半期，并于 1947—1948 年修葺一新，这多亏了波兰士兵的捐赠。

老城露天剧场　★★★

注意!

阿尔瓦德路 (Al Wad St.) 通向了老城区的那个著名的露天市场——这里是一个具有其自身氛围的,多姿多彩的东方集市(阿拉伯市场)。一方面,在如此神圣、"摩肩接踵"的朝圣路上有如此世俗的市场摊点简直是对神明的亵渎。另一方面,这条贯穿市场的道路能增强人们对街道真实性的感知,而不会觉得仅仅在通过一个枯燥乏味的考古遗址。

如果你决定买些东西,记得要讨价还价。很快你就会意识到每天都能遇到季末特价商品……

向下看

记住,这条像现在这个样子的街道在耶稣时期是不存在的。当罗马人在耶路撒冷废墟上建造爱利亚加比多连时,他们将街道向上抬了约两码 / 两米高。尽管如此,在现在街道的地面上还是露出了一些古代的铺路石。那是在 1970 年,当时市政当局决定挖掘一条排水沟,然后就发现了这些古代的铺路石。在第三站附近要对它们加以留心。

●●● Ⅳ. 耶稣遇见他的母亲 ●●●

穿过第三站的教堂,然后再穿过一个商店。在路的尽头向右转。看到的马赛克就是第四站的标志。

这一站在《圣经》之中也没有依据。它可能是后来才增加的,因为据说玛丽在耶稣受难时就在现场,因此她极有可能在耶稣受难的路上一直跟着她的儿子。5 世纪之前人们几乎没有提到过玛丽,只有到了 5 世纪她的人物形象才得到发展,并因其自身条件而演变为一个圣人。因此，她不仅是上帝之子的母亲，并且以目睹儿子受难并对儿子的痛苦感同身受的慈母形象而广为人知。有许多为玛丽而

建的教堂，也有许多信徒向玛丽祈祷以便获得她儿子的宽恕。波兰艺术家 T. 兹埃利恩斯基（T. Zieliensky）创作了这个铁门上的浮雕。

穿过一个亚美尼亚教堂，从第四站出来，然后向左转。沿着阿尔瓦德街向前走几步，然后向右转，这就重新回到了苦伤道上。你左边，在两条街的交汇处就是第五站。

V．古利奈人西门帮助耶稣背十字架

"有一个古利奈人西门，就是亚历山大和鲁孚的父亲，从乡下来，经过那地方，他们就勉强他同去，好背着耶稣的十字架。"（《马可福音》15：21）

就在队伍到达受难山之前，罗马士兵抓住了一个过路的人来帮助耶稣背十字架，他就是古利奈人西门，他和他的孩子都来自乡下。用来纪念这件事的铭文就刻在了那个方济各会小教堂的入口处。

在入口右边的墙里有一个没有石料镶面的压痕。它看上去就像是一种窗户，在岩石中呈现出一个"酒窝"，传说这是当时耶稣斜靠在墙上时形成的。

在第五站的对面是阿布·舒凯里饭店，我们已在这本小册子的结尾处评论过此酒店。有人要鹰嘴豆泥吗？

你说这是一个市场？

在这条街的左侧，在第五站和第六站之间，当你面朝你走的方向时，你会发现几个专门卖珍贵的古代工艺品的商店，若这些工艺品放置在空阔的别墅里或奢华的公寓中，那看起来真是棒极了。即使你还没有房子的话，在这里看一看也是值得的……

还是那条路，在其右侧，你能找到几家卖亚美尼亚陶瓷的商店。位于阿尔瓦德街15号的耶路撒冷陶瓷店属于卡拉卡珊（Karakashian）家族。他们是20世纪早期来到耶路撒冷的第一批亚美尼亚人的后代，这批人给耶路撒冷带来了多姿多彩的亚美尼亚艺术形式。长期以来，来自希伯伦的巴勒斯坦人已经获取了他们的商业秘密，复制了他们的设计样式并以更低的价格出售其产品，这时那些亚美尼亚人的小店的经营状况反映了他们的商业地位已受到冲击，摇摇欲坠。继续往前走，几乎要到达第六站之时，你会看到耶路撒冷陶瓷工艺品公司，这是一个展示巴勒斯坦本土相关产业仿制品的规模更大的商店。显然，可悲的是，模仿总是合算的。

继续沿着苦伤道攀登。第六站，即维罗妮卡教堂（the Church of St. Veronica，隶属于希腊正教会）将会出现在你的左边。通过那道绿门就是入口了。

VI. 维罗妮卡（Veronica）为耶稣擦脸

这又是一个在《新约全书》中找不到依据的基督教民间传说。当耶稣正在受难路上艰难攀爬之时，他的脸上满是汗水和血渍。这时，一个他过去曾经治愈过的名叫维罗妮卡的女孩看到了耶稣所受的折磨，觉得他太可怜了。于是，她就跑过去，用自己的头巾给耶稣擦脸。只有这时耶稣才睁开了他那双自被打之后因肿胀而难以睁开的双眼。当维罗妮卡看她那块面巾时，她发现耶稣的脸庞印在了上面。通俗词源学将她的名字的起源归于单词"vera"（拉丁语"真实"）和"icon"（希腊语"图像"）。有人说，这个圣物（维罗妮卡的头巾）自己到了罗马教皇那里。也有人说在基督教的教堂中只有头巾的碎片。据推测，它并没有丢失。不管怎么说，这个教堂是维罗妮卡的家所处的位置；在门口有一个小工作室，里面有一些修女在给圣像上色并出售。

沿苦伤道继续向前走，第七站就坐落在苦伤道与卡恩·阿尔则特街（Khan al Zeit St.）的交叉口。

VII . 耶稣第二次跌倒

基督教传统观点认为第七站是耶稣前往城墙外受刑地的路上穿过审判门走出耶路撒冷城的地方。他在这里被门槛绊倒，第二次跌倒。一个小科普特教堂准确地指明了这一站。科普特人（Copts）的祖籍在埃及，他们是最早的基督徒之一。

当罗马城市爱利亚加比多连在耶路撒冷的废墟上建立起来时，现在的贝特·哈－巴德街（Beit Ha−Bad St.）当时还只是那个将耶路撒冷从北到南分开的柱廊大道古卡杜（Cardo）的一部分。在犹太区还能看到几根这样的柱子。在这里也发现了一根类似的圆柱，它不但被描绘成存在于这个教堂入口处窗户的上面，而且还被画进了教堂里面的一幅油画里。这显然是个时代错误，因为沿着卡杜而建立的这些圆柱是耶稣死后至少一百年才建成的。

沿着这条街继续往前走（这里被称为阿尔卡尼卡街，Al Kahniqa St.），所有的动机来源是因为它是你已走过来的那条苦路的延续。

VIII . 耶稣遇见耶路撒冷的妇女

一块石头镶进了希腊圣哈拉兰博斯修道院（Monastery of St. Charalambos）的墙上，这是第八站的标志。石头上雕刻着拉丁十字和罗马字母 IC 和 XC，它们分别代表了希腊语单词 IHCOYC 和 XPICTOC 的

第一个和最后一个字母，分别是"耶稣"和"基督"的意思。在其下面是一个单词NIKA——这是希腊语NIKI的罗马版本的译文，它的意思是"胜利"。〔顺便说一句，著名的体育运动品牌耐克公司的名称就来源于希腊胜利女神尼凯（NIKE）〕。因此，铭刻在这里的这句标语实际上意味着：耶稣基督取得了胜利。

在耶稣那个时代，这个地方可能是位于城墙和各各他之间的一块开阔的场地，耶路撒冷的妇女正是站在这里并目睹了事件的发展。《新约全书》记载道："有许多百姓跟随耶稣，内中有好些妇女，妇女们为他号咷痛哭。耶稣转身对她们说：'耶路撒冷的女子，不要为我哭，当为自己和自己的儿女哭。'"（《路加福音》23:27-28）

Ⅸ. 耶稣第三次跌倒，在科普特人和埃塞俄比亚人之间跌倒

如果你感觉现在到了尽情享用一盘鹰嘴豆泥的时刻，继续往前走一点，走到阿尔卡尼卡街上，你将找到莉娜饭店（Lina Restaurant），我们在本小册子的最后对这个饭店进行了评论。

返回来（在下来途中），在阿尔阿塔林街（al Attarin St.）露天广场向右转。走向那个你可以爬上右边楼梯的地方。

沿着这条曲折的道路，靠左（不用穿过任何关闭的门）一直走到科普特区。这一站的标记就是一根嵌入墙里的圆柱，上面涂画着一个十字架，它位于科普特主教区（the Coptic Patriarchate）入口处的左边。

第九站是耶稣第三次，也是最后一次跌倒的地方。这一站所处的位置属于埃及基督徒的科普特社区。除了他们那位于圣墓教堂的小教堂以外，科普特区还包括那个主教区和一个普通的教堂，这个教堂通向一个给人以深刻印象的古代水库。如果你想到那里参观，转身前往你右边的门就行了。那里是免费的，但希望你能捐赠善款。顺便说一句，如果天色已晚，那你就要自己去开灯了。

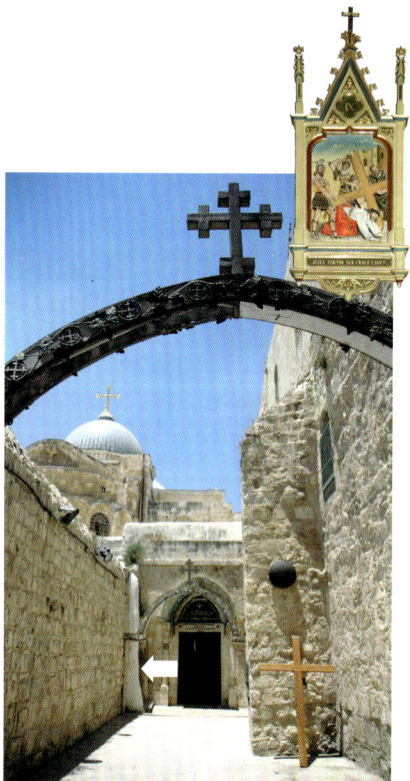

现在向左拐，然后穿过那扇绿木门。

你现在正跨越边界进入埃塞俄比亚基督徒的领地。这些教众在那个教堂里没有立足之地，不得不将就着利用圣海伦娜教堂（Chapel of St. Helena）的屋顶，根据基督教的信仰，真十字架就是在这里发现的。

这个屋顶上就是著名的德尔·埃尔－苏丹（Deir el-Sultan）修道院，在"十字军"时期曾是骑士的餐厅，并且在屋顶上还能看到一些圆柱留下来的残体。

埃塞俄比亚修道士被认为是4世纪末期派遣基督徒到耶路撒冷居住的第一个国家的代表。据他们所说，当黑人的示巴女王（Queen of Sheba）来拜访所罗门王时，所罗门王就把他们现在所居住的地方赐给了他们。他们的传统认为当示巴女王返回埃塞俄比亚时，她已经怀孕了，这也就是为什么埃塞俄比亚王室要将他们的血统追溯到所罗门王了。直到今天，埃塞俄比亚国王的一个称号就是"犹大之狮"。

好了。到此为止这些站点都位于圣墓教堂的外面。

现在，我们必须离开这个教堂的屋顶前往圣墓教堂的正面。下去时要通过那扇（半关着的）门（请看照片上白色箭头指示的地方），这扇门将会把你带到那个埃塞俄比亚教堂。在你左边的墙上有一副有趣的油画。请那个守护的修道士把灯打开，然后你就能看见它了：

示巴女王给所罗门王带了什么东西

这幅迷人的油画描绘了示巴女王和所罗门王见面时的情景。在这幅油画的左边，艺术家画了这位非洲女王给这个最有智慧的男人带来的礼物。画的右边表达的则是所罗门王如何为了示巴女王而装扮自己，他的胸前还戴着珠宝。你还能看到所罗门王还为示巴女王准备了王座！

现在我们走出埃塞俄比亚教堂，你将会来到圣墓教堂前的广场上。

但别进去。为了能看到圣墓教堂的一些远景，也为了能找个地方坐下来并读一读有关的书籍，你要与它保持一定距离。

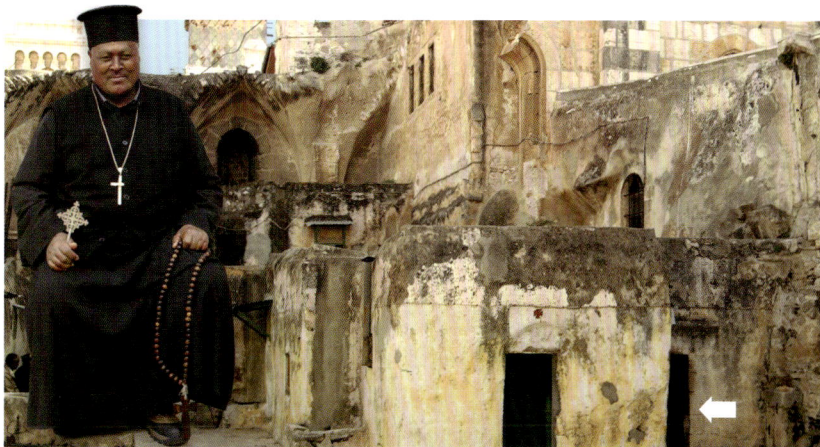

❼ 圣墓教堂
★ ★ ★

>>>>>>>>>>>— — — — <<<<<<<<<<<<

关于耶稣尘世的生命结束于何地，《新约全书》并没有提供足够的暗示。《圣经》资料暗示这个地方（在阿拉姆语中被称为各各他，其含义是"骷髅"）在城墙之外，邻近一个花园。大多数基督徒都相信这些事件发生在圣墓教堂所在的地方。这可能吗？继续往下读。

揭开圣墓的面纱

公元325年，这一年距离耶稣之死已过去将近300年了。在罗马，皇帝君士坦丁选定基督教作为一个合法的国家宗教，并让他的母亲海伦娜（Helena）到耶路撒冷去寻找与耶稣的生活有关的遗迹。当她到达耶路撒冷时，人们告诉她当地只剩下一个年老的犹太人记得那些圣地的确切位置，但是那个老人拒绝将他所知道的秘密透露给任何人。最后罗马人用断粮一周的方式迫使这位老人将各各他的位置泄露了出来，他指向了一个异教徒的神庙。一场草率的挖掘挖出了一个空空的墓穴和一个含有三个十字架（罗马人将耶稣和两个盗贼一起钉死在十字架上）残片的水池。海伦娜认为罗马人会将庙宇建在其他宗教认为神圣的地方，于是她急忙宣布："已经找到了圣十字架。这里就是救世主耶稣死亡的地方"。

神圣的采石场

但是在过去的300年里这里究竟发生了什么呢？在这个地方发掘出了一个采石场，这个采石场曾经为希律王庞大的建筑计划提供石材。在希律王死后（公元前4年），这个采石场就被废弃了，留下了一堆岩石。由于它在城墙之外，这里最初被作为一个墓地使用。根据基督教的解释，这一切都很符合：毫无疑问，大约在公元30年，罗马人将耶稣带到了这片废弃的采石场，并将他钉死在了石堆上——这里正是《新约全书》中提到的"各各他"。

第一圣殿—— 一个异教徒庙宇

又一个一百年过去了。在公元135年，罗马皇帝哈德良镇压了犹太巴尔·科赫巴（Bar Kochba）起义，摧毁了耶路撒冷，并在这个地方建立了一个名为爱利亚加比多连的罗马城市。那个旧采石场区域获得了特别的待遇。为了把这里变成维纳斯神庙（the Temple of Venus.）的地基，建造者们抬高了其地面的高度，并用地下拱门使其表面变得平坦。哈德良希望这么做能清除任何有可能成为另一场起义关注焦点的遗迹。

第二圣殿——君士坦丁神庙（Constantine's temple）

这就是公元325年事情发展的样子，当时罗马第一个基督教皇帝的母亲海伦娜来到了这里。很明显，那300年逝去的岁月并没有把她抛弃，她很快就将她的独家发现告知了她的儿子。而她的儿子则宣布他之前已经在幻觉中看到过这个地方，这样就能够使他抢先占有他母亲的发现。他下令将那个异教徒的神庙夷为平地，并在那个地方建立一个能够代替它的最雄伟的神庙。

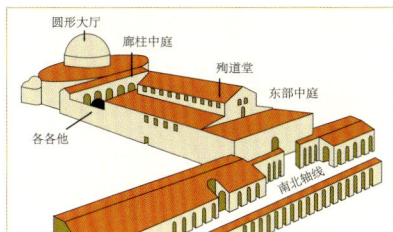

穆斯林来了

这个教堂编年史中的下一个有意义的章节开始于 300 年之后的 614 年，当时波斯人从拜占庭手中夺取了耶路撒冷。他们劫掠并摧毁了耶路撒冷城中大多数的宗教遗迹，其中就包括那些属于圣墓教堂的遗迹。不久之后，拜占庭人又回来了，他们又夺回了这座城市并修复了这里的建筑。但是，到了 638 年，穆斯林又控制了耶路撒冷——这一次他们控制了 400 年。他们时常试图要将这个教堂付之一炬，但最终，他们还让它完整无损地保留了下来。

到了 1009 年，穆斯林对试图烧掉这座教堂这件事已经感到厌烦了，于是哈里发哈基姆·阿穆尔·阿拉（Caliph Al-Hakim bi-Amr Allah，上帝任命的统治者）就草率地下令把它毁掉。这成了引发第一次"十字军"东征的重大事件。直到那时，拜占庭统治者君士坦丁九世莫努马库斯（Constantine IX Monomachos）才不得不与当时的哈里发协调以完成任何所期望的修复工作。

第三圣殿——"十字军"教堂（Crusader church）

尽管这需要时间，但是"十字军"最终还是出发了，并在 1099 年占领了耶路撒冷。他们用一场残酷的大屠杀对穆斯林（包括穆斯林的同盟者犹太人）进行了报复。当他们最终到达圣城时，他们惊恐地发现那幢 4 世纪的经典建筑几乎什么都没有留下。由于"十字军"所宣称的要保护的圣地已经不存在了，

他们就开始重建。这一次他们将这个建筑设计成巨大的十字以便在一个屋顶之下将那些圣地都连接起来。这项建设工作经历了 40 年时间，直到今天，它的地基仍然支撑着这里屹立的建筑物。

穆斯林回来了

事实证明，穆斯林圣战者是比"十字军"骑士更好的战士。"十字军"在耶路撒冷仅仅统治了 90 年，到 1188 年，他们就将这座城丢给了萨拉丁（Salah al-Din）——这一次是永久性的。萨拉丁将绝大多数的基督教圣地变成了伊斯兰圣地，只保留了圣墓教堂。但是，他对前往圣墓教堂朝圣的基督徒征收重税。那些对这项税收收取贿赂的人也能够为他们的社区建立祭坛，因此他们获得了立足之地。

嗨，谁掌管着这里?

1517 年，奥斯曼穆斯林(the Ottoman Moslems) 从埃及马穆鲁克穆斯林 (the Egyptian Mamluk Moslems) 手中接过了对耶路撒冷的控制权。在圣墓教堂中，这种变化反映在了土耳其收费制度取代了旧有的贿赂制度，以及围绕这个教堂的部分区域而产生的不合规矩的周边贸易权利上。这些冲突的余波传到欧洲，引起了几个大国的干涉，并且这些大国还对奥斯曼政府施加了压力。围绕对圣墓教堂的管理而产生的争吵，是导致克里米亚战争（1854—1856 年）爆发的因素之一，俄国、奥斯曼帝国、法国和英国都卷入了这场战争。最后，奥斯曼人受够了，他们于 1852 年宣布圣墓教堂的地位回复到 1767 年时的状态，希腊人在那一年曾想方设法来控制广大的区域。尽管 240 年的休战并不能保证和平，但圣墓教堂的地位一直到今天都没有发生改变。对这种敏感而又荒谬的情形的说明

显而易见地体现在了在二楼窗户下面放置的小梯子上。你是否认为这梯子是为了整修而暂时放置在那里的？再想一想。在过去，这梯子当时是用来为亚美尼亚修道士运送食物的，当时他们被土耳其人封锁在里面。从那以后，它就成了现状协议的一部分，而亚美尼亚人也不打算抛弃它，尽管他们已不再使用它。这就是在宗教和修道士间存在的永恒的差异……

我们现在在哪里？

让我们做个扼要重述：直到公元前 4 年——它是个采石场；公元 30 年——耶稣被钉死在十字架上；135 年——在耶路撒冷的废墟上建造了一座罗马城市，此处则建造了一座异教徒的神庙；325 年——皇帝的母亲海伦娜在这里发现了真十字架；336 年——罗马皇帝君士坦丁建造了第一个神殿；614 年——波斯人将它毁掉，而阿博特·摩得斯图斯（Abbot Modestus）又很快将它重建；1009 年——哈里发哈基姆·阿穆尔·阿拉将它毁掉；1048 年——皇帝莫努马库斯开始修复它；1149 年——"十字军"奉献出了一个新教堂。

不要从封面判断一本书

在基督教世界中，圣墓教堂是最神圣的地方——比罗马的圣彼得大教堂或者伯利恒（Bethlehem）的圣诞教堂（Church of the Nativity）还要神圣。但是，除了神圣性之外，它并不是特别的漂亮或雄伟——相比较而言。两千年来的地震和战火以及蓄意的破坏和自然的磨损在它身上打上了不可磨灭的烙印。但是再仔细想一想，也许我们要在这里找到一座华丽教堂的希望本来就是错误的。奇特的教堂比比皆是。也许那破旧的、伤痕累累的装饰实际上更能使耶稣受难永垂不朽。

在左边，入口处的上方是"十字军"建造的钟楼。它在过去更高，但在 16 世纪它的顶部倒塌了，为了防止连锁反应式的进一步的破坏，这个钟楼上面有几层就被拆除了。现在，这个钟楼被脚手架包围着，但整修并非迫在眉睫。

继续走到入口处，不要冲动着进去却只在里面待一会儿。

X . 耶稣被剥去衣服

在入口处的右边，你能看到一段楼梯，"十字军"曾经用它爬到各各他的岩石上。如果你登上这些阶梯，你能看到上面有一个非常普通的小教堂，这就是第十站——就是在这里，在钉上十字架之前，耶稣被剥去了衣服，也是在这里，那些罗马士兵分了耶稣的衣服。你可以略过而不攀登，因为稍后你会看这所小教堂。

入口大门

尽管萨拉丁在 1187 年占领耶路撒冷时并没有毁掉这个教堂，但他却对那些到这里的基督徒设置了障碍。他封锁了教堂的一个入口，并将另一个入口处大门的钥匙授予了两个穆斯林家族——努赛巴家族（Nusseibehs）和犹贝家族（Joudehs）——直到今天他们仍掌管着这些钥匙。开关门的日常任务都是有严格规定的仪式。例如，在一个普通的夏日，那个穆斯林守门人就会在早上五点到达大门——这个门整晚都是锁着的。每一个社区轮流任命的睡在教堂里的教堂司事就会在里面迎接这位守门人。尽管在门上有个小门，但教堂司事仍要递给在外面等候的守门人一个梯子。那个守门人先打开那个较低的锁着的小门，然后站在那把梯子上打开较高的小门。只有此时他才打开了右边的门，同时基督徒教堂司事要打开左边的那扇门。也许会以相反的顺序开门吧？战争就是由于更小的原因爆发的……

那个小门就在左边的那扇大木门上，在它的后面，你能看到那个梯子。

- 走到里面去，然后立即向右急转，爬上那十八阶窄窄的楼梯。尽管你是在屋子里，但你实际上正在爬各各他的岩石，这里也叫骷髅地（Calvary，来自于拉丁文的 Calvariae）。
- 在岩石上面有四站。尽管它们之间的距离都很近，方济各会和希腊正教会却对它们进行分管。
- 首先，我们来透过右边墙上的窗户看一看。会看到你在外面时略过没有爬上去的那个小教堂。这个地方是耶稣准备受十字架刑罚的地方，当时他身上的大多数衣服都被剥去了。

圣墓教堂地图

- **X** 耶稣被剥去衣服
- **XI** 耶稣被钉上十字架
- **XII** 耶稣死在十字架上
- **XIII** 耶稣被从十字架上取下，放到玛利亚怀里
- **XIV** 耶稣圣墓（The Sepulcher of Christ）

- **8** 亚当教堂（Adam's Chapel）
- **9** 涂油石（Stone of the Unction）
- **10** 圣墓大教堂（The Catholicon）
- **11** 科普特教堂（The Coptic chapel）
- **12** 雅格叙利亚正教堂——亚利马太的约瑟（Joseph of Arimatea）之墓
- **13** 圣海伦娜教堂

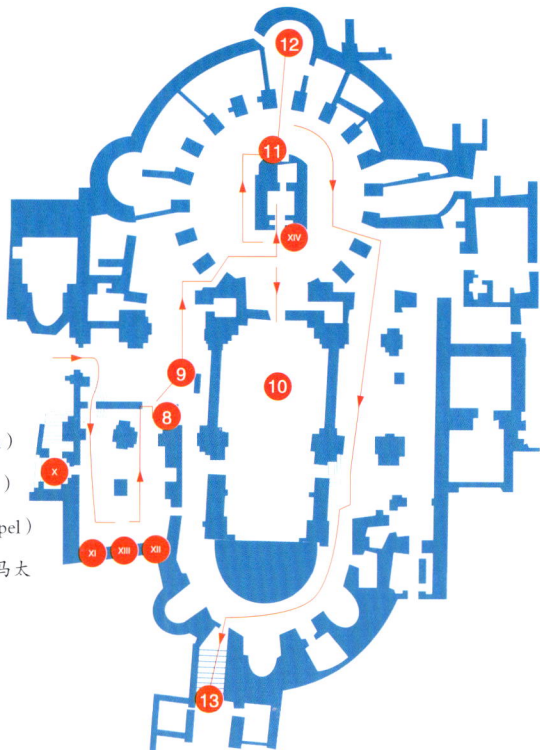

XI . 耶稣被钉上十字架

现在我们要到达刚爬上来的那段楼梯对面的祭坛。

在十字架放在地上时，罗马人就将耶稣钉在了上面。根据《新约全书》记载，这时耶稣说出了这样一句话："父啊，赦免他们！因为他们所做的，他们不晓得。"祭坛上面的马赛克描绘了这时的情景：那名罗马士兵正在完成这项可怕的任务，在十字架的底部有一个极度悲伤的妇女，而耶稣的母亲则以惊人的宁静之态注视着这个场景。

这个祭坛制造于佛罗伦萨，在 17 世纪早期由红衣主教美第奇（Cardinal Medici）捐赠。这个祭坛有六块面板（前面四块，两边

各一块），锻银打造，并且还描绘了耶稣受难的场景。

你现在身处的方济各会教堂布满了华丽的马赛克壁画，这座教堂由意大利建筑师安东尼奥·巴尔鲁兹在 1937 年修复，这个建筑师所修复的教堂遍及耶路撒冷。如果你退后一步，你就会在你右边的墙上（你要背对着楼梯）看到一幅描绘《以撒献祭》（Sacrifice of Isaac）的图画，这幅画展现了亚伯拉罕即将杀死他的儿子以作为对他信仰的考验。这位艺术家是在暗示《旧约全书》和《新约全书》之间存在着某种联系，它在表明是神自己将他的儿子耶稣绑了起来，耶稣的姿势与腰布都和以撒的极为类似。

● ● ● XII．耶稣死在十字架上 ● ● ●

继续往前走，进入左边的教堂。

这个地方由希腊正教会掌管，其教民主要是俄罗斯人。他们的祭坛就放置在十字架（上面钉着耶稣）竖立的地方，因此这里也象征着耶稣的死亡之地。许多朝圣者都爬进那个空地来触摸岩石上的那个固定十字架的洞。

祭坛后面是一个真人大小的偶像，它展现了十字架上耶稣的样子，两边则是将耶稣看成弥赛亚并给他施洗的圣母玛利亚和圣约翰。

当你能触摸到祭坛下面各各他岩石的时候，你会发现你只能透过它两边都设置的防弹玻璃看到它，这主要是为了防止人们从上面凿下几块以留作纪念，毫无疑问，这样的事在之前就已经发生过。右边玻璃柜下面的岩石的表面已经破裂了。请关注更多的信息。

XIII. 耶稣被从十字架上取下，放到玛利亚怀里

在上面两个教堂之间有一个小祭坛，这个祭坛的特征是有一个前面带玻璃窗的木制箱子。木制箱子里是"忧伤的圣母"的彩绘木制半身像。玛丽的头上佩戴着一顶镶有宝石的王冠。王冠曾经被偷了两次，后来才加上了那个木箱子。

这尊木制塑像于1778年由葡萄牙女王捐赠，雕像中的玛丽用一柄剑刺进了自己的心脏，这使人想起《新约全书》中西蒙（Simeon）对玛丽所作的预言："叫许多人心里的意念显露出来；你自己的心也要被刀刺透。"（《路加福音》2:35）

这个祭坛和塑像就是苦路的第十三站，这里就是耶稣的遗体被从十字架上取下来后放到他母亲怀里的地方。在耶稣被从十字架上取下来之前，有个罗马士兵用一支枪刺入耶稣的肋间以确定耶稣已经死了。根据《新约全书》的记载，当时从伤口中流出了鲜血和体液。流行的民间传说认为从耶稣的遗体中流出来的鲜血被收集到了在最后的晚餐中耶稣用

来喝葡萄酒的高脚杯中，当时他曾宣称这酒就是他的血。这就是著名的圣杯，人们认为它能赐予其拥有者以超人的力量和永恒的生命。

一旦你完成了对各各他高地的探索，之后你就顺着那个面对希腊教堂的楼梯（你曾在那个拉丁教堂的对面爬上这个楼梯）走下去。在楼梯底下，你要向右拐，然后立即通过那扇金属格子门走进亚当教堂。

❽ 亚当教堂

> > > > > > > > > > > – – – < < < < < < < < < < <

你现在就位于竖立十字架之地的下面。《新约全书》表述说，当耶稣放弃他的灵魂之时，"地也震动，磐石也崩裂"（《马太福音》，27:51）。确实，透过那扇锻铁制造的窗户，你能看到那块破碎的岩石（各各他岩石）。

基督教传统观念进一步认为亚当就埋葬在各各他岩石的基底部。当岩石裂开之时，从耶稣身上的伤口流出的一滴血透过裂缝滴了下来，滴到了亚当的颅骨上。因此，耶稣就为人类的原罪赎罪了。

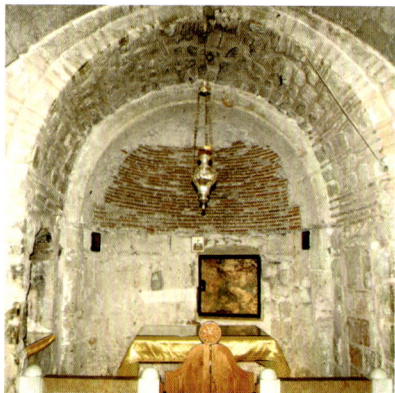

从亚当教堂出来向左走，回到入口处的区域。现在你要看着入口处对面那块浅桃红色的大理石石板。

❾ 涂油石

\>>>>>>>>>>– – – – <<<<<<<<<<

耶稣的一名追随者是亚利马太的约瑟（Joseph of Arimathea），他请求罗马统治者允许他在安息日前将耶稣的尸体埋葬。在得到统治者的同意后，约瑟找来一个朋友帮忙，他们两个人一起将耶稣从十字架上取下来，并将耶稣的遗体放到玛丽的怀里。然后他们将耶稣的遗体从各各他岩石上运下来并放到山脚下来准备一场犹太葬礼：

"他们就照犹太人殡葬的规矩，把耶稣的身体用细业麻布加上香料裹好了"。（《马太福音》19:40）

有人认为苦路的第十三站在此处，而不是上面提到的玛丽塑像所在的地方。基督教的朝圣者们习惯在涂油石前进行跪拜并在自己的物品和珠宝放在石板上以求好运。

这块石板是1810年才放到这里的，其目的是保护位于它下面的原来的那块石头。人们都称它为"涂膏石"（或者"涂油石"），人们相信就是在这个地方耶稣的身体被涂上了油和香料。

涂油石上方悬挂的灯属于圣墓教堂中三个主要的教派。你可以通过灯上面的彩绘鸵鸟蛋来辨认它们：希腊正教会的灯有四个金色的蛋；亚美尼亚教会的鸵鸟蛋具有亚美尼亚风格；另外两个则是方济各会的。在灯上悬挂蛋的习俗源于哪里呢？在许多教堂里，老鼠常常沿着悬挂灯的绳子往下爬去偷喝供火焰燃烧的灯油。这些滑滑的鸵鸟蛋就会使这些啮齿动物失去平衡而从绳子上掉下来……

在涂油石后面是一个华丽的马赛克壁画，这是为新千年（Millennium）庆典以及教皇保罗二世拜访圣墓教堂而准备的。它说明了耶稣受难之后所发生的事情：

·右边是以亚利马太的约瑟正将耶稣从十字架上移下来。上面是正在哭泣的天使，而十字架下面则是一个颅骨和一对交叉放置的骨头，这代表了埋葬在这里的亚当。

·中间，耶路撒冷的女人们正围着耶稣的尸体，悲伤哀切。耶稣的母亲坐在靠近耶稣头部的位置，亚利马太的约瑟和他的助手则站在耶稣的脚旁。

·左边，亚利马太的约瑟和他的助手将用裹尸布包裹好的耶稣的尸体搬进墓穴。

当面朝涂油石而背对入口的时候，在左边有一个被大理石柱围起来的开放的小神殿。亚美尼亚人认为这就是那群自加利利就追随耶稣并目睹耶稣被钉十字架的妇女所站立的地方。

走到亚美尼亚神殿的左边，走向圣墓教堂。

··· XIV. 耶稣圣墓 ···

在圆形大厅的中央，那个由高大的圆柱支撑的大穹顶下面，是一个非常奇怪的带有洋葱状圆顶的橄榄木建筑。它里面就是基督的墓穴（空的）。你现在已经到达苦路的第十四站（也是最后一站）。

圆顶联盟

当你排队等待进入圣墓之时，你要抬头看看上面的天花板。在经历了几个世纪的地震和火灾之后，这栋建筑的状况也就渐渐地

恶化了。由于众多教派之间缺乏协调，所以任何试图修复穹顶的努力都使它的状况更为恶化。恶化到了这栋建筑眼看就要倒塌时，天主教方济各会、希腊正教会和亚美尼亚教派才集合在一起决定一同修复这个穹顶。该计划开始于1934年，直到1997年才在以色列人手中最终完工。

穹顶中心的特色就是那十二条金色的条纹，它们代表着圣灵如火焰一般的舌头，这些火焰般的舌头降临到十二使徒身上，使他们能够精通不同的语言并且去宣传基督教教义的启示。每个条纹分出三个尖头，这象征着圣父、圣子和圣灵——三位一体。顺便说一句，这个穹顶最初是朝向天空的，这号召人们记住上帝与耶稣复活之地取得了直接联系。现在那里有了一扇清澈的玻璃窗。方便实用……

圣墓的结构

如果你决定排队等候进入圣墓，那就利用这段时间读一读有关圣墓结构的书。

庇护着圣墓的木建筑就是著名的小房子——拉丁语"小神龛"（smallshrine）。这是屋内第四个"小神龛"了，它是上一个神龛被火烧掉之后建成的，完工于1810年，由于每一个神龛都比前一个大，这样它就能将上一个神龛的残留物包含在内。入口处充满着令格列弗（Gulliver）感到骄傲的支架和蜡烛，在入口处上方是几十盏灯，其灯光由天主教会（13盏）、希腊教会（13盏）、亚美尼亚教会和科普特教会所共享。

里面有两个阴森森的房间。第一个房间被称为天使教堂，它是犹太人墓穴通常都有的中庭或前厅型式，这些都是追思礼拜时要用到的。《新约全书》叙述说，埋葬耶稣的亚利马太的约瑟将第二个房间（即墓穴）的开口处用一个圆石板给封死了。两天后，一个天使推开了那块石板，于是，耶稣的母亲玛丽和抹大拉的玛丽亚（Mary Magdalene）看到那个墓穴空空如也。这个时候天使向他们透露说耶稣已经复活了，并命令他们将这个消息告诉给他的门徒们。在房间中央有一个小基座，上面有一个玻璃箱，里面装有部分那块用来封锁墓穴门的石板。

第二个房间就是圣墓教堂，就是在这里发现了那块封堵墓穴的大理石板。这本来是亚利马太的约瑟为他的家族准备的墓地，但他却把它捐献给了耶稣。墙壁上的圣像画描绘了耶稣的复活。参观者会在这里点燃蜡烛，然后又迅速将蜡烛吹灭以将这些蜡烛作为纪念品带回到家里。

以免你忘记，提醒你，耶稣并没有埋在这里，因为他复活了。

❿ 圣墓大教堂

> > > > > > > > > > > – – – – < < < < < < < < < < < <

它就在圣墓入口处的对面。

圣墓大教堂是希腊正教会社区的主要祈祷大厅，总体上看，希腊正教是以色列尤其是圣墓教堂里最流行的基督教派别。教堂前面屏幕墙（圣障）上的圣像画是东正教教堂最突出的特征。这个屏幕将信众同主礼神父分隔开，因而在教堂的仪式中制造出一种神秘的氛围。

希腊正教会曾经认为世界的中心［希腊语中单词 'omphalos'（圆锥形神石，中心点）的含义就是"中心"或"肚脐"］就位于这个大厅之中。大厅里有一个确切地标明这个位置的大缸。现在，希腊正教会已在某种程度上修改了他们的看法，认为这个地方实际上是世界的精神中心。

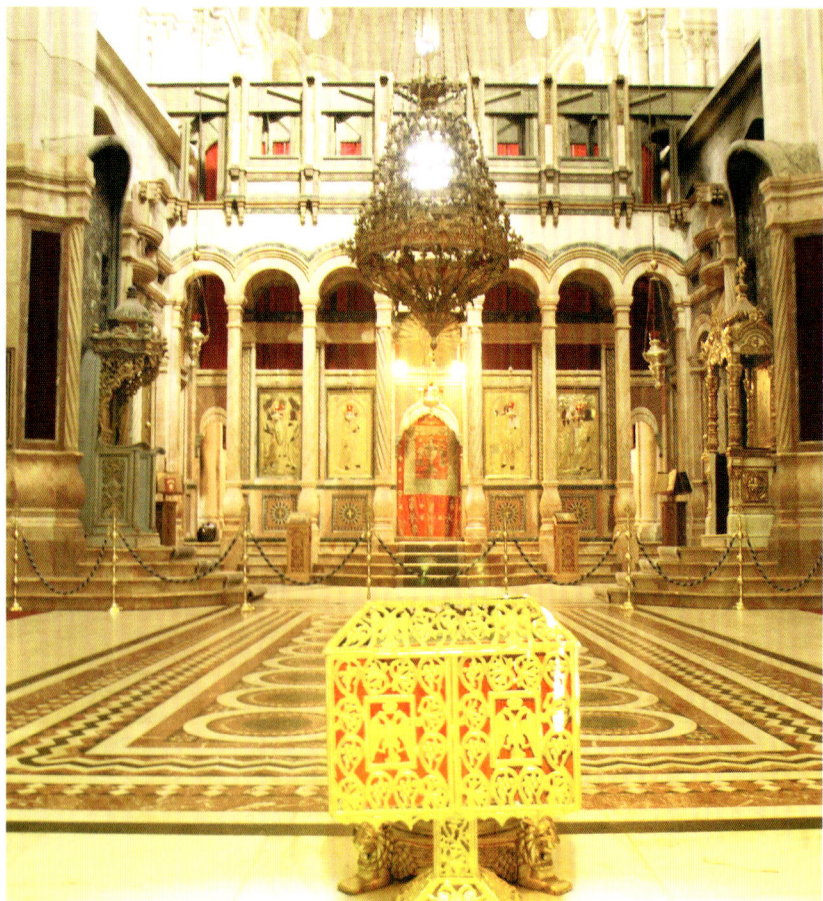

> **圣周六**

绕着圣墓走，并站在它侧面附近。

你会发觉在圣墓侧面的每个边墙上都有两个椭圆形的开口。以色列两个级别最高的牧师（希腊正教会主教和亚美尼亚教会主教）会在耶稣受难日之后的星期六的中午进入圣墓教堂。里面所有的灯都会关掉，他们进去时不用任何火柴或打火机。他们会出乎意料地从天上接到"火种"，然后用这个"火种"点亮蜡烛。新火象征着基督的复活。他们通过那些椭圆形开口将圣火分给他们的护送者以及聚集在周围的虔诚的人群。从这里出发，圣火通过特别设计的灯具传递到世界各地的许多教堂中去。这个只在圣墓教堂中举行的仪式被称为周六之光，它是用来纪念基督的复活的。

拍摄者：马克·纽曼（Mark Neuman），2003 年，政府新闻办公室提供。

⑪ 科普特教堂

在圣墓教堂的后部有一个科普特小教堂，参观者可以在这里触摸圣墓教堂一部分裸露的岩石。你也许会问，这个坟墓怎么会变成一个地表之上的墓室呢？哦，当第一个陵墓于 336 年在这里建成之时，它是被凿进周围的岩石中的，因此就产生了各式各样的独立的建筑（被称为教堂），这些建筑周围的高度也就变低了。这就是这个墓室要比它周围的事物高的原因。

科普特人是埃及基督徒。在第一个千年里，他们占埃及人口的 90%。现在基督徒仅仅占这个国家居民的六分之一。我们可以通过其独特的帽子就能轻而易举地辨认出科普特派修道士。关于他们的帽子和帽子的缝线有一个有趣的故事：

在亚历山大居住着一个名叫安东尼（Anthony）的富有而显要的人物。一天，他看到了一支送葬队伍，那些护柩者抬着死去的人，而那死人的手则伸到了外面。当时安东尼就问为什么要这样，那些护柩者就说这个人希望被埋葬时让每个人都看到他并没有将任何东西带到另一个世界去。这个故事启发了安东尼，他决定将他所有的财物都捐献给穷人，最后他成为一名修道士。魔鬼听说了这个故事，非常害怕安东尼的行为会影响其他人。于是决定引诱这个修道士。有一次，他变成一个漂亮的女人出现在这个修道士面前；还有一次，他在修道士面前的桌子上摆满了山珍海味。安东尼发觉很难抵制这些诱惑，于是他向上帝求助。上帝答应了，并且给了他一顶帽子作为防护物，这顶帽子后面有一个象征耶稣的大十字，两边则各有六个十字，它们象征着十二使徒。当魔鬼发现再也不能引诱安东尼时，他就试图将那顶帽子从安东尼的头上抢走。魔鬼向一个方向拉，安东尼则向另一个方向拽，结果这顶帽子就被撕成了两半。后来安东尼将这顶帽子重新缝到了一起，从那时起，修道士们所戴的帽子中间从上到下就有了一道明显的接缝，这象征着抵御魔鬼诱惑的盾牌，同时用来纪念圣安东尼为此而进行的斗争。

{ **⑫ 雅格叙利亚正教堂——亚利马太的约瑟之墓** }

>>>>>>>>>>> - - - <<<<<<<<<<<

在科普特教堂的对面是叙利亚教堂，很明显，这里并没有获得财政资助所带来的好处。另一方面，叙利亚基督徒们邻近他们那几个从第二圣殿时期流传下来的墓葬壁龛，其中一个据说是亚利马太的约瑟的安息之地。

还记得他吗？这个约瑟就是那个将耶稣从十字架上移下来并将耶稣埋葬在那个本来是为他自己家族开凿的墓室里的人。他之所以那么做是因为耶稣来自拿撒勒，因此耶稣在耶路撒冷并没有家族墓地。

环绕圣墓大教堂

返回到圣墓的入口处。此时你面对着圣墓大教堂而背对着圣墓，向左转，围绕着在你右侧的圣墓大教堂走。走25步，在你左手边有一个通向一个小庭院和一段楼梯的出入口，沿着这段楼梯你会找到卫生间🚻。

这条通道通向更多的小教堂，这些教堂都标记着在基督生命的最后几小时中发生的不同的事件；例如，这里有一个小教堂标示着是基督被捕的地方。这个小教堂和其他的一些教堂在苦路上都有对应的站点，这些站点在圣墓教堂里得到相应的复制，这可能发生于那个对基督徒来说在教堂外进行苦路仪式是很危险的年代。

当你围绕着圣墓大教堂走的时候，在你左边，你会遇到一段通到下面的楼梯。当你沿着楼梯往下走的时候，你会看到楼梯附近墙上画的十字。这些都是由亚美尼亚派朝圣者们留下的，他们习惯为他们家里的每一个人刻一个十字。

⓭ 圣海伦娜教堂

>>>>>>>>>>> – – – – <<<<<<<<<<<<

这个教堂属于亚美尼亚人，一个巨大的马赛克地板是其显著特征，这块地板铺设于1950年，是为了铭记第一次世界大战期间奥斯曼帝国对亚美尼亚人的大屠杀。中间部分描绘了在土耳其的亚美尼亚教堂被破坏的情景。注意，这些教堂穹顶的圆锥形外形类似于亚美尼亚修士所戴的帽子。他们那三角形的黑色帽子象征了亚拉腊山（Mount Ararat），这座山在亚美尼亚人的土地上，并且人们相信在大洪水之后，诺亚方舟就停泊在这里。这个马赛克的四周描绘了方舟以及从方舟中出来的成对的动物。

发现教堂

> *再往下走 21 步——我们保证这是今天最后一座教堂了。*

　　只是提醒你要记得，海伦娜是君士坦丁大帝的母亲，正是她确定了耶路撒冷城中和城郊那些基督教圣地的位置。传统观念认为，在这里，在一个地下水库中，海伦娜发现了罗马人戴到耶稣头上的荆冠、将耶稣钉到十字架上的钉子、附在耶稣十字架上的铭文，最重要的是她发现了三个大十字架，其中就包括真十字架（True Cross）。在世界各地的许多教堂里都发现了耶稣十字架的碎片；但是，一些观察员已宣称，如果将所有这些木片合到一起，这足够形成一个十字架森林了……

　　耶路撒冷的居民常常向朝圣者出售碎木片，并且还保证它们都来自于真十字架。而朝圣者们则会将这些木块绑到脖子上，就像一个护身符一样，并且每当遇到困难就会触摸这些木块，因此，就有了"但愿走好运"（touch wood）的说法。

　　那个抱着她所发现的十字架的海伦娜大型青铜塑像是由一个奥地利大公捐赠的。

我们结束了吗？

　　在你离开圣墓教堂之前，我们建议你再花点时间漫游一下。时而会有一队修士，穿着他们的信仰所规定的衣服从你身边经过并标记着他们的领地。不同类型的圣歌竟相获取神的恩宠，而空气中则弥漫着香火的芬芳。欣喜若狂的朝圣者们则跪在不同的地方，祷告着，在自己身上画着十字并点亮了蜡烛。

返回雅法门

★ 从教堂中出来，走到广场的末端向右转到圣海伦娜街上，这条街将把你带到露天剧场的摊位处。
★ 在圣海伦娜街的尽头（离尽头很近），向左转到基督区路（Christian Quarter Rd.）上。
★ 走到基督区路的尽头，在那里，它与大卫街相交，向右转，一直向前走就能到达雅法门。

饮食与住宿

睡在老城就意味着与……哦，你知道的，安拉，天父或者简短地说——上帝们共享这些社区！每隔几个小时就有宣礼员微弱的声音回荡在空气中，很快就有教堂的钟声和永不间断的歌声与之相迎。街道上充斥着穿着独特服饰的信徒，他们表达着对他们那神秘信仰的忠诚与热爱之情。附近的购物中心就是那老城的露天剧场。由于要适合周围的环境，可住之处并没有标准的饭店。在路上我们已经指出了这样的地方，它们介于招待所和饭店之间。这些基督教机构在建筑上给人以深刻印象，提供一些虽然干净、精心照料，却只是很基础的住房。

锡安圣母院，荆冠基督修道院

苦路 41 号

电话：02-627-7292/3

www.eccehomoconvent.com

这是体验修道士住所的去处。最重要的事情：可以看到圣殿山灿烂的景色。

奥地利旅社

苦路 37 号，在阿尔瓦德街的拐角处

电话：02-626-5800

www.austrianhospice.com

相当于一个新的旅社或一个两星级酒店。最重要的事情：为招待所顾客提供私人停车场（正如保留文件所展示的那样，这个出入口就来自于狮门）。

在一个如此敏感、令人感动、神圣和奇特的地方，人们都吃什么呢？哎呀，当然是鹰嘴豆泥了！我们已经把它缩小到三个建议里面了，但是对于那些地址而言，懒得去寻找门牌号。就去问。顺便说一句，价格都很便宜，和餐馆一样。在我们的旅程中，谁是鹰嘴豆泥之王呢？

阿布·舒凯里（Abu Shukri）

阿尔瓦德街 63 号，在第五站对面

电话：02-627-1538

每天都营业，营业时间：8：00—17：00

这是老城中鹰嘴豆泥饭店之母。入口处看起来好像它要把你带到一个小商店里去，但是在里面，你会发现这是一个很大的饭店，它在午餐时刻吸引了大量的游客。这里没有菜单，实际上根本就不需要菜单，因为这里可供选择的菜品很少：五谷鹰嘴豆泥、豆角鹰嘴豆泥、沙拉球和法国薯条。

莉娜（Lina）

阿尔卡尼卡街 42 号（靠近苦路处），刚过第八站不久

电话：02-627-7230

每天都营业，营业时间：8：00—3：30

其菜单与阿布·舒凯里类似，提供了更为舒适的氛围。我们提到了鹰嘴豆泥，对吧？

阿布·塔希尔（Abu Taher）

阿尔拉哈明（Al Lahhamin）露天剧场 16 号

电话：02-627-7893

每天都营业，营业时间：8：00—17：00

五张桌子只能容纳那些当地吃饭的老主顾，他们这些人熟悉这个小饭馆。与前面提到的那两个饭馆相比，这里的菜单更为精致详尽。还在午餐时间提供合理的膳食，当然，也有传统的鹰嘴豆泥的菜品可供选择。当我们犹犹豫豫不知道要吃什么时，那些经营者们就会建议我们看一下厨房。我们选了马克鲁巴（makluba，羔羊肉与大米做的饭），并且对我们做出正确的选择而十分满意。每个人大约需花费 45 谢克尔。

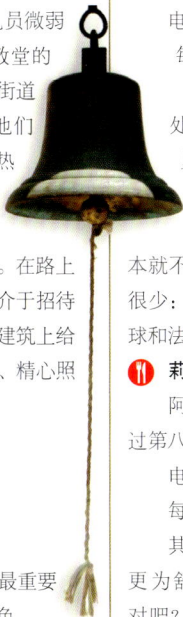

N

Christian
基督教

Muristan
穆里斯坦

Suq Aftimos
阿弗提莫斯露天剧场

David(Al Bazar)
大卫(阿尔·巴扎)

Muristan
穆里斯坦

St.Helena
圣海伦娜

Suq ed-Dabbagha
达巴哈哈露天剧场

es-Sayyida
埃斯·萨伊德

el-Jabsheh
埃尔·加布斯赫

er-Rusul
使者

7

X

IX

Aqabat el-Khanga
阿卡巴特·埃尔·卡尼卡

el-Batikh
埃尔·巴提赫

el-Jabsheh
埃尔·加布斯赫

Church of the
Redeemer
救世主教堂

Suq Al La'h'hamin 阿尔拉哈明露天剧场

VIII

VII

Suq Al'Attarin 阿尔阿塔林露天剧场

Suq el-Khawajat 埃尔·赫瓦贾露天剧场

Suq Khan Ez-Zeit(Beit Ha-Bad)
卡恩·叶兹·蔡特露天剧场（贝特·哈·巴德）

Aqabat el-Saraya
阿卡巴特·埃尔·萨拉伊

Qanater
卡纳特

Al'Hakary
阿尔·哈凯瑞

Qirmi
吉尔米

at-Takiyeh
阿塔·塔基叶

Al-Beiraq
阿尔·贝伊拉克

Khdeir
赫戴尔

VI

Al Tut
阿特图特

Aqabat el-Khalideh
阿卡巴特·埃尔·卡里迪

Via Dolorosa
吉伤道

Al-Wad(Ha-Gai)
阿尔瓦德（哈-盖）

Al-Asseileh
埃尔·阿塞勒赫

Aqabat Esh-Sheikh Rihan
亚喀巴特·埃什·谢赫里汉

V

IV

III

6

To Western Wall
西墙

Barquq
巴库克

Al Hilal
阿尔希拉尔

Al Malwiyeh
阿尔·马尔维叶赫

Suq el-Quathanin
埃尔·夸特尼恩露天剧场

Al-Wad(Ha-Gai)
阿尔瓦德（哈-盖）

Ala'uddin
阿拉·乌丁

5

Al Bustany
阿尔·布斯塔米

Bad el-Hadid
巴德·埃尔·哈迪德

The Small
Westerm Wall
小西墙

3 **4**

Ghawanmeh
加瓦曼

Aqabat er-Rahbat
亚喀巴特·埃尔·拉巴特

Mi'gana Al'Hamra
米加纳·阿尔哈姆拉

Chain Gate
链门

Ablution Gate
净礼门

Cotton Merchant's
Gate
棉商门

Inspector's Gate
巡官门

Ghawanmeh Gate
加瓦曼门

II

Shaddad
萨哈达

Dome of the
Ascension
升天圆顶

I

Dome of the Rock
圆顶清真寺

Aqabat Darwish
亚喀巴特·达尔维什

Ash Sheikh Hasan
阿什·谢赫·哈桑

Via Dolorosa
吉伤道

**Temple Mount
(Haram Esh-Sharif)**
圣殿山
（哈拉姆 伊斯 - 谢里夫）

Gate of
Darkness
黑暗之门

King Faisal
费萨尔国王

Dome of the Chain
铁链圆顶

Gate of
Darkness
黑暗之门

Bab Hutta(Antonia)
巴布·胡塔（安东尼亚）

Sheep pools of Bethesda
毕士大池

White Fathers Monastery
怀特神父修道院

© The WizeGuide

Lion's Gate Rd.
狮门路

St. Anne's Church
圣安妮教堂

Zuqaq es-Salahiya
祖卡·埃斯·沙拉赫亚

2

The Golden Gate
金门

Gate of the Tribes
部落之门

P

1

Burj Laqlaq
布利·拉克拉克

Lion's Gate
狮门

0 码	55	110
0 米	50	100

Moslem Cemetery
穆斯林公墓

THE WIZE GUIDE

CHAPTER 9
第九章

橄榄山

静待末世浩劫

亲爱的奥利弗（Oliver）先生：

　　按照约定，今天我前往橄榄山去查看了今年的收成，结果发现这里唯一"生长"的东西就是基督教堂和犹太人的墓地。我只找到了八棵古老的树木。我确定我没有找到任何橄榄树，所以我闲逛了一圈。从山顶上俯视所看到的景色让人窒息。我屏住呼吸，去看了那些前段时间死掉的树。我能告诉你什么呢？犹太人的半部历史都埋藏在了这座山上。为了看一看那些活着的人，我还去参观了一些教堂。猜猜发生了什么？一个地方的人说耶稣去了天堂，但是另一个地方的人说耶稣的母亲被埋葬了，然后也去了天堂。总的来说，要在那里找到一个升天的灵魂……明天我就要回到加利利，在那里，正直人的墓地之间还留有这几株树木……

　　　　　　　　　　　　　　　　　　　　　　你的，奥莉维亚（Olivia）

行程安排（大约 4 个小时）

15 分钟	一边喝热水壶中的咖啡，一边从斯高帕斯山上看犹甸沙漠（Judean Desert）。
5 分钟	驱车前往橄榄山的观察点。
15 分钟	吃塑料袋里的三明治时欣赏老城的美景。
20 分钟	参观柯西拉特·耶路撒冷公墓（Kehilat Yerushalayim Cemetery）。
30 分钟	7 分钟的步行路程，去参观主祷文教堂（Pater noster Church）。
20 分钟	2 分钟的步行路程，去参观升天礼拜堂（清真寺）[Chapel（Mosque）of the Ascension]。
15 分钟	再走 7 分钟前往先知墓（Tomb of the Prophets），参观墓室。
30 分钟	参观主泣教堂（Domious Flevit Church）。
20 分钟	参观抹大拉的玛利亚教堂（Church of Maria Magdalene）（可能会关门）。
30 分钟	参观苦闷教堂[Basilica of the Agony，也被称为万国教堂（Church of All Nations）和客西马尼教堂（Basilica of Gethesemance）]。
25 分钟	参观客西马尼洞穴（Grotto of Gethsemance）（5 分钟）和圣母玛利亚升天教堂（Mary's Church of the Assumption，也是圣母墓）（20 分钟）。
15 分钟	参观已故总理梅纳赫姆·贝京的坟墓。

开放时间和门票价格

	开放时间	关闭时间	电话	价格
主祷文教堂	周一至周六：8：00—12：00，14：00—17：00	周日	02-627-4664	10 谢克尔
升天礼拜堂	周一至周四：8：00—17：00	—	050-678-0671 054-526-1092	5 谢克尔
先知墓	周一至周四：9：00—15：00	周五至周日	054-698-7688	捐款
主泣教堂	每天：8：00—17：00	—	02-626-6450 02-626-6456	—
抹大拉的玛利亚教堂	周二、周四：10：00—12：00	周五至周一、周三	02-628-4371	捐款
苦闷教堂（客西马尼）	夏季时间：8：00—18：00 冬季时间：8：00—17：00	—	02-626-6444	—
客西马尼洞穴	夏季时间：8：00—12：00，14：30—18：00 冬季时间：8：00—12：00，14：30—17：00	—	02-626-6444	—
玛利亚墓	每天：6：00—12：00，14：00—18：00 冬季时间：6：00—12：00，14：00—17：00	—	02-628-4613	—

最佳游览时间

清晨的几个小时是最合适的参观时间，这个时候不会太热，太阳正好晒着你的后背，古城的城墙被照耀得光彩夺目。请记住一些教堂在中午关门，这是另一个要早出发的原因。如果你想参观俄罗斯正教会的抹大拉玛利亚教堂，请记住它的开放时间，这些时间都是限定的。

给带孩子家庭的温馨提示

参观教堂一般不会吸引孩子们的兴趣，参观墓地也许更糟。我们所能提供的最好的建议是在两个非常好的观察点之间开车：它们是斯高帕斯山的哈尔伯特观察广场（Halbert Observation Plaza）和橄榄山上的雷沙万姆观察广场（Rechavam Observation Plaza）。

推荐携带的物品

参观教堂要求穿戴端庄（尽管有临时替代的衣服，但在抹大拉玛利亚教堂参观时，女士最好不要穿长裤）男士参观墓地时需要戴上帽子。确保带上足够的水，因为这里不能买水或食物。而且记着带遮阳帽、防晒霜还有太阳镜。不要忘记带相机！

我怎么才能到达斯高帕斯山的观景台？

* 当你从 1 号高速公路到达耶路撒冷时，按照通向斯高帕斯山的指示牌前行。
* 开车五分钟后（4 英里 /6 公里），在第二个交通指示灯路口向右转，到达哈伊姆·巴勒夫路（Haim BarLevRd.）。
* 在第二个交通信号灯（在你的左边你可以看到一个巨大的白色现代雕像）那里左转进入哈－尤尼维斯塔·哈－伊夫里大道（Ha-Universita Ha-Ivrit Blvd.）。
* 在经过第二个交通信号灯后，继续上山，橄榄山就会出现在你右侧。
* 在这条道路的最尽头有一个 T 型路口。向左转，大概开 50 码 / 米。观景台在你的右边。这里没有洗手间。

早早起床，你就会看到这种景色。

❶ 哈尔伯特观察广场
（山后有个沙漠）★★

>>>>>>>>>>>------<<<<<<<<<<<<

令人吃惊的是，你现在所欣赏的壮观景色是一片沙漠。吃惊的原因是因为当你从西面开车前往耶路撒冷时（例如从1号高速公路），公路两边满是松林，常绿松柏和杏仁种植园。很难想象这所城市的最东方紧邻干旱的犹甸沙漠。这个沙漠怎么会在那里停止蔓延的呢？听好了：

你现在所在的斯高帕斯山是橄榄山的分支山脉，橄榄山有三座山峰：斯高帕斯山—2710英尺（826米）、橄榄山〔在阿拉伯语中是雅巴尔·阿尔-绍尔（Jabal Al-Tor）〕—2677英尺（810米），还有堕落山—2450英尺（747米）。这个长2.2英里（3.5千米）的山脊，也不是独立存在的，它所在的一系列山脉组成了这个国家的分水线，这些山脉是如何影响降雨的呢？当云层穿过地温下降的区域时，就会降雨（也许是因为云层太冷，所以开始哭泣……但是大部分是因为气温越低，云层所能承载的水汽越少）在以色列，积雨云来自地中海的方向，当它们向山脉移动时，在高空遇到了冷空气，然后开始降雨。这里就有了一个有趣的部分：云层一经过山脊，地温就开始上升，降雨就会停止。这就是"雨影效应"（rain shadow，因此，就形成

了雨影沙漠），气象学家因此将沙漠的成因归因于山脉的阻挡。他们责怪它，但是对此无能为力，即使……

"斯高帕斯山"这个名字取自于拉丁文中的 scopus，这个词就像"（tele）scope"，可以追溯到当朝圣者越过这座山涌向耶路撒冷时从山巅第一次看到圣城的那一刻。

奥古斯塔·维多利亚医院

你右边的这所医院距离十字路口较远，坐落在篱笆后的树林中。奥古斯塔是德国恺撒威廉二世的妻子。这对夫妻于1898年参观耶路撒冷时，他们的子民请求他们为德国朝圣者们建造一座旅馆。他们以一种典型的普鲁士帝国的逻辑在支持他们的要求：奥地利人已经在老城建造了一座类似的旅馆，而俄国人也在城墙之外的俄国管辖区建造了他们的旅馆。

这个想法吸引了恺撒，而他的皇后又加上了她自己的要求，即：要在这个旅馆之上增加一个耶稣升天教堂。为什么呢？因为俄国人也在这个地区有一个类似的教堂……确实是有价值的理由。这片瑰丽的建筑群在

1910 年落成了。

德国人的欢呼并未持续太久，仅仅过了七年，一战期间英国人从土耳其人手里接管了巴勒斯坦。他们把这个旅馆变成了指挥部。他们怎么敢这样做？必须注意的是，当时的德国是土耳其的盟国，也是英国的敌人………

在这个地方的历史中，下一个至关重要的一章就发生在 1948 年英国人离开巴勒斯坦之后。

这个原本应为以色列控制的旅馆却落在了约旦人手中，他们将它变成了一座医院。如今，这群建筑仍然是医院，并且在联合国和路德教会的赞助下为巴勒斯坦的人民提供服务。

如果只去爬钟楼（有 147 英尺 /45 米高）的话，这个拜占庭风格的教堂是值得你去参观的。它的一边俯瞰着耶路撒冷的城市风光，包括圣殿山和橄榄山上的众多教堂；另一边可以看到犹甸沙漠、死海和摩押山（Moab）的全景。另一方面，你要记住，这里是一所巴勒斯坦医院，现在你参观这些壮丽景色的权利还没被剥夺，你仍然可以参观这些教堂，我们建议你将旅行推迟到这个地区的领导人下一次分享诺贝尔和平奖时再来……

· 一旦你欣赏完了沙漠景观之后，就可以开车回到那个 T 型路口，然后一直往前开。这个街道以哲学家马丁·布伯的名字来命名，走过一小段路程之后，你就会在你左边看到奥古斯塔·维多利亚医院。

· 马丁·布伯街（Martin Buber St.）稍后就变成了拉布伊亚·阿尔·阿达维耶街（Rab'ia Al Adawiyeh St.），并且还穿过了阿－图尔村（A-Tur）。

· 沿着这条路走，经过迂回曲折的路程（两个分开的左右转弯）后，你就会到达橄榄山的观景点。开到路的尽头，然后掉头并向右转驶入七拱门酒店（Seven Arches Hotel）附近的停车场。如果停车场满了，就继续开，然后来一个几乎 180 度的转弯拐到一个狭窄的较低的街道上，那里有额外的停车位。

· 顺道提一句，小心扒手！

这里将要建一所大学，等着看吧……
上面中间位置：奥古斯塔·维多利亚建筑群。
右边角落里：俄罗斯升天教堂的尖塔，
拍摄者：埃里克·马特森，1912 年 由政府新闻办公室提供。

❷ 观察广场

★ ★ ★

>>>>>>>>>>>> － － － <<<<<<<<<<<<

　　毫无疑问，你现在正在城墙所环绕的老城的中心观看世界上最令人兴奋和壮观的景色之一——圣盆地（Holy Basin）的全景。你那凝视的目光不可避免地从注视着那个金色的穹顶开始，然后如饥似渴地游离在那些坟墓和充满生机的社区之间，注视着那些城墙、屋顶、小山、穹顶、尖塔……这个地方以前的那座圣殿是用白色大理石砌成，并用黄金镶嵌的，它比现在的圆顶清真寺还要宽三倍，高出三分之一，一想到这些就令人心碎……

　　但是我们为什么要忙于观看这里的景色呢？毕竟，天启（Apocalypse）可以随时降临到这个地方。只有到来这个时候，那些在这里买下土地的世世代代的犹太人将会从他们的坟墓里出来，穆斯林将接受审判，而基督徒们则拥有见证基督再临的特权。为此，必须要知道——这三类信徒都宣称他们对橄榄山拥有不可剥夺的权利：犹太人在这里用成千上万的坟墓来标记他们的领地，基督徒建立了至少二十四座教堂，而穆斯林则只是简简单单地在上面生活着……

这是真正的橄榄山吗？请站起来！

　　从地形上看，橄榄山脉拥有三座山峰：斯高帕斯山、阿尔－绍尔（阿拉伯语山脉的意思）和堕落山。现在，橄榄山主要指的是阿尔－绍尔峰和山坡上的教堂以及大型的墓地，而不是指整个山脉。这是语义上的问题。山脉之所以这样命名是因为这里过去曾是橄榄林之海。在旅行过程中，你会遇到这些树木的一些宏伟的残余物——估计都有一千年的历史了。汲沦谷位于橄榄山与古城之间，由于橄榄山比这个山谷平均高约360英尺（110米），所以它看起来很高。

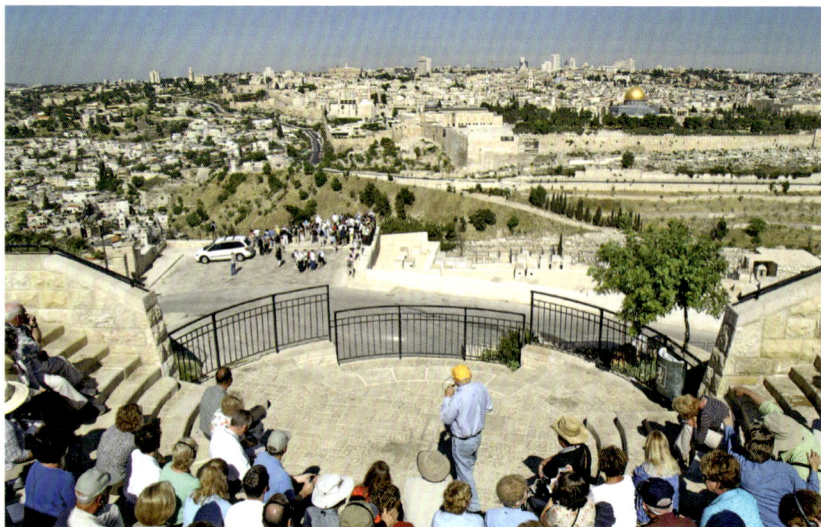

犹太传统中的橄榄山

埋葬（Kvura）——因为犹太律法禁止在城市内埋葬尸体，所以耶路撒冷的居民几千年来一直把汲沦谷和的平地与橄榄山的山坡当作墓地。贫穷的人家将他们死去的亲人埋在山谷下面，富裕的人家则埋在面向圣殿的岩石造成的洞穴里。橄榄山是由松散的白垩堆砌形成的，这是种软石灰岩，它的材质使得在山上挖墓穴非常容易。

洁净礼（Tahara）——根据犹太律法，一个人如果碰到尸体就会被认为是"不纯洁"的。为了净化身体，被玷污的人必须被喷洒掺有红色小母牛骨灰的水（在哪里能找到这样的动物足够写一本完全不同的书了）。在古代，由祭司在橄榄山上主持这种纯洁净化仪式，为了防止他在通过汲沦谷时受到污染，就在这个山谷的上面建造了一座桥。

复活（Tchiya）——先知撒加利亚（Zechariah）预言，在最后审判日（天启）那一天，上帝会站在橄榄山上，一场强烈的地震会把橄榄山分开。《塔木德》补充说这场地震会将死去的亡灵复活，这一过程会首先从耶路撒冷开始。除了圣殿对面的这座山之外，其他地方的亡灵也会开始复活。那么其他地方的亡灵是怎样到达这里的呢？他们是通过地下通道来的。这场痛苦的旅程因此得名"旋转在地下世界的通道"。橄榄山成了虔诚的犹太人最理想的埋葬之地，因为这里能确保他们最先复活……

毁灭（Churban）——传统认为，当圣殿被毁时，上帝的荣耀（Shechinah，神性临在）就从圣殿山转移到了橄榄山。这个说法盛行了三年，是为了让以色列人去忏悔，但当它感到失望之后，它就升入了天堂。在圣殿被毁之后，几百年来，犹太人就被禁止进入城门。橄榄山被替代为圣殿山；在三个朝圣节日里，犹太人就聚集在这里，并且就像他们能看到失落的圣殿一样在这里举行虔诚的宗教仪式。因此，橄榄山就被认为是第三圣殿！

"信息站"——（"SMS Station"）如果这些还不够说明橄榄山的重要性的话，那么它的最高峰还被作为从一座山峰到另一座山峰的烽火传递的第一站，并来向分布广泛的离散犹太人的社区宣布新月节（Rosh Chodesh，每个希伯来月的第一天）的到来。

基督教传统中的橄榄山

对基督徒来说，橄榄山的神圣地位仅次于圣墓教堂：在这个山北坡上的伯大尼村（Bethany，现在叫阿尔－阿扎利亚，Al-Azariya），耶稣使拉撒路（Lazarus）复活了。耶稣在橄榄山的西坡看到了圣殿，并为耶路撒冷未来的毁灭而哭泣。另外，耶稣在橄榄山的山脚下度过了他最后一个夜晚，然后就被带到了耶路撒冷，并被处死。最后，耶稣是从橄榄山的山顶升天的。还有，别忘了耶稣母亲的坟墓就位于橄榄山的山脚下。然而，所有这些仅是一小部分。

伊斯兰教传统中的橄榄山

穆斯林相信在最后审判日，一座很窄的桥会将橄榄山与圣殿山连接起来。在古城城墙的左边，有一块向汲沦谷方向突出的石头。站在这块被称为"穆罕默德的支柱"的石头上，先知就会作为法官，所有的人都要被迫通过这座桥。那些恶人和异教徒将会从桥上掉进地狱之火，只有正义的人会安全的通过这座桥。

这座桥有七个拱门，在观景点后的七拱门酒店就是因此得名的，这个酒店在约旦时期建成，当时被称为洲际酒店，它现在隶属于耶路撒冷当局。遗憾的是，那里没有咖啡厅，其内部设计也没有什么值得大书特书的地方，不是很值得一观。

以色列方面

在"六日战争"中，攻克耶路撒冷的伞兵旅的司令官莫迪凯·"莫塔"·古尔（Mordechai "Motta" Gur）就站在你现在所站立的地方，用无线电传达了攻夺老城的命令："我们正坐在俯视耶路撒冷老城的山脊上，世世代代，我们都在梦想着、奋斗着……前进，前进，直达城门！我们将在上面的广场上集合列队。完毕！"

❸ 墓地之旅
★ ★

\>\>\>\>\>\>\>\>\>\> – – – \<\<\<\<\<\<\<\<\<\<

当面向老城时，左边你可以看到通向柯西拉特·耶路撒冷公墓的入口，那个标志表明了古墓的名字，墓里的大部分碑文是用希伯来语写的，如果不懂希伯来语，那么你进来参观这些就没有太多意义了。

如果你想参观但是入口关闭了，请拨打电话叫守卫，电话是：052-869-7633，他全年都在这里。在按照你的要求开锁后，他会耐心地等着你直到你看完回来，甚至不会表现出他想要小费……

为什么我们会选择参观这个特殊的墓葬区

游览橄榄山上的这片墓地就像在翻阅犹太人的历代志一般。这是现在世界上仍然可以使用的最古老的墓地；这里面最早的墓可以追溯到所罗门王时期。问题是，只有那些有350年左右历史的碑文才可以依稀辨认出来。当参观橄榄山上的墓地时，有很多条路径可以走。我们选择了这个特殊的区域是因为这里适宜徒步前行，被篱笆围住了，并且还有守卫，很安全。这里在过去的几十年里被当作墓地，大部分的游客会忆起那些长眠于此的人。

这片区域是从1939年开始作为墓地的，并且是为了那些不属于任何特定犹太团体的死者而建的。这一片区域大约总共有4500个墓室，现在几乎没有空缺了。

从入口处直走，你会来到一个由玄武岩制成的纪念碑处。这座纪念碑是为了祭奠那些不知埋葬在何处的大屠杀中的遇难者而建的。在该纪念碑略靠西面一点，有一个通向低层的楼梯。走上这些楼梯但是不要走到纪念碑下面；要到达那块狭窄的墓地，你要再次掉头并向右拐。一些名人就埋葬在这里：

· 加拿大犹太亿万富翁查尔斯·布隆夫曼（Charles Bronfman）的妻子安德莉亚·莫里森·布隆夫曼（Andrea Morrison Bronfman）于2006年死于一场交通事故，当时她正在曼哈顿的街道上遛狗。

· 英国百万富翁罗伯特·麦克斯韦（Robert Maxwell），他的死亡很是神秘，在他所经营的金融帝国被发现有违法行为后，他就从别

人的游艇上摔了下来或者被扔了下来。麦克斯韦常常在以色列购买企业，有一段时间，

人们会在他们的汽车上贴上标签，上面写着："麦克斯韦，把我买了吧……"

现在折返，继续往下走（你应当首先经过大屠杀纪念碑的下面）。当你下来之后，靠右走。以下是埋葬在这里的几位名人：

· 诺贝尔文学奖得主——萨缪尔·约瑟夫·阿格农，他是以色列诸领域中第一个获得诺贝尔奖的人。谈及诺贝尔奖，根据维基百科显示，尽管犹太人只占世界人口的 0.2%，但他们却赢得了 22% 的诺贝尔奖项。

· 在你右边有一个纪念碑，标记着这是一个埋葬着 34 个灵魂的集体墓地，这 34 个人的坟墓被约旦人破坏之后就无法修复了。墓葬协会（Hevra Kadisha）就把这些散落的尸骨收集起来，将他们埋葬在一个集体墓穴里，并在墓碑上复述了这个故事，还在这个墓地附近为每一个死者树立了一块独立的纪念牌匾。

· 在约旦统治时期，很多墓碑都遭到了约旦军队的掠夺，他们用这些墓碑建造营地。在洲际酒店建造期间（现在被称为七拱门酒店），约旦人甚至铺了一条穿过墓地的路。估计原有的 50000 个墓碑中，大约有 38000 个已经被毁坏掉了。随着耶

路撒冷于 1967 年重新统一，墓地的修复工作也就开始了。那些属于富人社区的墓地得到了充分的修整，但其他的就很不幸地被人们所遗忘了。现在人们仍然埋葬在橄榄山，但是由于空间有限，只有那些重要的公众人物、知识分子和有钱人才可以有此殊荣被埋葬在这里。

最后的安息之地

纪念碑的下面，石墙的旁边，在比周围地区稍微高起并被栅栏围住的地方，有从古什卡蒂夫（Gush Katif）地区迁到这里的坟墓。

古什卡蒂夫（希伯来语中"丰收之地"的意思）由 17 个以色列人定居点组成，位于加沙地带（Gaza Strip）北部。2005 年 8 月，作为以色列单边脱离计划的一部分，古什卡蒂夫的 8000 名居民被迫从这个地区撤离，他们的家都被拆毁了。

在撤离期间，犹太人墓地也被迁至这个位于橄榄山的著名墓葬区。两个死者被埋葬在这里，他们是：

· 卡法达洛姆拉比西蒙·比兰（Kfar Darom Rabbi Shimon Biran），当他站在公交站台上时被刺杀身亡。

· 蒂法雷特·纳尔特（Tiferet Heimenart），她死于凡尔赛婚礼大厅惨案，当时楼层坍塌，有 23 位客人失去了生命。她死时年仅 21 岁。

走大约 300 码 / 米远之后，路就向右转弯。过来拐角处之后就是主祷文教堂。

{ ❹ **主祷文**
（伊洛纳，Eleona） ★ }

>>>>>>>>>>> - - - - <<<<<<<<<<<

在 326—328 年，罗马皇帝君士坦丁的母亲海伦娜拜访了圣地。作为一个虔诚的基督徒，她来寻找在《新约全书》中所读到的地方。通过她的寻求，一部分最受人尊敬的圣地地点被确定下来：耶稣降生于其中的伯利恒山洞的准确位置；耶稣受难地以及在橄榄山区域耶稣教授他的门徒并升天的地方。橄榄山上这些圣地位于一个共享的屋檐下，这个大教堂名字叫伊洛纳（橄榄园）。

几十年过去了，另一位名叫埃杰里亚（Egeria）的朝圣者确定了耶稣升天的准确地点，是在教堂的边界外面，比原来位置更高一些。一个献给耶稣登天的新的独立小教堂在那里建成，我们稍后会去参观。波斯人于 614 年侵略过这里，并且还毁坏了伊洛纳教堂。在 12 世纪，"十字军"重建了这个教堂的一部分。1874 年，在法国的支持下（看旗帜），这里建造了一个加尔默罗（Carmelite）修道院。

起初，这个地方是为了纪念耶稣教导他的门徒这一事件而建的。耶稣教导门徒被称为"小启示"（Little Apocalypse），也被称为橄榄山讲论（Olivet Discourse），除了别的之外，耶稣在讲论中预言了耶路撒冷的毁灭，这是救赎的先兆（《路加福音》21，5-19）。

在"十字军"时期，主祷文也认同了这个地点。因为其拉丁文版本是从 "Pater Noster"（拉丁文中天父的意思）这两个单词开始的，它就成了这个教堂的名字。在围绕这个院子

的嵌板上，这段主祷文被100多种不同的语言所引用。

在你参观时，请注意：

· 4世纪时的伊洛纳教堂曾经矗立在这个大院子中。这里本应该是要建设圣心教堂（Sacred Heart Church）的。

· 在下去之前，位于右手边的是"祈祷洞"（Cave of Prayer），这里是拜占庭时期耶路撒冷主教的墓。

· 一座19世纪的教堂是为加尔默罗修女提供服务的。这栋建筑是得到法国公主爱洛伊斯·德·博西（Héloñse de Bossi）的资助而建的，右边是她的大理石石棺。

· 当你走出这个教堂的边界之后，背对着其入口沿着这条路继续向前走大约50米远。你会在你的右边发现那个升天教堂，它就坐落在一座清真寺的院子里。

{ ❺ **升天教堂（清真寺）** ★ }

> > > > > > > > > > – – – < < < < < < < < < <

在进去之前先等一等。

在入口的右边有一个建造于17世纪的清真寺。只有信徒才被允许进去（这意味着游客禁止入内）。这个建筑与一个有趣的丧葬制度有关。为什么有趣呢？因为谁被埋葬在这里这个问题的答案，取决于你问的是谁：

· 犹太人会回答说这里是女先知赫尔达（Huldah）的墓。

· 基督徒则称这里埋葬的是一个名叫佩拉吉亚（Pelagia）的圣徒。他接着会告诉你佩拉吉亚来自于土耳其的安条克（Antioch）。在她年轻的时候，她因其美丽的外表和放荡的生活方式而出名。她是如此的美丽以至于她

的追求者会因为被拒而自杀。突然在某个时候，她开始忏悔了，将所有钱施舍给穷人，并将自己伪装成男人，隐居在了橄榄山的一个洞穴里，过上了严格的苦修生活。她被称为"无须修士"，当为她准备葬礼时人们才发现了她的性别。随后她被授予了圣徒的称号。

· 穆斯林也会告诉你他的版本：他会说，这里不是别人的而是拉布伊亚·阿尔·阿达维耶（Rab'ia Al Adawiyeh）的墓地，她是伊斯兰教的神秘主义者，在9世纪从伊拉克来到了耶路撒冷，阿－图尔村的那条主干道使用的就是她的名字。

这个基督教世界第二大神圣遗迹为什么会被称为升天清真寺（Mosque of the Ascension）呢？是因为这个清真寺在入口处吗？这里发生了什么？嗯，为了更好地了解，我们还得从院子开始。那里的守卫也许会要你支付一定的金钱作为入场费。记住不要太慷慨了……如果他没有出现，他可能会在入口旁边的清真寺里。敲门等他就好。

事实上，这个清真寺／教堂非常让人失望。这个建筑真的是基督教世界第二神圣的地方？基督徒曾经想象过建造更壮观的建筑。事实上，它曾经是这样，但是有些事还是不要本末倒置为好。

传统，传统

在耶稣受难四十天后，耶稣就从橄榄山升入了天堂（《使徒行传》1：1–9）。罗马皇帝君士坦丁大帝的母亲海伦娜证实了耶稣升天这件事就发生在现在主祷文教堂所在的地方。

几十年过去了，另一位名叫埃杰里亚的朝圣者来到了圣地，并宣称她找到了耶稣升天的准确地点，只有几十米远。她好像将她的观点建立在镶嵌于岩石里的那两个脚印上了，她认为这两个脚印就是耶稣升天时留的。不用说，这么重要的石头立刻被一所教堂围住了，而且是一座拜占庭式圆顶教堂。在房顶上留了个开口，朝圣者们就可以从那里凝视耶稣所升向的那一片天空。

从那以后，这座建筑经历了几次浩劫，这是耶路撒冷教堂的典型特征。波斯人进行破坏，基督徒进行修复；穆斯林摧毁它，"十字军"再对它进行修缮。"十字军"用拱门和配有柱头的细长大理石圆柱将圣石围住。然后围绕这些柱子建造了一所教堂，并且在它的周围建造了有瞭望塔的高墙。因此，这所教堂变成了一个堡垒，成为了"十字军"在耶路撒冷的军事防线的一部分。

这些防御工事并没能阻止萨拉丁（Saladin，也写作 Salah al-Din）攻占耶路撒冷，并把它交到穆斯林的手中。他摧毁了教堂，但是保留了圣石还有周围的石柱。为什么他要保留它们呢？因为穆斯林人认为耶稣是先知。因此，他摧毁了基督教的宗教建筑，并且把它们所在的地方"伊斯兰化"。他的建造者们将石柱中间封住，在上面建造穹顶，并且添加了一个米哈拉布（mihrab），即墙里面向麦加方向的祈祷壁龛。升天教堂就是这样变成一所清真寺，而且直到今天还保持着这种状态。为了进一步羞辱基督徒，萨拉丁把这个清真寺的钥匙给了两个穆斯林家族（就像在圣墓教堂所做的那样），而且这两个家族现在仍然从这项特权中获利。需要注意的是，穆斯林允许基督徒参观清真寺，甚至允许他们在那里举行仪式。

那么从这里能看到那里有什么呢？

· 带有"十字军"建造的圆柱的中心建筑，穆斯林在圆柱间添加的墙和在圆柱之上建造的圆顶。

· 在建筑物内，有穆斯林祈祷的角落。

· 地板上有耶稣的脚印。过去的报道说曾有两个这样的脚印。一些人指责穆斯林将第二个移到了圣殿山（也称为摩利亚山），另一些人说是基督徒他们自己将脚印带回了欧洲，还有一些说是一代代的朝圣者们将脚印一点一点地当作纪念品带走了。在建筑的周围的院子里发现了圆柱的底部，这些圆柱是围绕着中心建筑和几个圣坛的教堂的一部分。

选一个教堂，
任何一个教堂……

尽管在事实上所有的基督教派（也包括穆斯林）都认为耶稣是在这个你刚刚看过的地方升入天堂。橄榄山上其他地方有另外四个教堂也对这件事有所记载：

· 以钟楼作为标志的俄国升天教堂。俄国人还宣称正是在这个地方发现了施洗者约翰的颅骨，希律·安提帕斯（大希律王的儿子）将约翰斩首之后就把他的头颅埋葬在这里。

· 位于奥古斯塔·维多利亚医院庭院里的路德／德国升天教堂。

·由希腊正教会所维持的维里·加利列伊（Viri Galilei，希腊语，意思是"加利利的男人"）教堂起到为他们的主教提供度假屋的作用。他们相信这个地方就是当初目睹耶稣升天的地点。

·最后是同样重要的是主祷文教堂，这里是皇帝的母亲海伦娜命名为耶稣升天地的第一个地方。

一旦你走出那个教会清真寺，就向左拐，走向那个主祷文教堂，并向右拐。向下有一个陡峭的、台阶式的通往汲沦谷的罗马大街（Roman St.）。人们认为耶稣就是沿着这条古老的通道走向耶路撒冷的。但是你现在不要走这些楼梯；而是要再次向左拐，回到你早些时候已参观过的观察点那里。就在你到达那里之前，你右边有一段通向一条路的楼梯。你只要一到达第一段楼梯的底部就向左拐，然后进入一个院子。

❻ 先知墓（哈该、玛拉基还是撒加利亚）

> > > > > > > > > > — — — < < < < < < < < < <

如果你觉得参观地面坟墓不尽兴，那么现在你有机会来参观有 2000 年历史的墓穴。这个地方被居住在洞穴上面的穆斯林奥斯曼家族看管着，他们提供强制性的旅游向导服务。这个洞穴有些黑，但是向导会带着手电筒。这个含有 26 个墓葬壁龛的洞穴以前是被当作蓄水池来使用的。根据碑文显示的，除了一个之外，所有这些壁龛里面都保存着于 4 世纪和 5 世纪从叙利亚来到这里的基督教朝圣者的遗骸。那么本应该埋葬在这里的先知怎么样了呢？他们也许比那些朝圣者们更早地埋葬在这里。无论如何，不用费心去寻找遗骨了。这个洞穴里已经没有任何遗骸了。

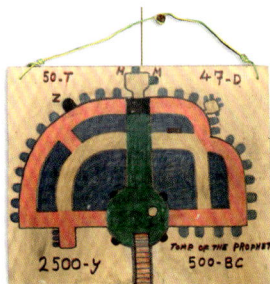

顺道提一句，通向景点的入口处有一个指示牌，上面显示只有先知哈该和玛拉基被埋葬在这里。这个指示牌是被以色列宗教事务部设置在这里的。然而，洞穴主室内的地图显示每一个埋葬先知的壁龛都使用了他们名字的第一个字母。从这点来看，根据基督徒所说，先知撒加利亚也被埋葬在这里。

俄国教堂于 1890 年买下了这块土地，但是由于耶路撒冷的犹太人的激烈反对，俄国人没有在这里建造一所教堂，也没有添加任何一个十字架。

为了再一次稍微提高一下你的兴致，这里有一个我们从三个哈西德犹太人（正统派）那里听到的故事，他们是我们在路上遇到的三个旅行者。

领导以色列国会希兹基亚胡（Hizkiyahu）犹太学院（神学院）的拉比埃利亚胡·米什科夫斯基（Eliyahu Mishkovsky）于 1981 年在哈西德派的卡法（Kfar）去世。那所犹太学院就是以他父亲的名字希兹基亚胡·米什科夫斯基（Hizkiyahu Mishkovsky）的名字来命名的。拉比埃利亚胡（那个儿子）的追随者们想把他埋葬在当地的墓地里，而其他人则认为他应该挨着他父亲埋葬在橄榄山上。为了解决这个争执，他们就去请教了拉比雅各·以色列·卡尼伊维斯基（Ya'akov Yisrael Kanievsky，人称"Steipler 先生"），他指示说他们应在橄榄山上那位父亲的旁边找一块墓地。"如果你找到了一个空墓，这位儿子就应当埋葬在他父亲的身边。"他裁定说。埃利亚胡的追随者离开之后就前往他父亲的墓地附近找地方，但他们一个空墓地都找不到。他们又回来找 Steipler 先生，但 Steipler 要求他们再回去找一遍。他们遵命行事，你瞧，就在那位父亲的坟墓旁边，他们找到了一个被一块颠倒放置的大理石板所掩盖了的墓地。他们掀开那块石板想看看上面写了什么，结果发现那正是父亲的墓碑。他们到丧葬协会（Hevra Kadisha）查看是谁埋葬在这个墓地里，结果发现这是个空墓地。这时他们才知道这个石板是 1967 年"六日战争"时期被炮击和轰炸毁坏的。看来这位父亲为了给他的儿子在他附近留一块空地而用他的墓碑将那个地方占了 14 年。

拍摄者：阿维·奥哈永，由政府新闻办公室提供。

回到那段下坡路，接着大概走 200 码／米远。这里，在你的右边，就是主泣教堂。一进入大门到达这个教堂的院子，你就可以透过右边亭子上的格子窥视一下。

❼ 主泣教堂 ★

`>>>>>>>>>>> - - - - <<<<<<<<<<<`

主干道侧面的小亭子里存放着许多在教堂建造过程中发现的墓。在这里，你可以看到许多用希腊单词 XPISTOS（赫里斯托斯或基督）的第一个字母装饰的骨瓮。那些广泛搜集证据来证明基督教文化在基督死后仍继续存在的基督徒很快就给这个地方赋予了一个光荣称号：世界上第一个基督教公墓。

然而，像往常一样，考古学家来到了这里，并破坏了它。显而易见的是，这种"基督徒"棺材并不能追溯到第二圣殿时期，而是很晚的时代的东西。

你喜欢哪种，坟墓、骨瓮还是石棺？

不管怎样，这是一个你可以了解 2000 年前的古代人是如何用各种办法来安置尸体的机会。在结束葬礼之后，他们把尸体放在石头凿成的墓室里或者墓穴里，然后就会把它们封死。一年过后打开它，骸骨会被转移到骨瓮里面——这是一个小石盒子。因为骨瓮的长度不超过人体最长的骨头即股骨的长度，所以骨瓮占的地方很小，这使得人们可以重复使用墓穴。这真是一个好主意！顺便提一句，直到第二圣殿时期，石墓里面的骨骸还被转移到一个被叫做储藏室的公墓。直到复活的信仰扎根之后，人们才开始保存骨骸——刚开始是在独立的骨瓮里，然后是在单独的墓地里。

为了全面了解这些方法，你要找到那些展示考古发现成果的亭子。一些位于教堂前面道路的右边，一些在教堂后面。在那里你会看到正在展览的雕刻精美的石棺——这些都是全尺寸的棺材。

这些石棺是用来埋葬地位较高的人物的，石棺上会雕刻有逝者的名字，比如撒加利亚、阿扎利亚（Azaria）、希蒙和耶书亚（Yeshua）。

石墓

骨瓮

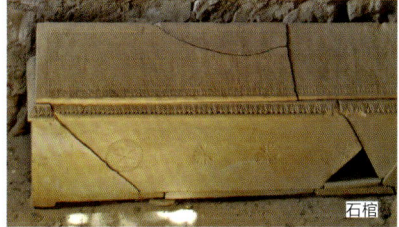
石棺

- 朝这个教堂走去。洗手间 🚻 在道路的左边。
- 在你进入之前，先在院子里找到一个长椅坐下，读一下导致在这些地方建立这么一个教堂的有关事情的书籍。

大概公元 30 年，尼散月（Nissan）的第十天，星期天。

耶稣从杰利科（Jericho）的方向向东，骑着一头小驴来到耶路撒冷。因此，他验证了撒加利亚的关于来自大卫王室的救世主降临的预言，而基督徒就认为耶稣继承了这个王室的血统。人们用热情的呼喊声在路旁列队欢迎他，道路上铺满了棕榈叶。基督徒们将这一天纪念为"棕枝主日"（Palm Sunday），即复活节前星期日。

预言：毁灭

当耶稣到达橄榄山后，这个从一开始就被当作凯旋之旅的旅行就结束了，耶稣望着他脚下那神奇壮丽的圣殿山和耶路撒冷的美景，这时他整个人被那可怕的预言所笼罩着，并为耶路撒冷哭泣，他说："巴不得你在这日子知道关系你平安的事；无奈这事现在是隐藏的，叫你的眼看不到。因为日子将到，你的仇敌必筑起土垒，周围环绕你，四面困住你，并要扫灭你和你里头的儿女，连一块石头也不留

在石头上……"（《路加福音》19：41-44）。

这个预言产生于事件发生前 40 年，显而易见这是一个很准确的关于第二圣殿毁灭的预言。然而，一些学者表示，事实上《路加福音》写于耶稣死亡和耶路撒冷毁灭之后的年代里。无论如何，基督徒们已在这个预言所宣示的地方建造了一个教堂来使纪念它，这个教堂由方济会管理。

外部

主泣教堂（意思是"主的哭泣"）是意大利建筑师安东尼奥·巴尔鲁兹（我们已经在艾因凯雷姆一章中对这个人有过更为详细的介绍）在耶路撒冷设计的一系列教堂中的另一件珍品。巴尔鲁兹用希腊十字的形式来设计这座教堂的外形，也就是说是加号的形态，而这正是教会建筑所通常使用的一种设计。但是，他又加上了自己独创性的点睛之笔来纪念耶稣的眼泪，其方式是为这个教堂设计了一个泪珠形的圆顶，并在其四个角安上了管形瓶，像是古代妇女用来收集和储藏眼泪的瓶子。

去这个教堂的入口的时间到了。

就在入口的前面，你会在其左边看到一个华丽的马赛克地板。它是 5 世纪时一个拜占庭教堂的残余部分，而这个拜占庭教堂则是以前屹立于此处的一个修道院的一部分。

上面有一个用希腊语写的碑文"主的朋友希蒙建造并装饰了这个使他获得荣耀的祈祷之所"。

内部

尽管这所教堂的规模很小，但巴尔鲁兹却通过融合一种元素而成功地使它变得独一无二。教会礼仪要求在祭坛后面，在礼拜仪式东区尽头的墙壁上嵌入一个半圆形后殿（祈祷壁龛）。这样的话，礼拜者就能面朝太阳升起的地方。但是，在这里，巴尔鲁兹却将这个壁龛移到了东面的墙上，并在这个壁龛里设计了一个朝向耶路撒冷老城的大窗户，它所形成的景象看起来就像是一幅漂亮的风景画。很少有教堂将一个景色融合进来并以此作为其设计的一部分，但是巴尔鲁兹这么做了，其目的就是让引导民众的神父在哀悼耶路撒冷的命运时能够站在与耶稣同样的方位上俯瞰着这座城市。尽管如此，一座传统的教堂并不是为了要成为一种开创性的建筑。因此，通过使古代拜占庭教堂那半圆形后殿朝向东方（在那个窗户的对面），巴尔鲁兹的设计也确实成了赢家。

在教堂这边的地板上有一个指向镶嵌于地板上的石板的指示牌，而这块石板最初是一个拜占庭祭坛顶部的石板。这个教堂地板的其他部分也融合了拜占庭马赛克的设计元素——这是向先辈们的致敬。

面向老城的祭坛上装饰着用马赛克图案表现的母鸡和小鸡，并回响着耶稣的话：

耶路撒冷啊，耶路撒冷啊，你常杀害先知，又用石头打死那些奉差遣到你这里来的人；我多次愿意聚集你的儿女，好像母鸡把小鸡聚在翅膀底下，只是你们不愿意。（《路加福音》13：34）

走出教堂，到达院子里后，你就能向右拐，沿着那条小路再走一段，这样你就会看到另一个墓穴。如果你拐向那片风景的方向，并朝向右边的观景台走去，你将会看到古代榨酒池的遗迹以及它旁边的一个小储水池。

从教堂院子出来，向右转继续往下走。一直走到在你的左右两边有两个绿色的金属大门，并且其中华丽的那个有开放时间的标志时，你就到了俄国修道院／教堂的门前。不过问题是你到那里的时候教堂正好开放的概率很小。在入口处对面的石椅上休息一下，让我们来告诉你一个名叫抹大拉的玛丽亚的未婚女的故事。

❽ 俄国东正教修道院和 抹大拉的圣玛利亚教堂 ★★

>>>>>>>>>>>------<<<<<<<<<<<

抹大拉的玛利亚？她不是耶稣身旁的妓女么？她是怎么样获得了一个以她的名字命名的教堂，而且还是个俄国东正教教堂的？嗯，如果玛利亚生活在我们这个时代，那么她一定会赢得历史上最大的反对罗马天主教会的诽谤诉讼案。现在，我们将首次为你带来有关这个有趣故事详细细节的独家报道……我们从《新约全书》中了解到抹大拉的玛利亚（这个名字也许得名于加利利海西部的一个小镇"抹大拉的玛丽"）的传记。她被认为是"其存在就是为了协助耶稣"的一个女人，也就是说，她们是提供给耶稣的。对于耶稣来说，耶稣驱逐出了她体内的"七个恶魔"。她出席了耶稣受难和耶稣葬礼，是第一个发现耶稣墓是空墓的人，也是第一个在耶稣复活后见到耶稣并将这一消息告诉耶稣门徒的人。

毫无疑问，她是一个核心人物。顺便提一句，有人指责她将耶稣的尸体藏了起来并编造了一个耶稣死后复活的故事。

所有的女人都一样……

根据《新约全书》所写的不加渲染的事实就这么多，但这与故事的结尾相差甚远。结果表明玛丽的麻烦起源于《新约全书》中提到的另外两个"问题女人"。《路加福音》（7：37-38）中写道她是其中一个祈求获得耶稣宽恕的罪人："站在耶稣背后，挨着他的脚哭，眼泪湿了耶稣的脚，就用自己的头发擦干，又用嘴连连亲他的脚，把香膏抹上。"这温柔的爱抚赢得了耶稣的原谅，并由此导致基督教宽恕的蓬勃发展。

《约翰福音》（8:4-11）讲述了另一个女人的故事：这妇人是正行淫之时被拿的。摩西在律法上吩咐我们，把这样的妇人用石头打死。你说该把她怎么样呢？耶稣却弯着腰用指头在地上画字。他们还是不住地问他，耶稣就直起腰来，对他们说，你们中间谁是没有罪的，谁就可以先拿石头打她。他们听到这话，就从老到少一个一个地都出去了，只剩下耶稣一人，还有那妇人仍然站在当中。耶稣就直起腰来，对她说："那些人在哪里呢？没有人定你的罪吗？"她说："主啊，没有。"耶稣说："我也不定你的罪，去吧！从此不要再犯罪了。"

不错的故事，但是和抹大拉的玛利亚有什么关系呢？当然没有关系，因为有罪的女人是不能被提及名字的。尽管如此，这在当时是如何称为一种类似的描述呢？显然，这个故事是根据早期基督徒的狂热的想象而编造的，并且当时就得到了教皇格里高利一世（Pope Gregory I）的官方认可，他在591年说："她，路加称为罪人的女人，约翰称为玛利亚［伯大尼的］的女人，据马可所说，就是那个从其身上驱逐出七个恶魔的玛利亚。"

玛利亚将这个耻辱的标志背负了几乎1400年，直到1969年才由教会撤销了这个毫无根据的裁决，并正式将《路加福音》中

抹大拉的玛利亚的三个不同的画像，由 16 世纪的提香（Titian）绘制。

那个有罪的女人与抹大拉的玛利亚区分开来。因此，由于缺乏证据，抹大拉的玛利亚被认为是完全无辜的。

与罗马天主教不同的是，正教会就没有必要撤销他们的判决，因为他们一直将抹大拉的玛利亚视作基督传信给使徒的信使；因此，在整个世界范围内为她建立教堂就毫不奇怪了。抹大拉的圣玛利亚节（the Feast of St. Mary Magdalene）就是在 7 月 22 日进行庆祝的。

俄国教堂在耶路撒冷做了什么呢？

克里米亚战争（Crimean War，1854—1856 年）的双方是俄罗斯帝国与奥斯曼帝国极其欧洲的盟国。

这场战争是因为对圣地几处宗教活动场所管辖权的争执而爆发的。尽管这场战争最终签订了一个协议，该协议要求俄国停止干涉圣地事务，而意识到奥斯曼帝国软弱的俄国则开始在耶路撒冷建立宗教前哨点。1859 年的这种"入侵"活动由沙皇亚历山大二世（Tsar Alexander II）的弟弟康斯坦丁大公（Grand Duke Konstantin）领导，在他的庇护下，俄国人在老城城墙外的圣地为朝圣者们建立了一个仍然被称为俄罗斯大院（Russian Compound）的旅馆。在当时，这是世界上这类设施中最大的一个！

第二阶段开始于 1881 年，当时沙皇亚历山大三世（Tsar Alexander III）的弟弟谢尔盖·亚历山德罗维奇大公（Grand Duke Sergei Alexandrovich）到达了圣地。他将他的视线移至更远的地方，延伸到了艾因凯雷姆和橄榄山。而沙皇本人则想为他的母亲建立一座抹大拉的圣玛利亚教堂并想把他的母亲安葬在那里！

谢尔盖的妻子是亚历山德拉（伊丽莎白）·费奥多洛芙娜公主［Yelisaveta（Elizabeth）Fyodorovna］，她是英国女王维多利亚的外孙女，这座教堂的建造就是由她来设计和监督的。这位爱上耶路撒冷的公主为了教堂的内部设计带来了两个俄国顶级艺术家——V.V.弗雷舒格涅（V.V.Vereshoguine）和亚历山大·伊万诺夫（Alexander Ivanov）。这项建设工程用了三年时间，于1888年完工。（这是我们的印象，还是他们真的建造得这么快？）

尾声：在俄国革命爆发后，沙皇对圣地入侵就结束了。建造教堂的发起者谢尔盖·亚历山德罗维奇大公于1905年在克里姆林宫前被一个革命者扔的炸弹炸死了。他的妻子亚历山拉·费奥多洛芙娜公主则在他死后成为了一个修女，并且将她的一生都奉献给了帮助穷人的事业。这些都没有阻止她和沙皇全家于1918年被布尔什维克处死。在她的遗嘱中，她请求将自己安葬在橄榄山上的抹大拉的圣玛利亚教堂中。在她死后两年，那些想永远纪念她的人将她的遗体偷渡到中国北京。然后从北京秘密转运至圣地，在那里，她被埋葬在了教堂的庭院里。在2001年，俄罗斯东正教会宣布她为圣徒。

如果开门了，爬上通向教堂的斜坡。

坚持在耶路撒冷的俄国人

很明显，这座教堂的建造风格让参观者们想起俄罗斯母亲，更准确地说是想起莫斯科的克里姆林宫。教堂有七个独特的洋葱形状的圆顶，每一个都装饰着高高的镀金的俄罗斯东正教十字架，这些圆顶吸引着每一位参观者的目光。千禧年纪念活动之前对这些圆顶进行了翻修，现在无论在白天还是夜晚，当被强光照耀时，都比以往更加宏伟壮观了。在入口上面，有一个三角形的屋顶，上面有镀金的圆形蓝色马赛克图案，画着穿着白色长袍的抹大拉的玛利亚。

来到第二层参观教堂的内部。

在教堂的内部

主墙上挂着俄国著名画家亚历山大·伊万诺夫的帆布油画。这幅画是由费奥多洛芙娜公主捐赠的，上面画着抹大拉的玛利亚把一个蛋交给皇帝提比略（Tiberius）的情形。传说中玛利亚走到罗马向皇帝抱怨耶稣所受到的不公平的审讯和判决。她本想给皇帝一个白色的蛋，作为那个已经不复存在的清白的生命象征；然而当她把蛋递给皇帝的时候，它却变成了红色，因此成为耶稣鲜血和复活的象征。基督教习俗中复活节上那染色的蛋很有可能就源于这个传说。

圣障（Holy Iconostasis）

这个教堂最神圣的物品是悬挂在祭坛右边的，画着抹大拉的玛利亚怀抱着她襁褓中的儿子的油画。这幅画以前在黎巴嫩教堂挂了几百年。根据传说，黎巴嫩都主教伊利亚斯（Ilias）做了三次梦，都要求他必须将这幅画带到耶路撒冷的一个教堂，但是他把这件事拖延了，于是就继续做梦。一天，他因为教堂在大火中毁灭的消息而惊醒。惊奇的是，只有这个画像保留了下来，尽管它被烟灰熏黑了。这次，这位黎巴嫩都主教赶快将这幅神圣的油画（该画被认为有奇特的治愈能力）转移到圣地。但是奇迹并没有结束：这幅画越靠近耶路撒冷，越变得光彩夺目。

在出去的路上

在你走出教堂院子的路上，在入口门对面的一个圆柱所在的地方，根据俄国人所说，是叛徒犹大亲吻耶稣并向圣殿守卫和罗马士兵指出耶稣的地方。

沿着这条山坡走一小段，直到你来到一个十字路口。你会发现在你的右边有公共厕所，再往下走几步你就会发现到达下一站，它就在你的左边。如果客西马尼教堂还没有关门（要确定！）的话，先不要进去；而是要沿着教堂的墙走（墙在你左边）。这样你就会来到杰利科路（Jericho Rd.）。向左转面对教堂原来的大门。穿过马路便可以看到教堂的全景，这非常值得。

❾ 客西马尼教堂（也被称为万国教堂和苦闷教堂）★★

>>>>>>>>>>—— <<<<<<<<<<

公元 30 年尼散月 14 日，星期四。这是逾越节晚餐之夜。在锡安山上，耶稣和他的门徒们刚结束晚餐（后来被称为最后的晚餐）。然后，他们在橄榄山脚下的约沙王谷（Valley of Jehoshaphat）的一个石洞中休息。在《新约全书》中，这个地方被称为客西马尼园（来自于希伯来语 gat shemanim，意思是榨油池）。

但是耶稣却无法安睡。他清楚自己的大限就要来了并且经历着极度的恐慌，或者，用基督教的话来说，是对受难的恐惧。他让他的两个弟子醒来陪着他，但是他们却睡着了，留下他一个人。他是如此虔诚地祈祷着以至于他流出的汗水像血水。他在悲痛中恳求他的父亲（上帝）将"愤怒之杯"从他身上拿去，同时，他也接受他的宿命了。从天堂来的一个天使进一步增强了他的信念，在此之后，耶稣返回了那个洞穴。

深夜，圣殿的守卫和罗马士兵来到了这里。他们是在基督的门徒，叛徒犹大的带领下来到了这里。犹大通过亲吻耶稣来告诉捉人者耶稣是哪位。耶稣自己走向罗马士兵，然后在这些士兵的带领下来到的大祭司的住处。第二天，在罗马统治者本丢彼拉多面前对他进行了审判，并被判处钉死在十字架上。

基督教传统认为那天晚上的这些事情就发生在这个教堂附近的那片橄榄树果园里。这个教堂里有一块在耶稣祈祷和流汗如血时所倚靠的岩石，在街道对面挨着教堂的地方有一个小山洞，这是基督在祈祷前后休息并在其中被捕的地方。

苦闷教堂第一次围绕这块岩石而建是在公元 4 世纪。后来一场地震或是波斯人将它毁掉了；12 世纪时，"十字军"又在原来的废墟上建造了一座新的教堂。这座教堂后来可能被萨拉丁的士兵或者是他们的后人夷为平地。

看这座第三代的教堂

现在这座教堂仅仅是在 20 世纪早期（1919—1924 年）才在这个圣地上建立起来——这是客西马尼的第三代教堂。建造这座教堂的基金是由 12 个国家捐赠的，因此它的另外一个名字就叫——万国教堂。联合起来建造这座教堂的国家主要就是那些在第一次世界大战期间的交战国。这些国家的教会致力于建立一座联合教堂的事实就是为了表达教父们对战争中人类生命所付出的可怕代价的悲痛之情。

正是安东尼奥·巴尔鲁兹受聘来完成这项任务，他就是那位在耶路撒冷设计了许多著名教堂的意大利杰出建筑师，其设计的教堂就包括我们刚刚参观过的主泣教堂。他开始致力于这项计划，并派遣工作人员到这些地方进行挖掘。想象一下当拜占庭教堂保留下来的华丽的马赛克地板被发现时他那欢喜之情吧。巴尔鲁兹改变了他那已经完成的原有计划，并设计了一个与这个古代建筑完美结合的新建筑。

你现在正站在巴尔鲁兹想让参观者们进入这个教堂的这一边。在入口处有一个让人印象深刻的被四根结构柱支撑着的柱廊，每一个结构柱都被四个装饰性的柱子包围着。每一组圆柱上都有一个福音书（耶稣的传记）作者的塑像——马太、马克、路加和约翰。这些圆柱支撑着一个镶嵌着金色马赛克图案的等边三角形墙，上面将耶稣刻画成物质世界和造物主之间具有象征性的联系。

· 这个马赛克图案的中间画着在跪着祈祷的耶稣。他的深红色的长袍是现实世界的象征（象征着肉与鲜血）。

· 在耶稣的左边（也就是你的右边）肩膀的高度有一个正在接受其心脏的天使，这是他为了人类而做出的牺牲。在同一边，人们正在用祈祷和眼泪恳求上帝的救赎。这个救赎指的是复活，因此人群中那个母亲正在哀悼她那抱在怀里的儿子。

· 画中的上帝正悬停在所有这些人的上方，手里拿着一个写有希腊字母阿拉法（Alpha）和俄梅戛（Omega）（它们是希腊字母表中的第一个和最后一个字母）的写字板，这就如同写在《圣经》中的那句话："我是我是阿拉法，我是俄梅戛，是昔在、今在、以后永在的全能者"（启示录 1：8）

· 在耶稣的右边（也就是你的左边）描绘的是世俗名人：一个拿着一把剑的勇士，一个跪倒在王冠前的统治者和一个穿着象征人生经验的白色长袍的智慧学者。他们都低着头，承认耶稣的至高无上的地位。

这里还有一个年轻人，他手里拿着一个指示牌，上面写着拉丁单词 Ignoratio（无知），这个词涉及耶稣对于那些不承认他的人所说的话。

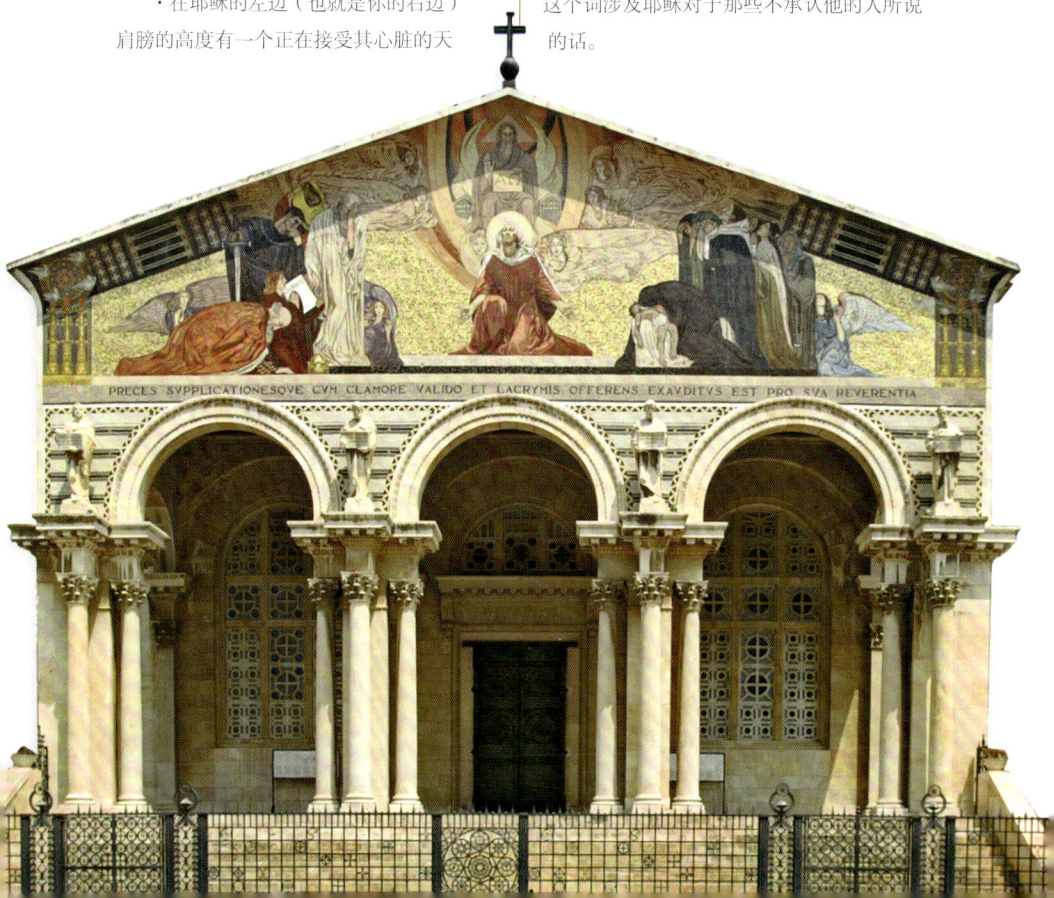

PRECES SVPPLICATIONESQVE CVM CLAMORE VALIDO ET LACRYHIS OFFERENS EXAVDITVS EST PRO SVA REVERENTIA

现在回到教堂的入口处，进入前面的院子，你会看到一大片美丽的橄榄林。你进入教堂前你应当尽可能多地阅读，因为这里面不允许大声朗读并且光线很暗。

过去的橄榄林

映入你眼帘的是一小片护理得很好的橄榄林，这片橄榄林被认为是以色列最古老、世界上最著名的橄榄林。这真是令人惊异的树啊。它们有多少岁了？无法断定一棵橄榄树的年龄，因为它没有一个可以查清年轮数目的单一的树干。当老的树干死了之后，橄榄树桩上会萌发出新芽。尽管其树根也许会很古老，但一颗这样的树看起来却很年轻。

研究人员认为这片看起来像其树干一样古老的橄榄林不可能是耶稣时期的，因为据说罗马人在围攻耶路撒冷时连根拔起了附近区域所有的树木；同样地，穆斯林在"十字军"进攻这个城市之前也这样做了。现在的树木估计有 1000 多岁，也许是耶稣时期的树木所遗留下来的。

里面有什么？

· 半透明的藏蓝色的雪花膏石制的窗户产生了昏暗的灯光效果，这种灯光效果可以让人捕捉到那个苦闷的夜晚里令人沮丧的气氛。

这片屋顶以 12 个圆顶为特色，每个里面都装饰着马赛克瓷砖，上面画着捐赠国家的国徽。将屋顶分成多个圆顶的设计非常有趣，但是当从外面看这个教堂时，它会令人想起这是穆斯林建筑。

· 看一眼这个地板就会发觉巴尔鲁兹使用了同所发掘的拜占庭地板相似的马赛克图案。想要证据吗？搜寻一下地板，找到那些其下面有最初的拜占庭马赛克图案碎片的窗户。

· 就像这个教堂的正面一样，其内部简直就是一个罗马长方形基督教堂。其在纵深方向上被圆柱隔开，它们组成了一个主要的祈祷场所并且侧面有两个偏厅。在中心祈祷大厅里的圣坛前有忧伤石（Rock of Agony），基督徒们认为耶稣在受难前一夜在这块岩石上进行祈祷。一个被环绕在石头上的荆棘形状的铁质皇冠我们想起了罗马士兵把它放在耶稣的头上来嘲笑他自诩为犹太之王的情形。鸽子和猛禽正栖息在铁环上从耶稣受难的圣杯里喝水。

· 祭坛后面的半圆形的后殿的墙上装饰有匈牙利教会捐赠的巨大的马赛克图案。画面中，

孤独的耶稣倚靠在石头上，而他的两个门徒（那天晚上他请求与他待在一起的两个人）则在橄榄树下睡觉。一个天使为了安慰他从天而降。

· 右边的大厅拥有另外一幅由爱尔兰教会捐赠的巨大的马赛克图画，画中描绘了犹大对耶稣的背叛。

· 教堂左边的马赛克图画是由波兰天主教会捐赠的，这幅图画展示了耶稣向前来捉拿自己的士兵确定自己身份的情景。

通过你进来时穿过的那扇大门走出这个教堂的院子。向左拐并来到主干道（杰利科路，Jericho Rd.）的交汇之处。就在这个十字路口处向右拐，进入一个露天广场，然后沿着台阶一路走下来。在进入主体建筑之前，向右拐去看一看那个石窟。

❿ 客西马尼石窟
（背叛的石窟）

>>>>>>>>>>> – – – <<<<<<<<<<<

客西马尼石窟就是耶稣和他的门徒在逾越节晚宴之后，即最后的晚餐之后休息的地方。因为耶稣无法安睡，他去外面孤独地祷告。在这个教堂里，你看到了耶稣祈祷时所倚靠的石头。当耶稣结束了他的祈祷之后，他便返回到石窟里，却发现他的门徒——他曾请求保持清醒的人睡着了。此后不久，圣殿的守卫和罗马士兵来到了这里。叛徒犹大通过亲吻耶稣的脸颊，向逮捕耶稣的人指认他，因此这里有了一个不详的绰号——"背叛的石窟"（the Grotto of Betrayal）。我们将你领进这个石窟主要是为了让你可以尽情地欣赏这些美丽的壁画和画着画的天花板。

现在走出石窟，回到你刚才经过的建筑那里。向右拐并向下走，参观位于巨大石头凿成的山洞里的教堂。在进入教堂之前你应当先阅读下面的说明，因为里面的光线很暗。

⑪ 玛利亚墓教堂
（圣母玛利亚的坟墓）★

>>>>>>>>>>> － － － <<<<<<<<<<<

"天主之母"（Mother of God）、"教会之母"（Mother of the Church）、"圣母"（the Holy Mother）、"无罪成胎论"（Immaculate Conception）、"罪人之托"（Refuge of Sinners）、"圣母玛利亚"（Madonna）以及指派给基督母亲的其他一些属性都证明了这样一个事实：她在基督教会中的地位仅次于她的儿子。

许多向玛利亚祷告的人是为了让她在她儿子的面前说些好话。对玛利亚的这种情感引发了大量的与玛利亚世俗生活结局有关的信仰，这也就一点也不奇怪了。但有些问题还没有得到解决，例如：她被埋葬了吗，如果埋葬了，那么埋在了哪里呢？但有一件事是确定的：这个教堂建立在许多基督徒相信的玛利亚埋葬之地的地下山洞里，因此这个教堂是耶路撒冷最具异国情调的一个教堂，也是绝对必看的一座教堂。

《圣母升天图》，提香，1526－1528年。

利亚，人们认为上帝在她怀孕之时就使她免于遭受原罪的污点；此外，她终生都是一个处女。就其本身而论，她是人类中第一个体验复活的人（而不是耶稣，因此他是上帝之子）。圣母玛利亚在完成了其世俗的生命之后，她的"身体和灵魂进入荣耀的天堂"，这种信仰已经成了一个传统，并且在每年的 8 月 15 日进行庆祝，这一传统已经延续了近两千年。但是，到了 1950 年，教皇颁布了一项宣布圣母玛利亚升天的观点为教理的法令，这就使这一观点成了天主教信仰的基石。但是，这位教皇并没有完成这项工作，也就是说，他并没有解释这个观点是怎么得来的。因此，基督徒继续围绕这个问题进行争论。

天主教徒认为当玛利亚在今天位于锡安山的圣母安眠教堂的地下室所在的地方睡觉时，其身体与灵魂进入了天堂。而东正教（包括希腊教会）则宣称圣母在睡梦中死去，被埋葬，然后才能体验复活。后者对圣母玛利亚临时休息的地方也产生了争议——或者在橄榄山山脚下，或者在土耳其的以弗所市，

关于玛丽之死的传说

在基督教的信仰中，死亡是对于原罪——吃了能辨善恶的智慧树果实（以及随后罪恶的性交）的惩罚。至于耶稣的母亲玛

或者远在印度……

　　如果你认为这是有关玛利亚的争论的唯一原因，那么这里还有另外一个：东正教会认为她出生在耶路撒冷老城的圣安妮教堂，

而天主教会则认为她出生在拿撒勒。不知何故，这些不同之处总与这些地方归谁所有有关……

◀ 谁拥有这里？ ▶

　　那些认为这就是玛利亚埋葬之地的人声称玛利亚想要埋葬在她儿子受难的地方。在公元 5 世纪，拜占庭人首先将这个墓穴变成一个教堂，后来又在它的上面建造了一个奢华的长方形基督教堂。波斯人在征服了耶路撒冷后将这个教堂毁坏了。大约在 1130 年，"十字军"夺回了这个地方，并在这里修筑了防御工事。正是这样一个堡垒导致萨拉丁再一次将它夷为平地。但是因为人们认为玛利亚是耶稣的母亲，而穆斯林认为耶稣是一个先知，所以穆斯林没有破坏这个墓穴，并保留了在地上建造的入口大门，这个门一直使用到现在。

　　在 14 世纪，教皇的方济会修士在圣地的守护者获得了对这个地方的管辖权。但是，希腊正教会在 1757 年利用它与奥斯曼当局的密切关系取得了对墓穴教堂的所有权。现状是，天主教会也许在这里引导着民众，但由于他们宣称这个地方是从他们手中被人夺走的，他们在官方是抵制这里的，只允许进行个人祷告。希腊人和亚美尼亚人共同管理者墓地教堂。叙利亚人（Syrians）、科普特人和埃塞俄比亚人（Ethiopuians）也保留了开展仪式的权利。每个教派都有自己的祭坛和单独的祈祷时间，这让人想起了圣墓教堂的协议。

教堂的前面

入口处的大门可以追溯到"十字军"时期，而入口处前面的三段阶梯则是新建的。2000 年，这个墓地教堂完全淹没在洪水之中，损失严重，之后建筑师就添加了那三段阶梯。此外还安装了排水系统，因此，让它保持干燥的机会还是很多的……

向下走

通向洞穴深处有 47 个台阶，在往下走的半路上也有一些重要的坟墓。往下看，在你的右边是玛利亚的父母安妮和约阿希姆（Joachim）的坟墓。1131 至 1154 年的"十字军"耶路撒冷王国的王后梅丽桑德（Melisande）也被埋在了同一个教堂里。

再往下，在你的左边，是耶稣的养父，玛利亚的丈夫拿撒勒的木匠约瑟夫的坟墓。约瑟夫在前一次婚姻中有四个儿子，这很可能是他同意与玛利亚结婚的原因，因为他知道自己是不被允许让玛利亚怀孕的。

在底下

地下大厅的形状像一个十字架，但是由于洪水的破坏，楼梯对面的地方就被堵死了，所以它现在像一个 T 字形。大量的灯照耀着内部，这也是这个神圣洞穴目前的所有者和设计者希腊正教会的典型特征。向右拐就会看到一个小教堂，这里面有个传统的坟墓，是玛利亚的。天花板上有一个象征着玛利亚升入天堂的开口。为了防止朝圣者们拿走纪念品，坟墓的周围有玻璃板隔着。

在穆斯林统治耶路撒冷的时期，他们在洞穴的里面建造了一个祈祷壁龛（米哈拉布），你可以从坟墓左边的狭窄空间里看到这个壁龛。

沿着洞穴继续往里走，在玛利亚墓的后面有一幅圣母玛利亚和她儿子的油画，基督徒认为这幅画有特殊的能力。

在每年的 8 月 15 日，即圣母玛利亚升天的那一天就会有庆祝活动，一支游行队伍就会从圣墓教堂来到这里并再返回圣墓教堂。

如果你想参观已故总理梅纳赫姆·贝京的坟墓，那你就往左拐到杰利科路上，差不多是一路走到山上（大约有300码/米远）。然后再向左拐，那里有引导车辆进入内部停车场的入口。穿过这个停车场，走到一个楼梯和斜坡处。在斜坡的上端往左拐，直走到路的尽头。走完这段上坡路之后你就会来到内部停车场上面的平地上。在你右边，你会看到梅纳赫姆·贝京和阿莉扎·贝京那不起眼的墓碑。

⑫ 梅纳赫姆·贝京和
阿莉扎·贝京的坟墓

>>>>>>>>>>> — — — <<<<<<<<<<<

梅纳赫姆·贝京（1913—1992年）在一生中拥有很多职位：埃特泽尔的司令官，这是一个在以色列国建立之前活动的地下军事组织；自由党（Herut）运动和利库德党（Likud Party）的领袖，并于1977—1983年出任以色列地六任总理。他是第一个与阿拉伯国家（埃及）签订和平协定的以色列领导人，并因此而获得了诺贝尔和平奖。应他的要求，他被葬在了两个地下战士的旁边。这两个地下战士是梅依尔·范斯坦（Meir Feinstein）和摩西·巴拉扎尼（Moshe Barazani），在英国委任当局对他们执行死刑之前，他们两个人用手榴弹引爆了他们自己。

最后，如果你将车停在了橄榄山的山顶，那你还得回到那里去。由于这会是一次很陡峭的攀登过程，你可以考虑抽签并打发不走运的失败者……或者，你可以试着打车。出租车经常停在客西马尼教堂的入口处或者停在圣母玛利亚墓的附近。

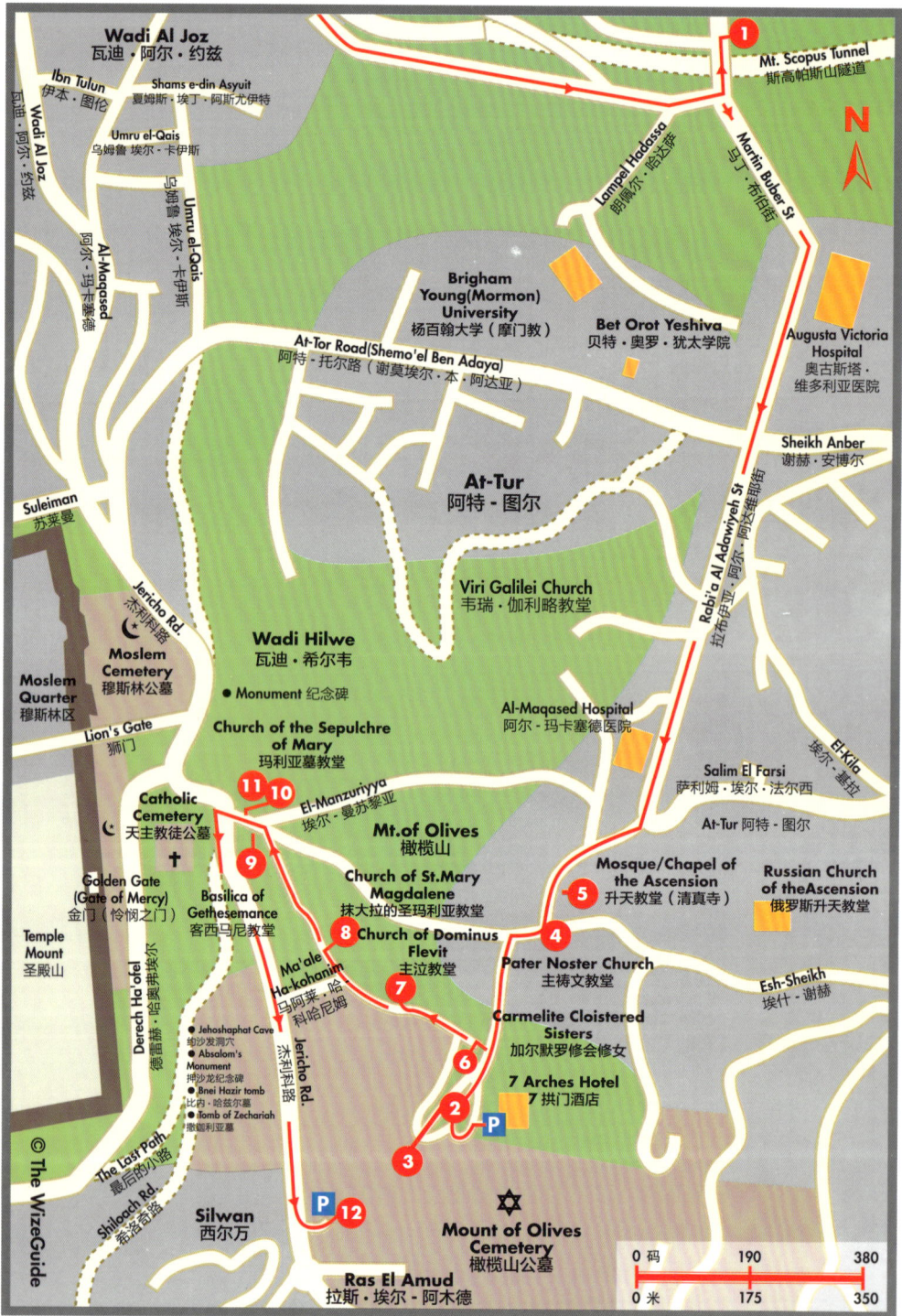

Ibn Tulun
伊本·图伦

Shams e-din Asyuit
夏姆斯·埃丁·阿斯尤伊特

Umru el-Qais
乌姆鲁·埃尔·卡伊斯

Wadi Al Joz
阿尔·阿尔·约兹

Al-Maqased
阿尔·玛卡塞德

Umru el-Qais
乌姆鲁·埃尔·卡伊斯

Mt. Scopus Tunnel
斯高帕斯山隧道

Lampel Hadassa
朗佩尔·哈达萨

Martin Buber St
马丁·布伯街

1

N

Brigham Young(Mormon) University
杨百翰大学（摩门教）

Bet Orot Yeshiva
贝特·奥罗·犹太学院

At-Tor Road(Shemo'el Ben Adaya)
阿特·托尔路（谢莫埃尔·本·阿达亚）

Augusta Victoria Hospital
奥古斯塔·维多利亚医院

Sheikh Anber
谢赫·安博尔

At-Tur
阿特·图尔

Suleiman
苏莱曼

Jericho Rd.
杰利科路

Viri Galilei Church
韦瑞·伽利略教堂

Rabi'a Al Adawiyeh St
拉布伊亚·阿尔·阿达维耶街

Moslem Cemetery
穆斯林公墓

Moslem Quarter
穆斯林区

Lion's Gate
狮门

Wadi Hilwe
瓦迪·希尔韦

● Monument 纪念碑

Al-Maqased Hospital
阿尔·玛卡塞德医院

El-Kila
埃尔·基拉

Church of the Sepulchre of Mary
玛利亚墓教堂

Salim El Farsi
萨利姆·埃尔·法尔西

Catholic Cemetery
天主教徒公墓

El-Manzuriyya
埃尔·曼苏黎亚

11 10

At-Tur 阿特·图尔

Mt. of Olives
橄榄山

Golden Gate (Gate of Mercy)
金门（怜悯之门）

Basilica of Gethesemane
客西马尼教堂

9

Church of St.Mary Magdalene
抹大拉的圣玛利亚教堂

Mosque/Chapel of the Ascension
升天教堂（清真寺）

5

Russian Church of theAscension
俄罗斯升天教堂

Temple Mount
圣殿山

8 Church of Dominus Flevit
主泣教堂

4

Pater Noster Church
主祷文教堂

Esh-Sheikh
埃什·谢赫

Ma'ale Ha-kohanim
马阿莱·哈科哈尼姆

7

Carmelite Cloistered Sisters
加尔默罗修会修女

Derech Ha'ofel
德雷赫·哈奥弗尔

● Jehoshaphat Cave
约沙发洞穴
● Absalom's Monument
押沙龙纪念碑
● Bnei Hazir tomb
比尼·哈兹尔墓
● Tomb of Zechariah
撒迦利亚之墓

Jericho Rd.
杰利科路

6

7 Arches Hotel
7 拱门酒店

2

P

3

The Last Path
最后的小路

Shiloach Rd.
希洛奇路

Silwan
西尔万

P **12**

Mount of Olives Cemetery
橄榄山公墓

Ras El Amud
拉斯·埃尔·阿木德

© The WizeGuide

0 码		190	380
0 米		175	350

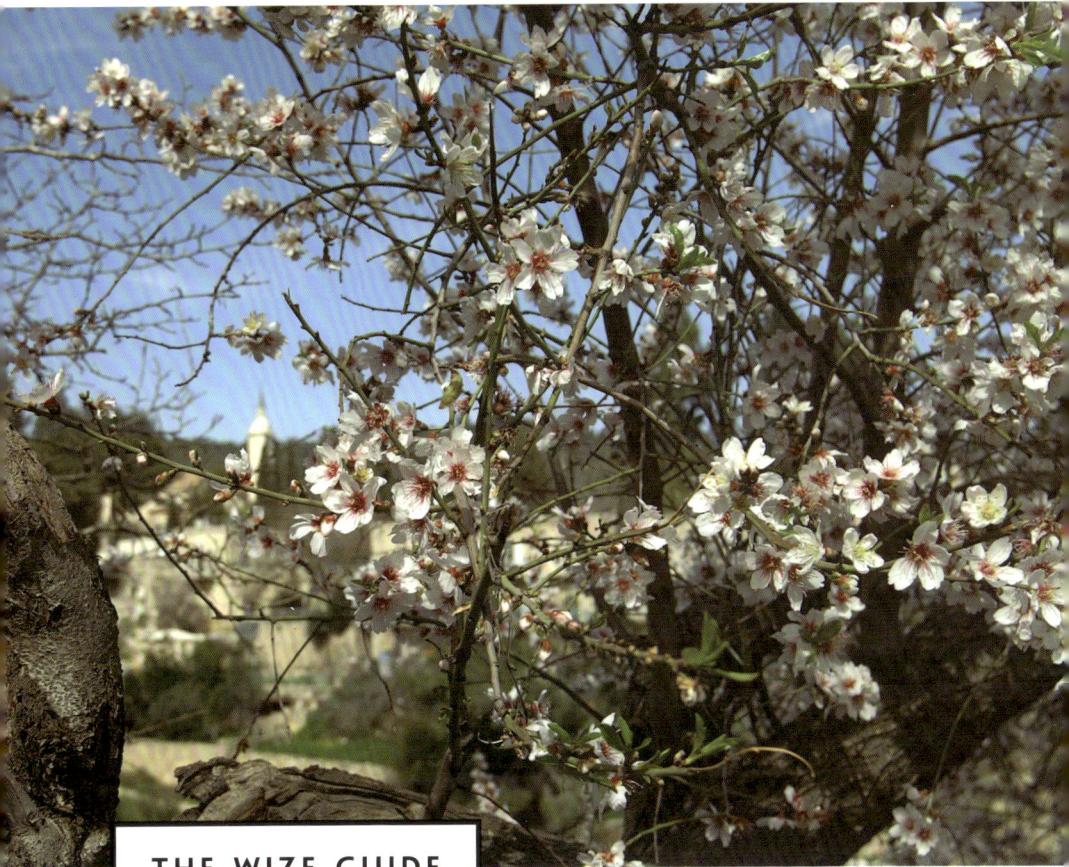

THE WIZE GUIDE

第十章

艾因凯雷姆

为乡村之美而生

亲爱的克伦（Keren）：

今天我们参观了艾因凯雷姆（隐基林，Ein Kerem）。这里一个迷人的地方，甚至还有点令人着魔……它是耶路撒冷的郊区，但它看起来实际上像是走错了路而到达的一个希腊村庄；这里的《圣经》景观几乎没有现代标志；这里有山和峡谷，有露台和小径，有橄榄林和杏园——在这里，新建的房屋和老旧的阿拉伯石头房子，荒凉的清真寺、修道院和钟楼都巧妙地混搭在一起，令人愉悦。

听起来很宁静吗？这个"平静"的村庄是基督徒最神圣的地方，每年都吸引数以百万计的朝圣者们在这里参观施洗者约翰的出生地。

行程安排（大约 3.5 个小时）

20 分钟	在清真寺的脚下——读所有与它有关的内容。
1 小时	步行（10 分钟）走到圣母往见堂（Church of the Visitation），并游览这座教堂。
1 小时	步行（10 分钟）走到圣约翰·巴—哈里姆教堂，并游览这座教堂。
20 分钟	步行到锡安圣母修道院，观看沿途的风景。
45 分钟	游览这个修道院。

我们这趟经典的艾因凯雷姆旅程主要就集中在那几个重要的基督教圣地上。阿拉伯村庄的乡村气息与高档的犹太社区相融合，艾因凯雷姆这种独特的魅力也值得游览，并且不需要提前规划线路：东看看、西瞧瞧，呼吸一下这里的空气；你会感到吃惊、嫉妒、怀疑，甚至还让自己有点儿伤感。

开放时间和门票价格

	开放时间	关闭时间	电话	价格
圣约翰·巴－哈里姆教堂（也叫施洗者圣约翰教堂）	夏季时间：8：00—12：00，14：30—17：45 冬季时间：8：00—12：00，14：30—16：45	－	－	免费
圣母往见堂	夏季时间：8：00—11：45，14：30—18：00 冬季时间：夏季时间：8：00—11：45，14：30—17：00	－	02-641-7291	免费
锡安圣母修道院花园	周一至周五：9：00—12：00，14：30—17：00（夏季到17：45）周六：9：00—17：00（夏季到17：45）	周日	02-641-5738	2 谢克尔

* 夏季：从四月到九月。冬季：从十月到三月。

最佳游览时间

✔ 注意当地基督教午休时间（11：45—14：30），尽早来。另外，准备中午午餐或者一个长时间的午休。注意，圣母修道院在周日关闭，不对公众开放。春季是最好的季节，那个时候杏树就开花了。

给带孩子家庭的温馨提示

这是一个风景如画的村庄，这里具有《圣经》中描绘的风景和浪漫的道路，这里的时间看起来好像是静止的——可能不太适合儿童或好动的青少年。

野餐地点

在刚走过哈－奥伦街之后有一个停车区，在那个停车区下面隐藏着一个迷人的地方，很适合恋人和野餐者。另外，从哈－马扬街（Ha-Ma'yan St.）出发，几乎就在梵达克艾因凯雷姆（Pundak Ein Kerem）（饭店）对面，这条路会带你走到另一个停车场，这个停车场一直延伸至一个令人愉快的山谷的下面。

我如何能到达艾因凯雷姆？

从耶路撒冷中心公交站坐公交车—17A 路公交
游览风景的城际公交路线（★★★）：
★ 从 1 路出发—走出贝特谢梅什立交桥（Bet Shemesh Interchange），转上 38 路向南走。
★ 在 38 路上—大约开 3 英里（5 公里）就会到达埃什塔欧（Eshta'ol）交叉口。
★ 在埃什塔欧交叉口—向左转到 395 路上。
★ 坐上 395 路—走大约 12.5 英里（20 公里），按照路标走向耶路撒冷和艾因凯雷姆。

快速城际公交路线：
坐上 1 路车出发—走出哈雷尔立交（Harel Interchange），转上 386 路，然后按路牌指示走到艾因凯雷姆。

从耶路撒冷市中心开车：
★ 开车走上赫茨尔大道（Herzl Blvd.），向南开，按路标指示到达赫茨尔山和哈达萨医院（Hadassah Hospital）。
★ 在走过赫茨尔山公墓（在右边）的入口处的交通信号灯后立即向右拐，然后立即向左拐到艾因凯雷姆街。在那个大长坡尽头处你会到达那个村庄的中心，你会在你的右手边看到那个有大尖顶的人民饭店（People Restaurant）。

{   ❶ 相聚清真寺   }

>>>>>>>>>>>– – – –<<<<<<<<<<

用这章后面封页上的地图作为你的向导。下面有一条泉水经过的清真寺是一个好地方，这个地方为我们的行程做好了准备。在清真寺对面有一个售货点（有时候有……），它的红色头发的主人和雇员在这里售卖新鲜果汁。这个摊主于1949年从伊斯坦布尔来到艾因凯雷姆，来之后就开始从那条泉水中运水——使用的是驴带动的"引擎"。当整个村庄都通上了自来水之后，他又与时俱进，开始摆了个果汁摊。他的怀旧风格让人想起晚上点煤油灯的时代，当时没有电，女孩们也不暴露自己的腹部。是啊，那些日子已经一去不复返了……

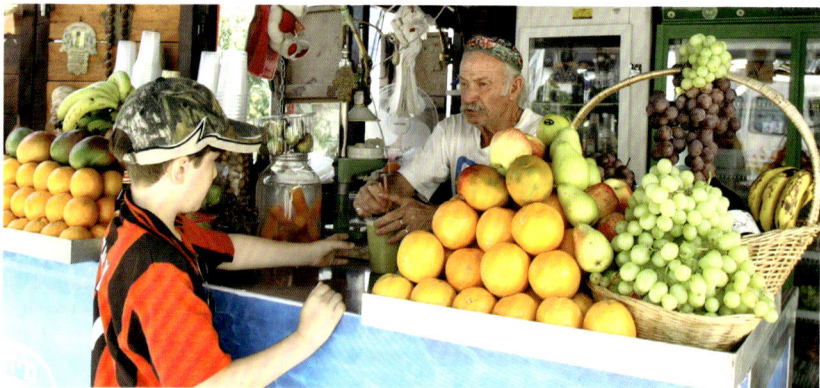

拿着一杯果汁，在这个清真寺旁边找一个石凳，坐下来休息休息，同时让我们返回到3300多年的历史长河中去检验艾因凯雷姆那考古的根基。

公元前——迦南人时代

在这个地区发现的墓穴表明艾因凯雷姆第一批已知的居民就是被称为迦南人的一个族群。他们为什么在这里定居呢？这个答案就在那个清真寺的入口处——那条永远流淌着的泉水。迦南人崇拜巴力神（Ba'al），巴力神是雨神，而他的妻子阿诗塔特（Astarte）则是主管美丽与生育的女神。

以色列人最早的足迹（公元前1200年—公元前1100年）

在摩西去世后，约书亚（Joshua Ben Nun）领导以色列的子民们离开埃及回来了，他们征服了以色列并将贝特·哈－凯雷姆（应该就是艾因凯雷姆）赠给了本雅明（Benjamin）部落。本雅明部族在迦南人神像站立之处实施洗礼，这种状态一直保留到大约3000年后它被发掘出来。

就在公元元年之前——约翰降生了

艾因凯雷姆因为施洗者约翰而享有国际声誉——他是基督教的先知，曾将耶稣作为弥赛亚为其实施洗礼。基督教传统认为这里就是约翰的出生地。这个事件使艾因凯雷姆赢得了继耶路撒冷、伯利恒和拿撒勒之后的第四大圣地的声誉。另外，当约翰的母亲以利沙伯（Elizabeth，伊丽莎白）怀着约翰的时候，她的亲戚马利亚（玛利亚）——当时怀着耶稣——就来这里探望。所有这些都在《圣经·新约》中讲到，上面讲述说这些都发生在一个叫"犹大之城"的地方。这里是艾因凯雷姆吗？如果你是一个虔诚的基督徒，你会认为这里肯定就是。根据基督教传统，在你旁边的这条泉水中，以利沙伯曾经给他儿子洗衣服，而马利亚则曾经喝过一次这纯净的水。很遗憾，现在这里的水被山坡上的一个垃圾坑给污染了，已经不能饮用了。

公元 70 年——异教徒之神回归

随着第二圣殿的毁灭，《圣经》中艾因凯雷姆辉煌的时代就终结了。罗马人将这个村庄中的犹太居民赶走，撒玛利亚人（Samaritans）在这个区域居住下来，随之就重新引入了异教徒崇拜。就这样，美丽与爱之神阿佛洛狄特（Aphrodite）（维纳斯，Venus）和植物与丰收之神阿多尼斯（Adonis）就代替了迦南人的偶像巴力和阿诗塔特。

324 年——基督教来了，异教徒走了

罗马皇帝君士坦丁的母亲海伦娜前往以

色列去发现基督教的圣地。在艾因凯雷姆，她怀疑阿佛洛狄特和阿多尼斯塑像所在的位置就是基督教重要的圣地，它们两个塑像放在这里就是为了隐藏这个重要的地方。很快，海伦娜就宣称异教徒偶像所站立之处正是施洗者约翰的出生地。她还决定，这个地方就是伊丽莎白和马利亚见面的地方，因此就将这个村庄的名字改成了伊丽莎白的家。

几个世纪以来，海伦娜的决定——或者那些受她启发而形成的传说——已经演变成了一个神圣的传统。以她的地标为基础，拜占庭在目前它们所在的位置上建造了圣施洗者约翰教堂和圣母往见堂。

636 年——伊斯兰来了，基督徒走了

在接下来的几个世纪里，以色列的土地被穆斯林（他们占大多数时间）和基督徒交替统治。在 14 世纪，艾因凯雷姆成了一个阿拉伯村庄，居住着那些被从基督教的西班牙那里驱逐出来的穆斯林家庭。可能就是他们给这个村庄起了现在这个名字，翻译过来就是"葡萄园的春天"的意思。"十字军"重新

建立的那些教堂得以免遭破坏。这是基于对基督教的尊重吗？根本不是。穆斯林将这些房子"文明化"，将这些房子用作他们养牲畜的地方！

1342 年——方济各会迁入

14 世纪，教皇任命方济各会为圣地神圣之所的监护人。方济各会很清楚，他们拥有的只是罗马精神层面的支持，于是决定对艾因凯雷姆采取绥靖政策。他们在这个穆斯林占绝大多数人口的地方居住了近 600 年，除了一些偶然的屠杀外，他们通过贿赂和欧洲国家的外交压力不断地去确立他们的地位。在 19 世纪中期，俄国、法国和英国的基督徒也加入了进来。现在，在这个村庄里几乎没有穆斯林了，而且基督徒变得比以前更加强势了。忍耐是一种美德。

1948 年——从乡村到郊区

在以色列独立战争接近尾声之时，艾因凯雷姆中 4000 名阿拉伯居民没有抵抗就离开了他们的村庄。当地的城市传说讲到在阿拉伯人离开他们的家之前，他们就将他们的黄金珠宝藏在了墙里。据说，当地一家街角杂货店为了修路而拆除之时，一笔金币从墙中翻滚而出。在另一个故事中，以前的阿拉伯居民在晚上回来了，将这里的新主人给五花大绑，然后敲碎了一面墙，拿出了那些沉重的袋子之后就扬长而去了。

艾因凯雷姆第一批以色列居民是大屠杀的幸存者和从也门新来的移民，他们居住在阿拉伯人所遗弃的房子中。1952 年，这个村庄被并入了耶路撒冷，而且在它独立存在了 3300 多年后，艾因凯雷姆成了以色列首都的郊区的一部分。以色列土地管理局拆除了许多旧房子，打算建造住宅大楼和酒店取而代之。但是艾因凯雷姆的居民们同这项计划进行了顽强的斗争并取得了胜利。多年以来，许多人发现了这个城乡结合部的古雅社区，它也逐渐吸引了大量的艺术家和富人。

摩西·阿米拉夫博士是艾因凯雷姆的一位居民、耶路撒冷的爱好者和最重要的城市规划者之一，感谢他的慷慨的允许，我们在这里得以展现他的著作《艾因凯雷姆——魔法村旅行记》(*Ein Kerem - Voyage to the Enchanted Village*) 部分节选内容，它讲述了一个真实的故事，每当我们读到它时，都会使我们热泪盈眶。

哈吉·孔斯返回艾因凯雷姆——

这是 1986 年冬季的一天，在我的邀请下，哈吉·孔斯、哈吉的儿子和两个孙子前来参观艾因凯雷姆。这是哈吉 40 年前离开这个村庄后第一次来拜访这里。哈吉·孔斯已经 85 岁了，视力越来越弱，他曾请求最后看一看那个他所出生的村庄。

……哈吉·孔斯和他的儿子还有两个孙子转身向那个曾是他家的房子走去。维多利亚·科恩·本 (Victoria Cohen Ben-Nun) 修女现在住在这里。当她打开门看到这四个阿

拉伯人时，她显得脸色苍白。当她听说他们的奇怪要求就是想进来几分钟四处看看时，她犹豫了一会，然后同意了。维多利亚解释说她一个人住在这里——她的丈夫所罗门几年前就去世了，而她的女儿也嫁出去了。她站在门口，看着年老的哈吉走进她的家。哈吉点头表示感谢，同时他那灰色的眼睛也看着维多利亚·科恩那黑色的眼睛。

哈吉·孔斯向给维多利亚讲述他的童年。他看着她，好像要说什么，但却保持了沉默。他能对她说什么呢？对她讲他的父亲是如何在80年前建造这座房子？讲当他八岁时，有一次屋子着火了，他从地下室里爬了出来？或者说一说他第一次带着他孩子的母亲，也就是他的妻子艾莉雅（Alia）到访的经历？"当然"，他心想，"如果这个犹太女人听了我的故事，她会理解我的痛苦的，她那冰冷、坚硬的目光也会变得柔和的。"

维多利亚也想告诉这位阿拉伯老人她是如何作为一名身无分文的难民来到这里的；她和她那已经过世的丈夫又是如何在艾因凯雷姆度过最初几年的艰难岁月的，当时这里既没有自来水也没有电；讲述她是如何在贫困中教育培养她的女儿的。维多利亚是来自摩洛哥（Morocco）菲斯（Fez）富有家庭的一个女孩，后来作为难民来到了艾因凯雷姆。也许这位阿拉伯老人听了她的故事后，他可能就不会那么恨她了，他那显得愤怒的灰色眼睛也会变得柔和一些。他们站了很长一段时间，在沉默中看着对方。

在当时，他们两个人都不知道，在天主教征服西班牙之前，他们的先祖在林纳达（Grenada）曾经是邻居。当西班牙国王斐迪南（Ferdinand）发布命令驱逐那些拒绝改宗天主教的犹太人和穆斯林之后，他们这两个家族就于1492年3月离开了西班牙。这两家犹太人和穆斯林都登上了前往摩洛哥的船。现在他们的后代就站在这里，站在艾因凯雷姆的同一所房子里。哈吉·孔斯从一个房间走到另个一房间，然后走到了那个可以俯瞰风景的阳台上，在那里站了一会并仔细看了看那个老葡萄藤。几串葡萄从所罗门之前在阳台上搭的架子上垂了下来。好像是自言自语，哈吉·孔斯从他嘴里说出了这次会见期间仅有的一句话："这是麝香葡萄——像蜜一样甜。在我六岁时，我就同我的父亲一起在这里种植这种葡萄树。这些葡萄，它们还像蜜一样甜吗？"维多利亚点了点头，她确信它们仍然像蜜一样甜。他们站在那里，看着彼此。哈吉那年老的内心承受的痛苦是巨大的。而维多利亚后来也承认她的内心也备受煎熬。就在这个时候，天空打开了口子，雨倾盆而下。在哈吉要离开这栋房子时，他的眼睛里流下来了一滴眼泪，连同那雨水一起落到了这片肥沃的土地上——落到了艾因凯雷姆的土地上。

哈吉·孔斯同他的儿子和孙子们一起回到了拜特贾拉（Beit Jalah）。这是哈吉最后一次拜访艾因凯雷姆。现在他已看过了他的葡萄树和那如蜜一般甜的果实，他感受到了一种平静。片刻之间，感觉好像他已甘心失去自己在艾因凯雷姆的家一样，现在他就能够在拜特贾拉那能看到"上帝之山"的山坡上安息了。哈吉·哈利勒·易卜拉欣·孔斯（Haj Halil Ibrahim Kuns）第二年就去世了，埋葬在了拜特贾拉。

1948年6月1日，人们从公共水泵中取水。
由政府新闻办公室提供。

嗯，我们得走了。面朝那条泉水，转身，然后按照路标指示的方向朝圣母往见堂走去。走了大约100码/米之后向左拐，然后要爬上通往那个教堂的楼梯。不劳则无获。

❷ 圣母往见堂
★ ★

先不要进入教堂的院子。首先要在外面找个石凳坐下来阅读有关那次"探亲"的书籍。

根据《路加福音》第一章所述，同以利沙伯结婚的撒加利亚祭祀（Zacharias the Priest）居住在艾因凯雷姆（在《新约全书》中被称作犹大之城）。这对夫妇没有孩子，而且他们年龄都很大了，这个时候天使加百利（Gabriel）出现在撒加利亚面前并预言说他的妻子将为他生个儿子。撒加利亚半信半疑，但还是去照做了，很快以利沙伯怀孕了。

不久之后，加百利又出现了。这一次是在加利利，他在马利亚面前现身并告诉马利亚她已经怀孕了。他还告诉马利亚的亲戚（有人说是马利亚的表姐，也有人说是马利亚的姑姑）以利沙伯也希望要个孩子。

听到不是一个而是两个人怀孕的消息，马利亚很是兴奋，她立即动身前往艾因凯雷姆她的亲戚那里。在她们激动人心的会面过程中，约翰向耶稣鞠躬了（尽管他们两个还都在他们母亲的子宫里），而以利沙伯就称呼马利亚为"我主的母亲"。马利亚则用一段感恩的祈祷来回答，后来这也成了基督教礼拜仪式的一部分——圣母颂。这段祷文的标题就嵌刻在大门前面的地板上，以开场白"我心尊主为大"来取名。

谁站在门口？

用于装饰铸铁闸门框架的小型青铜人物

塑像代表了撒加利亚和以利沙伯。他们的儿子约翰（施洗者）所出生的房间并不在这里，而是在施洗者圣约翰教堂那里。那么为什么基督教传统认为以利沙伯和马利亚之间的这次会面发生在这里呢？这是因为海伦娜——这位罗马皇帝的母亲在324年决定了基督教圣地的位置。为了搞清楚这种状况，基督教又形成了一种传统，认为撒加利亚和以利沙伯在现在的圣母往见堂的位置有一套避暑别墅，他们就住在这里以隐藏以利沙伯怀孕的事实。

大门上铭文——Custodia Terrae Sanctae，即保护圣地之意——标明这个地方是方济各会负责之地，教皇于1342年任命他们来保卫圣地。

走进庭院，在尽头处有卫生间🚻。

前院

一走过大门，在你的右边是描绘以利沙伯（怀孕六个月）和马利亚（怀孕一个月）那苗条身材的塑像。在本文写作之时，塑像后面的墙上是用58种文字书写的圣母颂祷词。虔诚的基督徒会在艾因凯雷姆为他们孩子的幸福祈祷。母亲们会在圣母往见堂中祈祷以纪念马利亚的祷告；而父亲们则会在施洗者圣约翰教堂祈祷以纪念撒加利亚祭祀的祷告。

在教堂正面有一副令人印象深刻的马赛克装饰品，上面描绘了马利亚正在从拿撒勒到艾因凯雷姆路上的情景，马利亚的亲戚以利沙伯正在右边的山坡上等待她。马赛克下面是雕刻的拉丁版《路加福音》第1章39节内容，"那时候马利亚起身，急忙往山地里去，来到犹大的一座城。"

现在的建筑都很新，建造于1938年至1955年之间。它是在公元5世纪一座拜占庭教堂和之后的13世纪一座"十字军"教堂的废墟上建造起来的。安东尼奥·巴尔鲁兹设计了这个新教堂。在英国对以色列进行托管的时期（20世纪第二个25年里），这位有才华的意大利建筑师做了大量的工作。他的作品包括海法（Haifa）的加尔默罗修道院（Carmelite Convent），位于橄榄山上的主泣教堂（即"主的哭泣"）和万国教堂。圣母往见堂是巴尔鲁兹在耶路撒冷设计的最后一座教堂，在不同的高度上有两个小教堂。我们对它的参观就从下面那个开始。

进入地窖。

地窖

古代教堂的底部经常用作墓地，但是巴尔鲁兹则将这个天然洞穴与基督教传统上认为的撒加利亚和以利沙伯的避暑别墅结合在了一起，并在其内部创作了室内室外皆适用的华丽的图案。地板上马赛克图案看起来像编织而成的漂亮的草席，而上面的天花板则描绘了由葡萄藤组成的藤架。

那装饰在高墙之上的给人以深刻印象的壁画则是意大利画家德拉·托雷（Della Torre）的作品，其作品以反映以利沙伯和撒加利亚现实的生活场景而独具特色。

·前面：在祭坛上面是一副描绘以利沙伯和马利亚见面的画像。以利沙伯穿着象征世俗世界血肉之躯的红色衣服；而马利亚则穿着象征灵性的蓝色衣服，这也是天空的颜色。

·左边：撒加利亚祭祀正在圣殿中准备烧香。

·右边：这幅壁画则是相当令人感到不安的。它描述了罗马士兵准备杀死婴儿的情景。这幅画是受到《雅各福音书》（The Gospel of James）的启发而创作的，《雅各福音书》是一本大约创作于公元 150 年的伪经。雅各描述说，一听说在伯利恒的上空有彗星经过，希律王就变得害怕了。这是公认的新国王诞生

的标志。在罗马人帮助之下才进行统治的希律想将王位传给他的儿子。为了抢先一步打击篡位者，他便命令将伯利恒所有两岁以内的男婴统统杀死。

当圣母听说这项命令后，他们就赶紧着手救他们的儿子。马利亚将那个叫耶稣的男孩藏到了伯利恒的一个马槽里；而以利沙伯则带着约翰离开艾因凯雷姆并逃到了山里。唉，在找到避难所之前，以利沙伯变得越来越累，她在绝望中请求"山神"来保护她。于是奇迹就发生了，山坡上裂开了一道缝，她和她的孩子就藏在了里面，然后就得救了。

有关这个故事的另一个版本（在壁画中

有所描述）则是这样的：一个天使通过给以利沙伯指明附近的一口井而帮助了她，她就将约翰放到了里面。她又听从了天使的建议，用一个大石块堵住了井口，这样约翰就得救了。但并不是所有的事情都有完美的结局。希律王听说撒加利亚有一个小儿子后就要求得到这个小孩。当撒加利亚拒绝透露他儿子的下落之后，希律王就认为这个人就是新生国王的父亲，于是就把他处死了。

硬质岩石

· 在这幅画下面的墙上是那块隐藏的岩石，据说这就是那块以利沙伯堵住藏有约翰的井的岩石。现在在其周围安装了铁栏杆以防止游客将它作为神圣的纪念品而拿走几块。听起来很奇怪，几个世纪以来，这竟成了基督教朝圣者共同的习惯了，许多社区都渴望得到这些圣物并把它们放到他们教区教堂的祭坛下面。

· 在入口处对面的墙上的右手边是一个人工雕凿的洞穴，在其尽头有一口井，这口井已经为人们供水超过 2000 年了。这里有点像避暑别墅里的小酒吧……

从教堂地下室出来后向右转。围绕教堂建筑走，然后爬上那段通向上层的楼梯。你也许会不得不在这里耐心等待，这主要是因为旅行团太多导致了交通拥堵。但你要坚定目标，耐心等下去。

上面的教堂

下面的小教堂在洞穴中，需要人工照明，但上面这个教堂就充满着自然光。为了保留避暑别墅的主题，巴尔鲁兹就将大量的植物与动物形象融入地板之中，还用木梁来装饰天花板。

这座教堂总体上是献给妇女的，也是特别献给马利亚的。在那个半圆壁龛（教堂东面面向太阳升起的方向而建的壁龛）前面，你能看到"十字军"教堂的遗迹。注意祭坛上的那些大理石艺术品，尤其要留意祭坛基座周围的那些艺术品。

半圆壁龛的上部装饰着一些绘画，这些绘画的主角就是马利亚。在马利亚的上方，在代表圣灵的鸽子的下面是朝马利亚唱歌的天使，他们正准备给马利亚带上花冠。马利亚被画在一个沙漠的背景之中，身穿红色（象征世俗世界）的衣服，披着蓝色（象征精神世界）的斗篷——它们一起象征着马利亚在永恒的沉睡后的复活。

马利亚被众多的人物所围绕：左边的那些人拿着世界各地献给马利亚的著名教堂的模型。在这些人下面就是显示已怀有身孕的以利沙伯。

跪在马利亚脚下的是耶路撒冷方济各会的首领，他正向马利亚呈献圣母往见堂的模型。

穿着蓝色宗教服跪着的是该计划实施时领导着方济各会的耶路撒冷的牧首。穿着灰色宗教服站立的是阿西西（Assisi）的圣弗朗西斯（St. Francis），根据基督教的信仰，在他受启示的过程中遭受了十字刑（他身上有圣痕——注意他那流血的手掌）的苦难。

在窗户对面的墙上装饰有五幅巨大的以马利亚为主题的壁画。

从左侧开始，第一幅图说明了以弗所大会（Council of Ephesus）授予其天主之母的称号。

在第二幅画中，耶稣的母亲正站着，张开她的斗篷保护着世界上的人们——在这里，她又成了"罪人的庇护者马利亚"。在这幅画的人群中，有一个站在人群外面的人，他留着整齐的胡子，穿着套装，还打着领结。这个人是安东尼奥·巴尔鲁兹，他就是设计这个教堂的建筑师。

中间的绘画描述了在迦南加利利村一对贫穷夫妇的那场著名的婚礼。当葡萄酒用完之后，马利亚让他的儿子耶稣将水变成葡萄酒，但是他犹豫地说还不到创造神迹的时刻。只有在他的母亲鼓励他之后，他才创造完成

了他的第一个神迹，因此她有了"上帝子民的支持者"的称号。

第四幅壁画向人们展示一位了艺术家对16世纪发生在勒班陀（Lepanto）的那场海战的印象，这场海战在土耳其人和基督教同盟之间进行。基督徒在向马利亚祈祷后打败了土耳其人，因此，她又获得了"基督徒的保护者"的称号。

最后一幅图描绘了13世纪的一场宗教会议，基于"无罪成胎论"，这次会议首次提出了马利亚无原罪的观念，后来这也成了她众多称号中的一个。

切萨雷·瓦加里尼（Cesare Vagarini）用这些绘画作品使上面的教堂熠熠生辉。在第二次世界大战期间，当时正是英国统治着巴勒斯坦，托管政府认为这个意大利画家是一位敌国公民，于是就将他放逐到了澳大利亚的拘留营。在1948年他才被放出来，他一出来就马上返回这个教堂来完成他的工作。

从圣母往见堂出来，返回清真寺。面对清真寺，如果你走上清真寺右边的那条路，你最终会到达高尔尼修道院（Gorny Monastery），也称为莫斯科里亚（Moscovia）。你可以坐车去那里——条件是车不大，你要具有钢铁般的意志，路也不要泥泞，而且你也能专心于涂色的工作……如果走路去，你只需知道走的是陡坡而不是在公园里散步。

❸ 高尔尼（俄国）修道院

★

> > > > > > > > > > — — — < < < < < < < < < < <

去参观还是不去参观？

　　高尔尼（在俄语中其含义是"多山的"）修道院绵延几十英亩，包括许多建筑。它是19世纪后半期奉沙皇之命而建造的，当时规定在圣地购买的属于沙皇的土地上都应建造为俄国的朝圣者们服务的教堂和修道院。现在这个被当地阿拉伯人称为莫斯科里亚的整个区域都属于俄罗斯东正教会。要进入这片区域，就要穿过哈达萨艾因凯雷姆医院（Hadassah Ein Kerem Hospital）。从艾因凯雷姆社区到这里也有一个入口，但它通常是关闭的，而且那条道要走一段始于那条泉水右侧的狭窄而陡峭的路。

　　要了解更多信息的话，你可以给马利亚修女打电话，电话是054-456-1961或者02-641-2887。这个地方每天都开放，时间是从上午9点到下午7点。这番努力是值得的吗？

毫无疑问，值得。一旦你在这里完成了你的旅行，你可以开车前往。

　　尽管被称为修道院，但高尔尼实际上是一个女修道院，这里是大约20个修女的家。她们可以听懂许多种语言，但主要懂俄语，而且并不是十分友好。这些姐妹们以一种传统的使用锋利的大镰刀的方式割草，表情严肃……

　　这个地方有两个教堂。那座拥有漂亮的圆屋顶的教堂是由大公夫人亚历山德拉·费奥多洛芙娜于19世纪晚期建造的。由于土耳其政府的不合作导致来自"俄罗斯母亲"的捐款常常无法及时送达，这项工程进展缓慢；最后亚历山德拉在俄国革命中被杀。所有这些因素导致这个教堂的建设陷于停顿，而那个漂亮的圆顶停工了将近100年。这个教堂在2009年才最终完工，那些圆屋顶也被镀上了金色，显得辉煌壮丽。

　　正如耶路撒冷那迷人的少数民族聚居区一样，尽管这个地方会引起你的兴趣，但你也许会略过这个俄国院落，然后沿着哈－马扬街继续往前走。一直朝这条路的尽头直走（不要沿着右边的那条路走）。穿过艾因凯雷姆街就会直接进入哈－沙阿胡同（Ha-Sha'ar Alley），这个胡同通向圣约翰·巴－哈里姆教堂。

从高尔尼修道院观看。在背景中可以看到施洗者圣约翰教堂。

❹ 圣约翰·巴－哈里姆教堂，也被称为施洗者圣约翰教堂 ★

> > > > > > > > > > > > – – – – < < < < < < < < < < < <

穿过那扇位于用拉丁字母写的"圣约翰·巴－哈里姆"标牌下的门，进去之后可以坐在左边的树荫下。你可以在这个庭院里读你能看到的所有的东西，因为教堂中的光线昏暗，而且还要求游客保持安静。

几乎就是救世主

在你参观圣母往见堂时，我们就已经说过，约翰出生于一个显赫的家庭。他的父亲撒加利亚是圣殿中的祭司，他的母亲以利沙伯则是马利亚的姐姐（有人说是姑姑）。由于撒加利亚没有说出他儿子的下落，希律王就把他给杀了。

在他的父亲死后，约翰就被艾赛尼派信徒（Essenes）收养，并同他们一起生活在死海岸边的谷木兰（Qumran）。艾赛尼派倡导禁欲，远离财富，尤其重视犹太律法的纯洁。很快，约翰就将他们的禁欲教义当做他的信条。《马可福音》第一章第六节这样描述他："约翰穿骆驼毛的衣服，腰束皮带，吃的是蝗虫、野蜜。"

约翰之所以被称为"施洗者"，主要是因为他鼓励他的追随者们浸在水中，尤其是浸在约旦河的水中。这种行为就形成了洗礼，被认为是接受基督教的标志。后来的传统认为是约翰建立的基督教的忏悔礼。另外，他那苦行僧般的生活方式也启发了隐修制度。

约翰的许多追随者认为他就是弥赛亚，但他却预言说真正的弥赛亚将跟随他："我是用水给你们施洗……但那在我以后来的……他要用圣灵给你们施洗"（《马太福音》3:11）。他的谦逊给他赢得了"基督使者"的称号。后来，当约翰为耶稣施洗的时候，圣灵便以类似鸽子的形体降临，天空中有个声音说道："这是我的爱子。"第二天，约翰称呼耶稣为"上帝的羔羊"。约翰一生中的这些重要事件启发了在基督教艺术品中经常看到了两个标志：代表圣灵的鸽子以及象征基督自我牺牲的羔羊。

传道者的死亡

施洗者约翰的一生以悲剧而结束。在约翰小时候，想到并杀死他的大希律王已经死了，大希律的儿子希律·安提帕继承了王位。新国王垂涎他的嫂子希罗底（Herodia），直到他同自己妻子离婚并强迫哥哥同希罗底离婚之后方才满意。有传言说他们非法同居，正是因为这件事，约翰对安提帕进行了措辞严厉的抨击。作为回应，这位国王就逮捕了约翰并将他投进大牢。

但是监禁约翰并不能满足希罗底的报仇之心。在为安提帕举行的生日宴会上，希罗底邀请她的女儿莎乐美（Salome）为安提帕跳舞助兴。安提帕对他继女的表现感到非常高兴，于是当时他就当着所有客人的面许诺说他会用她的任何一个愿望来奖励她。在她母亲的命令下，莎乐美要求把约翰的头颅放在盘子里。由于不能食言，这位国王就将约翰的头砍了下来。

这个故事的穆斯林版本认为安提帕垂涎的是莎乐美而不是她的母亲。这个血淋淋的故事启发了奥斯卡·王尔德（Oscar Wilde为）的戏剧《莎乐美》的创作，在王尔德的剧中，莎乐美之所以要得到约翰的头是因为约翰拒绝了她的示爱。好像这还不够，这个剧本又被理查·施特劳斯（Richard Strauss）改编成了同名歌剧。这个歌剧最著名的场景就是莎乐美的七面纱舞。

基督教历法有两天来纪念施洗者约翰：6月24日是他的生日；而8月29日则是他被处死的日子。

墙上的文字

《新约全书》上说，当天使告诉撒加利亚他将有个儿子时，这位祭司要求得到指示，因为他和妻子都已年纪老迈，没有子女。这使天使非常生气，于是他就使撒加利亚变成了哑巴。直到对约翰实施割礼时，撒加利亚才恢复了说话的能力；这个时候人们问他给这个小孩起什么名字，他就按照当时受神启时天使告诉他的名字在石板上写下了"约翰"这个名字。已经吸取教训的撒加利亚为了不激怒任何天使，就说这个名字是最好的，并且still大声颂出感恩的祈祷词，现在被称为赞美诗（Benedictus，拉丁词：神圣的）。基督徒在每天早晨做弥撒时诵读的这段祈祷文被译成31种文字，并写在了这个庭院周围的石板上。

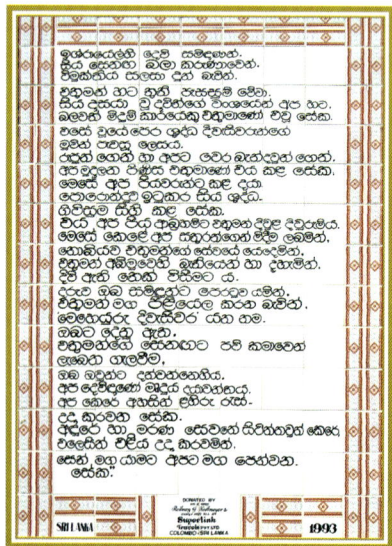

用僧伽罗语（Sinhalese）写的赞美诗（僧伽罗语是在斯里兰卡讲的一种语言）。

出生地的诞生

正如海伦娜所认为的那样，施洗者圣约翰教堂位于约翰父母家所在的地方，因此这里也是他的出生地。那么她是如何知道这里就是那个地方呢？嗯，这件事直到 1939 年一支英国炮兵部队驻扎在这个教堂的院子里时才弄清。有部分地面因不能承受大炮的重量而塌陷了，这就使一个隐蔽的地下洞穴暴露了出来。这是一个异教徒神殿遗迹，里面有阿佛洛狄忒（维纳斯）和阿多尼斯的塑像［它们现在保存在耶路撒冷的洛克菲勒博物馆（Rockefeller Museum）］。1700 多年前，在这个神殿正处于辉煌的时期，海伦娜就已经见过它。现代的研究人员觉得，海伦娜认为罗马人将其神殿建在重要的基督教事件的发生地就是为了将这些事从人们的记忆中抹去。因此，海伦娜认为如果这里有罗马神殿的话，那么也意味着这里就是基督教早期重要的遗址，所以她就将这里定为施洗者约翰的出生地。

代代相传

这里的出土发现揭示出这个地方一直以来都是重要的宗教遗址。在最底层，这里过去曾是迦南人的圣地，然后是犹太人进行沐浴礼的地方，紧接着成了罗马神殿、拜占庭教堂和十字军教堂。现在这座教堂始于 1674 年，是由西班牙朝圣者建造的。

遵循公认的基督教建筑惯例，每一代的教堂都将前面更早时代的教堂的遗迹融入到最新的建筑中。因此，例如，在入口大门的正前方，你能看到一段由圆形格栅保护起来的拜占庭马赛克地板，上面有希腊语"向上帝的殉道者致敬"的题词。传统观念认为，这段题词是用来纪念那些被寻找新生王的希律士兵杀害的儿童。

进入长方形柱廊大厅（basilica）。

怎样用西班牙语读长方形柱廊大厅？

一旦你跨过门槛进入这座教堂，你就会感到自己穿越到了中世纪的西班牙：这里有蓝色琉璃瓦、绘画，甚至还有西班牙皇室徽章（在你后面）。西班牙的？在耶路撒冷？

是的，当方济各会在 17 世纪开始重建这座教堂之时，他们使用的是西班牙皇室捐赠的基金和艺术品。而当这座教堂在 19 世纪进行整修之时，西班牙的名字再一次出现在财政资助者的行列。

这个教堂是一个长方形柱廊大厅——这是一个纵长方向由双柱廊支撑的长方形建筑结构，其中间大厅两侧有两个平行的侧厅。

· 主厅的东端以施洗者约翰的主祭坛最富于特色。祭坛的上面有披着蓝色的斗篷的马

利亚的塑像，她俯视着这个神殿。在她的左边的塑像是穿着教士袍的撒加利亚，右边则是以利沙伯。

·在那个半圆形后殿里装饰着更多的塑像。右边是方济各会的建立者阿西西的圣弗朗西斯的塑像。左边则是圣弗朗西斯的一个门徒圣克莱尔（St. Clare）的塑像，她是方济各会女修道院的创建者。这些石像由意大利城市巴勒莫（Palermo）捐赠。

·让我们来到右边的那个侧厅。这里有这座教堂最贵重的一副绘画，它由埃尔·格列柯（El Greco）创作，就悬挂在那扇装饰华丽的铁艺大门的后面。这幅作品展现了以利沙伯与马利亚会面的情景。

·走到左边侧厅的尽头，再走下一段楼梯，这样你就会进入那个地下室，这个地下室通向一个小洞穴，依据基督教传统，这里就是施洗者约翰出生的地方。此地是这个教堂最神圣的地方。入口上面的拱道上有撒加利亚感恩祈祷的开场白：Benedictus Dominus Deus Israel（赞美以色列的上帝）。门口上面的绘画描绘了约翰为耶稣施洗的场景，当时圣灵化作鸽子的形态在他们上方徘徊，而圣父则从天上看着这个情景。施洗者约翰出生的具体位置就在一个朴素的祭坛的下面，并且还在地板上用一个大理石星作了标记。

返回主厅。

许多西班牙艺术家将他们的作品捐献给了这个教堂。墙上的那些壁画纪念了约翰一生之中那些重要的阶段，其中就包括他被杀害的故事。这些壁画和雕塑中最引人注目的就是那些装裱在精美木框里的三维立体画，这些画描述了耶稣所

经历的 14 站苦路上的情景。

注意第 10 站：耶稣在钉上十字架前被剥去衣服——据《新约全书》中记载，他只是被罗马士兵剥去衣服——但是，在这幅绘画中，犹太人也参与了这件事。

参观完之后，你就走出这座教堂，返回到哈－沙阿胡同。你会在你的右边看到"甜美的凯雷姆"，这是一个为疲惫的朝圣者们提供意大利冰激凌和手工巧克力的美食店。

穿过艾因凯雷姆街，然后继续往前走大约 50 多码／米远，向右拐到哈－奥伦街。

经过哈－奥伦街 17 号之后，在你左边有一片空地。

从这片空地上看的全景（★★★）：上面和右边是哈达萨艾因凯雷姆医院；反方向上有未完工的莫斯科里亚（高尔尼）教堂的洋葱头式尖顶；稍微往下再往右是圣母往见堂的钟楼。

你也可以走到下面一个更低的地方——这是一个浪漫的地方，一个非常适合进行野餐的地方。

沿着哈－奥伦街继续往前再走一点，你会来到一个女修道院的大门口。

❺ 锡安圣母修道院
★★

> > > > > > > > > > > – – – < < < < < < < < < < <

- 穿过那个大门，向左拐，为每个参观者交 2 谢克尔的门票费。
- 离开售票亭，一直往前走到主宾馆去看一看那个美丽的院子。
- 返回来向左拐，按路标指示走向那个墓地。大约 30 步之后，你会来到第二个交叉路口。一直往前就是那栋寄宿大楼的侧面，你左边就是拉蒂斯博纳（Ratisbonne）的家（稍后有更多关于他的介绍）。现在再向右拐，朝那个漂亮的亭子走去，在那个亭子里面的基座上有一尊怀抱着小耶稣的马利亚的塑像。这尊塑像上有圣母颂，这是马利亚在拜访艾因凯雷姆的以利沙伯是说出的祷词。
- 从那个亭子处往左拐，你会来到一个观测点（★★）。

通过栅栏中的酒吧，你能看到的景色有：朱迪亚山（Judean Hills）、索里克（Sorek）河床和艾因凯雷姆农业学校附近的水库。这个观察点对面有卫生间👬。

边角知识（Trivia corner）

这个观察点位于一棵橄榄树和三棵角豆树的树荫下。你知道吗，每一个角豆树的种子的重量都是 0.2 克。实际上，这种不同寻常的一致性使它们在古代被用来给珠宝称重，并最终成为一个标准的重量单位。它就是我们今天称作的克拉。是的，亲爱的，一个五克拉的钻石的重量准确地说就是一克，也就是五个角豆树种子的重量。

现在找一把椅子或给自己找个石凳坐下来，来阅读一下这个女修道院的历史。

一个法国皈依者在艾因凯雷姆穆斯林区建造了一个女修道院

希欧多尔与阿方斯·拉蒂斯博纳出生于法国斯特拉斯堡一个优越的犹太人家庭。多优越呢？嗯，我只想说，他们的爷爷是路易十六的财政大臣。这对兄弟成长在大革命之后的法国，当时的犹太人已经获得解放并寻求同化融合。希欧多尔与阿方斯已经皈依了基督教，并且还创建了锡安长老会（Fathers of Zion）和锡安姊妹会（Sisters of Zion）。他们的目标是让所有的犹太人（如果可能的话，也包括一些穆斯林）皈依基督教。到哪里为他们的这场运动寻找人选呢？哎呀，当然是在圣地啊。因此，弟弟阿方斯于 1885 年就离开法国前往以色列地去传教。

阿方斯从在苦伤道荆冠基督拱门附近建立一个女修道院开始他的活动。然后他又于 1860 年在摩西·蒙蒂菲奥里爵士在老城城墙外建立的犹太社区附近建造了一个修道院。同时期，他决定在艾因凯雷姆开设他的宗教社团的另一个分支。当时统治以色列的奥斯曼土耳其严格限制异教徒购买土地。拉蒂斯博纳就利用"负责人"以他的名义从一个穆斯林地产人亨那里购买了这块地产。

这个女修道院就在敌视基督徒的环境中建立起来，它看起来就像是一个要塞：有高大、厚实的围墙；内部地面上挖有蓄水池，还有一个菜园，这样修女们就能够种植她们自己所需的食物，并能抵抗围攻。

在阿方斯·拉蒂斯博纳所建造的三个工程中，他最喜欢的就是这个位于艾因凯雷姆的女修道院。他将他那不大的家安置在那里，他于1884年去世，享年70岁，并且埋葬在这个女修道院的墓地里。

基督徒爱犹太人吗？

即使在拉蒂斯博纳的有生之年，这个女修道院活动的重点已经从传教转移到了人道救助上来。这个变化发生在1860年黎巴嫩德鲁兹派（Druze）穆斯林屠杀了1万名马龙派基督徒之后。在苦伤道上的这个女修道院收养了男孤儿，而艾因凯雷姆的这个女修道院则收养了女孤儿。

拉蒂斯博纳的去世导致了另外一个巨大的变化。她们不是去设法改变犹太人的信仰，相反，这些修女却在非犹太人中劝诫人们爱犹太人。这个修道会在世界各地都有女修道院，并且还提醒基督教世界要记得：不仅耶稣本人，而且包括他的家人和门徒都是犹太人；耶稣从来没有计划要建立一个新的宗教！在第二次世界大战期间，锡安姊妹会的修女们救助了保加利亚的犹太人，甚至开始在她们的基督教仪式中吸纳犹太教的理念。

禁欲的生活

现在，艾因凯雷姆的这个女修道院也提供住宿。住在这里的13个修女中有些穿着宗教服，并住在一个单独的厢房里；其他的则穿着便服为公众服务。这些修女接受来自不同国家的志愿者的帮助；雇工则照管这客房和菜园。

从那个观察点走下来，走上那条在墙右侧并与墙平行的路。沿着这条路，你就会看到这个女修道院的几个水库。

雾中的女修道院，拍摄者：马克·内曼（Mark Neyman），2004年10月，由政府新闻办公室提供。

墓地

入口处左边是这个女修道院的建造者阿方斯·拉蒂斯博纳的墓地。在这个坟墓的头部位置站立着马利亚的石像。墓碑上镌刻着由一个十字架和缠绕在一起的字母 A 和 M 组成的浮雕，上面的字母是阿方斯和马利亚的首写字母。

拉蒂斯博纳与马利亚之间的联系开始于他 27 岁那年，当时他是一个世俗犹太人，并且

和他 16 岁的外甥女订婚了。在结婚之前，作为单身之时的最后一次短途旅游，他来到了罗马。他说，正是在那里马利亚向他显灵了，因此他决定要像他的哥哥 16 年前做的那样皈依基督教。不用说，这个婚礼也取消了。

注意，并不是所有的墓碑都有十字架。这个小墓地为女修道院的修女提供了埋葬之地，但也有一些其他的基督徒甚至是非基督徒在这里安息。

从墓地返回，走出这个修道院。当走到外面时，向左拐到哈－阿沙尤特路（Ha-Achayot Rd.）（不要费力去找路标了——因为根本没有路标；用这本小册子封底上的地图）。这条路将会把你带到这个村庄的中心。

{ 食宿 }

>>>>>>>>>>> ---- <<<<<<<<<<<

锡安圣母修道院宾馆

哈－奥伦街 23 号

电话：02-641-5738

订房时间：周一至周五：9：00—12：00。

登记入住：14：00—18：00 之间。提供非固定停车位。

价格：周末双人间：每晚 75 美元；工作日期间带 3 个孩子的家庭：100 美元。

Sion_ek@netvision.net.il

个人感觉：氛围迷人。有令人惊异的石质地板。客房有盥洗和淋浴套间，但其设施和早餐都保持着简朴的女修道院标准。床很舒适；房间有暖气和风扇，没有空调。这里没有电视或者电话——总之，这里很宁静。

自然屋旅馆（The Natural House）

霍马特·哈－萨拉菲姆街（Homat Ha-Tzalafim St.）81b 号。

电话：02-641-1288，手机：050-537-3780

www.naturalway.co.il/eng.html

每晚价格：600-800 谢克尔

在这栋修葺一新的高雅的阿拉伯住宅里有两套客房。第一层的那个房间通向一个花园，而第二层的那个房间里有个可以观景的大阳台。这两套房间有水流按摩浴缸、空调和有线电视。院子里有桑拿浴室。业主家住在一楼，但是客房都有独立的入口。我们的一次顺便造访对它的印象是：这是一个舒适的、拥有田园风光的住处。

梵达克艾因凯雷姆（Pundak Ein Kerem）（不太合乎犹太洁食标准）

这是一个拥有咖啡店的意大利饭店。

哈－马扬街 9 号。

电话：02-643-1840；02-643-7472

整周营业。

如果天气允许的话，将桌子搬到外面。其内部设计创设了一个令人愉快的氛围，分量很足，服务高效而友好。菜品广泛，食物味美。来自匈牙利的老板向我们保证说这里的匈牙利汤是这个国家里最好的。这点我们同意。毗邻这家饭店的是一家精品手工冰激凌店。

在热天……嗯，在冷天也是如此！

啤酒屋（Brasserie）（不太合乎犹太洁食标准）

哈－马扬街 13 号。

电话：02-566-5000

周一至周三：12 点至最后一位顾客离开。

周四至周六：9 点至最后一位顾客离开。

径直走上阳台上面的二楼，穿过那些葡萄树的叶子，你将会欣赏到艾因凯雷姆的景色。酒品单给你提供了丰富的可供选择的葡萄酒，它们大多来自于地区性的精品葡萄酒厂。菜单会根据季节的变化而调整，但整体上被定位为一个现代地中海厨房加酒吧。这意味着你不会对这里的饮食感到厌倦，因为可供你选择的东西太多了，从意大利面到海鲜，从鱼到各色肉食，应有尽有。

自然屋。

梵达克艾因凯雷姆。

N

Sorek Rd.
索里克路

Emek Ha'Temanim
埃梅克·哈特曼伊姆

Emek Ha'Temanim
埃梅克·哈特曼伊姆

Jerusalem Forest Tzipori guest house
耶路撒冷森林兹波利宾馆

From Mevaseret Zion/Tel-Av
从梅瓦塞莱特锡安／特拉维夫通往艾因凯雷姆

Ein Kerem

Madregot Gan-Eden
马德尔哥特·加登·达登

Ha-Yilanot Rd.
哈·依兰诺特路

Ha-Hadasim
哈·哈达西姆

Ha-Tzatzafa Alley
哈·扎特扎法小巷

Ha-Sela Rd.
哈·塞拉路

Shvil Ha-Zukim
什维里·哈·祖金姆

Notre Dame de Sion Convent
锡安圣母修道院

Ha-Giv'a Alley
哈·吉瓦小巷

Homat Ha-Zelafim
霍马特·哈·泽拉斐姆

From Jerusalem
从耶路撒冷通往

Ha-Achayot Rd.
哈·阿沙尤特路

St.John Ba Harim Church
圣约翰·巴·哈里姆教堂

5

4

Ha-Oren
哈·奥伦

Greek Orthodox Church
希腊正教教堂

Shvil Ha-Homa
什维里·哈·霍马

Shvil Ha-Homa
什维里·哈·霍马

Ein Kerem
艾因凯雷姆

Ha-Achayot Rd.
哈·阿沙尤特路

Ha-Sha'ar
哈·沙阿

Ha-Tazpith Rd.
哈·塔兹皮特路

Ha-Oren
哈·奥伦

Ha-Oren
哈·奥伦

Ha-Orev Alley
哈·奥雷夫小巷

Ha-Yekev Alley
哈·耶克夫小巷

Ha-Be'er Alley
哈·贝尔小巷

Ha-Oren
哈·奥伦

Ha-Ma'yan
哈·马扬

Ein Kerem
艾因凯雷姆

Ma'aleh Ha'Bustan
马·阿勒·哈布斯坦

To Hadassah Hospital
通往哈达萨医院

Ma'gal Ha-Nikba
马加尔·哈·尼克巴

Madregot Ha'Romaym
马德尔哥特·哈罗玛伊姆

Giv'at Ha'yonim
吉瓦特·哈尤尼姆

1

Mary's Spring
玛利亚泉

Madregot Habikur

Rosarie Sisters
玫瑰姐妹

2

Church of the Visitation
圣母往见堂

Youth Hostel
青年旅社

San Vincent Convent
萨恩·文森特女修道院

Roman Grove
罗马·格鲁夫

Moscovia
莫斯科里亚

3

Russian Gorney Monastery
俄国高尔尼修道院

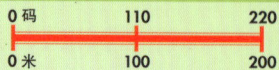

© The WizeGuide

0 码	110	220
0 米	100	200

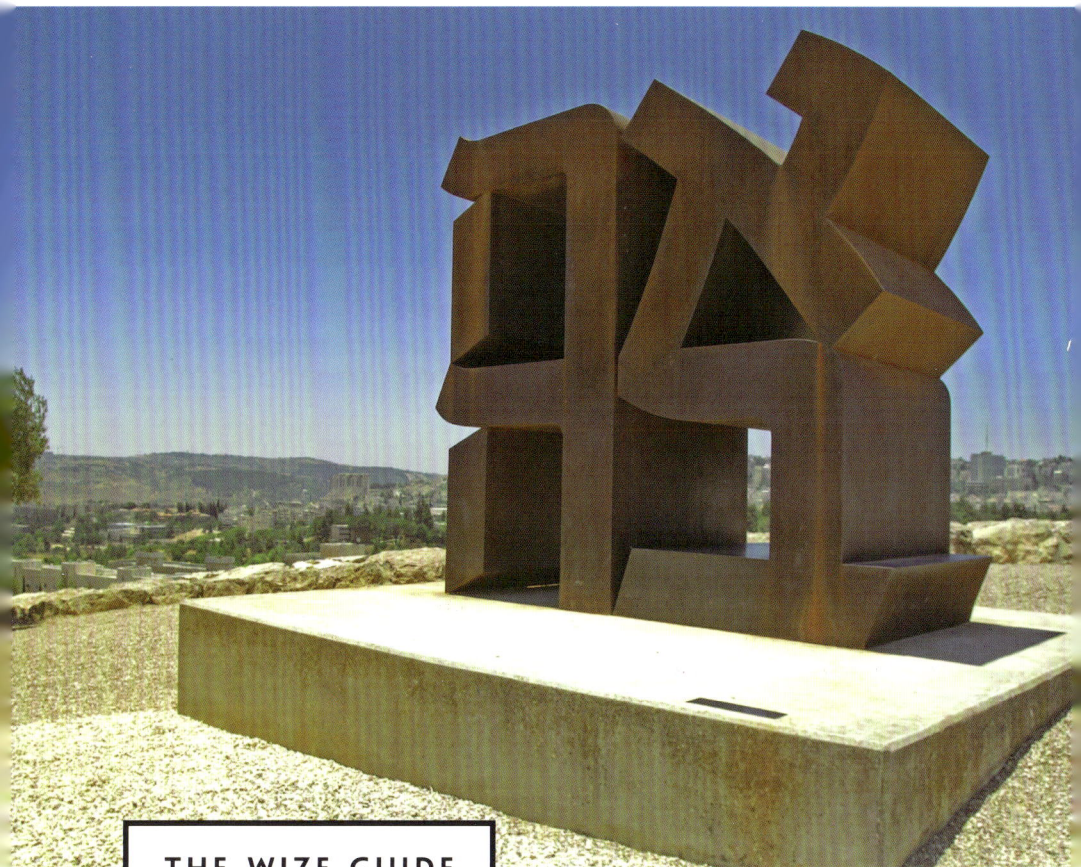

THE WIZE GUIDE

CHAPTER 11

第十一章

以色列博物馆

小国家，大馆藏

嗨，比利（Billy）：

我们今天参观了以色列博物馆。不知何故，你习惯了这样的事实：七十年来，这个奇怪的国家设法吸纳了数百万的移民，发展经济农业，并且还建立了一支强大的军队。更难以令人置信的是这个动荡不安的国家，却将世界上十个最著名的博物馆合并在一起。你不得不承认这个小国的伟大，这里的人们想成为表现超群的人，而且他们确实很快就做到了。你说他们有些神经吗？也许吧——但是显然有志者，事竟成。这是一个富于勇气的国度……

顺便说一句，我们参观了你捐赠的那个艺术花园。砂砾上有什么？难道你就不能提供一些绿草吗……？

行程安排

30 分钟	环绕第二圣殿时期耶路撒冷模型。
30 分钟	观影（到接待处询问放映时间）。
30 分钟	参观圣书之龛（Shrine of the Book）。
60 分钟	游览艺术花园（Art Garden）。

开放时间与门票价格

开放时间	电话	票价
周日、周一、周三、周四、周六和节假日：10：00–17：00；周二：16：00–21：00 周五和假日前夕：10：00–14：00	02–670–8811	成年人（内含语言导览耳机）：54 谢克尔。打折——有打折活动，特别是对儿童和青少年。

我们强烈建议您浏览博物馆网站 www.imj.org.il 以了解参观时间上的变动。

最佳游览时间

✓ 本章所描述的主要是一场户外的旅程。然而有大约五十万件展品并不包含在我们这场旅程中，它们主要是在空调展厅里展出。这里除了举办一些诸如葡萄酒节、风筝狂欢节和爱乐乐团演奏会等重大活动外，还举办一些临时展出。

给带孩子家庭的温馨提示

一定要带着孩子！给他们带上语音导览耳机，他们很快就能熟悉地形。不要忘记把他们带到青年艺术教育馆（Youth Wing）。

引导设施

· 可选择语言的导览机是包含在门票里的。尽管这个导览机不给你指定线路，也几乎不提及艺术花园（Art Garden），但它将提高您游览的质量。

· 有多种语言的导游旅行团可供选择。

轮椅通道

在四坡屋面建筑里举办的展览有残疾人无障碍通道，而那个艺术花园大多没有这类设施。入口大厅处有轮椅。

推荐携带的物品

步行鞋是适合于走艺术花园那铺有碎石的路面的。天热要带帽子、太阳镜和防晒油，凉爽的天要带防风衣，天冷要带一件皮制大衣……

饮食指南

这个博物馆有几个饭店和咖啡馆。它们在周六和假期里是不营业的。

· 停车场有移动食物货摊。

· 入口亭子处有一个快餐店和一个饭店。

· 在以色列艺术信息中心（Information Center for Israeli Art）对面，你能找到一个乳制品餐厅。在这个餐厅的室内和户外用餐都可以。

· 在那个主体建筑的下面有一个意式咖啡吧，提供三明治和不含酒精的饮料。

我怎样才能到达以色列博物馆?

★ 当你从1号高速公路来到耶路撒冷后，你就按照路标指示前往那个中心。

★ 在第三个交通信号灯处向右拐到赫尔茨大道上。

★ 在第二个交通信号灯处向左（一个巨大的绿色标示牌指示你前往吉瓦特·拉姆，Giv'at Ram）拐到伊扎克·拉宾大道［与贝京（Begin Blvd.）大道相交］。

★ 在第三个交通信号灯处向右拐到约珥·萨斯曼街（Joel Sussmann St.），这条路经过以色列政府办公区。首先，在你的左边是最高法院，而你右边则是以色列外交部。继续往前走，在你右边的是以色列银行和守卫森严的总理办公大楼，然后就是内政部（Ministry of Interior）、移民吸纳部（Ministry of Immigrant Absorption）和财政部（Ministry of Finance）。在这条路的尽头，位于你左边的就是议会，即以色列国会。

★ 约珥·萨斯曼街变为埃利泽·开普兰街（Eliezer Kaplan St.），继续往前开，过了那个与卢频街（Ruppin St.）相交的红绿灯。过了一小段之后向左拐，然后再向左拐到博物馆的免费停车区。

从公交中心站坐公交车：坐9、17、24路和24a路公交车。

●●●　全国的宝藏……绘画　●●●

我们建议你在参观这个博物馆之前读一读这一部分。

一位高级官员的故事

在 20 世纪 50 年代中期，一位以色列高级官员参观了住在波士顿的一位富有且享有声望的艺术品收藏家的住宅。这位官员曾受益于欧洲教育，也是一个艺术品鉴赏家。他表达了对这些藏品的赞美之情并请求这个有钱人给以色列捐献几幅绘画。这个人的回答令他惊讶不已："即使我捐献了一些，你也没有地方展出它们啊。"

"没有地方展出它们吗？"这位官员思考着。他一回到以色列就开始调查这个问题。结果，他发现以色列那唯一的、真正意义上的博物馆就是（今天的）比撒列艺术与设计学院的重要组成部分。这个博物馆由比撒列的创始人鲍里斯·沙茨于 1906 年创建，其目的是展出那些用于地毯画的蝴蝶模型。这个博物馆由莫迪凯·纳尔基斯（Mordechai Narkis）来经营管理，他梦想着将这个博物馆变成一个国家机构，就将它建在了圣殿山上，并称它为"第三圣殿"（在穆斯林同意的条件下）……幸运的是，官员具有常识，并寻找到了一个更为实际的方案。事实上，你也许听说过他——他当时是总理办公室主任，后来又当了 28 年的耶路撒冷市市长。他的父母称他为特奥多尔（Theodor），但是我们知道他叫泰迪·科莱克。他发起了一场有关这个园区的国际竞赛，并最终由胜利者来对它进行设计。胜利者是建筑师阿尔弗雷德·曼斯菲尔德（Alfred Mansfeld）和室内设计师多拉·加德（Dora Gad）。

泰迪·科莱克。拍摄者：平·汉斯（Pinn Hans），1955 年。由政府办公室提供。

创造一座博物馆

这并非是一件容易完成的任务。不可能从政府获得一分钱。上述办公厅的总理是大卫·本－古里安（Darvid Ben-Gurion）。尽管他是一个谦逊的知书达理的人，但他却缺乏视觉感官和认知能力。时任外交部长的果尔达·梅厄（Bolda Meir）进一步宣称当这个国家还存在饥饿的人，就不应当将钱投资给博物馆。

但是，像泰迪这样执着而强势的人是不会让那些讲求实际利益的人破坏他那不切实际的梦想的。他建立了一个私人基金，任命自己为董事会主席，从美国政府和世界各地的犹太人那里募集资金，并从政府手中争取到了内韦·沙阿南（Neve Sha）社区里的寂静山（Hill of Tranquility）。然后他组织了一场有关这个园林土地设计的国际竞赛，最后由获胜者建筑师阿尔弗雷德·曼斯菲尔德和室内设计师多拉·加德来进行设计。对他们有利而同时摇摆不定的一点是这个计划具有模块性，这就使他们有可能分阶段来建造这个博物馆。这两个人后来由于他们的设计方案而被授予以色列奖，因为他们两个勇于在耶路撒冷风景的中心区建造乡村式现代建筑。

喂，这里有人了解博物馆学吗？

现在所要做的就是收集有价值的艺术品并将它们集中展览。为了深入了解一个新博物馆如何设法吸引到能使它与世界上其他著名的博物馆相媲美的藏品，应该找马丁·韦尔博士（Dr. Martin Weyl），当他还是个学生时，他就开始从事这个博物馆的建设工作，并于1981年至1996年担任该博物馆馆长。从他那里，我们得知事情的转折点就发生在威廉·桑德伯格（Willem Sandberg）被招募进来之后。桑德伯格先生是一位伟大的艺术鉴赏家，当时他已经从荷兰最著名的现当代艺术机构阿姆斯特丹市立博物馆（Stedelijk Museum）馆长的职位上退休了。桑德伯格首先的行动就是去检查比撒列博物馆的藏品，这些藏品本应当为这座新博物馆的展品提供基础。他的结论是这些展品中有90%都是垃圾。啊，垃圾！？比撒列博物馆的管理层要求把桑德伯格解雇掉。只有泰迪站在桑德伯格这一方并阻止了他被解雇，但也可能就因为这件事而使他没有被任命为总经理。多年以来，他一直担任该博物馆的顾问并将博物馆学的奥秘教给了以色列的馆长。

韦尔指导文化上的乞丐

凭借桑德伯格的知识和泰迪的支持，博物馆的全体人员开始拜访世界上一些最著名的犹太艺术品收藏家。这些人相当多。我们设法从这位名誉常务董事那里了解了收藏史上的一些秘密和奇闻轶事。所以就有他最主要的六个筹款技巧：

· 认识罗斯柴尔德家族——他们拥有打开那些高雅大门的关键性的钥匙……

· 激励你的员工——荷兰籍的韦尔在最初寻找捐赠时很胆小，直到泰迪对他说："你要么找到捐赠，要么离开这里。""我不得不抉择……"

· 在捐赠者之间促进竞争——泰迪使两个主要的雕塑品收藏家围绕捐赠藏品的特权展开了竞争。这不仅带来了耀眼的藏品，还为陈列展品的花园融到资金……

· 提示他们——在未来做出捐赠。如果收藏家拒绝与他的艺术品分离，态度坚决，那么就提示他可以向以色列政府遗赠一幅画——好的，也许是两幅……

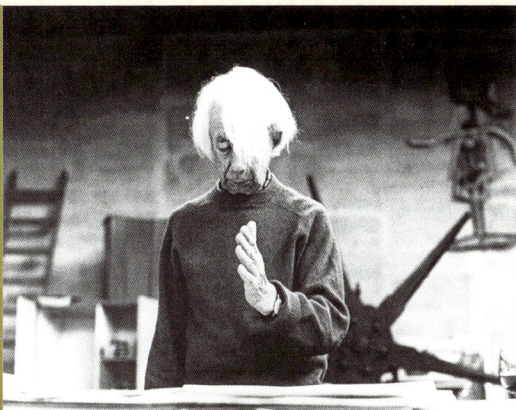

马丁·韦尔博士。   威廉·桑德伯格，由以色列博物馆提供。

· 邀请艺术家到以色列——一旦他到以色列就把他带到一个工作室里，并催促他在这个能给他神圣灵感的地方开始进行创作。当他完成作品后，就要求他将他的作品留在创作地，并告诉他，劳森伯格也同意这么做！

· 询问捐赠者——若以上都不行，那就询问这个捐赠者怎样才能说服他。也许这样做，他就会透露出他的秘密。例如为了捐赠她那高质量的艺术收藏品，夏洛特·伯格曼（Charlotte Bergman）夫人就要求在博物馆附近给他盖座房子作为交换。信不信由你，博物馆答应了她的要求。这位富有的女人于1967 年就搬到了与博物馆建筑群其他部分设计风格一致的家（今天，这里就位于青年艺术教育馆的后面）。夏洛特·伯格曼于 2002年去世，她将她的家连同里面放置的几件艺术品都遗赠给了以色列博物馆。

市长的自己人

泰迪自有一套适当的方法：他为每项工程设置强制性的目标日期，然后对那些负责人发号施令。他以他通常所用的方式推进这个博物馆的工程项目。在 1963 年年初，当他

泰迪·科莱克和巴特谢瓦·德·罗斯柴尔德（Batsheva de Rothschild）男爵夫人在一起。拍摄者：摩西·普里丹，1966 年，政府新闻办公室提供。

感到他的某个手下并不会以他设想的速度发展后，他就任命自己人——伊扎克·雅科比（Itzik Yaakobi）把这个工程干完。泰迪还是总理办公室主任之时，雅科比就当过泰迪的助手。我们正是从他那里听说了那些能使我们大吃一惊的幕后故事。

一天，两架运送从瑞士订购的展示柜的达科塔飞机到达了以色列。泰迪就让雅科比开车去机场，并让他负责从海关处释放货物并将它运到耶路撒冷。"我检查了一下，因为这是博物馆的设施，所以就不必缴纳关税"，泰迪很自信地说。雅科比就开着他那辆小菲亚特 600 去了机场。当他到达那里之后，他就碰上了海关经理——特希拉（Tehila）先生。他从没听说过博物馆设备是不用交税的，并且要求交 32 万英镑之后才能放行。当时雅科比口袋里只有 3 英镑，在他正处于困难之时，他便给泰迪打电话，问他该做什么。"你解决它"，这就是泰迪的回应，然后他就挂断了电话。"我必须赶快想到解决的办法"，雅科比对我们说，"海关部门阻止飞机卸货，飞机停留，每超出一小时就罚款五千美元"。

伊扎克·雅科比是一位犹太学院的毕业生，也是经历过奥斯维辛（Auschwitz）、比克瑙（Birkenau）和茅特豪森（Mauthausen）集中营的老兵，听一下他想出的那个令人难以置信的解决方案吧：他在海关经理的办公室里给巴斯燃料公司的商务经理打电话，说出了一个令人难以拒绝的提议："如果你想在博物馆附近的空地上建立一个加油站，你务必要在一小时之内给我送一张 32 万英镑的支票来。"他们进行了简单的谈判，里面有一些诸如"不可能"和"如果我在一小时内得不到答复，我会联系德勒燃料公司"之类的话。然后雅科比就挂断了电话（他从泰迪那里学到的）。特希拉疑惑地注视着他。三十分钟之后，临时离开这个房间的特希拉回来了，手里拿着一份转移支付电传确认书。"就是在这

个时候"，雅科比回忆说，"我心想：你个傻瓜，你应该要 34 万英镑。毕竟还得给那些卡车支付运输费呢……"当那些卡车到达耶路撒冷后，泰迪以这样的姿态迎接了他：一个拥抱和一个吻。

另一个戏剧性事件发生在开幕前两周，当时由比利·罗斯（Billy Rose）捐赠的雕塑运到了海法港。时逢港口工人罢工，所有的商品都不能运送出去。泰迪和雅科比别无选择，只得开车到海法。起初，他们同海法工人委员会秘书优素福·阿尔莫基（Yosef Almogi）接触。同阿尔莫基会谈之后，他们喝了一瓶罕见的伏特加酒。后来他们一起来到了这个港口，接触到了码头工人委员会的主席。他是当时控制这个海港的一个传奇的斯洛尼卡（Salonicans）人。由于泰迪是总理办公室主任，而这场罢工正是反对政府的，所以阿尔莫基就要求泰迪保持沉默。码头工人委员会主席就向阿尔莫基询问有关这个沉默的泰迪的事情："阿尔莫基先生，这个人想要什么呢？"知道泰迪想要什么的阿尔莫基就回答说，"我会告诉你我想要什么，但条件是你要称呼我的姓氏——优素福。"委员会主席变得温和了，尤其是当优素福要求私下里帮个忙而将这些雕塑予以放行的时

候。这些也发生在从事先准备好的瓶子里倒出来茴香烈酒之后——因此起重设备就运转了起来。

他们领着一个由 26 辆卡车组成的车队往回走。在回去的路上，雅可比继续绞尽脑汁思考着在博物馆亏空 2700 万美元的条件下如何付运输费的问题！他再一次找到了解决方法。在他们到达耶路撒冷后，他就与耶路撒冷贴现银行（Discount Bank）的经理拉菲·莫尔肖（Rafi Molcho）取得了联系，莫尔肖以个人的名义为这项支付提供了担保。剩下的事情就是打开包装并将雕塑放置在花园里了。这是在 1965 年。当时并没有叉车或起重机，而那些雕塑确实很重。在星期六晚上，距离开幕还有三天，从雅法码头过来的码头工人们就用他们的背扛走了这些雕塑。同样地，这一次还是身强力壮的斯洛尼卡人。雅可比叙述说他吃惊地站在那里，看着他们之中一个人——总共有 5 英尺高，几乎差不多同样宽——用他的背背起了重 900 磅（400 公斤）的雕塑并把它运到了目的地。他回忆起了码头工人们常常预先准备好三明治，用一把长刀将一整块面包水平切开，并装进去六个红皮鸡蛋和一整根香肠。他无法控制自己，就把比利·罗斯（Billy Rose）叫过来一起看这种奇观。比利就向这些码头工人要一块来尝尝他们的"快餐"的味道，他们就将他们的面包掰了一半给他。他咬了一口，然后就说他这一生从没有享受过这样的款待。然后他就跑了出去并将吃的东西吐了出来。当时他正遭受着胃癌的折磨，在博物馆开幕几周之后，他就去世了。

博物馆建筑群。拍摄者：赫尔曼·查纳尼亚（Herman Chanania），1980 年，由政府办公室提供。

一张票至少逛四个博物馆

从一开始，这个博物馆就没有限制展出的主题。它所引以为荣的是几乎每年都有一个新的画廊。其模块化的设计使它能够增加新的大厅而不破坏其整体外观。

对一个博物馆来说有点多了，不是吗？

是的，但这也是以色列博物馆出名的原因。值其成立 40 周年之际（2005 年），这个博物馆以"美丽与神圣"为主题举办了一场展览。这场展览将史前时期、第二圣殿时期、古典时代和现代的展品一起展出。它是世界上唯一一家能用自己的部分藏品举办一场这种展览的博物馆！这个博物馆藏品分成四类：

·王冠：考古文物厅——这里实际上是以色列文物管理局（Israel Antiquities Authority）的陈列柜。这部分侧翼的建筑包括第二圣殿时期耶路撒冷精彩的模型和圣书之龛。这里储藏着世界上最古老的《圣经》手稿。

·核心：犹太人与人种史展馆。在这一部分，你可以参观从意大利、德国、印度和其他地区带到以色列的各种古代犹太人会堂。

·灵魂：美术陈列馆——油画、绘画、摄影、图案、版画……大量捐赠物和古迹在其中都各得其所。在这里，人们也很容易就能看到，这座博物馆没有设定任何界限，因为这里的展品在古典风格和现代风格之间自由变换。

·未来：青年馆——这个博物馆每年都会举行适合青年人的展览，并经常提供各种不同的工作坊。说句实话：这些展览以儿童和青少年为对象，但我们的男孩确实玩得很开心……

未来计划

尽管它的名字叫以色列博物馆，但它并不是一个国家机构，而是一个私人组织。它的现任馆长是詹姆斯·斯奈德（James Snyder）。其简历中就有纽约现代艺术博物馆（MOMA）副馆长一职，他成功地募集到了五千万美金来修缮这个园区。修缮工作始于 2007 年并还要继续几年。其中部分美术馆会偶尔关闭，但是在本章旅游行程中所描述的部分以及青年艺术教育馆则会开放。

耶路撒冷模型及圣书之龛的航拍照片，由以色列博物馆提供。

![lion icon] **博物馆入口（参阅本册后面的地图）**

一旦你带上语言导览机并通过检票口，往前走大约 25 米，然后向左拐到主要街道，爬上三层楼梯之后再向右拐向圣书之龛和第二圣殿模型（朝着那个独具特色的白圆顶的方向）。在路上，你会看到你左边有一面黑色的墙，右边有一个白色的"圆顶"，但不要左顾右盼。只需要目光直视前方，直到走到那令人激动人心的景点旁再停住脚步。

{ ❶ 第二圣殿时期的
耶路撒冷模型 ★★★ }

>>>>>>>>>> - - - <<<<<<<<<<

耶路撒冷有"九分美景"

这是多么震撼人心的风景啊！你现在正位于从橄榄山山顶模拟圣殿山景色的地方。片刻之间，你会感到希律王的圣殿在你脚下，而其两侧则是正处于繁荣时期的耶路撒冷——当时的耶路撒冷面积有 445 英亩（1800 德南），比现在的老城区还要大两倍。一想到这个模型定格是在公元 66 年，人们就禁不住一阵心痛，因为正是在这一年爆发了犹太人大起义。四年之后，犹太圣殿就被焚毁了。

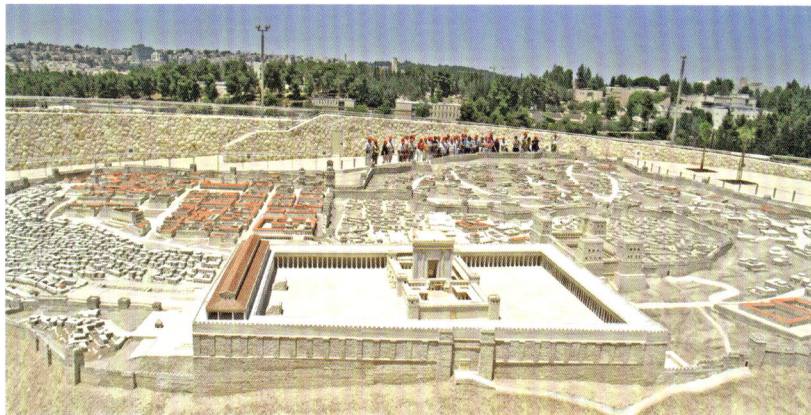

谁说学习历史就一定是无聊的呢？

圣地酒店（Holyland Hotel）的老板汉斯·柯罗克（Hans Kroch）为了纪念他那在以色列独立战争中阵亡的儿子雅各布（Jacob）而构想并资助了这个模型的建造。他将这项工程委托给以色列最著名的考古学家之一的迈克尔·阿维 – 尤纳赫（Michael Avi-Yonah）教授。那一年是 1962 年。当时耶路撒冷正处于分裂状态，而且事实上与这个模型有关的那些区域也还没有考古发掘。由于缺乏其他可供选择的资料，阿维 – 尤纳赫不得不依赖于诸如约瑟夫斯·弗拉维奥（Josephas Flavius）的著作《塔木德》《新约全书》之类的文学作品和历史资源。他还从希腊和罗马帝国的古代城市中激发灵感。在缺乏资料的地方，这位杰出的考古学家就会运用另外一个科学工具——想象。他在这项工程上辛苦劳作了四年，直到 1966 年在圣地酒店里为这个模型举行的开幕仪式。它是按照 1:2000 的比例建造的，因此耶路撒冷就被缩小到了四分之一英亩的尺寸，或者说是一德南。

考古艺术

当这个模型建成一年之后，耶路撒冷就解放了，连同它一起解放的还有那些失意的考古学家们。这些考古学家现在可以自由发掘他们内心所想要的东西。在这个模型建设期间所做的一些武断的结论有的得到了证实，而有的则被推翻了，还有一些无论如何也得不到证实。例如，尚未挖掘出阿维 – 尤纳赫用来建造公共建筑屋顶红瓦的碎片。一些历史学家认为这个模型所描述的那个时代里没有红瓦……怎么办？应当对这个模型进行修改吗？哦……由于这些瓦增加了这个模型整体外观的颜色和魅力，因此人们决定仍然让它保持原来的样子。另一方面，由本杰明·马萨尔教授在罗宾逊拱门（Robinson's Arch，这里是进入圣殿山的一个入口）主持的发掘活动所提供的证据表明，这个地方与阿维 – 尤纳赫所描绘的不一致。在此情况下，人们就对这个模型进行了更新和修正。因此该模型应当被视为历史考古重建与艺术叙述元素的结合。

从圣地酒店到以色列博物馆汽车旅馆……

岁月流逝，这个模型开发者的孙子，也是现在的圣地酒店老板希勒尔·切尔尼（Hillel Cherny）决定用房地产（"圣地公园"）取代这项资产。由于切尔尼想为这个模型找到一个新家，所以他就找到以色列博物馆馆长詹姆斯·施奈德（James Snyder），征求他关于这个模型安置地点的意见。施耐德就问他需要多大面积的土地，他回答说大约半英亩（2 德南）。在施奈德的办公室里，在办公桌对面的墙上有一张博物馆场地的航拍照片，在艺术公园边缘地带有一块 2 英亩（8 德南）的闲置土地。施奈德激动地站了起来，指着那块地方，说——"就这里"。

一座移动的城市

希勒尔·切尔尼并不是将这个模型凑合着重新安置在这个博物馆，而是捐赠了 350 万美元来完成这项工作。这个城市模型被分成 870 块，装到平板卡车上。然后被重新安置在新址上。这个地方被设计成看起来像是一个考古发掘场地。这项工作仅用了 66 天就完工了。66（1966）也是这个模型所描述的那一年。这个模型第一次开幕就是在 1966 年。是巧合抑或是命理天数呢？

拉里·艾布拉姆森（Larry Abramson），2006 年《重建耶路撒冷》，艺术家视频合辑。

以色列博物馆馆长詹姆斯·施奈德。

环绕锡安山

围绕耶路撒冷模型的观察点，其高度的设计模拟了耶路撒冷周边的地形：橄榄山、锡安山等。现在打开你的语音导览机，继续沿着螺旋形道路走下去，一直走到模型的底部。

谁说学习历史就一定是无聊的 II：电影

一旦你环绕这个模型，你就会走到那个位于拱道下大门后面的新礼堂那里。每 30 分钟，每个整点或半点就会放映一部强调第二圣殿晚期年轻人面临的困境的高质量电影。

不要错过它。如果你到来的时间不对或者人太拥挤了，那就稍晚一会再回来。周六或圣日不放映电影。电影是用希伯来语配音的，但是上面有英语字幕。你可以在礼堂入口处买到用西班牙语、法语或德语配音的耳机。

走出这个大厅之后，继续往前走到圣书之龛，它们位于同样的高度（不需要爬楼梯），但这时还不到进去的时候。因为里面的灯光很昏暗，你应当在入口处找到一个位子坐下，先读一读有关这个地方的内容。

❷ 圣书之龛
★★★
>>>>>>>>>>>>> － － － <<<<<<<<<<<<

卷轴－第一季

第一集：许多年前（1947 年），一个名叫穆罕默德·埃达－迪伯（Mohammed edh-Dhib）的贝都因（Bedouin）牧羊人打算在死海西北海岸附近放牧他的羊群。好像命运安排好了，他的一只羊在那里丢失了。当他寻找那只丢失的羊时，发现了一个山洞。这个牧羊人就拿了一块石头往山洞里扔，想把那只羊从山洞里赶出来。

第二集：没有听到羊叫的声音，相反，这个牧羊人却听到了陶器打破的声音。于是他就走进那个山洞看看到底发生了什么，结果他发现了十个罐子。让他失望的是，这些罐子里并没有金光闪闪的珠宝，只有一些破旧的羊皮纸。"不要紧"，

他想，"我将要把他带到补鞋匠那里，对于它们来说，也许他能够给我一些东西"。他不知道他拥有了一种与众不同的财富——这里有 2100 年历史的卷轴，其中包括现存的《以赛亚书》的最早的版本。

第一季结局：那个鞋匠对皮革的质量并没有留下深刻的印象，但由于知道一些文物的知识，就付给了这个牧羊人一些硬币，并开始寻找买主。希伯来大学教授苏肯尼克（Sukenik）得到传闻：一个伯利恒文物贩子正在出售三个古希伯来手稿。1947 年 11 月 29 日——正是这一天，联合国大会通过了历史性的决议案，宣布在以色列建立一个犹太人的国家——苏肯尼克买到了其中的两个卷轴。一个月之后又买到了第三个卷轴。他为此支付了 35 英镑。

发现卷轴的陶罐，由以色列博物馆提供。

卷轴 - 第二季

埃达 - 迪伯将那个山洞告诉了他的朋友们，他们返回那里找到了另外四个卷轴，包括《光明之子对战黑暗之子》(*The War of the Sons of Light Against the Sons of Darkness*）的卷轴和《以赛亚书》。这一次他们找到了叙利亚族长。即使这样，这位族长也没有意识到这些东西的重要性。他给那些人支付了 24 英镑——相当于今天的 100 美元。然后这位族长将这些卷轴的部分残片展示给了部分美国学者。他们向这位族长说明了这些东西的价值。他一旦意识到了他所拥有的这些宝贝的重要性，他就决定到海外去寻求财富。他移民到美国，并利用他的身份将这些卷轴偷运出这个国家。然而起初他却很失望。即使人们对这些卷轴表现出很大的兴趣，但是由于人们怀疑它的合法性而没有买主。

六年过去了，苏肯尼克教授的儿子伊格尔·雅丁（Yigael Yadin）教授（他曾是以色列国防军第二任总参谋长）于 1954 年来到了纽约。一个美国记者将他的注意力吸引到《华尔街日报》(*Wall Street Journal*）的一条小分类广告上：

四份死海古卷

这里有四份死海古卷：它们是可以追溯到公元前 200 年的《圣经》手稿，待售。这将是以个人身份或团体身份赠送给教育机构或宗教机构的理想礼物。

这个广告还包括一个邮政编码。雅丁就要求这位记者对这件事保密，然后迅速组织了一组谈判人员来购买这些卷轴。谈判以 25 万美元的价格达成，这些卷轴就这样被赎回然后回到了以色列的。这些钱大多数是由慈善家塞缪尔·戈茨曼（Samuel Gottesman）资助的，而他的孩子们则建造了这个神龛来放置这些卷轴以纪念他们的父亲。

伊格尔·雅丁教授破译死海古卷。

极速前进 - 第三季

寻找更多卷轴的比赛已经启动。沿着 1 号线继续前进的是那些得到以色列国防军（IDF）帮助的考古学家。与其紧挨着的 2 号线上的是贝都因人，他们已知晓在他们的山洞里充斥着大量价值连城的卷轴遗留物。共确定了 11 个宝藏洞窟——考古学家确定的是 6 个，而贝都因人确定的是 5 个。由于在以色列和世界范围内对真正的卷轴有着持续性的需求，因此贝都因人发现的那些山洞就被劫掠了。

那么卷轴里有什么呢？

· 在库兰（Qumran）地区的山洞里发现的成千上万的残片，属于大约 950 个手稿。其中包括大约 350 个虚构作品。大多数卷轴用希伯来语写作的，一小部分用的是阿拉伯语或希腊语。

· 这些卷轴中有三分之一的作品是《圣经》的抄本［没有《以斯帖记》(*Book of Esther*）和《尼希米记》(*Book of Nehemiah*）］。

· 另有三分之一是伪卷轴——它们是准《圣经》。正如我们所知，它们并不是《希伯来圣经》的组成部分。

· 最后那三分之一则包含一些教派卷轴，告诉我们犹甸沙漠教派的生活方式及其信仰。

这些卷轴有什么特别之处？

在 20 世纪，有关我们今天所知道的《圣经》是否与古代所书写的《圣经》一致的问题就已经产生了。部分学者声称，为了与基督的启示相一致，《圣经》已发生了一定的变化；而其他一些人则认为任何能证明其存在性的证据都被删除了。这些卷轴提供了决定性的证据，它们表明我们所知道的《圣经》，2000 多年以来都没有发生过变化！

那些伪造的卷轴则为历史学家和考古学家提供了第二圣殿时期人们的习俗和心理状态记录，极其罕见。这是以色列历史上最具轰动性的发现之一。这些年里，就以色列土地的丢失以及基督教的诞生，在不同的教派之间就发生了激烈的争论。

这些手稿属于谁？

它们属于法利赛人（Pharisees）。不对，难道属于撒都该人（Sadducees）？严格地说，你错了：这些卷轴由古代基督徒抄写。也许这些卷轴实际上属于圣殿图书馆吧？随着山洞——听起来可能有些奇怪，这些地方是西方世界最古老的修道院，而且也是一个犹太修道院——附近库兰废墟的发现，所有这些在卷轴发现之时产生的假说都被推翻了。大多数研究者认为这里居住着艾赛尼派，他们也被称为犹甸沙漠教派，而这些卷轴就属于他们。艾赛尼派是一个奉行禁欲主义的犹太教派，其成员远离妇女，没有私人财产，并生活在互助集体社团中。艾赛尼派对基督教的创始人产生了深远影响，尤其是对圣保罗和施洗约翰。有人就认为耶稣本人也是这个教派的一名成员。

罐子盖子的下面，由以色列博物馆提供。拍摄者：阿维·奥哈永，1995 年，由政府新闻办公室提供。

《以赛亚书》古卷的残片，由以色列博物馆提供。

光明与黑暗之子

关于这个建筑

　　圣书之龛的设计者是犹太裔美国建筑师阿曼德·巴托斯（Armand Bartos）和弗雷德里克·基斯勒（Frederick Kiesler），毫无疑问，他们设计了一栋极美的建筑性雕塑：那个白色混凝土圆顶，四周是喷泉的雕塑形状就像发现卷轴的那些陶罐的盖子。展览厅就在这个圆顶的下面，位于地面之下，象征着这些卷轴就藏在地底下。一面竖立放置的黑色长

方形花岗岩墙与这个白色的圆形穹顶形成了鲜明的对比。这两种元素暗示了"光明之子"的精神世界（正如各种宗派主义者对自己的称呼）与"黑暗之子"的精神世界（对其他人的称呼）之间的紧张关系。尽管这些很醒目地并列放置在一起恰当地反映了犹甸沙漠宗教派别极端的倾向，但它也令人回忆起以色列人们从流亡到复兴的历史。喷到圆顶上的水并没有什么象征意义。这仅仅是为了防

进入圣书之龛的时间到了。

止白色瓷砖和黏合剂之间黏合失效……

　　首先你要穿过一个洞穴状的走廊，其展示墙描绘了犹甸沙漠教派的社区生活。这条走廊通向一个给人以深刻印象的展示厅。走向中间的那个陈列品，其顶部的设计看起来

就像是托拉卷轴的手柄。透过窗口，你可以看到《以赛亚书》古卷的复制品。这个卷轴本身一度被放置在那里，而那个展柜就是防止出现紧急情况的方式来设计的。一旦出现紧急情况，这个展柜就会往下沉，而卷轴就会得到保护。当发现重力的作用会给垂直展示的卷轴带来损坏时，这个卷轴就被一个仿制品所取代，同时在这个展示厅周围用小的展示柜来陈列卷轴残片的真品。为了更好地保护它们，每隔几个月，这些都要被替换掉。

> 一旦你结束了这一层（你抬头看天花板了吗？）的参观，你就走到更低的一层，然后向右拐。

下面的那一层拥有更为年轻的《圣经》，它们仅是 1000 岁的孩子，名字叫《阿勒颇法典》（*Aleppo Codex*），现在在希伯来语中被称为科特·阿兰姆·措瓦（Keter Aram Zova），（"阿勒颇的王冠"和"小皇冠"）。这些墙壁讲述了《阿勒颇法典》引人入胜的编年史，我们建议你有时间就把它们都通读一遍。对于那些赶时间的人来说，这里有一个简要的总结：

"大王冠"

《阿勒颇法典》是已知最早的希伯来语手抄本。正如我们所知的，它包括完整的《圣经》文本。人们认为它是最权威、准确的原始资料。由于这个手稿可能是迈蒙尼德（他是犹太历史上最重要的一位拉比仲裁者和哲学家）使用过的那本，因此它获得了特殊的地位。当时迈蒙尼德正制定律法卷轴写作的有关原则。

这顶"王冠"创作于一千多年前的提比利亚（Tiberias）。在 11 世纪后期，它被偷走并被带到了埃及。在那里，它被开罗的犹太团体赎了回来。为了对它妥善保管，这个"王冠"又在 14 世纪晚期传给了叙利亚阿勒颇的犹太团体。在 1947 年 12 月反犹暴乱期间（因为当时联合国决议成立一个以色列国家），这个"王冠"被损坏了。它又流亡了 9 年，之后被装进了一个洗衣机偷偷运到了以色列。

原来的 487 页仅保留下来了 295 页。那些丢失的书页在哪里呢？它们是不是毁于 1947 年 12 月反犹暴乱的大火中？学术研究上找不到依据。这些书页被偷走并被作为护身符卖掉吗？

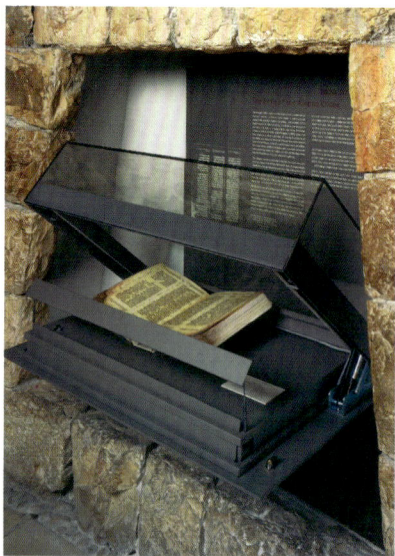

风干的《阿勒颇法典》。由以色列博物馆提供。

1987 年，在耶路撒冷基尔亚特摩西（Kiryat Moshe）社区的一个阁楼里发现了一本 19 世纪的《圣经》，在其页面边缘处有手写笔记，其内容涉及《圣经》与那个"王冠"的不同之处。这些修正是按照"王冠"原件进行验证的，并且人们发现它是完全准确的。因此，人们就找到了可能重建"王冠"完整版本的原始资料，而巴伊兰大学（Bar-Ilan University）正计划出版以"王冠"为基础的完整版的《圣经》。想知道得更多吗？那就试着上一下这个网站吧：www.aleppocodex.org。

从圣书之龛到艺术花园（Art Garden）

走出圣书之龛，向右拐，然后向左拐，再向右拐，回到主干道上来。你会在拐角处看到：

{ ❸ 奥古斯特·罗丹（Auguste Rodin，1840—1917 年）《亚当》（1880 年）★★★ }

>>>>>>>>>>> ---- <<<<<<<<<<<

19 世纪最著名、最杰出和最富有才华的雕塑家并不是在体制化的教育系统中成长起来的。罗丹恢复了雕塑艺术在过去几个世纪里失去的荣誉。在那些日子里，雕塑仅仅是政客和建筑师手中的工具而已，被美术学院拒之门外。为了谋生，他不得不当了一名室内装潢师。他一直干到 23 岁，这一年他所挚爱的姐姐去世了。在巨大的痛苦中，他暂时加入了一个天主教的修道院。艺术界当时即将失去一位我们今天认为是与米开朗基罗（Michelangelo）地位同等重要的雕塑家。幸运的是，这个修道院的院长彼得·朱利安·埃玛尔（Peter Julian Eymard）神父在罗丹为他创作了一件雕像之后就意识到了这位年轻的实习生的才华。在他的建议下，罗丹离开了这个修道院，并娶妻生子。为了养家，他当了一名雕刻师，并在夜间进行雕刻。

在他的雕塑作品《青铜时代》（The Age of Bronze）所引起的争论过去之后，他就获得了认可。他所创造的那个人体塑像显得如此逼真，以至于有人指责他是用人体浇铸而成的。当人们弄清楚这些指控是毫无根据的时候，带来名誉和荣耀的赞美之词就取代了那些抗议的声音。法国政府买下了这个雕塑，并且还委任他为一个装饰艺术博物馆（这个博物馆从未建成）创作入口大门。这一年是 1880 年，罗丹估计他能在三年之内完成这个大门。在他生命的最后阶段，他定期地做这个项目，但他实际上从来没有把它完成。

受到 13 世纪史诗诗人但丁·阿利基耶里（Dante Alighieri）创作的《神曲》（The Divine Comedy）的启发，罗丹选择将这个大门设计成描述"地狱之门"的浮雕。《地狱之门》（The Gates of Hell）包括不少于 186 个人物，其中就包括他的一些最出名的雕塑，例如《吻》（The Kiss）和《思想者》（The Thinker）。在这些门的顶部他建造了对地狱诞生负责的原罪之人亚当的三个复制品。

这个大门被认为是有史以来最精美的艺术作品。你只需在 WizeGuide 导游的带领下到巴黎旅行并参观罗丹博物馆（Rodin Museum）或者奥赛博物馆（Musée d'Orsay）即可……

这尊"亚当"起初被创作成一个独立的、与真人等同尺寸的塑像。罗丹在访问意大利时熟悉了米开朗基罗的作品，在这尊雕像中，米开朗基罗的影响是显而易见的。亚当的脸是受到了米开朗基罗那杰出的雕塑《大卫》的影响。注意看亚当右手伸出的那根手指，它就与罗马西斯廷教堂（Sistine Chapel）天花板上的那幅《上帝创造亚当》（The Creation of Adam）的壁画中上帝的手指很类似。这尊雕塑的左手是受到了米开朗基罗《哀悼基督》（Michelangelo's Pietà）中死去基督垂下来的手的启发。当时死去的基督从十字架上被移下来后，躺在圣母的怀中。因此，这尊塑像的手象征着死亡（死去基督的那只手）和生命（《上帝创造亚当》中赋予生命的那只上帝的手）。死亡的那一面瘫倒下来，而生命的那一面则等到这神的救恩。两只手都连接到一个拥有完美肌肉的身体之上（罗丹选择了一个在马戏团工作的铁人作为他的模特）；然而，没有了神的保护，他就是一个没有生命的空壳。罗丹就将这个在上帝眼中已失去天恩的"亚当"躯体，放置在了《地狱之门》的前面。

米开朗基罗在罗马西斯廷教堂作品《上帝创造亚当》。

米开朗基罗在罗马圣彼得大教堂中的作品《哀悼基督》。

再往上爬一点，你就会见到一个女人，她的苹果成了我们正经受的痛苦的根源……

❹ 亚历山大·阿尔基边克（Alexander Archipenko，1887—1964 年）"梳理头发的女人"（1915 年）

>>>>>>>>>>----<<<<<<<<<<<

这尊半色情的雕塑由一位乌克兰艺术家阿尔基边克设计。当他长大之后，决定做与众不同的事情，并且还在巴黎、柏林和纽约建立了艺术学校。他也成了全美国艺术学院的明星讲师。那么，你也许会问，他所教的内容都是在哪里学的呢？他是在那些他经常光顾的艺术圣地——博物馆和教堂里学的。他在他的故乡基辅（Kiev）市是这么做的，他在莫斯科生活的两年期间也是这么做的，随后他又来到了巴黎的卢浮宫。他观察了之前别人所创作的作品。当他开始雕刻之时，他就将古典和现代融合在了一起。

首先，阿尔基边克以因雕塑中开创性地使用立体主义图形而闻名——即用我们曾经在几何课上学过的诸如立方体、球体和椎体等几何线条和图形来描绘物体。此外，他是第一个开创性地在使用拱形和凹痕的同时又将孔和洞引入到他的雕塑中的艺术家。所有这些东西是如何在这尊雕塑中体现的呢？继续往下看：

· 古典的影响——体现在这个女人双腿端庄的姿态上：肩膀和胳膊扭转，偏离躯干正轴，与臀部和腿不处在同一平面上，用一条腿支撑身体重量。这些都起源于古希腊。

· 立体主义——体现在其双腿几何图形的轮廓上以及像球体一样的右侧乳房上。

· 非自然的拱形与凹痕的运用——体现在其手和臀部。

· 空洞的运用——头部就是。他以只有通过观众的眼睛才能最终完成这个情景的方式达到这个效果。

· 就这个女人有趣的部分来说……不，这部分不是其笑容或眼睛。找一下阿尔基边克是在哪里将立体主义的形状结合在一起的——一边是一个球体，另一边则是演变成头发并与凹痕合二为一的手——然后你就能找到答案了。

我们看了亚当和夏娃。现在继续往上爬，在你左边，你会看到那个被偷走的苹果。

❺ 克拉斯·欧登伯格（Claes Oldenburg，生于 1929 年）和库斯杰·范·布鲁根（Coosje van Bruggen，生于 1942 年）《苹果核》（1992 年）

>>>>>>>>>>>------<<<<<<<<<<<<

惊喜：一个砾石和混凝土建成的花园里，在所有那些无色的金属和石头雕塑中竟然立着一个色彩鲜艳的、多半是被吃掉的苹果的塑像，并且已经按照奇怪的比例被放大了。

乍一看，它就像一个多彩的游行队伍留下来的残渣。当时这里发生了什么呢？是什么让一个瑞典人和一个荷兰女人将一个嚼碎的苹果扔到了野口勇（Isamu Noguchi）那著名的艺术花园？

好吧，事实上这是这个花园里最著名，最为重要的雕塑之一。欧登伯格（Oldenburg）是波普艺术运动的创始人之一。他那令人着迷的雕塑品都在诸如纽约的古根海姆博物馆（Guggenheim Museum）和巴黎的拉维莱特公园（Parc de la Villette）展出。他之所以要将这个雕塑作品放在这里，可能是为了故意挑战这里贫瘠的环境并打破这些艺术作品与它们所处的环境之间的障碍。他艺术上的伙伴库斯杰·范·布鲁根，将雕刻软材料（例如使用不锈钢芯）的秘密教给他，同时赢得他的心并成为他的妻子。在参观了以色列博物馆艺术花园后，他们特意奇的地方，这里靠近对他们来说象征城市的混凝土墙。

注意看，那苹果皮已经显示出腐烂的迹象。欧登伯格常常用他的作品来表达美国的粗俗，这也是他将一些诸如汉堡包、烤马铃薯、脆皮甜筒等物品放大到巨大尺寸的原因。他想借以批判消费主义和无节制的文化，并且还经常将那些来自曼哈顿贫民窟的"粗俗文化"作为素材加以运用。现在让我们回到苹果这里，回到欧登伯格的生活方式，你可能会推测他想描绘纽约——一个巨大的、腐烂的苹果，或者他已在 1992 年就向以色列人发出了警告：他们已经吃了太多的苹果了，可能会与美国有相似的命运吧？

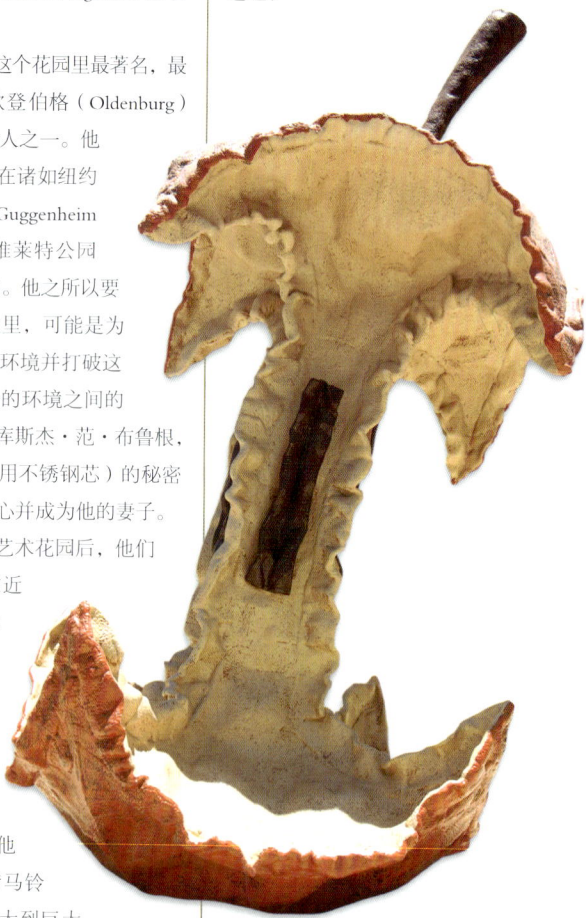

再加把油，你会到达以色列博物馆地面上的最高处。努力是值得的。哦，真的是这样吗？

❻ 阿尼什·卡普尔（Anish Kapoor，生于 1954 年）
《颠倒世界》（2010 年）★★

>>>>>>>>>>>－－－－<<<<<<<<<<<

阿尼什·卡普尔出生于印度孟买。他的母亲是犹太人，这使他能够移民到以色列。"我 18 岁就来到了加恩·什穆埃尔基布兹（Kibbutz Gan Shmuel，以色列的集体农场）"，他说，"我用了半年时间来学习希伯来语，大多数时间我都是同鸭子们工作在一起"。他在这个集体农庄第一次尝试着去做雕刻。"我说我想进行艺术创作，然后他们就给了我一间画室。我每天都在那里工作，并且决定了这就是我想要做的事情。我向耶路撒冷的比撒列艺术学院提出申请，但是他们拒绝了我，因此我就离开了那里去了伦敦。"

卡普尔于 1973 年到达了伦敦，在那里他被一流的艺术设计学院所接受。他很快就获得了成功。"我首次展出的作品在头三分钟就销售一空"，他说，"我回到了那个画室，在两年半的时间里几乎什么都没做"。

嗯，从那以后，他回归了自我……卡普尔被公认为是世界上最杰出的艺术家之一。他的雕塑作品《云门》（Cloud Gate）是一个由不锈钢制作的巨大的"豆子"，它已成了芝加哥市的象征。在伦敦，他于 2012 年设计了奥林匹克体育场附近的观光塔。他为纽约的洛克菲勒中心（Rockefeller Center）设计了《天镜》（Sky Mirror）。

为了纪念以色列博物馆在 2010 年的重新开放，他设计了这个巨大的沙漏。要体验一下，你就要围绕着它走，走近或离远，同时想着它的名字：《颠倒世界》。天上的耶路撒冷就会变成世上的耶路撒冷，反之亦然。

当这件艺术品最初引进时，它的周围安装上了护栏，还派了一个守卫守护，以确保没有人触摸这个抛光金属并在上面留下指纹。事实证明，不定期地擦净人们留下的指纹，这样做的成本更低……

博物馆为这件精美的艺术品花费了八百万美元。这让我们做出如下思考：如果允许这位艺术家在以色列学习，那么他们可能会给他开最低的工资……

如果你往下朝着那个"苹果雕塑"走回去，并向右拐，你会看到一个自助餐厅、空调系统和盥洗室。如果你在站立之处（对面就是主要的一段楼梯通道）往左拐，你会看到那些能将你带到雕塑花园的阶梯。不管怎样，你都能够在此时此刻找到一个角落，在那里读一读有关这个花园的历史。

◀ 比利·罗斯艺术花园 ★★ ▶

一个艺术重地

比利·罗斯（Billy Rose，1889—1966 年）是个不同寻常的人：他公开宣称自己是个沉迷女色的人，至少结过五次婚；他是纽约一些大夜总会的老板；他是一个多才的歌曲创作人；他还是有史以来百老汇最知名的一位制片人。正是他发现了吉恩·凯利（Gene Kelly，音乐剧《雨中曲》中的明星）和约翰尼·维斯穆勒（Johnny Weissmuller）。自从他说过"你不应当把你的钱投资到任何吃的或需要修理的东西上"之后，他就将他挣到的钱投资在了艺术品领域。然而命运弄人，在1956 年，那座存放他最珍贵艺术品的房子着火了，他的收藏品都被火焰吞噬……然而，像比利·罗斯这样的人是不会被吓倒的。他转而投资那些不会着火的雕塑作品……

他们可以将他们的雕塑品铸成宝剑……

正是世界犹太复国主义组织（World Zionist Organization）的主席纳胡姆·古德曼（Nahum Goldmann）建议他将他的一些藏品捐赠给以色列的。原名叫塞缪尔·罗森伯格（Samuel Rosenberg）的比利·罗斯也很热心于这个主意。但他的协议是有条件的，即：陈列那些雕塑的花园要在设计师野口勇（1904—1988 年）的帮助下进行设计和建造。这个博物馆也收到了一个名叫赫胥豪恩（Hirshhorn）的知名收藏家具有竞争性的提议，但是，罗斯——一个优秀的商人——用一句话赢得了这场争执："如果你在战争中，你随时都可以将那些雕塑熔化掉并把它们变成大炮……"

雕塑花园

野口勇被认为是一个富有创造力的雕塑家，也是一个才华出众的舞台设计师。他甚至还设计了适合大批量生产的灯具和家具。但是，他最出名的还是设计了那些雕塑花园，尤其是纽约市大通曼哈顿银行（Chase Manhattan Bank）前面的低洼园和巴黎市联合国教科文组织总部（UNESCO Headquarters）的花园。他所设计的这些花园的哪一点使他一跃成名呢？他设计了这些花园，就好像它们本身就是雕塑作品一样。他把它们称作雕塑花园。

仿中东的日本式和谐

为了给以色列博物馆创作这个面积达 5 英亩（16 德南）的"雕塑"，野口勇运用了戏剧性的对比手法。这在日本文化中被称作有机结合：自然与人造，粗糙与平滑，几何线条伴之以流动的轮廓。他使用人造石材混凝土和耶路撒冷的天然石材。他使用简单的本地植被，并且用从日本进口的精美砂砾铺路。这个花园以其所拥有的五个新月形露台而独具特色，露台是应雕塑花园设计边坡的需要而形成的。以装点这个国家的考古土丘。

野口勇在他的创作中不使用色彩，即使是他选择的那些植被（迷迭香树丛和杏树、松树和橄榄树）也仅仅是绿色和褐色。作为他的一件雕塑品，他不想让这个花园拥有任何的照明设施或长凳——毕竟，从什么时候起雕塑会包括照明设施或长凳呢？著名的百老汇导演比利·罗斯，曾建造了一个能容纳 200 名泳者表演的浮动露天剧场，想让他的花园更有魅力。这两人吵得不可开交。每天都会产生新的危机。比利·罗斯（他倾向于采取咒骂语来代替标点符号）常常宣称他认输，然后就宣称要回美国去。而泰迪·科莱克（Jeddy Kollek）则会坐出租车去追他，并把他从机场带回来……野口勇那低调而坚定的日本人行为方式最终赢得了胜利；他也使用了一些长凳，但是这些看起来就像为修道士或者日本武士设计的……

这个花园里还有什么？

还有雕塑。这些是由 19 世纪晚期到当代著名的雕塑家们创作的作品。这是令人难以置信的最上等的收藏品。很难理解这个博物馆的支持者和馆长们是如何吸引出色的艺术家们，他们的作品在世界上最受人尊敬的博物馆里是重点部分。这个花园的百年雕刻所代表的可能就是艺术史上最令人神魂颠倒的一段时期——在艺术创作和表现领域中发生巨大变革的时期。之所以要用"剧变"这个词主要是因为，在许多世纪里艺术家都受制于古典风格条条框框的束缚，之后他们才最终意识到任何一个重要的艺术家（至少在西方世界）的梦想就是要有独创性。我们在这里选择描述探索女性形态的几件雕塑——罗丹创作的两件雕塑，两件波普艺术雕塑和由野口勇捐赠给这个花园的一件雕塑。

❼ 野口勇（1904—1988年）
《水源雕塑》（1965年）

>>>>>>>>>>>>>——————<<<<<<<<<<<<<<

这个花园的设计者野口勇将他独创的一个雕塑捐赠给了这个博物馆。尽管我们可能把他描述成一个安详的人，但我们从没有说过他是一个谦逊的人。他将他的雕塑安置在这个花园的最高处，为了防止遮挡他的艺术品，他甚至还要求将亨利·摩尔（Henry Moore）的雕塑作品移到旁边去。

就这件作品来说，石头是日本花园的关键元素，象征着时间和历史。野口勇在这里用了两种类型的石头：白垩石和花岗岩。他将耶路撒冷白垩石覆盖到这块高地上，并在白垩石上面放上红色的花岗岩。这块花岗岩凿自内盖夫沙漠（Negev desert，位于以色列南部）所罗门王矿山，上面还留下了明显的凿痕。他在这块花岗岩的上面做了两个水池，泉水从这两个水池中涌出。据禅宗（Zen）教义所说，毗邻的对立双方会产生平衡与和谐。野口勇将水、人工凿线、平滑的水池与粗糙的岩石结合在一起，创造出这样的对立双方。因此，他创作出了一个能表达自然和人工之间差别和融合的雕塑作品。

野口勇将他的作品描述为一个时代（现代的时代）在向另一个时代（历史上的耶路撒冷时代）打手势。我们感觉这里肯定隐藏有更多的禅宗象征意义，但是我们年幼的儿子却认为它就是可饮用的泉水……

从高地上下来，围绕着它的左侧走。它的下面隐藏着一名受伤的战士。

❽ 安托万·布尔代勒（Antoine Bourdelle，1861—1929年）《蒙托邦伟大的战士》（1902年）

>>>>>>>>>>>－－－＜＜＜＜＜＜＜＜＜

布尔代勒出生在法国南部的蒙托邦。在24岁时他又迁到了巴黎，在那里，他开始在

美术学校（cole des Beaux-Arts）里学习并成为罗丹的一名助手。在获得高度认可之后，他接受了来自他家乡的第一次重要的公开邀请：献给1870—1871年普法战争期间阵亡士兵的纪念碑。这场战争以法国的大败而结束，法国被迫将阿尔萨斯—洛林地区的统治权转让给德国，同时还要支付沉重的赔款。这些投降条款激起来人们的怨恨，并成为第一次世界大战的主要原因之一。

布尔代勒被认为是20世纪最重要的纪念碑创作者之一，并且还强调持续性的战争。他创作了一组由几个人物组成的雕塑，并给它取名为《蒙托邦死难者纪念碑》（Monument aux Morts de Montauban）。

蒙托邦的人们并不喜欢这个雕像。他们拒绝把它放置到中心位置，并把它从一个地方移到另一个地方。只是在罗丹的保护之

下，它才免于破坏。完整的雕塑仅仅被铸造过一次，因为原有的磨具在很大程度上都被破坏了，可能他只能去重新铸造上面这个战士的形象。

这位艺术家如何思考战争？这里有一些线索：手边这尊塑像失去了双腿。那把剑也坏了。他的左手看起来好像阻挡跟随他而来的士兵。他的面部表情是死亡的表情，而这在他的身体上并不明显。

最初的完整塑像。
1870年蒙托邦死难者纪念碑。
照片由兰拉丢勒（Langladure）在2008年拍摄于蒙托邦。

背朝野口勇高地，向左拐。

{ **❾ 阿里斯蒂德·马约尔（Arlstide Maillol，1861—1944 年）**
《被锁链锁住的行动——布朗基纪念碑》（1907 年） }

>>>>>>>>>>>>----<<<<<<<<<<<<

假定一个知名的法国革命人物（男性）的老乡委托你为了纪念他而创作一个纪念碑，你会想到以下这些东西吗？一个有粗壮大腿、肌肉发达的背部、英俊的男性脸庞的完全裸露的女性的身体？结果表明皮热泰涅尔镇的居民们从来都没有想过有这样的塑像。他们拒绝为这个纪念碑举行开幕典礼，多年来，人们继续争论，它从一个地方不断地前往另一个地方。嗯，当时的情景也是情有可原的。这是马约尔第一次接受社会工作。他在 40 岁以前是个壁毯设计师和织工。视力开始衰退之后，他才开始从事雕塑创作……

这个纪念碑是为了纪念那个法国革命时期的社会主义者路易斯-奥古斯特·布朗基（Louis-Auguste Blanqui）而创作的。布朗基反对法兰西第三共和国的资产阶级政权（拿破仑三世统治时期），并且为建立社会主义民主政权而奋斗。正如你所能想象的，他并没有完全推翻当局，而在监狱中度过了三十五年。现在你对马约尔想要纪念的那个历史人物有了一定的了解，那么要理解这个雕塑就显得容易些了：

· 为什么马约尔选择了一个女性的身体？因为罗马—希腊文化将女性的体型视为胜利的象征，因此这位艺术家用她来象征着政治斗争的胜利。换句话说，他用一个女人来描绘男人并把她作为胜利的象征。

· 为什么她的双手被绑着呢？这是为了象征布朗基在监狱里度过的那些岁月。

· 身体的姿势——迈步向前并试图打破束缚其双手的枷锁。这当然象征着布朗基所作的斗争。

· 裸体又象征了什么呢？它大概反映了斗争的纯洁性——可以这么说，你看到的就是你得到的。这是马约尔的特别之处，几乎他所有的雕塑都是在探索女性的形态。

· 这个人物凝视的目光使观察者们环绕这个塑像，并因此吸收合并了阳刚之气和阴柔之气、年轻与成熟、抗争与服从。这些都使她成为了为人类自由而奋斗的通用符号。

一直往前走，并保持博物馆建筑在你的左侧。

{ ⑩ 罗克士·潘尼（Roxy Paine，1966 年）
《倒置》（2008 年） }

>>>>>>>>>>> – – – – <<<<<<<<<<<<

是什么导致潘尼用工业管道设计了一棵树的人造骨架，上面还没有一片树叶？潘尼说他的目的是激励人们去思考科学技术对大自然的入侵。他甚至在瑞典的一个森林里"种"下了他的第一棵"树"。

为了创作他的"树"，他不得不去弄明白那些建筑模块，并用这些建筑模块来定义那种无视规则的物体。他当时正在寻求一种将有机体转化为工业产品的途径。他使用了不同直径的管子，将这些管子弄弯并焊接在一起，创作了一种令人兴奋且具有挑战性的艺术品。

他在耶路撒冷建造的这个雕塑使用了7000 个抛光不锈钢钢管。它看起来像是被连根拔起的，并且上下颠倒地放置在那里。这里有什么政治暗示吗？

有一个参观者评论道："其外表既浪漫又反浪漫。"这位艺术家回复说他是一个铁杆的反浪漫人士。"我的目的就是要表现有机体与人类强加于其上的秩序之间的张力。"

你还能在哪里看到潘尼创作的其他作品呢？在纽约的现代艺术博物馆（MoMA）和惠特尼（Whitney）博物馆以及华盛顿的赫胥豪恩（Hirshhorn）博物馆。然后就是在瑞士和瑞典。

★ 折返回来，然后沿着平行于右边建筑物的路走。
★ 当你到达了以前曾到过的野口勇高地时，转向左前方。

❶ 亨利·摩尔（Henry Moore，1898—1986 年）
《三件雕塑：脊椎》（1968—1969 年）

如果亨利·摩尔现在就站在你的身边，而你请他解释这件雕塑，他可能不会这样做。他习惯说"所有的艺术都有一定的神秘性，都应该对观众提出一些要求"。亨利·摩尔希望你能够从各个角度来观看这个雕塑，并绞尽脑汁思考这个艺术家心里的想法。

那么你有没有从各个角度观看这个雕塑呢？你有没有绞尽脑汁去思考呢？如果你这么做了，那么在破译谜底方面你或多或少领悟了一些，即：摩尔这件艺术作品的灵感来自于人类躯体的骨骼，或者更确切地说，来自于脚骨中的大关节。骨骼通常组成骨架的静态结构，但是摩尔已经将它们转变成了活的、流动性的生物。当你围绕它们时，你会感到它们正在展开和变形——几乎是流体的。尽管它们不能感动人，但它们确实跟你进行对话。喷漆抛光的表面优美圆滑，实际上恳求你对它们进行爱抚。我们说了爱抚吗？这个不为人知的秘密就是：这个雕塑事

实上是一个色情活动，是对女性迷人身体凹凸有致的线条的抽象。而纵观亨利·摩尔的一生，他都热衷于在他的雕塑《斜倚人物》（Reclining Figure）中描绘女性的身体。摩尔声称雕塑与绘画相比有一个优点：雕塑是三维的。确实如此。你从不同的角度欣赏他的作品，你就会发现很多惊喜。所以，现在你拥有我们给出的有趣解释，再围绕它走一圈吧……

摩尔是 20 世纪最受欢迎的雕塑家之一，因为他的雕塑的规格尺寸特别适合公共空间。他那能满足大规模订单的能力，使他成为一个非常富有的——尽管商业化——艺术家。他在庄园的院子里建立了生产线，他的助手们在那里做了大部分的工作。顺便提一下，在耶路撒冷的复制品是摩尔参观这个博物馆时捐赠的。据我们所知，在这个世界上，这个雕塑只有三个铸造品。

继续往前走走到附近的一个露台处，在那里你会发现人们是否可以从爱中赚钱。

⑫ 罗伯特·印第安纳（Robert Indiana，生于 1928 年）《艾哈佛》（Ahava，希伯来语中"爱"的意思，1977 年）

>>>>>>>>>>> – – – – <<<<<<<<<<<

17 岁时，罗伯特就在不少于 21 个不同的家庭里生活过。这就意味着他与 21 个不同名字的街道和 21 个门牌号码有关！一旦他长大并成为一名艺术家之后，他就将这个梦魇般的经历变成了他作品中的一个关键的主题。他所有的雕塑、绘画和插画都是以字母与数字为中心的。难怪他自称为"广告牌绘制者"……

以其他名字命名的贺卡

1964 年，纽约的现代艺术博物馆委托罗伯特·印第安纳设计一张圣诞贺卡。印第安纳就用单词"LOVE"创作了一个小图片。一旦你想起当时是摇摆的六十年代（Swinging Sixties），花童和自由恋爱统治着人们的思想，你就会理解为何这张卡片能成为有史以来最流行的卡片。印第安纳继续为这个单词创作了不同的图案，他甚至还被人们称为"爱先生"。他的这些设计被商业化运用于数以百万计的海报、珠宝、衬衫、钥匙链和其他诸如此类的东西中。也许有人会认为印第安纳一定赚大钱了。哎，实际上并没有。当他想为这个主意申请专利时，他却被告知不能为一个单词申请专利的。即使当美国邮政署委托他为 1973 年圣诞节设计一张"LOVE"邮票时，他也仅仅从这项工作中获得 1000 美元的报酬。顺便说一句，邮政署出售了多达 3 亿 3 千万张邮票……

波普艺术 60 秒

印第安纳的设计属于被称作波普艺术的艺术流派。这个艺术运动使用从诸如传媒、广告、流行音乐和漫画书等流行文化中提取的和主题。波普艺术使用了常见的图标和图形，并且还通过复制或者扩大它们来进行巧妙处理。有时候，这些艺术品还嘲弄或者批判这个富裕的社会。这种趋势起源于美国。而欧洲人最初把它视为一种粗俗的艺术形式。这一点也不令人感到奇怪……

爱（LOVE）——希伯来语版本

"爱"在希伯来语中对应的词是"AHAVA"，这个词也由这位艺术家专门为以色列博物馆进行了设计。与他平常的风格不同的是，这一次印第安纳没有使用鲜明的颜色。这既是出于对花园颜色的考虑（实际上它们并不存在），也是因为这个雕塑的位置使人们透过这些字母来凝视天空成为可能。

这个角度也暗示这天空与大地的联姻——因为有爱。

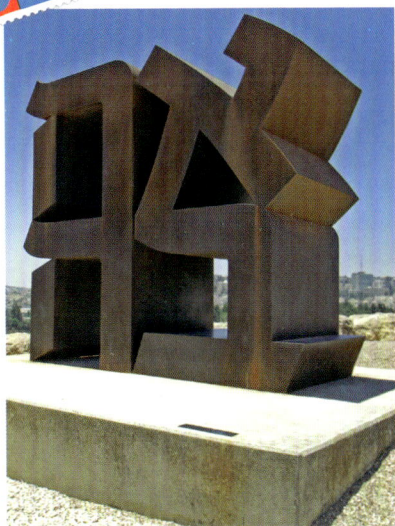

告别《爱》的雕塑，转身背对它，然后再转向树立在这个院子中心的那个雕塑。

⓭ 巴勃罗·毕加索（Pablo Picasso，1881—1973 年）《侧面像》（1967 年）

>>>>>>>>>>>>－－－<<<<<<<<<<<<

毕加索可能就是 20 世纪最伟大的艺术家了。他也被认为是有史以来最多才多艺和多产的艺术家，拥有 13500 幅绘画、2500 幅版画、1000 个不同类型的陶瓷和不少于 700 件雕塑。他总是力求创新并给人带来惊喜。例如，在他的绘画中，他创造了一种在二维平面的画布上描绘三维空间的"雕塑风格"。他将脸与背部、人物的外表与脏腑画在同一面画布上。你正在观看的这尊雕塑，其特点就是将二维的板材相连以形成一个三维的雕塑。

《侧面像》（Profile）是"折叠雕塑"系列中的一件作品，这件作品起初是毕加索用硬纸板剪出来的，后来用金属铸造。1965 年他从挪威艺术家卡尔·奈沙赫（Carl Nesjar）那里学习铸性混凝土雕塑的技术之时，首先就将这种技术运用于这尊雕塑，并把它拿到马赛（Marseilles）进行展示。两年以后，以色列博物馆的荷兰籍顾问威廉·桑德伯格（Willem Sandbery）成功说服毕加索，让他为以色列博物馆准备这个雕塑的复制品。毕加索提出了有关计划，而挪威人奈沙赫则在此前提下将其付诸实施。

为了理解毕加索的作品，你必须熟悉作品所描述的对象。在此例中，毕加索描绘的是他的最后一任妻子杰奎琳·洛克（Jacqueline Roque），在毕加索生命的最后十二年里杰奎琳嫁给了他（他在 92 岁高龄时去世）。一点小八卦：毕加索结过两次婚，并且与三个女人生过四个孩子。毕加索厌恶孤独，总是在妻子之外同几个人维持情人关系。他的艺术作品总是揭示出在相应的时间点上，他对那些对象（通常是他的妻子）所表达的情绪。这个雕塑描绘的是杰奎琳的两个侧身像，你能想出毕加索对她表达的是什么样的感受吗？如果答案是肯定的，那我们很想听一下你的看法……

找到那面黑色的玄武岩墙壁，朝它走去，围绕它走一圈并走到它的右边。走出这个艺术花园的出口，坐落着我们今天要看的最后一尊塑像。

{ ⓮ 哈伊姆雅各布·里普兹（haim Yakov Lipchitz，
1891—1973 年）《母亲与孩子Ⅱ》（1941—1945 年）}

>>>>>>>>>>----<<<<<<<<<<

哈伊姆·雅各布·里普兹出生于立陶宛（Lithuania），这个地方当时属于俄罗斯帝国。18岁时，他移民到了巴黎。在那里，他使用了"雅各布"这个流行的名字。在巴黎，他遇到了对他产生重大影响的毕加索，并在自己的努力下成了一个著名的雕塑家。不过巴黎那愉快的岁月在1940年就结束了，因为当时德国人入侵了这座城市。由于雅克是犹太人，所以他不得不逃亡美国，并在那里改名为雅各……

说真的，他不愿意离开巴黎，也不喜欢他的生命受到威胁。五年来，他都是通过面前的这尊雕塑来处理所受的创伤。他在这尊雕塑中找到了合适的方式来描述逃难者的恐惧。《母亲与孩子》塑像中的母亲是一个失去了双腿的妇女，她的双手似乎也已被部分地截掉了。她的头和残留的双臂向上举起，做出绝望祈祷的姿态。很明显，她的耐力要归因于她脸贴脸抱着的那个孩子。为寻求母亲的保护，他的小手几乎使她窒息。里普兹曾亲口说过这个雕塑的灵感来自于他童年在俄国看到的女性乞丐的记忆，这个乞丐无腿，常常在街道上唱歌。他进一步补充说，这个孩子艺术的一个象征。只有以放弃他战前的世界为代价才能生存下来。

在创作这个雕像的过程中，里普兹对它进行了修改并赋予了更多的象征意义。如果你再看它一眼，你就会发现它看起来像一个牛头。那强健的腹部和胸部以下的部位就是牛的头颅，举起的双手就是牛角，孩子那交叉的双腿就是牛的耳朵。显然，里普兹想借此传达在残疾的女性乞丐身上发现的希望与决心。这也同样体现在自己身上——这位雕塑家决心继续完成他的创造任务。里普兹说，无论情况怎样，我们所有的人都有继续下去的勇气。

★ 重新回到博物馆的主干道上。
★ 沿着阶梯走下去，走到出口处，你将结束这趟参观之旅。礼品店就坐落在那里。

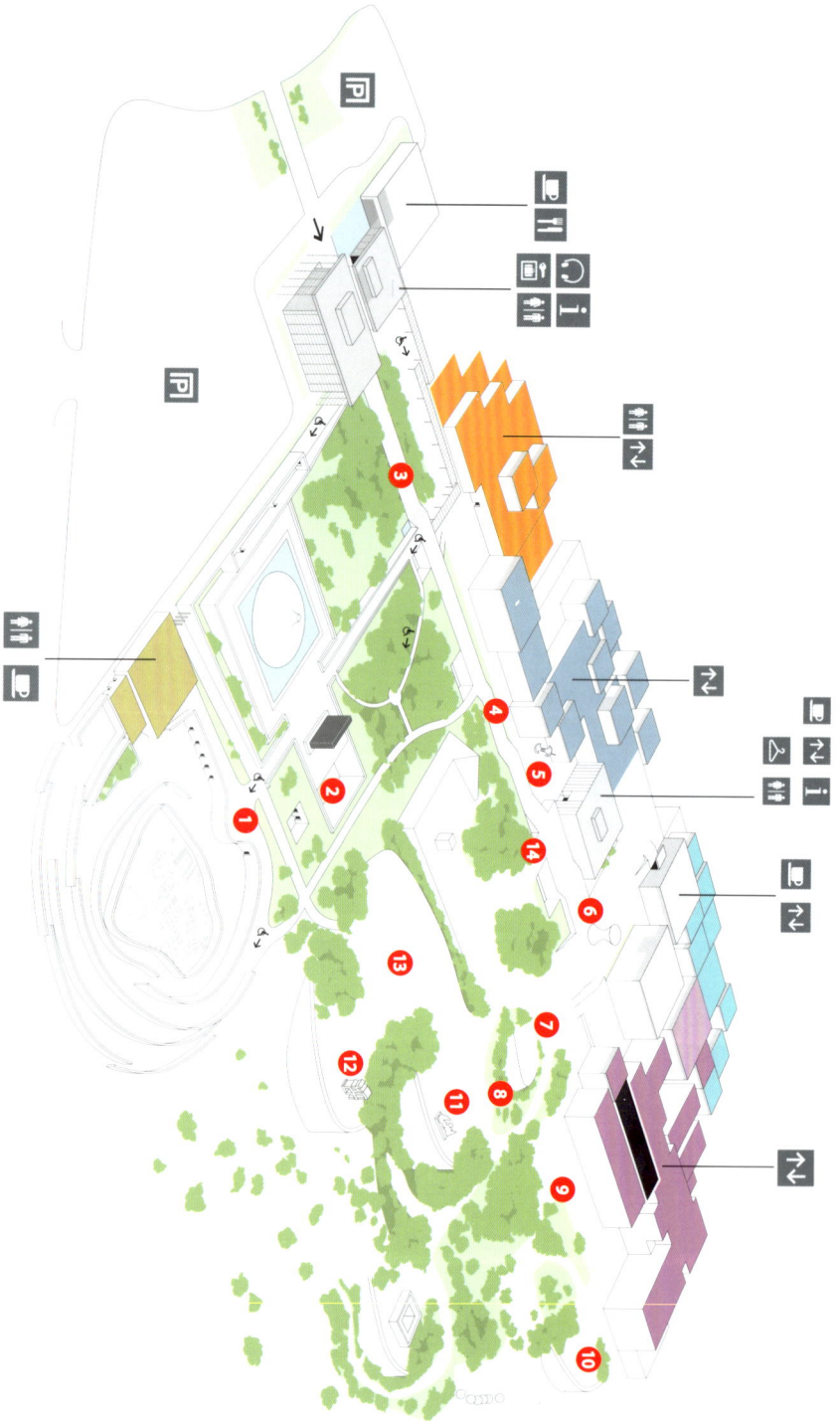

THE WIZE GUIDE

CHAPTER 12

第十二章

无处不在的绘画

追随绘画而行

JERUSALEM - STEP BY STEP

法国画家们：

你们好，

今天我们步行穿行过了耶路撒冷的中心，查看了装饰部分建筑的壁画。我们沿着雅法街走下去，走进了附近的社区。直到前不久，这里一直是这个城镇里非常破旧的一部分。尽管它拥有老城城墙外最早的一批社区，但它的历史意义已经证明没有多大用处，因为当局更喜欢投资兴建新的社区而不是修复那些老社区。但现在再也没有这种情况了，一波修复的潮流横扫了这个城镇的中心。它的一个最美好的表现就是这个壁画计划。由此看来，用一点资金，大量的善意和相当的天赋，任何事情都是可能的——即使在耶路撒冷。

顺便说一句，我们参观了吉罗（Gilo）的学校。

那里的学生们给你送来了谢意。

巴蒂亚和阿维

行程安排（大约 5 个小时）

30 分钟	参观吉罗社区。
15 分钟	从吉罗开车到城镇中心。
长达 4 小时	四处转转，每个景点之间需要步行 5 到 15 分钟。

开放时间和门票价格

	开放时间	关闭时间	电话	价格
中央邮政局 The Central Post Office	周一至周四；8：00—18：00 周五；8：00—12：00	周六	02-629-0676	–
吉罗六年制综合学校 six-grade Gilo Comprehensive School	学校放假时期，每天下午或者提前安排的情况下对参观者开放	周六	02-676-4166	–

旅行中其他景点都是户外的，随时都可以观看。

最佳游览时间

这场旅行分成两个独立的区域：吉罗社区和市镇中心。如果你要参观吉罗的学校，你就要提前打电话安排并从那里开始，因为沿着壁画小道绕市镇中心走一圈之后你可能会很疲倦。在工作日来会更好，因为这个时候吉罗的学校和中央邮政局都营业。在周六早晨穿越各个街道也是很舒适的，因为这个时候车流量很小；或者是在一个凉爽的夏日的晚上，因为此时浪漫的灯光会轻抚着那些壁画，但这样的话你就不能参观邮政局和学校了。另外，这趟旅行中的马哈耐·耶胡达市场在周六则是关闭的，这时你找不到吃饭的地方。最好是来两次……

给带孩子家庭的温馨提示

✓ 一定要带着他们。通过让他们寻找每幅画中的一些细节，你会使这趟旅程变成更有吸引力的体验！

推荐携带的物品

舒适的步行鞋、一顶帽子、太阳镜和防晒油，或者一把伞。带足够多的水。一台照相机。为了辨认那些壁画的细节，带上一副双筒望远镜是个不错的主意。

跳过那趟吉罗的旅行，直接走到这场徒步旅行在城镇中心的起点

· 从 1 号高速路上来到耶路撒冷，快到这个城市之时，你要走通往中心的那些车道。

· 在第三个交通信号灯处走中间的车道，向右斜穿过交叉路口，从大白桥下走过去，然后向左拐（现在你右边就是国际会议中心——宾亚内伊·哈乌马）。

· 在第二个交通信号灯处向左拐到哈－雷夫·什穆埃尔·巴鲁克街。

· 继续往前开大约 200 码/米远，一直到在希伯来语中（没有英文标志）被称为舒克－科尼恩（Shuk-Kenion）的大厦，就把车停在那里。注意：在周五和宗教节日前夕，这个停车场会在安息日/宗教节日前一小时关闭。

我怎样能到吉罗？

车上装配有一个好的 GPS 系统或者有这个地区的详细地图，显然是一个优势，但是在耶路撒冷的入口处也有前往吉罗的路标。这只是为了你安心地出发……

★ 由 1 号高速公路开来，走那些前往中心的车道。

★ 在第三组交通信号灯处向右拐到赫茨尔大道。

★ 在第二组交通信号灯处向右拐到伊扎克·拉宾大道上，然后立即拐进南贝京路（Begin South Rd.）。

★ 现在按照路标指示前往吉罗社区。通往吉罗的最后一条主干道就是多夫·优素福街（Dov Yosef St.）。

★ 在该社区的入口处，继续向前直接走进 Y. 温特曼街（Y. Unterman St.）。Y. 温特曼街在环形交叉路口处向右急转，然后又向左急转并且变成了哈－沙伊什街（Ha-Shayish St.），这条街又向右急转。

★ 沿着哈－沙伊什街走，这条街变成阿拉马街（Ahlamah St.），一直走到那个环形交叉路口处，在那里向左拐进哈－阿纳法街（Ha'anafa St.）。

坐公交车前往吉罗：从公交中心站坐 31 路公交车。

雷霆杀机 ★

尽管这趟旅行专注于沿街的绘画、参观绘画学校，还要引导你前往吉罗社区，但还是禁不住把你带到俯视着巴勒斯坦拜特·贾拉（Beit Jala）镇的一个有趣的观察点。过去，这条街道上的居民们享受着拜特·贾拉以及其后面伯利恒的美景。

直到 2000 年，巴勒斯坦的邻居开始朝这里射击，这些房子也成了火力狙击的目标。由于那"雷霆杀机"，人们当时就沿这条街道建立了一道混凝土防卫墙。为了让居民们感到更舒适，艺术家们就召集起来在这面墙上作画。看看你身后的那些窗户，你能看到有些玻璃是绿色的，因为它们是防弹玻璃。

后来，这道墙就被拆除了，但是如果往下看，我们还能看到 60 号线的一部分道路。由于沿这条路行进的汽车仍有可能遭受袭击，所以这部分路仍然受到路边上那些防卫墙的保护。

· 沿着同样的线路返回，顺着阿拉马街、哈－沙伊什街和 Y. 温特曼街走。当你到达吉罗入口处（在多夫·优素福街对面）的交叉口时，向右拐到哈－罗斯梅林街（Ha-Rosmerin St.）。

· 从多夫·优素福街向左（在第一个交通信号灯处）拐进勒沃纳街（Levona St.），尽可能将车停到靠近路的尽头处。

· 步行到勒沃纳街的尽头，穿过瓦尔迪诺恩街（Vardinon St.），继续往前直走，直到你走到那个学校。

· 走过安全保卫岗亭后向右拐，这样你就走进了那个初级中学的侧厅。

吉罗六年制综合学校 ★★

《海洋世界》（初级中学）

当 2001 年吉罗遭受炮火袭击时，许多慷慨的人士提出要为这个社区的儿童做些事情。这些人中有一群专门画巨型壁画的法国艺术家。由于害怕破坏文物，这所学校的校长对要不要允许他们画壁画犹豫不决，但这些法国人却很乐观。他们开始询问这所初中的学生们，问他们最希望在他们学校的墙壁上看到什么。现在，耶路撒冷的这些孩子们想要什么呢？他们想要一片大海！他们的要求得到了满足，他们获得了一个与众不同的大海——甚至与特拉维夫的大海也不同。他们获得了一个面积有 4300 平方英尺（400 平方米）的神奇的大海，里面有想象的各种生物，还有儿童。学生们参与了这项工程，而且让校长感到惊讶的是，这些学生们也竭力保护这个作品。显然，有时候还是那些法国人才能做对……

离开初中之后，欢迎你来到高级中学。
我听到声音了吗？你知道，我脑袋后面是长着眼睛的……

"体验"（高级中学）

当高中的学生被问及他们的梦想时，结果表明他们对驾驶证、即将来临的征兵、旅游和当地的流行歌手感兴趣。这些法国艺术家再一次开始工作了。这一次，他们巧妙的画笔创作的是一幅拼贴画，它描述的是耶路撒冷青少年所处的世界。其中一个令人感动的情景是对以色列第一个宇航员伊兰·拉蒙（Ilan Ramon）学生证的描绘，伊兰·拉蒙在哥伦比亚号航天飞机重新进入大气层时牺牲了。当他在太空逗留的时候，拉蒙向以色列总统发送了一条信息，在这条信息中，他写道："您好，总统先生。很高兴能在外太空给您写信。这是我莫大的荣幸。今天早上我们又一次从以色列上空飞过。我能清楚地看到耶路撒冷。望着我们国家的首都的时候，我还做了一个小小的祈祷——以色列啊，你要听。"

从吉罗社区方向开车前往城镇位于中心的这次徒步旅行的起点

★ 沿着勒沃纳街往回走，并向右拐进哈 - 罗斯梅林街。

★ 从哈 - 罗斯梅林街的第二个转弯处向右拐，进入多夫·优素福街。这条街会带你走出这个社区。

★ 在多夫·优素福街的尽头处向右拐到亚科夫·帕特街（Ya'acov Patt St.）。

★ 在亚科夫·帕特街的尽头向右拐到哈 - 雷夫·赫尔伯格街（Ha-Rav Herzog St.）。

★ 从哈 - 雷夫·赫尔伯格街向左拐到哈伊姆·哈扎兹大道。

★ 从伊扎克·本·兹维大道上向右拐到哈 - 雷夫·什穆埃尔·巴鲁克街。

★ 继续往前开大约 200 码 / 米远，一直开到在希伯来语中（没有英文标识）被称为舒克 - 科尼恩（Shuk-Kenion）的大厦时，就把车停在那里。注意：在周五和宗教节日前夕，这个停车场会在安息日 / 宗教节日前一小时关闭。

对于那些坐公交车返回的人来说，最好乘坐前往雅法街的 31 路公交车，并且告诉司机让你在 202 号（这是警察局前面的一站）对面的站点下车。沿着雅法街走，并向右拐到埃利亚胡·摩尼街（Eliyahu Mani St.），一直走到这条街的尽头。

❶《马哈耐·耶胡达市场》
★★

> > > > > > > > > > – – – < < < < < < < < < < <

地址：阿格里帕斯街 84 号，位于埃利亚胡·摩尼街的拐角处。

观察点：哈 - 雷夫·什穆埃尔·巴鲁克街、阿格里帕斯街和埃利亚胡·摩尼街这三条街的交叉点。

灰姑娘

它曾是耶路撒冷最丑的墙壁。可以追溯到英国委任统治时期的一项市政法规要求：所有建筑物的表面必须砌以耶路撒冷的石头，但是为了防止雨水的冲刷，很多墙壁的表面都改为饰以带波纹的马口铁片。这面墙真幸运：正是这种不美观吸引了这群法国艺术家。他们当时正在寻找一面在突出位置且没有窗户的墙。

为什么这些法国人要在耶路撒冷寻找一面光秃秃的墙？

所有这一切都开始于 1978 年，当时一群来自里昂的艺术生去墨西哥游学。其目的是熟悉墨西哥流行的某种壁画风格。这些学生深受启发，并决定这将是他们一生的使命——即在墙壁上作画。他们向墨西哥人学习相关技术，然后返回了法国，并且建立了一个名为创造之城（Cité de la Création）的公司——这是一个艺术型的创业公司。第一个项目就是里昂市内

以前在里昂（Lyon）的第一个计划。

由 25 栋建筑构成的建筑群。他们在那里将一个被忽视的并且为贫困所困扰的社区变成了一个引人注目的展品。消息传开后，成群结队的游客开始蜂拥而至。来游客了？当局立即改善这里的基础设施，咖啡馆和纪念品商店如雨后春笋般建立起来。令人惊讶的是，这里居民的自豪感也因之提高了。总之是绘画的力量导致了改变。

成功绘制了一幅美丽的画卷

从那时起，法国艺术家们就在诸如巴塞罗那（Barcelona）、墨西哥城、里斯本（Lisbon）和魁北克（Quebec）这些地方创作了成百上千的壁画。这些壁画最大的共同点就是它们都画在处于危机之中的地方。由于他们的观念，这群人尽量避免在那些知名的社区作画。相反，他们的目标就是对最需要他们画笔的地方产生影响。只要有可能，他们就参与培训当地的艺术家——就像在耶路撒冷的情况一样。

法国人来了！

这群人于 1999 年来到了耶路撒冷，并且受到了一个被忽视的市镇中心的欢迎——这种情况非常迎合这群人的观念。他们的第一项计划就是寻找一栋并不十分突出的中心大楼，然后就在本·耶胡达步行街的边上找到了它。他们在那里画了《耶路撒冷的儿童》（*The Children of Jerusalem*）。一旦当局确定该项计划被人们所接受，并没有导致任何骚乱（在这个保守的城市里，这并非易事），该计划就被进一步推进了。

一个量身定做的市场

当这些法国人坐下来计划在阿格里帕斯街上的墙壁上画壁画的时候，他们已知道耶路撒

冷人的敏感性，并且认定预防要比治疗好。他们把当地居民召集起来开一个会，告诉他们要有主动性，并且询问他们最想在他们的社区看到什么样的绘画。嗨，真想不到，他们达成了共识：马哈耐·耶胡达市场。

法国人听从了，但是他们决定并不按照市场实际的样子来画，毕竟，那样做就太简单了。相反，他们将那些摊点从其原来的背景中移植到老城的大街小巷里。这个壁画里所描绘的背景的景色不是在马哈耐·耶胡达市场能看到的，而右侧鱼市上面的黑豹浮雕的灵感来自于老城城墙的狮门（也被称为圣斯蒂芬门）。换句话说，这里所描绘的市场实际上是虚构的——或者说，它有可能就是一个新兴的、更为复杂的市场的蓝本。这个市场将耶路撒冷的异国情调与当今市场的精华结合在一起。

组成整体的部分

这幅壁画带有一种幽默感，而且还包含有一点批评的含义。例如，在屋顶的阳台上有一个正在敲打地毯的妇女，她正下方的邻居在晾晒衣服。这位邻居（那些已洗好的衣服的主人）正在往窗台花盆箱里喷水，而这

些水正滴落到住在他下面的房客身上……这面墙以描绘诸如悬挂在屋顶的天线和电缆、典型的以色列人"装备"而富于特色。

尤为出色的是这栋建筑的真正的石面与描画的石头之间的匹配。如果你与这幅画靠得足够近，你将能看到这幅壁画上画布的涤纶片材是在那里与墙相连的。如果你已经与它关系亲密，那你就看一看那个法拉费（falafel）摊点上的"卖车"广告。试着将其中的一部分分离出来……

有组织的破坏

在法拉费摊点的附近有一个隶属于市政照明部门的配电箱。起初，这个配电箱门被画得看起来像法拉费货摊附近的饮料制冷机。电工走了过来，更换了这个配电箱以及它的门……

2008 年，这面墙又修葺一新，而且也重新添上了颜料。

赶在别人前面吃午餐

如果时间正好，你会在拐角处找到一个很好的卖法拉费的地方。法拉费是将磨碎的鹰嘴豆制成丸子或小馅饼进行油炸，然后放进到口袋作用的皮塔饼中。唯一的难题是要不要挺着个大肚子来徒步旅行……

- 穿过摩尼街对面的哈－雷夫·什穆埃尔·巴鲁克街，继续往前走几步，然后向右拐进尼西姆·比哈尔街（Nisim Behar St.）。
- 就在快走到尼西姆·比哈尔街尽头（它在那里与比撒列街交汇）的时候，向左拐进一条与比撒列街平行的小巷子里。再往前走一点就可以看到这个小巷的名字——米斯巴街（Mizpeh St.）。
- 在米斯巴街尽头向右拐，然后立即向左拐到比撒列街上。
- 继续沿着比撒列街走，一直走到一个彩票亭的地方。下面要看的壁画就在街的另一面——最好先别穿过这条街道，以便你能够从合适的角度看这幅画。

❷《92 天环游世界》 ★

> > > > > > > > > > > > – – – < < < < < < < < < < < <

地址：比撒列街 11 号热拉尔比哈尔中心（Gerard Behar Centre）对面。

面向所有人的艺术

这一次没有尝试着去让这幅壁画与那个建筑或它所处的环境相匹配。它不符合这群法国艺术家们通常的风格——尽管他们就是把它画出来的人。那么，在这里我们有什么呢？是一件来自于以色列博物馆里的一件艺术品，并且还悬挂在公共场所。这幅三联画（在三块连在一起的面板上画的一幅画）的原件是由加布里埃尔·科恩（Gabriel Cohen）画的，尺寸为 10×5.6 英尺

（3×1.7 米）。在这面墙上它被放大成 60×33 英尺（18×10 米），是其原作的 6 倍。这是一件忠实于原作的复制品——除了由于担心这幅画的安全而将一些裸体人物删除。为了保持挂在画廊中的效果，这幅画与墙有点分离。

加布里埃尔·科恩

加布里埃尔·科恩（Gabriel Cohen）是一位珠宝抛光师，40 岁时才开始绘画。多年来，他坐在街道的角落里，并试着向游客出售他的绘画。直到有一天，艾因凯雷姆美术馆的主人露丝·德贝尔（Ruth Debel）碰巧从那里经过。她买下了他卖的第一幅画，并开始在她的画廊里展示科恩的画作，还持续多年充当他的赞助人。当这位一辈子都与他的父母生活在一起的天真艺术家和单身汉，背着德贝尔以可笑的价格出售其画作的事暴露以后，这种美好的日子就突然终结了。他们之间的联系就结束了。失去了画廊主人的保护和资助之后，这位艺术家的经济状况与精神状态日益恶化，并最终在毒品上耗尽了他的钱财。那么，为什么这群法国艺术家们还要选择加布里埃尔·科恩的画作？这要归因于科恩的天真无邪和想象力。加布里埃尔·科恩将这幅艺术品命名为《92 天游世界》，因为他在这幅画中描绘了世界各地的建筑，并且用了 92 天才将这幅画完成。

世界都市

加布里埃尔·科恩描绘了一个没有界限或分裂的世界（唯一出现暴力画面的是位于这个图片右下角的耶路撒冷）。

科恩使用空中轮廓线来表达时间的流逝：从左侧的下午开始，中间是傍晚和夜间，以右侧的日出而结束。在这幅绘画中有几个著名的建筑：埃菲尔铁塔（Eiffel Tower）、凯旋门（Arc de Triomphe）、大本钟塔（Big Ben Tower）、自由女神像（Statue of Liberty）、金字塔（Pyramids），甚至还有圆顶清真寺（Dome of the Rock）。科恩频繁画的那些塔就是他天真地称作的"巴别塔"（Tower of Babel）。心理学家把这个元素当作阴茎的象征，并且指出这位艺术家是妓女的常客。

谁知道这面墙？

这面墙属于热拉尔比哈尔中心（以前被称为拜特·哈-阿姆）。这栋建筑由曾经获得过以色列建筑奖的建筑师大卫·雷斯尼克（David Resnik）设计。他在耶路撒冷的工程还包括斯高帕斯山希伯来大学校园、凯悦酒店（Hyatt Hotel）和摩门大学（Mormon University）。真的吗？这还不是他最好的作品……

这栋现在举办过许多文化活动的建筑，1961 年纳粹战犯阿道夫·艾希曼（Adolf Eichmann）在这里被审判过。这是在以色列举行的最具戏剧性和最痛苦的审判了。

★ 继续沿着比撒列街走，然后向左前方拐到本·耶胡达街上。
★ 在本·耶胡达街与哈伊斯塔德吕街（Hahistadrut St.）相交后，它就变成了一条步行道。

{ ❸ 《耶路撒冷的孩子们》 }
★★

>>>>>>>>>----<<<<<<<<<

地址：本·耶胡达街 21 号。观察点：本·耶胡达街与哈伊斯塔德吕街相交处。

需要—— 一面不起眼的墙

当讨论在耶路撒冷的一些墙壁上画壁画的想法时，人们担心这种形式的艺术会不会引起这个城市的道德守卫者们的愤怒。因此，当寻找可以在上面绘画的墙时，这项计划的发起者们就想找一面不起眼并受到保护的墙。你正参观的这面墙就满足了这些条件。首先，必须爬梯子（正如我们所做的）才能够得着这个壁画——这就使污损这幅壁画变得更为困难。第

二，尽管这面墙位于中心地带，但它并不怎么显眼。最后，这是一个商业化和相对世俗化的地区。这面墙表面没有被砌以石块，因为上面的那几层本应该添加到与它挨着的那栋矮建筑上。太完美了！

不要政治，只要孩子们！

为在耶路撒冷实施的第一项计划选择了儿童——被争端所撕裂的城市的下一代。

· 最上层，两个青少年正在隔着窗户用他们的手机相互打电话。

· 中间那一层，正在举办生日聚会。有一个女孩正在进行魔术表演，而另外两个孩子正在浏览书籍和使用笔记本电脑。

· 底层，那些孩子们正在做孩子们最擅长的事情：打球、画画和演奏音乐。

· 在一楼阳台的栏杆上挂着一件准备晾干的黄色的印有数字 8 的运动衫。乌里·马尔米利安（Uri Malmilian）曾经有一件类似的汗衫，他是当地一支名叫耶路撒冷贝塔（Beitar Jerusalem）足球队的明星球员。挨着它晾的是

一件红色的篮球背心，上面印有数字6——这像是被帕皮·图尔格曼（Papi Turgeman）穿破的那件，他是耶路撒冷哈－波埃尔（Ha-Po'el）篮球队的明星球员。在耶路撒冷，哈－波埃尔与贝塔这两个队之间的竞争要比极端正统派社区与世俗性社区之间的竞争还要大。但是，在孩子们的这块领地上，这两个竞争对手都被挂到了外面晒太阳。

·像往常一样，这些法国人禁不住地去做一两个恶作剧：当他们对这个计划进行研究之时，他们就要一些耶路撒冷儿童的照片。让他们吃惊的是，他们收到了数吨重的雪中儿童的照片。但是，这些艺术家认为雪并不能特别地代表耶路撒冷，尽管如此，他们还是决定画一个雪人——也只有他们一定会将这个雪人画在左上方阳台的空调上。

超越墙壁之外的东西

在第二层楼阳台的中间有一个巨大的口子。透过它，你能看到将古老的建筑和现代的玻璃大楼连接起来的楼梯，看上去像一座将古代和现代连接起来的桥梁。这是对即将到来的事的想象还是在警告人们别把耶路撒冷变成另外一个现代化的都市？

◀ 画好一幅壁画的秘诀 ▶

材料：

合用的墙壁、从各个角度拍摄的场地照片、涤纶片材、在太阳光下不会迅速褪色的防水涂料、胶水、想法、幽默感以及绘画技巧。

说明：

画一幅详细的、缩小尺寸的草图。将它放大并投映到涤纶片材上，并沿着投映条纹进行描绘。同时召集几个强健的粉刷工准备刷墙。准备好了吗？你可以将这些片材粘到墙上。现在剩下的事情就是去填充那些最后的细节，例如在第一层窗户的拱门处看到的映像。如果你不能独自处理，不要担心。60万谢克尔就能为你买一幅同样尺寸的壁画（你支付三分之二，剩下的就有里昂市政当局资助）。

让壁画长期存在

壁画一般都有30—40年的寿命，但是它们需要每七年就修葺一次。但是，在这种情况下，画要比想象中的褪色得更快。据法国人所说，这应归因于强烈的太阳光和附近饭店烟囱中冒出来的烟与热量。这些壁画要通过用水清洗并且在上面涂上一层能使颜料更新的材料来整修。听起来便宜吗？2007年整修这幅壁画花费了13万谢克尔。

★ 沿着本·耶胡达街步行道继续往前走，快走到头时（与雅法街交汇处），就向左拐到约埃尔·摩西·所罗门街。

★ 在沿着所罗门街走的时候，你也许会开小差，向右拐去参观那个音乐广场。

★ 在所罗门街尽头的对面，你能看到由弗兰克·格里（Frank Gehry）设计的宽容博物馆（Museum of Tolerance），他还设计了西班牙毕尔巴鄂（Bilbao）的古根海姆博物馆（Guggenheim Museum）。

★ 从约尔·摩西·所罗门街向左拐进优素福·里夫林街（Yosef Rivlin St.），这条街又演变成了西蒙·本·沙塔赫（Shimon Ben Shatah）步行街。

❹ 街头艺术壁画—耶路撒冷

> > > > > > > > > > — — — — < < < < < < < < < <

有时，这群法国艺术家们会受到邀请来改善这个城市的一个街角，并且还给它赋予一种酷酷的和明亮的感觉。国家保险协会那平淡无奇的大楼背面就是这样。事实上，壁画就位于街头。这就意味着这个城市的庇护者们对故意破坏的行为很乐观。不幸的是——他们错了！

这幅画是什么主题呢？……嗯，事实上，并没有一个清晰的主题。这幅壁画将过去与现在、陈旧与新颖，以及现代建筑附近的考古发现与户外欢乐的场面吸收合并在一起。甚至那些流浪猫也能在这幅画中找到它们的存在。这幅壁画在 2015 年秋天落成。它包括几个相互独立的图像。其中一幅呈现了一系列耶路撒冷名流（Jerusalem Pantheon）中的杰出人物。他们从左到右依次是：

· 泽夫·雅勃廷斯基（Ze'ev Jabotinsky）——犹太复国主义运动领导人、作家、诗人和伟大的演说家。1920 年，他居住在这条街道上的时候，组织耶路撒冷的犹太人进行自卫而被英国士兵逮捕了。

· 安娜·蒂乔（Anna Ticho）——画家，因画耶路撒冷的群山和当地人的肖像而出名。

· 摩西·蒙蒂菲奥里（Moses Montefiore）——英国金融家。在 1860 年，他在老城城墙外建立了第一个犹太居住区。

· 泰迪·科莱克（Teddy Kollek）——传奇的耶路撒冷市长，在任时间长达 27 年。他能够非常熟练地为一个捐赠者分派城市里的每个长凳，他要邀请你在这幅画前坐下并喝杯咖啡。

· 果尔达·梅厄（Golda Meir）——以色列的第四任总理，也是出任此职的第一个女性。当她做劳工部长时（1949—1956 年），她建立的国家安全研究所（National security Institute），在耶路撒冷的分支就位于这幅画所在建筑的顶楼。

· 萨缪尔·约瑟夫·阿格农（Shmuel Yosef Agnon）——获得诺贝尔奖的优秀作家，他是如此奇妙地描述着这个他心爱的城市。

· 尤西·巴耐（Yossi Banai）——表演者、歌手、演员、剧作家、解说员。他位于这个图像的左边，穿着像是一个摄影师。

★ 返回到这个步行街的起点，然后向右拐到哈斯厄雷格街（Hassoreg St.）。

★ 继续往上走一点，然后向右拐到希洛姆兹约恩·哈马尔卡街（Shlomziyon Hamalka St.），右边那栋看起来像一个船头的建筑就是地标性建筑杰内拉利大厦（Generali Building）。大厦顶部的塑像圣马可飞狮（the Lion of Saint Mark），是威尼斯的守护圣徒，也是杰内拉利保险公司的标志。在这栋建筑前面有一个喷泉。

★ 向下走，并立即向左拐进科列什街（Coresh St.）。

★ 走过第三栋长方形建筑，然后拐个 U 型弯，走进一个小广场。

{ ❺ 伊甸园的秘密 }
★★

\>>>>>>>>>>> － － － <<<<<<<<<<<

地址：科列什街 14 号。　观察点：科列什街。

258 平方英尺的天堂

真是想不到。这个有 960 块瓷砖的精彩艺术品竟然不是那个法国团队的作品，而是由当地的一位名叫玛丽·贝里昂（Marie Balian）的亚美尼亚艺术家创作的。他将它作为复兴市中心规划的一部分捐赠了出来。

在这条街道上有许多亚美尼亚人拥有的企业，尤其是拥有这个艺术品的大楼。亚美尼亚人已经在耶路撒冷生活了 1500 多年了，但是，亚美尼亚的瓷砖艺术家在这里工作的时间还不到一个世纪。这一切是怎么开始的呢？

支持清真寺的基督徒

当英国人于 1917 年来到耶路撒冷的时候，他们被这座圣城破败的景象震惊了，于是就建立了"支持耶路撒冷协会"（Pro-Jerusalem Society）来改善这座城市的面貌。其中的一项工程就包括修复岩石圆顶清真寺上的瓷砖。为了完成这些任务，英国人找到了亚美尼亚瓷砖艺术家。尽管这个工程从未实现，但是已经迁过来的艺术家们已经在耶路撒冷建立起了一个古老的亚美尼亚社区，并决定在这个城市里定居下来。英国人就这样于 1922 年在耶路撒冷建立起亚美尼亚瓷砖制造业的。

从手艺到艺术

如果你到亚美尼亚旅游，你不会在那里找到以色列出现的"亚美尼亚瓷砖"。这种艺术形式起源于土耳其，并且以传统的图案为特征，这些图案的根源可以追溯到波斯（现在的伊朗）、奥斯曼帝国（现在的土耳其）和中国。因为在亚美尼亚种族大屠杀之后，基本就没有亚美尼亚人留在那里了。现在亚美尼亚陶瓷艺术的世界中心在耶路撒冷和希伯伦。实际上，定居到耶路撒冷的最初那几代亚美尼亚艺术家在很大程度上是工匠而不是艺术家。他们在自己的作坊中继续坚守着祖辈们各种传统的规定。这种情况一直持续了很长时间。制陶工人内山·巴利安（Neshan Balian，他是耶路撒冷最早的一代亚美尼亚工匠）的儿子塞切克（Setrak）与年轻的亚美尼亚妇女玛丽（Marie）结婚后才改变。玛

丽曾经在法国接受艺术教育。玛丽将传统保守的风格转化为了一种不断演化的艺术风格。这使她获得国际性的认可。她的艺术品不仅增加了以色列总统官邸墙壁的魅力，甚至还于 1992 年在华盛顿史密森尼博物馆（Smithsonian Museum）展出。

它仍具活力吗？

嗯……不是！亚美尼亚人雇佣了巴勒斯坦工人。当这些人学会了这个行业的秘密之后，就在希伯伦建立了他们自己的工厂，并通过以低价出售他们的仿制品而占领了市场。因此现在大多数出售亚美尼亚工艺品的商店，实际上出售的是这种来自希伯伦的大批量生产的产品。如今在耶路撒冷只有几个真正的亚美尼亚作坊。巴利安家族建立了一个值得访问的网站：www.armenianceramics.com。

亚美尼亚风格

经典的亚美尼亚图案几乎总是会体现出两个典型特征：围绕整个艺术品都有一个框架，而且在每个元素周围都有一个淡淡的黑色轮廓（要看到它，你应当走进那面墙）。一般情况下都是由主设计师画出这些黑色轮廓，然后再由那些学徒在这些轮廓中间填充颜色。不同寻常的是，玛丽·巴利安（Marie Balian）创作这幅艺术品时没有使用助手，她将这些瓷砖分到每个是 10 平方英尺（1 平方米）的桌子上，然后在它们之间轮流创作。这种方法导致几个瓷砖上明暗度出现不同。顺便说一句，在那船头有一片瓷砖是倒置的——这是为了祈求好运！

玛丽的思路

如前所述，玛丽·巴利安将亚美尼亚瓷砖工艺提升到了一种艺术形式的水平。作为里昂美术学院（美术学院）的毕业生，她更改了考虑精确对称的传统美学规则。结果就形成了一件充满了动感和魅力的复杂作品。

你称这个为天堂吗？

为什么在巴利安的伊甸园中没有人呢？嗯，也许是因为天堂里没有人的话会更好……事实上，天堂里没有人，只有灵魂。与基督教的象征主义一致的是，这些灵魂都体现为树上的那些鸟。给这些鸟提供营养的水果隐喻着耶稣的肉体。孔雀则象征着伊甸园。这基于一个古老的基督教传说。传说认为孔雀的肉体在其死后不会腐烂。这就是为什么会常常在棺材上看到孔雀的原因。尽管如此，那么人们又是在哪里描绘它的呢？"在船上。"这位艺术家很自信地告诉我们……据她所说，它们就是为了要象征以色列的儿女返回锡安山，也象征着亚美尼亚人移居到这块圣地。

★ 沿着科列什街返回，然后立即向右拐到乌兹·哈森街（Uzi Hasson St.）。

★ 乌兹·哈森街的尽头与雅法街相交。对面就是市政厅。穿过雅法街，朝你左边墙上的这幅陶瓷地图走去。

❻ 耶路撒冷——世界的中心
★ ★

> > > > > > > > > > > – – – < < < < < < < < < < <

1581 年，一位名叫海恩里希·本廷（Heinrich Bünting）的德国牧师和制图员出版了一本名为《据圣书旅行》（Travel through Holy Scriptures）的书。这本书包括七幅地图，其中一幅以象征着三位一体的三叶草来描绘这个世界。这本书 1585 年版的一个副本就保存在耶路撒冷的以色列国家图书馆里。

这个地图原件的尺寸是 30×38 厘米。耶路撒冷的一位名叫阿尔曼·达里安（Arman Darian）的亚美尼亚雕塑家和设计师用了 8 个月的时间，在 256 块瓷砖上绘制出了这幅地图，其尺寸放大到 3×4.5 米。

· 这幅地图的中心就是耶路撒冷。非洲、亚洲和欧洲像叶子一样环绕它。这种表达方式有一定的意义，因为以耶路撒冷为心脏的以色列地是连接三个大陆的唯一一个陆桥。

· 在这幅地图的左下角是刚刚露出头的美洲（新世界）。它是在这幅地图绘制前 90 年被发现的。

· 亚洲与非洲之间的红海被涂成了……红色。

· 欧洲上面是英国。

· 海面上漂浮的是海怪。

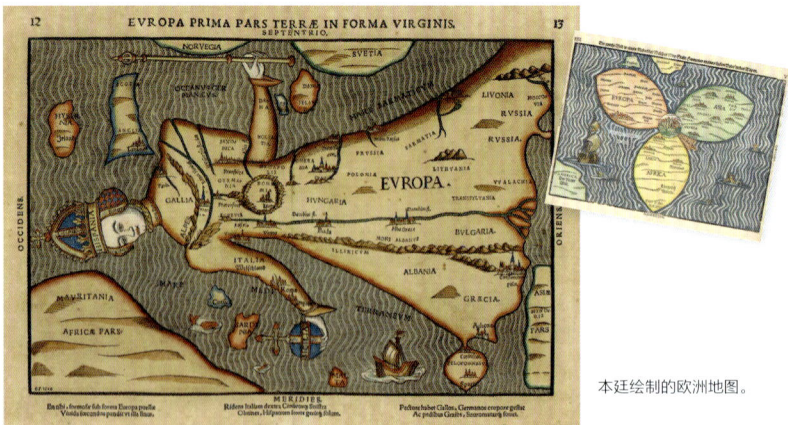

本廷绘制的欧洲地图。

陶瓷艺术家阿尔曼·达里安出生于亚美尼亚，并于 1990 年来移居到以色列。他的工作室就坐落在附近的希洛姆兹约恩·哈马尔卡街上。他的艺术品陈列在纽约帝国大厦和华盛顿白宫的墙壁上。在耶路撒冷，他的作品可以在玛米拉（Mamilla）步行街和华尔道夫·阿斯托里亚酒店（Waldorf Astoria）后面的星形水池里看到。

★ 转身背对那幅地图，走进与雅法街平行的那个花园。（不要进入市政厅前面的那个广场）。在你左边，你会走过个"螺旋桨"雕塑，这尊雕塑展示了一个基于阿基米德（Archimedes）所设计的原理的用于汲水的机械装置。它为运用于船舶和飞行器的一些更为现代的螺旋桨提供发展的基础。

★ 在这个花园的尽头，在那个 10 号楼前面停下。忍耐一下，年轻的学徒们，我们不会把你带到这里而让你一无所获的。

❼ 以撒的献祭 ★

>>>>>>>>>>> – – – <<<<<<<<<<<

地址：位于市政厅和雅法街之间的市政花园，靠近第 10 号建筑。
观察点：草坪上。

从远处看，这块石头可能被误认为是用来防止孩子们在草坪上踢足球的。但是走进一看，它显然是一件令人兴奋的艺术品，其原始的创作风格使人想起史前的洞穴壁画。

这个雕塑给人们展示的是《以撒献祭》的《圣经》故事。在面向雅法街的这一面，以撒的头刻在亚伯拉罕的头的下面。亚伯拉罕的一只手捂着以撒的嘴，另一只手举过头顶，挥舞着一把屠刀。在这块石头的两侧，你可以认出那只用来代替人来献祭的羊，还有那个祭坛。在这块雕塑的背面用希伯来语刻着"以撒的恐惧"这几个词，上面还有一只鸽子。

以撒的献祭，是吗？如果你回头看一下你来的方向，你会看到一个名为《现代头脑》（Modern Head）的亮晶晶的钢铁雕塑。这个雕塑是由美国雕塑家罗伊·利希滕斯坦（Roy Lichtenstein）创作的。它旁边的指示牌揭示了这个雕塑是由以色列博物馆为了纪念伊扎克·拉宾（Yitzhak Robin）而捐赠的。因此，虽然这些雕塑在谋杀案发生前几年就创作出来了，它们还是被放在这里作为对被谋杀的总理拉宾的隐性纪念。

这个石头雕塑是由身为以色列雕塑家和画家的亚伯拉罕·奥菲克（Avraham Ofek）创作的，你还可以在中央邮局看到他的那些大型壁画。

休息好了吗？让我们快点行动起来吧。时间很短暂，但仍然有许多东西要看。回头，穿过那个花园，走到雅法街。然后穿过雅法街，向右拐，就会到达雅法街 23 号的中央邮政局。

{ **❽ 中央邮政局里亚伯拉罕·奥菲克**
（Avraham Ofek）的壁画 ★★★ }

>>>>>>>>>> ---- <<<<<<<<<<

地址：雅法街 23 号。　　观察点：邮政局内部。

中央邮政局的大楼由奥斯丁·哈里森（Austen Harrison）设计，他是 1923—1937 年英国托管时期的总建筑师。与哈里森设计的其他建筑物（专员官邸、洛克菲勒博物馆等）一样，多年以来，尽管其内部设计已经发生了变化，但这邮政局一直运营到今天。当你后有英国传统，前有大量基金时，你身边就会有杰出的人才。这个邮政局于 1938 年揭牌，当时来参加仪式的有高级专员（High Commissioner）和 300 位客人。是的，这就是那往日的时光……

是真的吗？从外面看，它根本不值得大书特书。它有表面装饰有耶路撒冷石头的混凝土外壳，由中间的大厦和两边的侧厅组成，有两个主要入口——看不出来里面可能为你准备了什么。而一旦你走进，这个以色列最辉煌的邮政局分支机构就露出了真实的面貌，它拥有大理石地板、枝形吊灯和最重要的部分——亚伯拉罕·奥菲克的壁画。

这栋大楼建好之后。很久才绘制这幅绘画。信不信由你，它们是于 1972 年由当时的交通和通讯部部长希蒙·佩雷斯委托制作的。正如我们所说，这就是往日的时光……

奥菲克以一种理想主义的绘画描绘了返回锡安和民族的复兴。这很有可能是被用来作为移民吸收部的宣称海报。其全景式宽度为 90 英尺（27.5 米）。在这么长的空间了里欧菲克给人们呈现了一部各种独立情节组成的电影，它们形成了一部史诗般的故事。从右边开始：

· 第一幕：复活。这块土地日益干润（象征着流亡）并受到死去的人的灵魂的光顾，这启发了被描绘成骑马者的领袖（可能是赫茨尔）。他驱使那群受惊的人移民去以色列（犹太人向以色列的移居）。

· 第二幕：吸收。一群好像是从那个巨大的岩石中涌出来的强壮的年轻男人欢迎这些犹豫的移民。这些就是以色列的先驱，他们正朝那些移民挥舞着方巾，鼓励着那些移民行动起来，同时还为移民们铺好了道路。这块岩石的另一面这生长着撒不拉（Sabra）仙人掌。撒不拉是土生土长的以色列人的绰号，他们就像撒不拉仙人掌一样，外面有刺而里面却是甜的。

· 第三幕：（中间）：应许之地的场景。在这些岩石的左边我们可以看到一个享受安宁生活的家庭。在下面一层，一位拉比正在向他的女学生解释经典（在耶路撒冷？），而这个家庭正安全地居住在上面一层。这幅画上面中央部分则描绘了被城墙围困着的耶路撒冷老城，这城墙延绵到了天花板甚至更远的地方——表明了耶路撒冷在精神上的地位。

在城墙的左下方，奥菲克描绘了一个乡村聚落：一个放牛的家庭，出售水果和小鸡的小贩以及散布在乡下的房屋。在观察这些壁画时，我们要注意这些臣民所穿的服装的变化：从让人们回忆起大流散时期生活的传统的和宗教性的服装，到世俗的以色列服装。

· 最后一幕：平等。奥菲克用两个描述劳动场景的图结束了该系列绘画。右边的一幅展示了在茂盛的果园里采摘水果的活动；在那里，无论男女都同样地投入到工作中去。左边的一幅则描绘了建筑工人（阿拉伯人和犹太人都有）建造城墙的场面。奥菲克想要表达的就是以色列所有居民之间所具有的友谊、平等和兄弟之情。

亚伯拉罕·奥菲克于 1935 年生于保加利亚（Bulgaria）。14 岁时他独自一人来到了以色列并在一个基布兹农场长大。后来在比撒列大学和海法大学教书，并于 1990 年去世。的确，他的作品反映了基布兹那已经逝去的理想的时光——那里有耕种的土地、社群精神和不同民族间的和平相处。奥菲克的风格从形象艺术（这是对人物和物体进行的现实主义的描述，不需要借助艺术评论家的帮助就能让人理解……）变化到立体主义艺术（通过几何图形对人物和物体进行到抽象的描绘）。例如，在那些女人粗糙的赤脚上，你能很容易地看出毕加索的影响。

★ 出了邮政局，到雅法街上，然后向左转。

★ 沿着雅法街走，一直走到一个大交叉路口处，在这里，雅法街右边与施特劳斯街相交，左边与乔治五世国王街）相交。

❾ 耶路撒冷的交通
★ ★

>>>>>>>>>> — — — <<<<<<<<<<

地址：雅法街 54 号。 观察点：雅法街与乔治五世国王街交汇处。

轻轨铁路——梦想抑或现实？

"这是一条轻轨铁路吗？当然是了。当弥赛亚的白驴一旦设法补偿耶路撒冷就……"这是大多数耶路撒冷居民发出的讽刺性的评论，于 2001 年那群法国人对城市的交通系统表态时。

这幅壁画是受市政当局委托而创作的。第一眼看过去，人们会把它误认为是一个宣传海报。尽管走近看，这幅壁画揭示了这些艺术家们不是极度乐观，他们选择以一部虚构话剧舞台背景的组成部分的形式来展示这辆火车。一个屏幕装帧在这个壁画的顶部和左边，而它的上半部分可以看到照明设备。在右上角有一个舞台设计人员悬挂一个照面设备，同时为背景屏幕做最后的润色工作。如果你不喜欢那么愤世嫉俗，可以说他们正在为即将到来的大事布置环境……

诞生了一堵墙！

英国委任统治期间允许在市镇中心建造台阶式房屋（正如在英国一样）。当这样一栋大楼靠近街角处服装店的低矮建筑时，该商

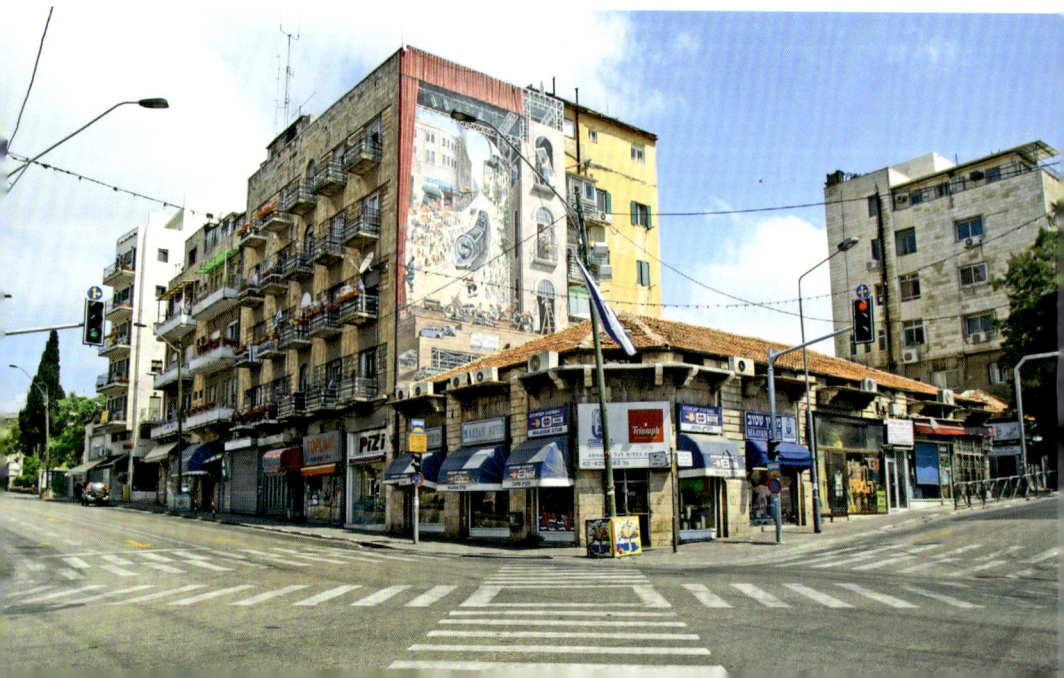

店的经营者就可以再增加楼层。由于他们没有意识到他们有这样的权利，所以共用隔墙暴露出来——上面没有窗户，没有饰以石头，只需要一幅壁画。

表扬还是抗议？

整个背景如田园诗般，它更多的是使人想起海滩而不是喧闹的商业街。这也是当局计划建造的街道吗？不是。下面是由那些法国艺术家所做的令人愉悦的陈述——这是一个拥有含蓄抗议的理性化的现实。他们所要表达的就是人们看待这条街的方式。太狡猾了。他们使用着当局提供的基金来反对市政当局……

台阶右边所描绘的建筑也传达了一条隐含的信息：不仅是街道需要改善——建筑本身也需要改善。确实，与那条真实的街道上大多数建筑物相比，这幅画描绘了一栋修葺一新的、漂亮的建筑，且其顶层正在安装合适的新门。一旦这栋建筑和街道看起来确实像画中所描绘的那样，那个吉他手（弹奏一个安静乐器的人）就坐在那个阳台上弹奏起他心中的乐曲。

对公共交通的姿态

这幅画的下面展示了一个木制的舞台，上面摆放了曾经为几代耶路撒冷居民服务过的各式各样的公共交通工具：从驴、骆驼和马拉的四轮马车及其后的公共马车和蒸汽车，一直到大巴。其中有意思的一点是那些机动车都被当做玩具模型来展示出来——这也暗示了它们的命运。

画中画

这幅画展示了从锡安广场（从你之前过来的地方）看雅法街情景。沿着这条路是能看到你现在所在的位置。你怎样才能认出它呢？你正在看这幅画的情景也被描绘进了这幅图中！

画中的画家

在那个正在骑自行车的杂技演员的右后方有一尊戴着眼镜的狮子雕塑。它看起来像被安放在了路边上。实际上，这个雕塑是以一位法国画家的形象画出来的，这位画家想使自己的形象永远留在圣城。

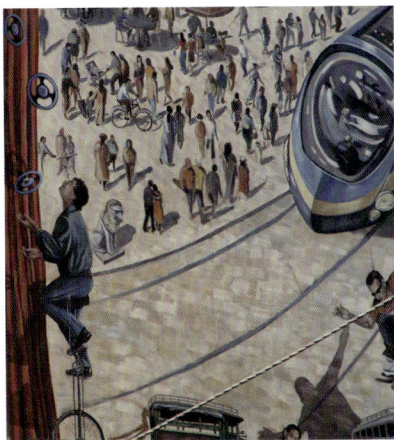

继续沿着雅法街向前走，直到你走到雅法街97号。在那里，在你左边：

❿ 克拉尔商业中心

> > > > > > > > > > – – – – < < < < < < < < < < <

这一年是 1972 年，当时的耶路撒冷市中心非常需要现代化的办公大楼。克拉尔公司就经受住了严峻的考验，建设了一栋 15 层的办公与商业中心大楼。这个地方就位于雅法街，是最繁华的地段。在其最初的那些年里确实如此，办公楼层里是政府官员，商业区里有大量银行和一些商店。但是，在 20 世纪 90 年代，政府部门迁到了吉瓦特·拉姆（Givat Ram）社区的一个大学校园里，留下了空空的办公楼层，商业区状况也日益萧条。

如今，开发商则希望那条轻轨能够到达这里，并在其附近计划建一条步行街。希望这能够带来更多的生意。

网络百科全书维基百科讲述了一则都市传闻，据说被当地的犯罪家族谋杀的一具男性尸体就被掩埋在这栋大楼的地基中，因此这个商业中心就不再繁华了。我们没有找到任何目击者……

注意，在这栋建筑较低部分的对面有一个奇怪的门。耐心观看。

继续沿着雅法街走，穿过基阿赫（Kiach，以色列联盟的简称）街，再往前走一点，到墙上有 105 号的地方后向左拐，走上阶梯，就会进入一个院子，向左转向那个壁画。由于施工，这个院子可能会关闭。

⓫ 律法与劳工中心
★ ★

> > > > > > > > > > – – – – < < < < < < < < < < <

地址：雅法街 101 号。观察点：雅法街路边就近的地方。

学校废墟上建立的办公楼的宿命

在特拉维夫，希伯来荷兹利亚希伯来高中被拆，为沙洛姆大厦（Shalom Tower）腾出地方。在耶路撒冷，具有历史意义的律法与劳工学校被毁坏，用以建造克拉尔中心（Klal Center）。在这两个例子中，这两个办公楼都是商业上的失败。也许这终究是公平的吧……

教导人们认识到在圣城工作的价值

让我们从 1860 年的巴黎开始，当时这里建立了一个国际性犹太人组织，其名字叫 AIU（法语是 Alliance Israélite Universelle，即犹太世界联合会）。该联合会的目的是改善离散的犹太人和以色列犹太人的社会地位。怎样才能实现这个伟大的事业呢？简单：就是投资教育！在完成其他

事情的同时，该联合会于 1870 年在以色列建立了第一所农业学校——浸礼以色列（Mikveh Israel）；1882 年，它又在克拉尔中心（你现在正面对着的）地带建立了律法与劳工中心。它是耶路撒冷的第一个现代化学校，并且引起了极端正统派犹太人的恐慌。就他们而言，学习实用性的知识就意味着忽略对律法的学习，更不用说希伯来语这种《圣经》的语言在这个学校里（复活希伯来语的埃利泽·本·耶胡达就在这里教授希伯来语口语）被运用于世俗性的目的。不要忘了，最重要的事情是，女孩子也在这里接受教育！是女孩子吗？那些教师被逐出了教会，当走在街上时，他们便受到身体和语言上的攻击与谩骂。

尽管如此，这个机构仍运行了好多年，并且培养出了以其专业技能而出名的毕业生，实际上，这里有三所独立的学校：一所教育男孩子，一所教育女孩子，第三所就是为寻找工作的成年人开办的。犹太学生与阿拉伯基督徒和亚美尼亚人一同学习。学生们在诸如木工、金属加工、烹饪和手工工艺等诸多行业中接受了专业化的训练。后来又增加了艺术与科学。

一栋保留下来的建筑

在那栋新建筑（建筑工地）另一边有一栋优雅的建筑。它是学校校园仅存的遗迹。这栋大楼由赫希男爵夫人（Baroness Hirsch）于 1899 年捐赠，起初是用来作为律法与劳工中心的侧翼建筑。后来与那个校园的其他部分分开。多年以来，它在不同的教育机构中易手，直到它最终被废弃。这栋建筑在破坏性的发展中幸存了下来。如今有传言说它有可能被改变成一个酒店。让我们默默地祈祷吧……

一栋建筑的纪事

让我们回到一栋消失了的建筑所在的位置。为了建立一栋丑陋的办公大楼而拆毁了历史遗留下来的建筑，这件事在耶路撒冷一直没有被人们接受。越来越多的批评最后使旅游局和市政当局决定以壁画的形式来纪念这栋建筑。他们从相关档案中抽出了照片，而那些具有创造性的艺术家们就创作了一个集各种怀旧照片于一体的壁画。

画里有什么？

在图片的附近有相关指示牌来描述这个壁画的背景，并为那上面的场景提供说明。为了便于你在看壁画的同时阅读相关的说明，我们将那些文字摘抄如下：

0. 图片的中央就是律法与劳工中心的建筑，这栋建筑有 98 岁的高龄。

1. 右上角，是 1908 年为金属加工车间里学习的成年学生拍摄的照片。

2. 20 世纪 30 年代的一张班级师生照。

3. 20 世纪 50 年代教授的木工课。

4. 20 世纪早期拍摄的另一张木工车间照片。

5. 1908 年的纺织车间。

6. 20 世纪早期的一个艺术课堂。

7. 在金属加工课上，一位学生在机器旁劳作，该照片拍摄于 1953 年。

8. 学校大门（左上角）。这是克拉尔中心前面的一个大门，是原来那栋建筑唯一留下来的东西。

9. 该校的第一人校长尼西姆·比哈尔（Nissim Behar），1882—1899 年在任。

10. 学校的第二任校长亚伯拉罕（艾伯特）·安迪比〔Avraham (Albert) Antebi〕，他在校长任上干了 19 年。在这张照片中，他戴着一顶土耳其毯帽。

11. 20 世纪 30 年代的女孩班级同学合影照。她们穿的是校服吗？请注意看她们衣服的领子……

12. 家政课，这是 20 世纪 40 年代女孩接受教育的景象。

在你离开之前……

那是一个停车场

在我们到耶路撒冷的一次旅行途中，我们听说了这样一个故事：一天，联合学校以前的一个学生在她去市场的路上看到学校操场被拆毁了。她非常沮丧。因为这样的话，她就被剥夺了童年的回忆。当她走进市场后，一位老人看到她哭了，就问她为什么而悲伤。在听了她的倾诉之后，这位老人就问她是否相信弥赛亚会到来。"我当然相信"，她回答说。这位老人就问她救世主将如何来到这里。"骑着一头白色的驴子"，她回答道。那位老人反驳说："不对！时代已经变了。救世主已经改善了他的交通方式。他将坐着一辆白色的超级豪华轿车来到这里，这就需要有地方停车——因此就是那个停车场！你看，你根本就没有理由去伤心。"

继续沿着雅法街走，直到你到达了马哈耐·耶胡达市场，它就在你的左边。

⑫ 马哈耐·耶胡达市场
★ ★ ★

对于那些习惯有空调的超市和送货上门的杂货店的人们来说，对于那些几乎不认识收银台处的收银员的人来说，对于那些厌恶噪声、刺鼻的气味和汗津津的推搡着并讨价还价的人群的人来说，对于那些有相机的人来说——总之，对每一个人来说——我们建议你……不，我们呼吁你! ……不，不，我们请求你：就今天! 在兴奋时进行一次交易，啊，对不起，这是整个家庭的一次系统的体验……

没有向导的旅程

这个市场主要包括连接雅法街和阿格里帕斯街的两个纵长的街道：埃茨·海姆（Etz Haim，这是一个有顶棚的市场）和马哈耐·耶胡达（这是一个露天市场）。这两条街道由许多小巷相连。在我们看来，要充分利用这个市场，其途径就是让自己在这些迷宫般的摊位里放松。我们本可以审视一点历史，向你推荐"番茄王"并给你指出社会名流巴奈的家，但是手里拿着本旅行指南徘徊在市场中又会如何呢? 尽管如此，由于我们不能一无所获地离开，归结起来，我们向你推荐这个市场里几个最值得去的饭店。当地特色小吃有库尔德或伊拉克烹饪风格的石蜡炉灶饭和按照"Me'urav Yerushalmi"（耶路撒冷风格的混合肉）方式做的快速烧烤。

西玛（Sima）
一家中东风味的饭店

地址：阿格里帕斯街 82 号，

电话：02-623-3002，

周日至周四：11：00—13：00，

周五：11：00 至安息日前一小时，

周六：安息日后一小时至午夜。

当你到参观一个地方，这里的盘子上有名字而没有裂纹时，即使你不去尝试一下，至少也会引起你的兴趣。只有一种情况可以把你排除在外——参观的是那两个不是为素食主义者而建的机构。如果你是一个素食主义者，那么就找一个供给耶路撒冷菊芋的地方吧……

曾经有人诽谤式地评论说 Me'urav Yerushalmi（耶路撒冷风格的混合烤肉）是为那些不能决定自己到底想吃什么的人创作的一道菜……但是，在我们看来，这正是让我们感到陌生的禁果……

斯蒂亚凯亚特·哈佐特（Steakiyat Hazot）
一家中东风味的饭店

地址：阿格里帕斯街 123 号，

电话：02-624-4014，

周日至周四：11：00—14：00，

周五：上午 11 点至安息日前一小时，

周六：安息日后一小时至 14：00。

据维基百科所说，这个食谱包含有鸡心、鸡胗和鸡肝，把它们与少量的羔羊肉混合在一起在一个平面格栅烤架上烤，再佐以洋葱、大蒜、黑胡椒、小茴香、姜黄、橄榄油和香菜。

你可以坐下来吃，或者以我们的方式靠近上菜窗口站着，咽下你的口水，然后要一个"配有酱菜的尚未做好的皮塔饼"。买一份苏打水来抚慰你的心，然后开车或者迅速走到附近的一个萨赫花园（Sacher Garden）里，纵情地躺在那里的草地上……发些牢骚。这就是耶路撒冷。

◀ 阿祖拉—— 一个真正的 ▶
伊拉克—库尔德风格餐馆

地址：哈－艾希柯街（Ha-Eshkol St.）4 号（伊拉克市场），电话：02-623-5204，

周日至周四：8：30—16：30；周五：8：30 至安息日前一小时。

不要根据地址找饭店——找不到就去问，因为六十多年来人们每天午饭时间排队的饭

店，肯定是人们所熟知的地标。其成功的秘密就在那些煤油炉上的盆盆罐罐中：诸如库赫贝酸汤（Kubbeh khamoustah）之类的超级自制汤，带有蔬菜和肉丸子的西红柿酱，配有直接从天上捕获的禽类的蛋和肉做成的鹰嘴豆泥，装饰有炒洋葱的穆佳达（扁豆和大米煮饭）以及熟悉市场旋律的木莎卡（肉末茄子饼）。

请注意，在高峰时期，一旦你吃完了，就会有人希望你离开……

◀ ◆ 金属上的涂鸦 ★★ ◆ ▶

我们并不是要在这个市场里指定一个详细的路线。进行这场涂鸦之旅的理想时间就是在深夜里或者在安息日。

在我们看来，在耶路撒冷，甚至可以说是在整个国家里，着色最多的地方就是马哈耐·耶胡达市场了。不是，我们的意思不是说这个市场里的人、颜色、气味和声音都启发了画家的创作。我们的意思是指那些实际上已经画上的部分。大多数画作在白天都被隐藏了起来，在藏身之处被卷了起来。但是当摊点来到停车场后，这些画就会伴随着震耳怒吼而从牢房里释放出来。最初的绘画都完全是私人性质的。来自外国并在以色列犹太学院学习的两个学生——所罗门·苏扎（Solomon Souza）和贝雷尔·哈恩（Berel Hahn），想将白天繁忙的市场变成晚上和周末的厨房。

为了画第一幅画，他们聪明地选择了《圣经》主题。购物者们喜欢这幅画，该计划成功了。有些画是受店主的委托而创作的，他们想把他们的拉比甚至是父母画出来。有时候是过路的人提出一些想法而画家们就去做了。结果就是：出现了众多的来自犹太世界伟大人物的头像：

· 那些名字与智慧是同义词的人所罗门王、迈蒙尼德和阿尔伯特·爱因斯坦（Albert Einstein）。

· 宗教领袖拉比——犹太玄学家拉比伊扎克·卡杜里（Yitzhak Kaduri）和拉比奥瓦迪亚·优素福。

· 总理——大卫·本－古里安，梅纳赫姆·贝京和果尔达·梅厄。

· 第二次世界大战时期的犹太英雄伞兵汉娜·泽尼斯（Hannah Szenes），她为了给匈牙利的犹太人发出警告而潜入匈牙利，被捕牺牲。

· 另一个令人惊奇的妇女的头像是哈达萨·斯派拉·艾普斯坦（Hadassah Spira Epstein），她是20世纪纽约市里一位著名的舞蹈家和舞蹈编导。之所以奇怪是因为哈达萨出身于一个非常虔诚的家庭。在她的家庭里，公共场合跳舞被当作禁忌。她被家庭驱逐了出来。直到有一天晚上，她的父母出席了她的演出，这种情况才得以改变。演出结束后，她的父母来到了后台，眼睛里噙满了泪水，他们已意识到了他们的女儿想在舞蹈里表达的信念。她赢得了他们的认可。

· 最后，为了表达对美好未来的希望，用那特殊的交通工具——一只白驴，找附近的救世主的画像吧……

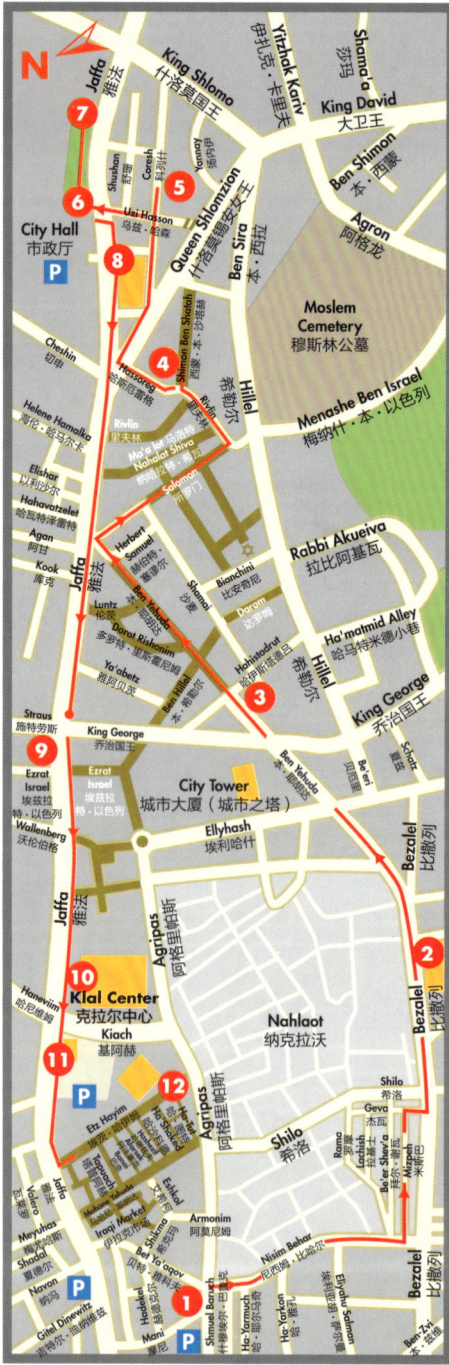

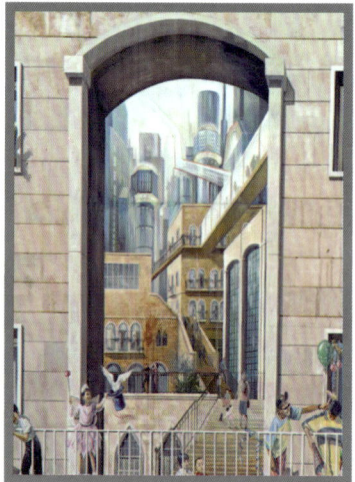
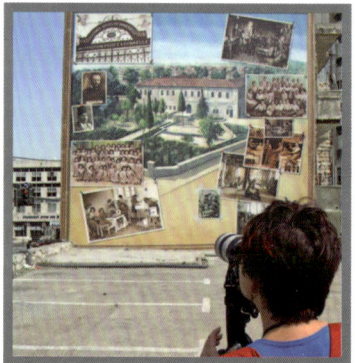

© The WizeGuide